中国证券业发展报告

（2014）

中国证券业协会　编

中国财政经济出版社

图书在版编目（CIP）数据

中国证券业发展报告.2014/中国证券业协会编.—北京：中国财政经济出版社，2014.4
ISBN 978-7-5095-5288-9

Ⅰ.①中… Ⅱ.①中… Ⅲ.①证券市场-经济发展-研究报告-中国-2014 Ⅳ.①F832.51

中国版本图书馆CIP数据核字（2014）第069860号

责任编辑：翁晓红等　　责任校对：于　月
封面设计：李运平　　版式设计：朱碧波

中国财政经济出版社出版
URL：http：//www．cfeph.cn
E-mail：cfeph@cfeph.cn

社址：北京市海淀区阜成路甲28号　邮政编码：100142
营销中心电话：88190406　北京财经书店电话：64033436　84041336
北京中兴印刷有限公司印刷　各地新华书店经销
787×1092毫米　16开　25.5印张　553 000字
2014年5月第1版　2014年5月北京第1次印刷
定价：52.00元
ISBN 978-7-5095-5288-9/F·4275
（图书出现印装问题，本社负责调换）
本社质量投诉电话：010-88190744
反盗版举报热线：010-88190492
010-88190446

《中国证券业发展报告(2014)》
编　委　会

《中国证券业发展报告(2014)》
作者名单
（按照姓氏笔画排序）

丁圣元　万华伟　于　佳　马　刚　马晓洁　孔　祥
王　伟　王　卓　王广学　王建业　王海航　申　屹
刘　岱　刘　威　刘　胤　吕丽华　孙雯雯　朱　蕾
朱胜勇　严志辉　何苗苗　吴一萍　宋世浩　张　庆
张　望　张　政　张　玲　张　荣　张　静　张小莉
张春玲　李　欧　李　蔚　李明亮　李海英　杨建海
汪　丽　肖　丹　陆多为　陆俊好　陈久红　陈利锋
陈秀清　周洪荣　罗再宏　郑可栋　姜　斓　姜婧一
胡光宇　贺　立　贺　娜　赵中伟　赵立族　赵湘怀
徐仕达　柴元君　秦　冲　谈　恺　贾　新　常丽娟
曹永强　韩　晖　蔡振中

前　言

中国证券业协会会长　陈共炎

2013年是全面深入贯彻党的十八大精神的开局之年。加快发展多层次资本市场，鼓励金融创新，成为证券行业服务和支持实体经济发展的着力点。在中国证监会的领导下，中国证券业协会组织行业积极推动私募市场建设，在完善私募市场制度建设、推进证券公司柜台市场试点、开展证券公司私募产品备案管理、建立私募市场监测监控体制机制、探索发展金融衍生品柜台交易业务以及积极引导区域性股权交易市场规范发展等方面取得了初步成效。截至2013年12月底，13家证券公司的903只产品在柜台市场平稳运行，11家次证券公司入股区域性市场。在放松管制、加强监管的政策背景下，2013年证券行业坚持"总结、交流、巩固、提高"的原则，不断加快业务与产品创新，扩大业务范围，丰富产品种类，进一步巩固了行业创新发展的成果。资本市场层次和产品的不断完善和丰富，提升了行业创新发展的能力和水平，为培育功能齐备、服务优质、竞争力强的证券行业奠定了坚实的基础。

《中国证券业发展报告（2014）》紧紧围绕行业和市场的变化，首次以专题报告的形式系统介绍了2013年证券公司柜台市场、区域股权市场、金融衍生品以及固定收益业务的发展情况。作为年度发展报告，《中国证券业发展报告（2014）》立足于从行业宏观视角和业务发展的维度，通过对行业数据的分析、国际经验的借鉴以及重大事件的评估，全面、深入、客观地反映了2013年行业的发展全貌、行业特色和发展趋势，力求为中国证券业的发展留下真实可靠的历史资料，并为今后证券业的发展提供必要借鉴。

由于编写时间紧迫，《中国证券业发展报告（2014）》难免有疏漏、错误之处，敬请业内同仁、广大读者提出宝贵意见和建议。

2014年4月

目 录

总 报 告

2013 年中国证券业发展回顾与展望

分 报 告

分报告之一：2013 年中国证券经纪业务发展回顾与展望

分报告之二：2013 年中国投资银行业务发展回顾与展望

分报告之三：2013 年中国证券公司资产管理业务发展回顾与展望

分报告之四：2013 年中国证券公司融资融券业务发展回顾与展望

分报告之五：2013 年中国证券公司投资业务发展回顾与展望

分报告之六：2013 年中国证券公司国际业务发展回顾与展望

专　题　报　告

专题报告之一：2013 年中国证券公司柜台市场及区域性股权市场发展综述

专题报告之二：2013 年中国证券公司固定收益业务发展综述

专题报告之三：2013 年中国金融衍生品市场发展综述

专题报告之四：2013 年中国证券业信息技术发展综述

专题报告之五：2013 年中国证券公司合规与风险管理综述

专题报告之六：2013 年证券公司投资者教育与服务工作报告

专题报告之七：2013 年中国证券市场资信评级业务发展综述

总报告

2013年中国证券业发展回顾与展望

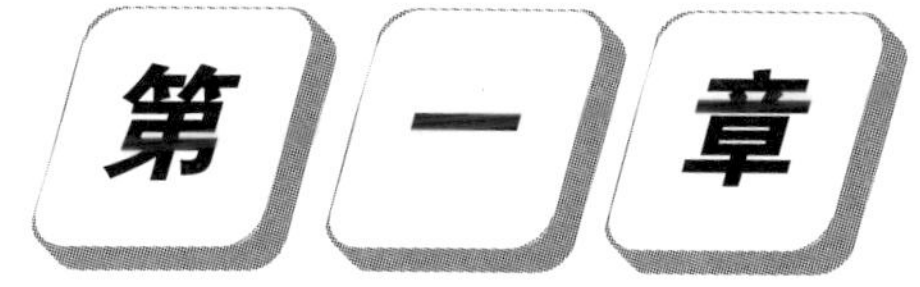

2013年中国证券业发展现状

2013年，我国证券市场基础制度和法制建设稳步推进，《中华人民共和国证券法》（以下简称《证券法》）的修订提上议事日程；多层次资本市场建设取得了重要进展，新三板市场推向全国，证券公司柜台市场平稳起步，区域性股权交易市场规范发展；证券监管部门进一步放松管制、加强监管，积极保护投资者特别是中小投资者的利益，为资本市场平稳运行提供了有力保障；证券公司五大基础功能得到扩展，行业持续创新、服务实体经济和客户的能力明显加强；证券公司业务范围继续扩大，创新业务发展迅速，资产管理业务规模继续大幅增长，截至2013年底，资产管理规模超过5万亿元，融资融券业务已成为行业的第三大收入来源，行业盈利水平稳步提升，收入结构进一步优化。2013年，115家证券公司共实现营业收入1 592.41亿元，净利润440.21亿元，较2012年分别增长22.99%和33.68%；证券公司业务与产品类型不断丰富，推出国债期货，完成信贷资产证券化产品上市交易，开展约定购回式证券交易、股票质押式回购交易、股票收益互换等新业务；各类融资行为增多，行业整体财务杠杆效应提高；互联网金融起步，证券公司开始尝试搭建网络综合服务平台，通过网上开户、在线理财等信息技术手段拓展金融服务渠道；行业新一轮并购重组启动，国际化探索也取得阶段性进展，行业竞争格局迎来调整良机。同时，行业的合规管理和风险控制水平有所提升，为行业的持续发展保驾护航。

一、证券行业总体情况

（一）证券公司发展情况

截至2013年底，全国共有证券公司115家，与2012年相比增加了浙江浙商证券资产管理公司；115家证券公司中，共有19家证券公司在沪、深证券交易所上市，共有3家证券公司在香港证券交易所上市，较2012年新增银河证券1家。

1. 证券公司资产规模。2013年证券公司资产规模有所扩张。截至2013年12月31日，115家证券公司总资产为2.08万亿元，同比增加20.93%；净资产为7 538.55亿元，同比增加 8.57%；净资本为 5 204.58 亿元，同比增加 4.70%。在资产规模扩张的同时，行业杠杆倍数也由 2012 年的 1.61 倍扩大到 2.02 倍（见表 1–1）。

表 1－1　　2007 ~2013 年证券公司规模情况

年份	总资产（万亿元）	净资产（亿元）	净资本（亿元）	杠杆倍数（倍）
2013	2.08	7 538.55	5 204.58	2.02
2012	1.72	6 943.46	4 970.99	1.61
2011	1.57	6 302.55	4 634.02	1.41
2010	1.97	5 663.59	4 319.28	1.30
2009	2.03	4 838.80	3 831.80	1.33
2008	1.20	3 584.81	2 887.40	1.41
2007	1.73	3 443.00	2 977.00	1.40

注：杠杆倍数 =（总资产 – 客户交易结算资金）/净资产。
资料来源：中国证券业协会，Wind。

2013 年证券公司规模的集中度保持稳定，总资产、净资产和净资本三项指标的前五大证券公司的集中率（CR5）基本保持一致的变化趋势，较 2012 年均略有下降，其中净资本集中度的下降最为明显。2013 年行业内总资产、净资产、净资本前 5 家证券公司的集中率（CR5）分别为 31.52%、33.07%和 26.67%（见图 1–1）。

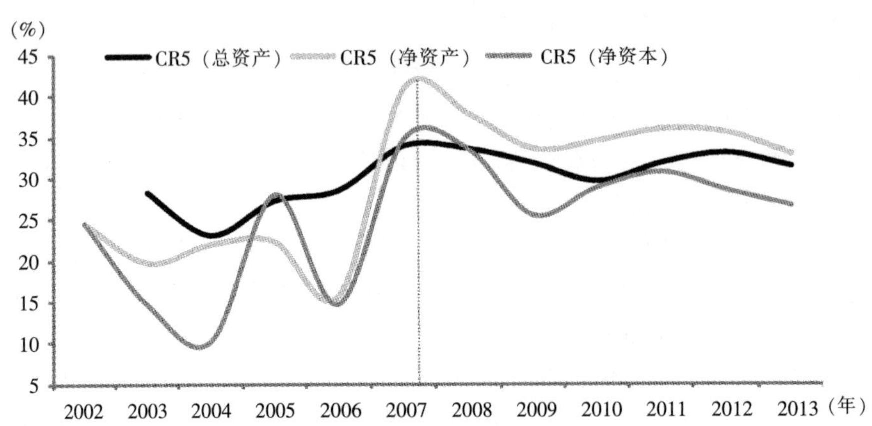

图 1–1　2002 ~ 2013 年证券公司规模集中度的变化情况

注：以上为合并报表数据。
资料来源：中国证券业协会，Wind，各公司年报。

2. 证券公司业务利润变动和收入结构情况。2013 年证券公司全年实现营业收入 1 592.41 亿元，同比增加 22.99%；实现净利润440.21 亿元，同比增加 33.68%；净利率为 27.64%，回升 0.63 个百分点；行业净资产收益率（ROE）为 5.84%，上升了 1.10 个百分点；104 家公司实现盈利，占证券公司总数的 90.43%，该比例较 2012 年也回升了 3.59 个百分点。以上数据表明证券公司盈利状况较 2012 年有明显改善。

从证券公司的收入结构来看，经纪业务和自营业务在总收入中的占比分别为 47.68%和 19.19%，这两项传统业务的合计占比较 2012 年提升近 5.53 个百分点；融资融券业务占比提升到11.59%，比2012年上升了7.53个百分点，受托客户资产管理业务收入占比由2.07%上升至4.41%，投资咨询业务收入占比也由0.89%上升至1.62%。传统和创新业务齐头并进给证券公司盈利带来增长点，行业盈利能力得到了一定程度的改善（见表1-2）。

表1-2　2013年证券公司利润和收入情况

	2013年上半年	2013年全年	2012年
营业收入（亿元）	785.26	1 592.41	1 294.71
代办买卖证券业务净收入占比（%）	43.36	47.68	38.93
投资咨询业务净收入占比（%）	1.46	1.62	0.89
证券承销与保荐业务净收入占比（%）	8.35	8.08	13.70
财务顾问业务净收入占比（%）	2.20	2.81	2.74
受托客户资产管理业务净收入占比（%）	3.67	4.41	2.07
证券投资净收益占比（%）	26.67	19.19	22.41
融资融券业务利息净收入占比（%）	8.52	11.59	4.06
其他业务占比（%）	5.78	4.62	15.19
净利润（亿元）	244.70	440.21	329.30
净利率（%）	31.16	27.64	27.01

注：净利率=净利润/营业收入×100%；以上为母公司数据。

资料来源：中国证券业协会证券公司经营数据。

证券公司的收入和利润结构变化显示出经营状况与股票市场的波动呈现正相关性，反映出行业经营对传统业务的依赖性，但近年来行业整体还是呈现出对传统业务依赖度下降、创新业务盈利上升的趋势，受托客户资产管理以及融资融券等业务正逐渐发挥作用，构筑证券公司的盈利支点。

3. 证券公司营业网络分布情况。截至2013年底，全国证券公司营业部共5 785家，较2012年增加了522家。增长较快的区域集中在沿海地区，这部分营业部分布密集的区域进一步增加了布局密度，江苏、广东、浙江是增设营业部最多的区域，分别增加了82家、66家、55家；部分中部地区如湖南、河南、陕西等网点扩张也较快；除港、澳、台三地外，西部地区营业部分布较为稀疏，西部地区与东部沿海的分布对比更加突出。

2002~2013年，全国共增加2 890家营业部，年复合增长率高达6.50%；2009年和2010年是扩张最快的两年，分别增加了604家和871家，增幅达19.5%和23.5%，之后扩张步伐减缓，维持在年增长300~400家的增幅水平，2013年轻型营业部等新形式的出现，使证券公司网点布局处于持续扩张过程中（见表1-3）。

表1-3　2002~2013年证券公司营业部辖区分布　（单位：家）

	地区	2013年	2012年	2011年	2010年	2009年	2008年	2007年	2006年	2005年	2004年	2003年	2002年
1	广东	769	703	673	613	558	478	478	473	481	483	476	466
2	上海	501	489	483	476	459	451	459	461	461	460	460	463
3	浙江	436	381	370	333	250	208	195	190	185	180	170	143
4	江苏	445	363	334	300	243	209	206	200	195	191	177	164

续表

	地区	2013 年	2012 年	2011 年	2010 年	2009 年	2008 年	2007 年	2006 年	2005 年	2004 年	2003 年	2002 年
5	山东	315	280	253	222	194	156	144	94	136	136	132	124
6	北京	287	265	253	228	203	180	179	168	166	161	148	138
7	福建	256	237	218	188	124	103	97	136	94	92	88	86
8	四川	242	219	210	199	147	131	133	154	137	134	138	140
9	辽宁	228	215	202	205	162	153	154	140	153	161	168	159
10	湖北	204	190	182	145	124	106	110	110	114	117	119	122
11	湖南	209	177	168	162	116	74	70	76	67	63	63	60
12	河北	175	165	158	148	86	67	62	38	61	61	62	58
13	安徽	165	158	148	135	85	65	67	64	64	64	60	62
14	河南	170	145	143	131	97	73	72	61	72	72	73	65
15	陕西	140	119	105	92	63	61	64	65	64	63	63	63
16	山西	130	122	108	90	52	37	40	64	36	35	34	32
17	黑龙江	122	121	117	113	103	71	71	62	71	71	67	62
18	江西	124	117	114	108	101	62	61	69	62	63	60	60
19	重庆	119	111	111	96	79	69	64	36	64	65	60	60
20	天津	108	103	101	95	80	75	76	71	81	84	87	95
21	吉林	104	96	91	84	69	57	58	35	63	60	51	52
22	广西	101	98	87	82	64	37	35	64	37	38	38	38
23	云南	101	74	69	64	43	36	36	31	36	35	35	33
24	甘肃	66	63	60	58	50	30	31	26	31	32	34	34
25	内蒙古	66	61	60	51	40	24	24	24	24	24	24	22
26	新疆	62	62	62	59	34	31	31	70	31	31	31	29
27	贵州	54	48	44	32	24	12	13	12	12	12	12	11
28	海南	40	40	37	33	27	23	25	31	26	13	27	35
29	宁夏	24	23	19	18	16	12	12	13	14	13	13	13
30	青海	16	13	13	10	7	6	6	5	5	5	4	4
31	西藏	6	5	4	3	2	1	1	1	1	1	2	2
总计		5 785	5 263	4 997	4 573	3 702	3 098	3 074	3 044	3 044	3 020	2 976	2 895

资料来源：上海证券交易所网站。

从单体营业部的股票交易金额来看，经过2007年和2009年平均150亿元/家的股票交易金额的高峰之后，2009年以来总体呈现出下滑态势，显示出证券公司营业部之间的竞争较为激烈；在经历2012年的低谷之后，2013年随着市场交易活跃度大幅提高，营业部单体交易金额也迎来了一定幅度的回暖，营业部平均交易金额较2012年增长37%，回升到81亿元/家的水平，证券公司营业部经营状态有所好转(见图1–2)。

4. 证券公司从业人员。截至2013年底，证券公司已注册从业人员22.28万人，从业人员较2012年减少1.81万人。从业人员中，一般从业人员14.12万人，证券经纪业务营销人员3 957人，证券经纪人4.64万人，证券投资咨询业务（分析师）2 610人，证券投资咨询业务（投资顾问）2.53万人，保荐代表人2 356人，投资主办人986人。

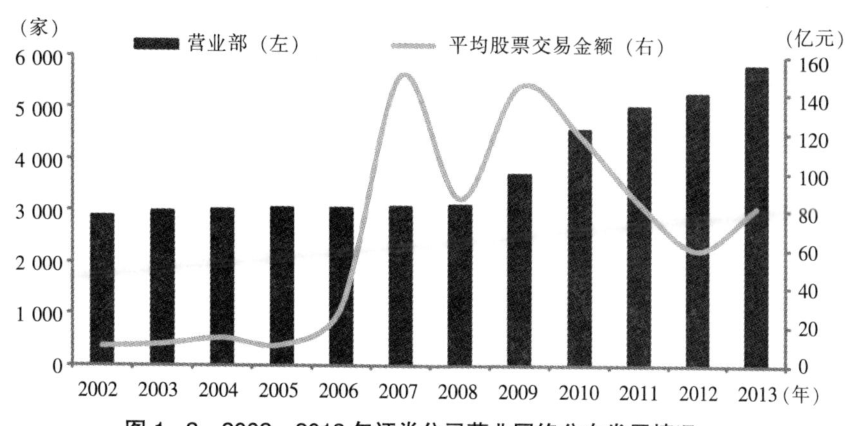

图 1-2　2002～2013 年证券公司营业网络分布发展情况

资料来源：上海证券交易所网站，Wind。

与 2012 年相比，从业人员的结构变化较大，增减不一。一般从业人员较 2012 年减少2.39 万人，减幅最大，经纪业务营销人员减少 2 233 人；而其他从业人员都呈现了扩张趋势，其中增幅最大的是证券经纪人，增加 5 285 人，其后依次是证券投资咨询业务（投资顾问）增加 2 138 人，投资主办人增加 244 人，保荐代表人增加 202 人，证券投资咨询业务（分析师）增加 159 人。

《证券公司客户资产管理业务管理办法》要求"证券公司开展资产管理业务，投资主办人不得少于 5 人"。这一类型从业人员由于基数低，所以增幅较大，2013 年增幅达到 32.88%（见表 1-4）。

表 1-4　2012～2013 年证券公司从业人员规模及分布　（单位：人）

人员／年度	从业人员	一般证券业务	证券经纪业务营销	证券经纪人	证券投资咨询业务（分析师）	证券投资咨询业务（投资顾问）	证券投资咨询业务（其他）	保荐代表人	投资主办人
2013	222 802	141 161	3 957	46 389	2 610	25 343	0	2 356	986
2012	240 922	165 076	6 190	41 104	2 451	23 205	0	2 154	742

资料来源：中国证券业协会。

（二）证券投资咨询公司发展状况

截至 2013 年底，通过中国证监会年检的证券投资咨询公司共 84 家，41 家被立案稽查暂停业务。从地域分布来看，上海、北京和深圳的证券投资咨询公司的数量明显多于其他地区，分别为 19 家、17 家、9 家。

根据中国证券业协会数据统计，2013 年证券投资咨询机构人员呈现微幅增长，注册证券从业人员 1 457 人，同比增加 5.27%。其中注册证券投资咨询业务（分析师）资格的有 237 人，较 2012 年增加 49 人，增幅较明显；注册证券投资咨询业务（投资顾问）资格和注册一般证券业务资格的分别为 998 人和 222 人，与 2012 年基本持平。

（三）证券市场资信评级机构发展状况

截至 2013 年底，经中国证监会批准的从事证券市场资信评级业务的资信评级机构共6 家，未新增证券市场资信评级机构。

根据 2013 年中国证券业协会专项调查统计，2013 年 6 家资信评级机构资产总额达 11.39 亿元，同比增加 31.68%；营业收入合计 6.81 亿元，比 2012 年增长 35.39%；其中证券评级业务收入约占 46.28%，远高于 2012 年的 16.87%。

2013 年，资信评级业务爆发式增长。资信评级机构共承接债券评级项目 1 379 项，约为 2012 年的 4.61 倍；承接项目规模达到 1.42 万亿元，为 2012 年的 4.95 倍。其中，资产证券化项目 101 单，项目规模为 909.13 亿元；中小企业私募债 174 单，项目规模为 386.3 亿元。

截至 2013 年底，6 家证券资信评级机构的员工总数共计 1 320 人，其中具有证券从业资格评级人员和具有硕士研究生及以上学历的员工分别占 31.36%和 57.35%，分别比 2012 年降低约 8 个百分点和 4 个百分点（见表 1–5）。

表 1 –5 证券市场资信评级机构发展状况

项目 / 年度	资产总额（亿元）	营业收入（亿元）	证券评级业务收入（亿元）	利润总额（亿元）	承接项目数量（单）	承接项目规模（亿元）	
2013	11. 39	6. 81	3. 15	1. 32	1 379	14 238. 27	
2012	8. 65	5. 03	0. 85	1. 30	299	2 875. 35	
项目 / 年度	资产证券化评级项目（单）	资产证券化评级项目规模（亿元）	中小企业私募债项目（单）	中小企业私募债项目规模（亿元）	员工总数（人）	具有证券从业资格人员数量（人）	硕士及以上学历员工数量（人）
2013	101	909. 13	174	386. 3	1 320	414	757
2012	9	115. 73	—	—	1 016	400	624

资料来源：2013 年中国证券业协会专项调查。

二、证券公司各项业务开展情况

（一）经纪业务

1. 市场规模、交易及收入情况。截至 2013 年底，境内上市公司（A、B 股）达到 2 489 家，相比于 2012 年减少 5 家；上市公司总市值和流通市值均有提升，分别同比增加 3.78%和 9.85%，为 23.91 万亿元和 19.96 万亿元，流通市值占比约为 83.48%。

2013 年，股票和基金交易共实现 48.29 万亿元的交易额，同比增长 49.64%。其中，全市场全年累计成交股票 46.81 万亿元，较 2012 年增长 48.79%，反转 2010 年以来的下降趋势；基金成交额为 1.48 万亿元，同比增长 82.72%，交易活跃度显著提升。2013 年债券市场交易持续火爆，交易所债券成交额达到 64.77 万亿元，增幅高达 71.21%；交易所债券成交额再次超过股基交易总额（见表 1–6）。

证券公司经纪业务与市场交易情况密切相关。2013 年随着股票基金交易量的增长，证券公司经纪业务收入逆转 2009 年后持续下降的趋势，实现 50.62%的增长，业务净收入达759.21 亿元。

表 1 –6　　2012 ~2013 年市场规模和交易情况

年度＼项目	上市公司数量（家）	退市公司数量（家）	股本（万亿股）		市值（万亿元）		股票成交额（万亿元）	基金成交额（万亿元）	交易所债券成交额（万亿元）
			总股本	流通股本	总市值	流通市值			
2013	2 489	7	3. 38	3. 00	23. 91	19. 96	46. 81	1. 48	64. 77
2012	2 494	4	3. 18	2. 48	23. 04	18. 17	31. 46	0. 81	37. 83

资料来源：WInd。

2. 股票账户情况。2013 年，沪、深两市股票账户和基金账户较 2012 年均有所增加，其中 A 股账户数量增速下滑，这是继 2010 年以来的持续趋势。截至 2013 年底，两市 A 股账户总数为 1.73 亿户，净增 452.0 万户，同比增加 2.69%；B 股账户共 254.26 万户，净增 1.2 万户，同比增加 0.47%；基金账户共 4 445.41 万户，净增 426.72 万户，同比增加 10.62%（见表 1–7）。

表 1 –7　　2010 ~2013 年 A 股账户和基金账户变化情况　　（单位：万户）

年度＼账户	A 股账户总数	B 股账户总数	基金账户总数
2013	17 263. 4	254. 26	4 445. 41
2012	16 811. 4	253. 06	4 018. 69
2011	16 294. 7	252. 16	3 712. 30
2010	15 204. 1	249. 96	3 404. 25

资料来源：中国证券登记结算有限责任公司。

从 A 股账户的构成来看，与 2012 年相比，2013 年各类账户的数量均有增加；其中，RQFII、证券公司集合理财、基金公司专户理财产品和 QFII 账户的增速最明显，均超过 70%的增幅。从各类账户的比重看，2013 年自然人账户约占 99.62%，与 2012 年基本持平；一般机构账户和专业机构账户分别约占 0.3088%和 0.0708%（见表 1–8）。

表 1 –8　　2012 ~2013 年 A 股账户结构变化情况

账　　户	2013 年	2012 年
A 股账户总数（亿户）	1. 7263	1. 6811
自然人（亿户）	1. 7198	1. 6749
证券投资基金（户）	3 089	2 323
证券公司自营（户）	91 384	96 319
证券公司集合理财（户）	2 041	822
基金公司专户理财产品（户）	3 859	2 010
社保基金（户）	230	196
企业年金（户）	5 598	5 055
QFII（户）	612	355
RQFII（户）	156	50
保险（户）	1 564	1 287
信托（户）	13 700	12 073
一般机构（户）	533 107	508 632

资料来源：中国证券登记结算有限责任公司。

3. 市场集中度情况。2013 年，证券经纪业务的市场集中度与 2012 年基本保持一致。2013 年，排名前 5 家（CR5）和前 10 家（CR10）的证券公司股票基金交易量的市场份额，分别为 26.99%和 49.12%，与 2012 年的 27.04%和 48.35%相比，差异不大（见图 1-3）。

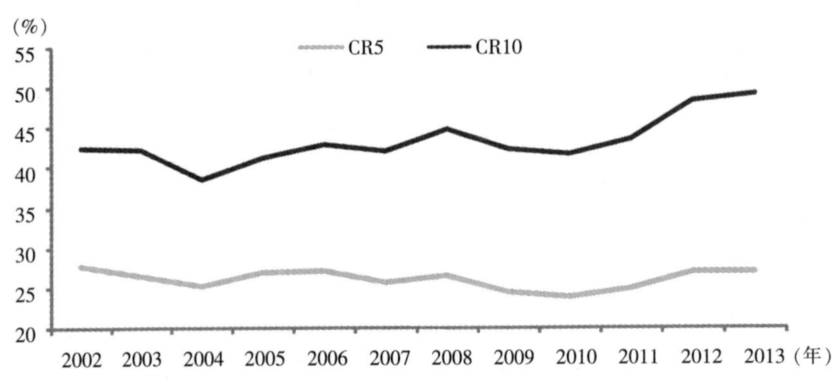

图 1-3　2002～2013 年证券经纪业务交易量集中度

资料来源：Wind。

（二）投资咨询业务

投资咨询业务包括证券投资顾问业务和发布研究报告业务这两种基本的服务形式。2013 年全年，投资咨询业务发展迅速，业务收入增长迅速，全年实现营业收入 25.87 亿元，是 2012 年的 2.26 倍。

1. 证券投资顾问业务。根据 2013 年中国证券业协会专项调查统计显示，截至 2013 年底，在参与调研的 96 家证券公司中，共有 88 家已开展投资顾问业务。其中，65 家设立了专门从事及管理投资顾问业务的独立部门，比 2012 年增加 3 家。2013 年已有 14 家证券公司成立了一级部门从事投资顾问业务，其余 51 家则多在经纪业务总部、零售业务部、销售交易部、产品服务部等一级部门下开展该项业务。从投资顾问部门的内部分工来看，主要从产品、服务、管理和技术支持等方面着手。

证券公司投资顾问业务的组织形式基本以总部和分支机构分工协作为主；总部主要负责投资顾问业务规章制度、投研体系、风控体系的构建，以及业务的组织、推广、培训、指导及系统支持等，分支机构则具体负责投资顾问业务的开展。从人员规模来看，总部投资顾问的平均团队规模为 15 人，分支机构投资顾问平均规模为 175 人。虽然人员规模总体与 2012 年相近，但拥有硕士及以上学历的从业人员规模达到 2 251 人，约为 2012 年的 2.40 倍。

调查统计显示，投资顾问业务的产品类型较为丰富。根据投资者的风险偏好，设立稳健型、平衡型、进取型产品；根据投资标的，设立权益类、固定收益类、杠杆类、组合类产品；根据服务对象，设立标准化产品和个性化产品；根据服务方式，设立基础服务产品、终端服务产品、投资顾问服务产品、短信服务产品及资讯服务产品。同时，投资顾问业务出现了新的发展渠道，微信平台、电商平台等开放性平台也成为投资顾问业务发展的新途径。

2. 发布研究报告业务。

（1）证券公司发布研究报告情况。根据2013年中国证券业协会的专项调查统计，在参与调研的98家证券公司中，设有研究所（部、子公司）的88家证券公司，共发布研究报告162 231篇，同比增加2.97%；其中，深度报告14 496篇，约占研究报告总数的8.94%，在数量和比重上均略有降低。

从证券研究的广度来看，主要包括宏观研究、策略研究、行业与公司研究、金融工程研究、综合研究、基金研究、债券及固定收益研究、买方研究、衍生品研究、特别覆盖研究、理财产品研究、大宗商品研究、汇率研究、数量与指数研究、财富研究、中小市值研究、（金融）创新研究等。研究报告为证券研究产品的主要形式。

证券研究的服务包括本公司内外部服务。在开展证券研究的88家证券公司中，87家均开展对公司内部的服务，70家开展对机构客户的产品推广及服务工作，并有35家的研究以内部服务为主。外部服务的对象包括公募基金、保险公司、社保基金、私募基金、产业资本、资产管理公司、证券公司资产管理部门、证券公司自营部门、QFII、QDII、海外客户 、高净值客户等；内部服务对象则涉及公司其他各个业务部门，包括经纪业务部、投资银行部、资产管理部、证券投资部、固定收益部、融资融券部等。

2013年，证券研究部门或子公司加强服务定位，以内部服务为重的证券公司，则加强对公司决策、投资顾问业务、创新业务等的支持力度；以对外服务为主的，则加强研究与销售的衔接，提高研究服务的竞争力。

（2）证券公司从事发布研究报告业务的人员情况。2013年，从事发布研究报告业务的人员数量有所减少，88家证券公司研究所（部、子公司）的全部员工总数为3 666人；其中，具有5年及以上从业经验的员工人数为1 383人，约占37.73%；具有博士及以上学历的员工人数为400人，同比减少88人。

（三）证券承销与发行业务

2013年证券公司在境内证券交易所市场（包括A股市场、B股市场和证券交易所债券市场）证券承销总额为6 884.83亿元，同比增长77.34%。其中，股票承销总额为2 802.76亿元，占证券承销总额的40.71%；债券承销总额为4 082.07亿元，约占证券承销总额的59.29%，比2012年提高5.18个百分点（见图1-4）。

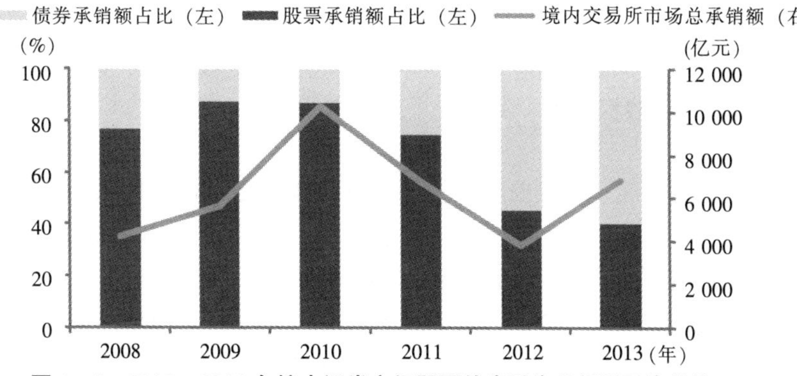

图1-4　2008～2013年境内证券市场股票债券融资总额及融资结构

资料来源：中国证监会。

1. 股票发行与承销业务。

(1) 首次公开发行 (IPO)。中国证监会股票发行审核委员会于 2012 年 10 月暂停 IPO 审核，并于 2013 年 12 月重启 IPO 审核。2013 年，两只股票在交易所上市，分别为"浙能电力"和"美的集团"，前者是"东电 B 股"实现 B 股转 A 股，浙能电力股份有限公司吸收合并浙江东南发电股份有限公司，实现"浙能电力"在上海证券交易所上市；后者是"美的集团"通过换股吸收合并"美的电器"，实现整体在深圳证券交易所上市。

(2) 再融资。2013 年 IPO 的暂停使再融资市场升温。2013 年，证券公司在 A 股市场完成的增发项目共募集资金 2 327.01 亿元，同比增长 83.66%；同时，证券公司完成配股项目 13 家，募集资金 475.75 亿元，募集资金总量是 2012 年的 24.16 倍。

2. 债券发行与承销业务。2013 年，证券公司在交易所市场承销债券总额达 4 082.07 亿元，同比增长 94.34%。其中，公司债的承销占比最大，约占 78.88%；可转债承销额增长最快，是 2012 年的3.61 倍；中小企业私募债券作为创新融资产品，2013 年发展迅速，全年共募集资金 310.85 亿元, 是 2012 年的 3.32 倍 (见表 1-9)。

表 1－9　2012～2013 年证券公司交易所市场债券承销规模和结构情况　（单位：亿元）

	总计	公司债	可转债	可分离债	中小企业私募债
2012	2 100. 50	1 854. 20	152. 55	0. 00	93. 75
2013	4 082. 07	3 219. 91	551. 31	0. 00	310. 85

资料来源：中国证监会。

3. 新三板业务。根据全国中小企业股份转让系统统计数据，截至 2013 年底，新三板挂牌公司数量达 356 家，共有 53 家证券公司作为主办券商，参与新三板公司挂牌和推荐业务。其中，前 5 家推荐公司数量占比达到 38.48%，前 10 家占比为 57.58%。推荐公司数量排名前 10 位的主办券商依次为申银万国、长江证券、广发证券、齐鲁证券、中信证券、国信证券、国泰君安、西部证券、中原证券和南京证券。

定向增发是新三板挂牌公司主要的融资方式。2013 年，59 家挂牌公司通过定向增发，共募集资金 10.02 亿元，同比增长 17.30%；平均每家募集 1 698.92 万元，单家规模为 2012 年的 47.71%。

4. 证券承销与发行业务收入情况。2013 年，证券公司证券承销业务行业总收入为 128.62 亿元，同比下滑 27.51%，这是 2010 年后该业务收入下降幅度最大的一年。2012 年 10 月~2013 年底 IPO 暂停，是2013 年证券承销与发行业务严重下滑的主要原因 (见图 1-5)。

5. 市场集中度情况。从股票和债券承销项目募集资金的集中度来看，2013 年延续了 2005 年以来证券承销业务集中度逐步下降的趋势；股票债券承销市场前 5 家证券公司的集中率下降 1.43 个百分点，前 10 家证券公司的集中率下降 4.24 个百分点。其中，债券承销市场集中度的下降较为显著，前 5 家和前 10 家的集中度分别下降 3.19 和 7.01 个百分点；股票承销市场的集中度反而有所上升，CR5 和 CR10 两个指标分别提升 4.01 和 2.66 个百分点 (见表 1-10)。

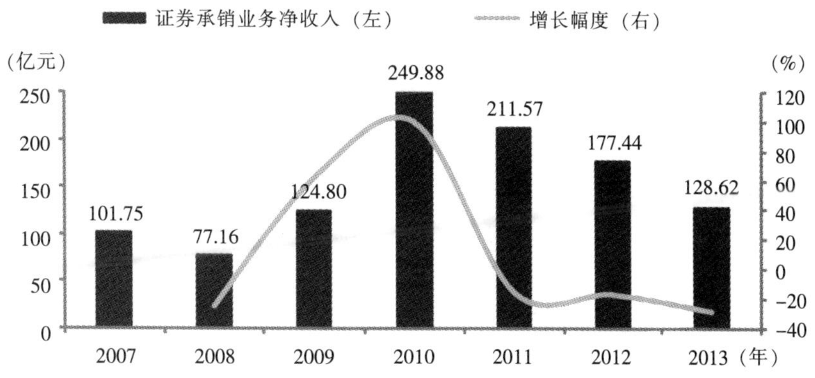

图 1-5　2007~2013 年证券承销业务净收入及增幅

资料来源：中国证券业协会证券公司经营数据。

表 1-10　　2005~2013 年股票和债券承销集中度情况　　（单位：%）

年度	股债承销额		股票承销额		债券承销额	
	CR5	CR10	CR5	CR10	CR5	CR10
2013	37. 13	53. 76	41. 29	58. 03	38. 07	55. 10
2012	38. 56	58. 00	37. 28	55. 37	41. 26	62. 11
2011	39. 03	58. 57	36. 33	59. 10	50. 34	67. 94
2010	40. 28	61. 33	39. 13	60. 73	49. 52	67. 66
2009	51. 58	68. 64	57. 13	71. 94	56. 62	73. 02
2008	57. 41	75. 41	48. 03	72. 51	62. 87	80. 90
2007	63. 19	78. 85	64. 49	80. 64	69. 47	84. 63
2006	73. 81	85. 96	71. 97	87. 45	73. 66	88. 41
2005	79. 39	91. 25	90. 78	96. 39	76. 35	92. 23

资料来源：Wind。

（四）财务顾问业务

2013 年，根据中国证监会统计数据，共有 190 个并购重组项目通过并购重组委员的核准，涉及交易金额（不含配套资金）2 427.76 亿元，配套资金 211.30 亿元。从上市公司的板块来看，主板并购重组项目 135 个，交易金额约占 90.01%；中小板并购重组项目 37 个，交易金额约占 6.74%；创业板项目 18 个，交易金额约占 3.25%。

2013 年上半年和全年，证券公司财务顾问业务分别累计实现 17.27 亿元、44.75 亿元的营业收入，同比增长 90.20%、26.02%。财务顾问业务该在行业总收入的比重也逐步提升，2013 年达到 2.81%，同比增加 0.07 个百分点（见图 1-6）。

（五）资产管理业务

1. 资产管理产品规模情况。截至 2013 年底，国内证券公司受托管理资金总计 5.20 万亿元，该规模是 2012 年的2.74 倍。其中，集合理财产品 1 308 只，期末合计受托管理

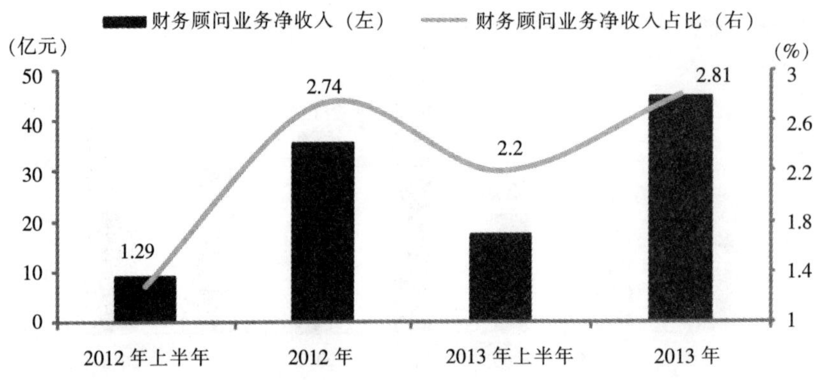

图 1-6　2012～2013 年财务顾问业务净收入及其业务比重

资料来源：中国证券业协会。

金额 3 587.95 亿元，规模增长74.84%；专项资产管理产品 48 只，期末受托管理金额合计 111.46 亿元，是 2012 年的 3.19 倍；89 家证券公司发行了定向资产管理产品，合计期末受托管理金额 4.83 万亿元，是 2012 年的 2.86 倍（见表 1-11）。

表 1－11　　近年来证券公司资产管理业务规模（存量）一览

类别		2007 年	2008 年	2009 年	2010 年	2011 年	2012 年	2013 年
集合资产管理产品	产品数量（只）	26	42	82	157	275	435	1 308
	期末受托金额（亿元）	788. 09	511. 54	928. 71	1 121. 76	1 502. 56	2 052. 09	3 587. 95
专项资产管理产品	产品数量（只）	—	19	18	11	13	19	48
	期末受托金额（亿元）	—	79. 76	42. 67	10. 63	10. 37	34. 93	111. 46
定向资产管理产品	开展业务证券公司数量（家）	—	22	36	46	48	83	89
	期末受托金额（亿元）	—	327. 55	511. 94	740. 27	1 305. 75	16 847. 28	48 251. 32

资料来源：中国证券业协会。

2. 资产管理业务收入情况 。2013 年，证券公司资产管理业务规模的扩大也带来营业收入的大幅提升；全年该业务净收入达 70.30 亿元，是 2012 年业务收入的 2.63 倍；资产管理业务在行业总收入中的占比也由 2012 年的 2.07%提高到 4.41%，这是 2007 年以来的最高值（见图 1-7）。

（六）证券自营业务

证券公司自营投资的金融产品主要包括股票、基金、债券、权证、信托产品等。截至 2013 年底，证券公司进行金融产品投资的资金规模达 6 614.80 亿元，同比增加 15.74%。其中，债券资产的比重最大，高达 71.89%；其次为股票和基金，投资比例分别为 12.68%和 6.36%（见表 1-12）。

（七）融资融券业务

2013 年融资融券业务和转融通业务均得到空前发展。转融资业务逐渐成熟，试点证

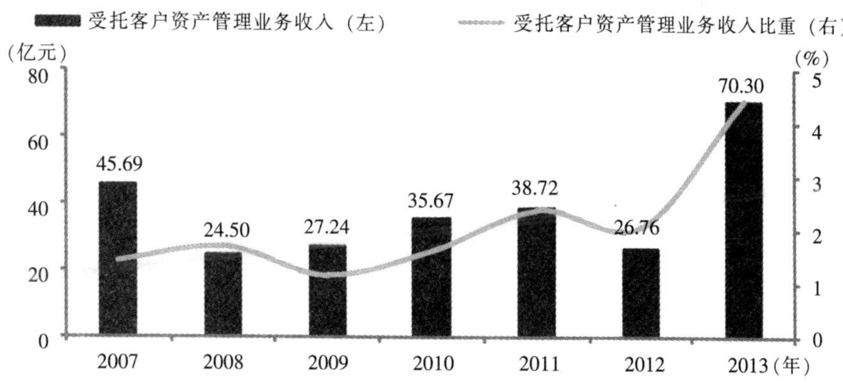

图 1-7　2007～2013 年资产管理业务净收入及其业务比重

资料来源：中国证券业协会。

表 1－12　2007～2013 年证券公司金融产品投资配置情况

年度	投资规模（亿元）	股票（%）	基金（%）	债券（%）	权证（%）	其他证券产品（%）
2013	6 614.80	12.68	6.36	71.89	0	9.07
2012	5 715.38	16.22	10.96	68.34	0	4.48
2011	4 256.73	17.87	8.12	71.01	0	3.00
2010	3 374.09	29.27	11.71	56.06	0	2.97
2009	2 825.20	26.74	17.97	52.91	0.01	2.36
2008	1 782.26	10.65	9.12	55.72	0.01	24.50
2007	1 581.89	70.28	5.21	19.42	0.25	4.84

资料来源：中国证券业协会。

券公司由 30 家增至 52 家；2013 年 2 月，转融券业务试点正式推出，且 9 月份业务扩容后，试点证券公司由 11 家增至 30 家，标的证券由 90 只扩大至 287 只；融资融券标的证券第三次扩容，标的股票增至 700 只。

1. 融资融券交易情况。2013 年，融资融券市场交易规模迎来爆发式增长。截至 2013 年底，融资融券余额高达 3 465.27 亿元，是 2012 年底该余额的 3.87 倍。其中，融资余额 3 434.70 亿元，约占融资融券余额的 99.12%；融券余额 30.57 亿元，约占 0.88%。与 2012 年底相比，融券余额的比重下降 3.39 个百分点。

从融资融券后的交易规模来看，2013 年融资买入和融券卖出总额首次超过万亿元规模，累计达到 3.87 万亿元，约为 2012 年的 4.28 倍；其中，融券卖出的交易额约占融资买入和融券卖出总额的 14.95%，低于 2012 年的 19.67%。由此可见，融资交易在 2013 年比2012 年更为活跃，相对地，融券交易则较为谨慎。

从整个 A 股市场来看，2013 年融资融券交易成为提高股票市场流动性的重要力量。截至 2013 年底，融资融券余额约占 A 股市场流通市值的 1.7363%，融资融券交易额约占 A 股交易总额的 10.192%，相比于 2012 年底的 0.3886%和 5.107 %，融资融券交易得到空前发展（见图 1-8 和图 1-9）。

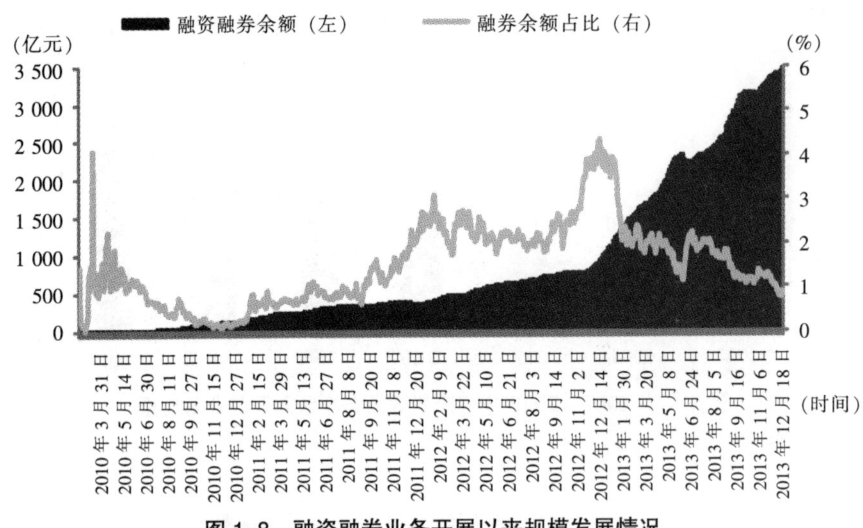

图 1-8 融资融券业务开展以来规模发展情况

资料来源：Wind。

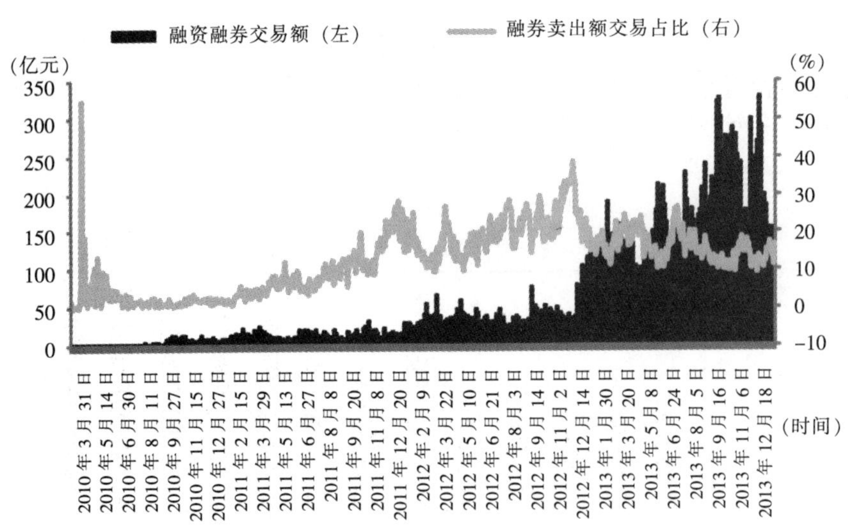

图 1-9 融资融券业务开展以来交易情况

资料来源：Wind。

2. 转融通交易情况。我国的转融通业务包括转融资业务和转融券业务。转融资业务是指中国证券金融股份有限公司（以下简称“中证金公司”）将自有或者依法筹集的资金出借给证券公司，供其办理融资业务的经营活动；转融券业务是指中证金公司将自有或者融入的证券出借给证券公司，供其办理融券业务的经营活动。我国证券市场的转融资和转融券业务分别于2012年8月和2013年2月启动。

截至2013年底，共有74家证券公司在中证金公司进行转融通，转融通余额约为576.90亿元，是2012年底的6.24倍，约占融资融券余额的16.65%。其中，转融券余额在转融通余额中的比重在2013年8月达到最高值2.58%，2013年底回落至0.38%

（见图1-10）。

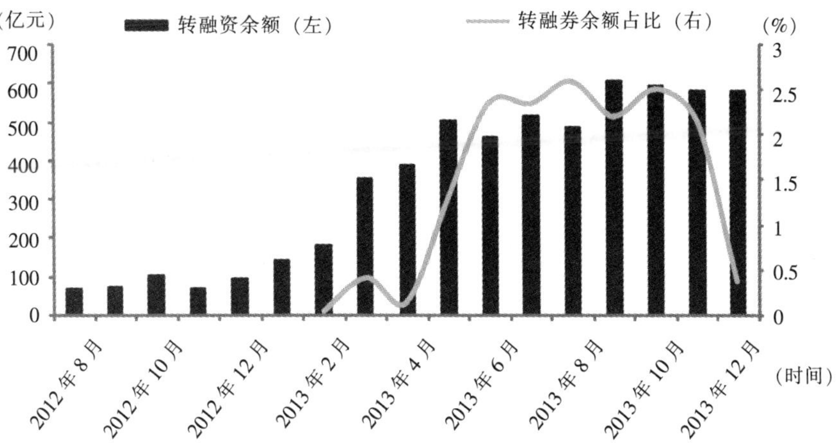

图 1-10 转融通业务开展以来规模情况

资料来源：Wind。

3. 融资融券投资者情况。2013 年，融资融券业务参与者数量持续增加。截至 2013 年 12 月，融资融券信用账户开户数为 267.17 万户，约是 2012 年底的 2.70 倍；2013 年平均每月新增 14.01 万户信用账户（见图 1-11）。

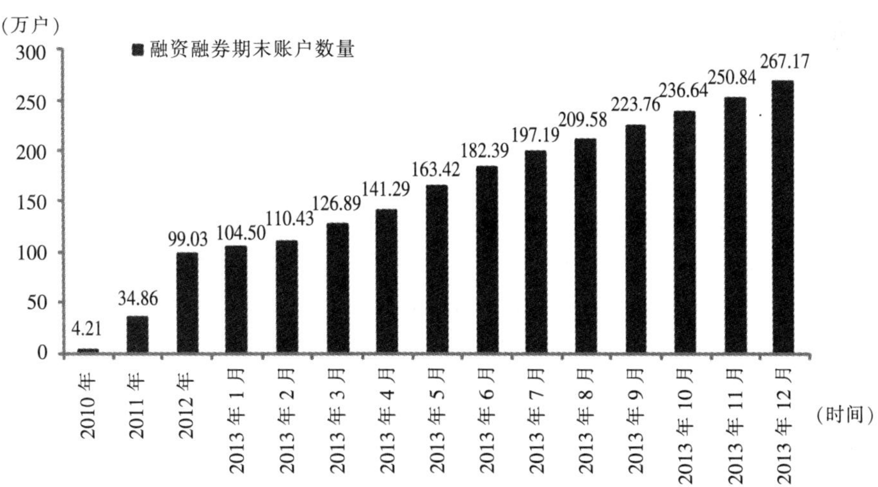

图 1-11 证券信用账户期末账户数量

资料来源：中国证券金融股份有限公司月报。

4. 融资融券市场集中度情况。截至 2013 年底，国内证券市场共有 84 家证券公司开展融资融券业务，且前 5 家证券公司融资融券余额和融券余额的集中度，延续该业务开展以来的下降趋势。在 2013 年，融资融券余额前 5 家占比由 1 月的 34.74%降至 12 月的 29.46%，下降了5.28 个百分点；融券余额前 5 家占比则由年初的 55.37%下降至年底的 52.06%，下降了3.31 个百分点（见图 1-12）。

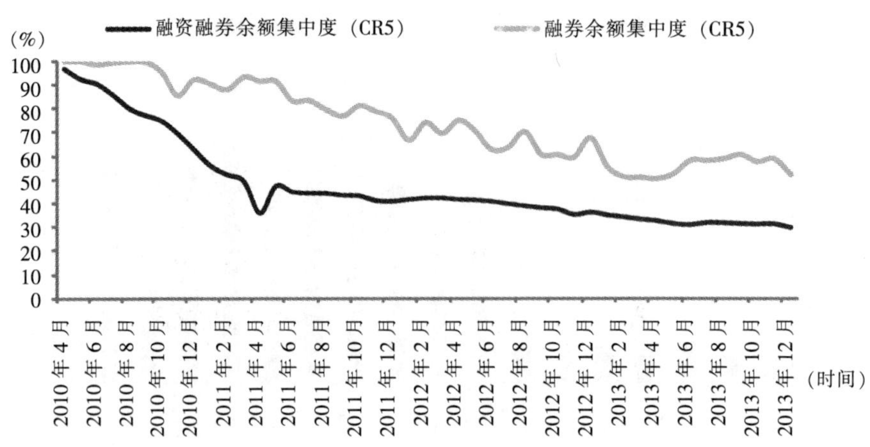

图 1-12　证券公司开展融资融券业务的融资融券余额集中度情况

资料来源：Wind。

（八）直投业务

2013 年证券公司的直投业务处于相对困难的局面，一是由于 2013 年一级市场的 IPO 一直处于停滞状态，PRE-IPO 投资方式遇阻，直投业务所依赖原有生态业务链断裂；二是国内私募股权投资（PE）也因 IPO 的暂停，活跃度明显下降，PE 业务量大幅下滑。

尽管如此，2014 年 1 月，中国证券业协会发布修订后的《证券公司直接投资业务规范》。根据修订后的规定，证券公司直投子公司设立的直投基金可以吸收个人作为直投基金的合格投资人，条件为其投资金额不得低于 1 000 万元；证券公司直投子公司可以直接进行债券投资；证券公司直投子公司为补充流动性及并购过桥贷款，可以负债经营；证券公司直投子公司设立的直投基金可以按照规定在证券公司柜台市场、中国证券业协会机构间报价与转让系统等中国证监会认可的交易场所进行募集、转让。

1. 证券公司直投子公司基本情况。根据中证资本市场发展监测中心的统计，截至 2013 年 12 月底，共有 57 家证券公司设立直投子公司。其中，2013 年新设 8 家直投子公司。57 家直投子公司注册资本合计 395.5 亿元，总资产合计 455.5 亿元，净资产合计 431.8 亿元。2013 年，57 家直投子公司实现净利润共计 17.4 亿元，新增对外投资总额 57.4 亿元，主要集中在采矿业、制造业、金融业，三个领域投资额占比达 81.4%。2013 年，直投子公司退出项目金额 53.7 亿元。

2. 直投基金基本情况。截至 2013 年 12 月底，共 19 家直投子公司发起设立 38 只直投基金，计划募集资金总额为 516.3 亿元，已募集资金总额为 304.9 亿元,完成募集计划的 59.1%。其中，2013 年发起设立 25 只直投基金，终止 1 只直投基金。25 只新设直投基金中，7 只为股权投资基金，5 只为创业投资基金，11 只为夹层基金，2 只为并购基金。2013 年，直投基金对外投资总额 109.3 亿元，主要集中在房地产业、金融业、制造业，三个领域投资额占比达 86.8%。2013 年，直投基金退出项目金额 16.7 亿元（见图 1-13 和图 1-14）。

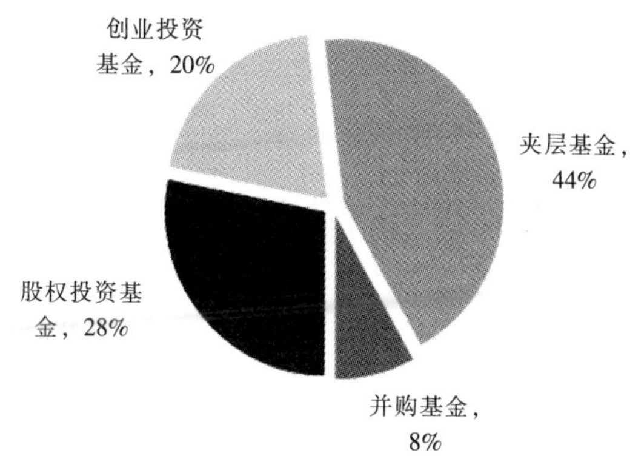

图 1–13　2013 年证券公司发起设立的直投基金构成

资料来源：中证资本市场发展监测中心。

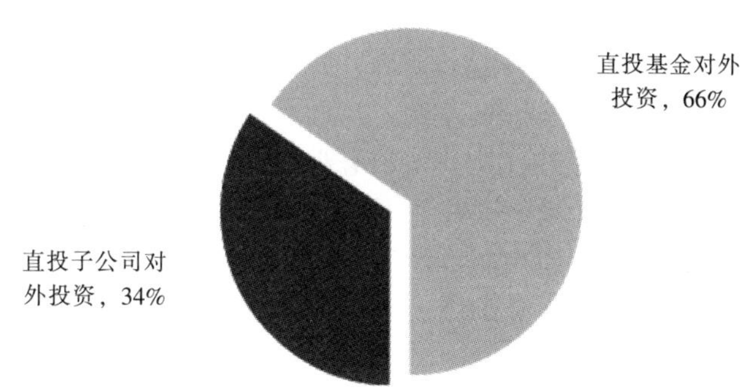

图 1–14　2013 年证券公司直投对外投资情况

资料来源：中证资本市场发展监测中心。

（九）其他业务

1. 约定购回式证券交易业务。上海证券交易所和深圳证券交易所约定购回式证券交易业务分别于 2011 年 10 月和2013 年 1 月开闸。约定购回式证券交易是指符合条件的客户以约定价格向其指定交易的证券公司卖出标的证券，并约定在未来某一日期客户按照另一约定价格从证券公司购回标的证券，除指定情形外，待购回期间标的证券所产生的相关权益于权益登记日划转给客户的交易行为。

根据上海证券交易所和深圳证券交易所统计，截至 2013 年底，沪市和深市分别有 79 家和 80 家证券公司试点约定购回式证券交易业务，并分别有 74 家和 76 家证券公司实际开展该业务。自两市开展该业务以来，共完成 18 686 笔初始交易，初始交易金额共计 504.3 亿元，沪市和深市分别为 10 852 笔、298.6 亿元和 7 834 笔、205.7 亿元。其中，购回交易共计 10 200 笔，购回交易总额约为 258.5 亿元，约占初始交易金额的 51.26%。

约定购回式证券交易业务呈现较高的集中度，初始交易金额排名前 5 位的证券公司交易金额约占行业整体的 43.47%，前 10 位的证券公司交易金额约占 62.70%。

2. 股票质押式回购交易业务。2013 年 6 月，股票质押式回购交易业务同时在上海证券交易所和深圳证券交易所开闸。股票质押回购是指符合条件的资金融入方以所持有的股票或其他证券质押，向符合条件的资金融出方融入资金，并约定在未来返还资金、解除质押的交易。

根据上海证券交易所和深圳证券交易所统计，自股票质押式回购交易业务开展以来，86 家证券公司开通交易权限，其中在上海证券交易所实际开展交易的证券公司有 62 家，在深圳证券交易所实际开展交易的有 79 家。截至 2013 年底，两市股票质押式回购初始交易金额共计 904.08 亿元，其中 60.11 亿元已购回，约占 6.65%。待购回初始交易金额 846.21 亿元，涉及股票市值 2 254.36 亿元，平均履约担保比例约为 266.41%。从资金融出方来看，约 70.53%的资金为证券公司自有资金，29.47%的资金为证券公司受托客户资金。

股票质押式回购交易业务呈现较高的集中度，初始交易金额排名前 5 位的证券公司交易金额约占行业整体的 40.83%，前 10 位的证券公司交易金额约占 60.17%。

3. 国际业务。2013 年，我国证券公司的国际化步伐显著加快。一部分证券公司将触角伸向我国香港以外的成熟市场和新兴市场。在美国和英国等成熟市场，少数实力较强的中资证券公司正在构建交易通道。其中，东南亚市场成为年内中资证券公司国际业务拓展的重点区域，其主要原因在于中国与亚洲地区其他国家具有共同的文化基础、深厚的历史渊源和密切的经贸关系，如海通、中信证券等在内的多家证券公司纷纷加强东南亚业务的发展，向东南亚市场进军成为国内证券公司国际化“梯度推进式”拓展的重要一步。

在股票承销与发行业务方面，2013 年香港市场首次公开发行（IPO）融资额为 217.7 亿美元，其中，中资证券公司在香港市场 IPO 的市场份额为 45.40%，与 2012 年相当；2013 年香港市场再融资总额为 268.9 亿美元，中资证券公司在香港市场再融资业务中的市场份额为 11.1%，高于 2012 年的 7.8%。

在债券承销业务方面，2013 年，除财政部发行的面值 200 亿元人民币约合 32.5 亿美元的债券，香港市场共发行 531.6 亿美元债券，中资金融机构在香港市场债务业务中的市场份额为 25.4%，承销债券 135 亿美元。

在兼并与收购业务方面，2013 年，与中国企业有关的跨国并购（收购方或被收购方为中国企业）业务产生交易规模 820.0 亿美元，其中中资证券公司参与的并购交易规模为61.5 亿美元，市场份额为 7.5%。

在资产管理业务方面，第一，合格境内机构投资者（QDII）规模新增。截至 2013 年底，已有 14 家证券公司获得 QDII 资格，共获得 QDII 投资额度 61 亿美元。第二，合格境外机构投资者（QFII）资格扩容。2013 年，中国证监会共批复合格境外机构投资者 45 家。自引入 QFII 制度以来，截止到 2013 年底，中国证监会累计批复 251 家境外合格机构投资者。前期获得该资格的多为外资金融机构，2012 年中资证券公司开始申请并获得 QFII 资格，截至 2013 年底，共有 7 家中资证券公司获得 QFII 资格，其中 5 家证券公司于 2013 年获批。2013 年 7 月,中国证监会、中国人民银行及国家外汇管理局决定将 QFII 投资额度增加到 1 500 亿美元，有利于吸引更多境外长期投资机构进入，促进资本市场改革发展。第三，人民币合格境外机构投资者（RQFII）业务试点顺利推进。RQFII试点将在新加坡、伦敦等地进一步拓展，将为推动人民币离岸市场发展、扩大资本市场对外开放注入新的活力。

三、证券行业制度建设情况

（一）证券监管部门

1. 全国股权系统制度体系确立，从区域试点向全国覆盖，既提升了其在多层次资本市场中的地位与分量，也极大加强了对中小企业的融资服务力度。2013 年 1 月，《非上市公众公司监督管理办法》正式实施；2 月，中国证监会公布并实施了《全国中小企业股份转让系统有限责任公司管理暂行办法》。2013 年 12 月 13 日国务院发布了《关于全国中小企业股份转让系统有关问题的决定》，中国证监会又及时宣布对年初实施和发布的两项新规进行修改。新三板的建设进一步规范，增强了资本市场服务于中小企业的能力，明确定义了非上市公众公司发行交易制度，即多次发行且可突破股东 200 人数的限制、公开转让、做市商制度以及转板制度。2013 年 12 月 30 日，全国股份转让系统获得中国证监会同意后发布新的业务规则，即《全国中小企业股份转让系统股票发行业务细则（试行）》，12 月 31 日起，全国中小企业股份转让系统开始面向全国受理企业挂牌申请。自此开始，全国股份转让系统正式结束了在国家高新园区内的小规模、区域性试点，市场服务范围覆盖全国已进入实质性操作阶段。

2. 修订《证券发行与承销管理办法》，推进发行承销体制市场化改革的深化，推行优先股试点，规范与明确企业借壳上市制度。2013 年 11 月，中国证监会发布了《关于进一步推进新股发行体制改革的意见 》，在审核理念、融资方式、发行节奏、发行价格及方式、约束机制等方面，充分体现了市场化的改革思想。与此同时，国务院发布了《关于开展优先股试点的指导意见》，明确了优先股股东的权利与义务、优先股的发行和交易、优先股的组织管理和配套政策等内容。2013 年 12 月，中国证监会正式发布了第 95 号令即新修订的《证券发行与承销管理办法》。此次新修订的《证券发行与承销管理办法》主要进行了五个方面的修改：一是取消行政限价手段，引入主承销商自主配售机制，提高定价和配售的市场化程度；二是提高网下配售比例，调整有效报价投资者家数的限制，发挥公募基金、社保基金定价作用，加强对定价和配售的市场化约束；三是调整回拨机制，改进网上配售方式，尊重网上投资者认购意愿；四是提高发行承销全过程的信息披露要求，强化社会监督；五是完善行政处罚、监管措施、自律监管、记入诚信档案等多层次的监管体系，进一步加强监管，强化事后问责。显然新修订后的《证券发行与承销管理办法》进一步提高了新股发行的市场化程度。

2013 年 11 月，中国证监会发布了《关于在借壳上市审核中严格执行首次公开发行股票上市标准的通知》，明确借壳上市条件与 IPO 标准等同，不允许在创业板借壳上市，进一步规范市场秩序。

3. 制定发布《证券公司资产证券化业务管理规定》，提升证券公司服务实体经济能力。

2013年3月15日，为积极推动证券公司创新，丰富固定收益产品，发展资产证券化业务，中国证监会发布实施了《证券公司资产证券化业务管理规定》，这标志着证券公司资产证券化业务由试点转向常规。

2004年4月，中国证监会启动了以证券公司专项资产管理计划为载体的企业资产证券化业务的研究论证，并于2005年8月开始了证券公司企业资产证券化业务的试点；试点期间，为规范业务的开展，防范有关业务风险，中国证监会于2009年5月下发了《关于通报证券公司企业资产证券化业务试点情况的函》及《证券公司企业资产证券化业务试点指引（试行）》，通过上述两个文件明确了证券公司进行企业资产证券化业务试点的相关政策及监管要求。《证券公司资产证券化业务管理规定》较之《证券公司企业资产证券化业务试点指引（试行）》在业务模式、基础资产范围、投资者资格、流动性要求、监管安排等方面有所调整和改进：一是业务模式趋于灵活；二是扩展了基础资产的内涵和外延；三是降低了业务门槛，放宽对证券公司的业务限制；四是强化了流动性安排；五是取消了管理人自有资金及关联资金投资专项计划规模上限等限制性要求；六是明确了监管安排；七是简化了审核程序。

针对这一资产证券化业务新规，上海证券交易所和深圳证券交易所分别于2013年3月26日和4月22日发布了《关于为资产支持证券提供转让服务的通知》、《资产证券化业务指引》，制定了在沪、深证券交易所申请挂牌转让资产支持证券需符合的条件、提交的材料和具体业务要求，保障了新规在基础交易平台的有效实施。

4. 制定发布《证券公司分支机构监管规定》，利于分支机构向客户提供全方位综合金融服务。2013年3月，为加强对证券公司分支机构的监督管理，规范证券公司分支机构的设立和运营，中国证监会根据《中华人民共和国公司法》（以下简称《公司法》）、《证券法》和《证券公司监督管理条例》，发布实施了《证券公司分支机构监管规定》。第一，该规定放开了分支机构设立的主体资格限制、地域限制、数量限制，强化了证券公司对分支机构的内部管理，以市场机制取代过渡性安排，鼓励证券公司在竞争中打造核心竞争能力；第二，不对分支机构业务范围作具体限定，在符合集中管理、建立信息隔离墙制度等要求的前提下，分支机构可以经营证券公司授权的各类业务；第三，整合了证券公司分公司、证券营业部的监管规则，统一对分支机构的监管要求。

该规定大大放松了对分支机构经营业务的范围限制，在引入市场化竞争的同时也给行业引来活水，有利于分支机构更好地向客户提供全方位的综合金融服务，引导其从单一通道服务转向多元化收入模式。

5. 修订证券公司客户资产管理业务相关规定，全面落实新《中华人民共和国基金法》（以下简称《基金法》），逐步实现监管的有效统一。2013年6月，为贯彻实施2012年12月28日修订通过的新《基金法》，修改与其相冲突的条款，保持法规一致性，中国证监会修订发布了《证券公司客户资产管理业务管理办法》和《证券公司集合资产管理业务实施细则》。此次修改，首先删除此前关于投资者超过200人的集合计划的相关规定，删除关于大集合双10%投资比例的限制规定，今后将不再有大集合、小集合的划分。同时，“限额特定资产管理计划”也统一调整为“集合资产管理计划”。删除大集合限定性、非限定性的分类及相应客户准入门槛的规定。修订后规范的证券公司资产管理计划，无论集合计划、定向计划和专项计划，均为私募产品，按照新《基金法》非公开募集基金的统一规定，调整证券公司资产管理计划的监管要求。

6. 规范证券公司参与股指期货与国债期货业务，强调了风险防范。2013年8月，中国证监会正式发布《证券公司参与股指期货、国债期货交易指引》，放宽了证券公司参与股指期货、国债期货的限制，允许证券公司可以以自有资金或受托管理资金参与股指期货与国债期货。同时，对以自有资金和受托资金参与期货业务的风险防范作了详细的规定，如对于证券公司以自有资金参与股指期货、国债期货交易，明确了证券公司参与国债期货风控指标计算标准。证券公司应当根据《证券公司风险控制指标管理办法》等规定，对已被股指期货、国债期货合约占用的交易保证金按100%比例扣减净资本。证券公司应当对已进行风险对冲的股指期货、国债期货分别按投资规模的5%计算风险资本准备；对未进行风险对冲的股指期货、国债期货分别按投资规模的20%计算风险资本准备。另外，对证券公司自营权益类投资规模也提出明确要求。证券公司自营权益类证券及证券衍生品（包括股指期货、国债期货等）的合计额不得超过净资本的100%，其中股指期货以股指期货合约价值总额的15%计算，国债期货以国债期货合约价值总额的5%计算（见表1-13）。

表1-13　　2013年中国证监会发布的主要法令一览

主要法规	发布时间
【第89号令】《全国中小企业股份转让系统有限责任公司管理暂行办法》	2013年2月2日
【第90号令】《人民币合格境外机构投资者境内证券投资试点办法》	2013年3月1日
【第91号令】《证券投资基金销售管理办法》	2013年3月15日
【第92号令】《证券投资基金托管业务管理办法》	2013年4月2日
【第93号令】《关于修改〈证券公司客户资产管理业务管理办法〉的决定》	2013年6月26日
【第94号令】《公开募集证券投资基金风险准备金监督管理暂行办法》	2013年9月24日
【第95号令】《证券发行与承销管理办法》	2013年12月13日
【第96号令】《关于修改〈非上市公众公司监督管理办法〉的决定》	2013年12月26日

资料来源：中国证监会网站。

（二）证券业自律组织——中国证券业协会

1. 柜台市场自律规则体系不断完善。试点工作启动以来，中国证券业协会积极推动柜台市场制度建设工作，结合柜台市场业务特性，从产品创设、备案、代码管理、衍生品交易及风险管理、投资者适当性等方面对柜台市场相关业务进行了规范。2013年，先后发布了《证券公司私募产品备案管理办法》、《证券公司私募产品代码管理办法》、《证券公司金融衍生品柜台交易业务规范》、《证券公司金融衍生品柜台交易风险管理指引》、《中国证券市场金融衍生品交易主协议及其补充协议》（2013年版）、《证券公司金融衍生品柜台交易风险管理指引》、《证券公司投资者适当性制度指引》、《证券公司私募产品备案管理指引》、《证券公司创新业务（产品）专业评价工作指引》、《证券公司金融衍生品备案指引（试行）》等自律规则。

2. 引导证券公司积极参与区域性股权交易市场。中国证监会发布的《关于规范证券公司参与区域性股权交易市场的指导意见》，赋予了中国证券业协会对证券公司参与区域性股权交易市场的自律管理职责。2013 年 2 月，中国证券业协会发布《证券公司参与区域性股权交易市场业务规范》，对证券公司参与区域性市场的程序与备案要求、业务范围、适当性管理、风险控制和合规管理作出了规定。截至 2013 年 12 月底，共有 59 家次证券公司到中国证券业协会备案，其中 11 家次证券公司入股区域性市场。

3. 积极支持小微企业发展，不断探索证券行业服务小微企业新方式。2013 年 1 月，中国证券业协会发布《证券公司中小企业私募债券承销业务尽职调查指引》。一年来，中国证券业协会从多方面考虑并致力于推动证券公司以业务创新服务中小企业，即考虑如何从证券公司资产管理业务、直投业务、私募债业务、股票质押回购业务、股权质押融资业务、行业增信机制等方面为中小企业提供融资服务。

4. 建立行业诚信体系，提升证券公司与从业人员的诚信观念。2013 年 8 月，中国证券业协会发布《中国证券业协会诚信管理办法》，同时废止《中国证券业协会会员诚信信息管理暂行办法》、《证券从业人员诚信信息管理暂行办法》，将证券公司与从业人员的诚信建设一并纳入行业诚信体系中，倡导诚信经营、诚信服务。根据《中国证券业协会诚信管理办法》，中国证券业协会将建立诚信信息管理系统、诚信状况评估和检查制度，对会员和从业人员的诚信建设进行日常管理。这有利于促进证券市场健康发展，规范行业诚信信息管理（见表 1–14）。

表 1–14　2013 年中国证券业协会发布的自律规则一览

发布时间	中国证券业协会自律规则
2013 年 1 月 15 日	中国证券业协会境外证券类机构驻华代表处特别会员管理规则
2013 年 1 月 16 日	证券公司中小企业私募债券承销业务尽职调查指引
2013 年 2 月 7 日	证券公司参与区域性股权交易市场业务规范
2013 年 3 月 15 日	证券公司私募产品备案管理办法
2013 年 3 月 15 日	证券公司开立客户账户规范
2013 年 3 月 15 日	证券公司金融衍生品柜台交易风险管理指引
2013 年 3 月 15 日	证券公司金融衍生品柜台交易业务规范
2013 年 3 月 15 日	中国证券市场金融衍生品交易主协议及其补充协议（2013 年版）
2013 年 6 月 7 日	关于规范证券公司聘用第三方机构为集合资产管理计划提供投资决策相关专业服务的通知
2013 年 7 月 19 日	关于规范证券公司与银行合作开展定向资产管理业务有关事项的通知
2013 年 8 月 9 日	证券公司私募产品备案管理指引
2013 年 8 月 13 日	证券公司创新业务（产品）专业评价工作指引
2013 年 8 月 13 日	中国证券业协会诚信管理办法
2013 年 8 月 20 日	证券公司金融衍生品备案指引（试行）

资料来源：中国证券业协会网站。

2013年中国证券业发展特点

2013年，随着多层次资本市场建设稳步推进和创新业务的快速发展，证券行业为我国经济平稳增长和中小企业发展提供了强有力的支持。与2012年相比，2013年行业发展呈现以下特点：

一、制度建设稳步推进，监管环境优化，证券行业发展迎来新机遇

2013年，证券行业制度建设取得长足进展，为行业稳健发展和新一轮市场化改革奠定了良好的基础。中国证监会发布的重要法规内容涉及中小企业股份转让系统的设立、证券投资基金的销售与托管、证券发行与承销管理办法的修订、上市公司的监管等。其中，新股发行制度改革尤为瞩目，并购重组审核分道制改革更是彰显市场化改革的决心，新三板扩容至全国、优先股试点顺利推进和国债期货重启则为多层次资本市场建设提供了有力保障。中国证券业协会发布的行业自律新规，内容涉及证券公司的中小企业私募债券、私募产品的备案管理、金融衍生品的柜台交易与风控管理、证券公司参与区域性股权市场业务规范、证券公司开立客户账户规范及证券行业诚信体系建设等多方面。此外，由中国证券业协会牵头建设的机构间市场实现了证券公司柜台市场之间的互联互通，成为场外多层次资本市场重要的组成部分。

制度建设稳步推进保证了行业治理水平的进一步完善。2013年中国证监会坚持从严治市，全年共发布84项行政处罚决定，同比增加41.1%。监管层严格执法，证券行业治理水平显著提升，为资本市场平稳运行和投资者利益提供了有力保障。

二、场内场外并举，服务实体经济特别是中小微企业能力进一步提升

建设多层次资本市场，是证券行业持续创新发展和提升市场配置资源效率的关键。2013年我国多层次资本市场建设取得了重大进展，场内市场治理改革稳步推进，新三板市场推向全国，区域性股权交易市场快速扩容并呈现出板块分层和融资产品创新等新特点，柜台市场平稳起步并成为证券公司私募业务创新的重要平台。2013年境内证券市场实现融资6 884.83亿元，同比增长80.1%，其中债券市场融资4 082.07亿元，占比59.29%，较2012年增长4.34个百分点。股票市场全年共成交48 372.67股，成交额达

468 728.6 亿元，同比增长 48.96%。

场外证券市场充满活力并逐渐成长为多层次资本市场服务中小微企业的重要渠道。其中，新三板市场是多层次场外市场建设的重点。2013 年 1 月，全国中小企业股份转让系统正式揭牌运营。12 月 16 日，国务院发布《关于全国中小企业股份转让系统有关问题的决定》，明确了其作为全国性证券交易场所主要为创新型、创业型、成长型中小微企业发展提供服务的市场定位，挂牌公司范围不再局限于高新技术园区，符合条件的挂牌公司可以直接向交易所申请上市，区域股权市场符合条件的公司也可申请到全国中小企业股份转让系统挂牌，这开启了全国性场外市场建设的新篇章。截至 2013 年底，在新三板市场挂牌的公司数量达到 356 家，市值规模 416.07 亿元，分别同比增长 78%和 35.69%，全年交易 20 242.52 万股共计 8.14 亿元，分别较 2012 年增长 76.71%和 39.38%，57 家挂牌公司实现增发 29 193.87 万股，融资 100 236.43 万元，比 2012 年分别增长 51.78%和 17.3%。

区域股权市场则是 2013 年场外市场建设最具活力的一个部分，不仅区域股权交易中心及在此挂牌的非上市公司数量大幅增长，在融资产品创新和信息披露制度建设方面同样取得显著进展。截至 2013 年底，全国共有 31 家区域股权中心（含筹备），少数省份甚至拥有多家区域股权市场，部分具备区位优势的区域股权市场还展开了国际化探索。板块分层和多样化的融资产品创新是区域股权市场驶入快车道的主要特征。一方面，包括浙江股权交易中心、上海股权托管交易中心等区域股权市场根据财务资质和信息披露标准差异来实现内部层次划分；另一方面，除定向增发股权、股权质押融资和私募债外，一些区域股权市场还积极探索其他创新融资产品，诸如优先股融资（浙江），理财和信托产品交易（齐鲁），私募基金（重庆、上海），并购重组和衍生品（上海、前海）等。

2013 年是国内证券公司柜台市场业务启动元年。3 月，中国证券业协会相继发布实施《证券公司私募产品备案管理办法》、《证券公司进入衍生品柜台交易业务规范》、《证券公司进入衍生品柜台交易风险管理指引》和《中国证券市场金融衍生品交易主协议及其补充协议》（2013 年版）等规范文件，为证券公司柜台市场业务的开展提供了规范的环境。进入下半年，部分场外期权、权益收益互换交易和股票协议逆回购业务方案通过专业评价并陆续上线，为证券公司柜台市场产品创新提供了更多选择。截至 2013 年底，15 家试点公司柜台市场相关系统建设工作已基本完成，14 家证券公司为投资者累计开立 98 385 个柜台产品账户，其中个人账户 97 505 户，机构账户 880 户。13 家证券公司共 903 只产品上柜交易，包括 730 笔衍生品交易（包括 729 笔互换和 1 笔场外期权）、163 只资产管理产品、4 只其他产品、3 笔股票协议逆回购和 3 只代销银行理财产品。

同时，中小企业私募债的试点区域在 2013 年进一步扩展至 28 个省市，全年共有 223 家发行人发行 247 只中小企业私募债，其中上交所 109 只，深交所 138 只，共募集资金 310.85 亿元，较 2012 年增长 231.57%。直投业务是证券公司为中小微企业提供融资服务和支持新兴产业成长的另一条重要途径。截至 2013 年末，已有 57 家证券公司成立了直投子公司，注册资本达 395.5 亿元，同比增长 11.31%；共 19 家直投子公司发起设立 38 只直投基金，计划募集资金总额为 516.3 亿元，已募集资金总额为 304.9 亿元。

三、行业基础功能不断完善和加强，服务客户的能力逐步提高

作为证券公司五项基础功能之一，是否具备完善的支付功能关系到证券公司能否顺利推进业务持续创新和盈利模式转型。2013 年证券公司支付功能试点名单进一步扩容至10 家，国泰君安成为第一家加入央行大额支付系统的非银行金融机构，首次实现证券公司客户和商业银行账户的直接连通，对亟待实现财富管理转型和适应“泛资产管理”竞争无疑具有里程碑式意义。此外，证券公司的融资功能进一步加强， 截至 2013 年底，共有 32 家证券公司发行 131 只短期融资券，21 家证券公司发行 37 只证券公司债，累计融资量分别达到 2 905.9 亿元和 1 174.6 亿元。受益于此，2013 年证券行业杠杆倍数同比提升 25.38%至 2.02 倍，在净利率大致持平的基础上将 ROE 推升至 5.84%，较 2012 年高出 1.1 个百分点。

尽管 2013 年 A 股市场 IPO 暂停，但证券公司通过加强股票再融资和债券融资业务的拓展，服务客户的融资能力大幅提升。全年证券公司共完成股票再融资 2 802.76 亿元，较 2012 年增长 117.83%，可转债融资和公司债融资 551.31 亿元和 3 219.91 亿元，同比分别增长 261.4%和 73.66%。

四、资产管理规模持续增长，创新业务发展迅速，证券公司盈利水平稳步提升，收入结构进一步优化

在政策效应释放和利率市场化的大背景下，2013 年证券行业资产管理业务规模继续快速增长，截至 2013 年底，受托管理客户资金规模达 51 950.73 亿元，同比增长174.37%，首次在管理资产规模上超越公募基金。受益于规模扩张，2013 年证券行业受托资产管理业务净收入 70.3 亿元，同比增长 162.71%。盈利能力较弱的定向资产管理业务规模占比增长 4.23 个百分点而资产管理业务净收益率仅微幅下降 0.6 个基点，表明2013 年证券公司资产管理业务盈利能力有所改善，与此相应的是资产管理业务收入占总收入的比重从 2012 年的 2.07%升至 4.41%。产品创新和业务线调整是 2013 年证券公司资产管理业务发展的主要特点。一方面，大量新产品采用各种量化对冲策略，中国证券业协会专项调查数据显示，2013 年有 24 家证券公司推出了采用量化对冲策略的集合理财产品；另一方面，中国证监会发布《资产管理机构开展公募证券投资基金管理业务暂行规定》，允许符合条件的证券公司开展公募基金业务，同时还规定投资者超过 200 人的大集合类产品自 6 月起停发，证券公司资产管理通过“私募+公募”组合方式有序发展。东方证券资产管理公司已于 12 月发行了首只券商系公募基金产品。

以融资融券为代表的新兴业务迅速成长，成为证券行业业务结构优化的主要驱动力。2013 年有 84 家证券公司开展融资融券业务，实现利息收入 184.62 亿元，同比增长250.99%，占行业营收总额的 11.59%，成为仅次于经纪业务和自营业务的行业第三大收入来源。截至年底，融资融券余额和交易额与 A 股流通市值比重分别从年初的 0.39%和5.11%提升至 1.74%和 10.19%，行业集中度（CR5）则由年初的 35.94%下滑至 29.46%。

同时，基于证券公司柜台市场的类融资和衍生品创新业务在 2013 年也取得突破性进展。股票质押式回购于 2013 年 6 月正式上线，截至年底共有 86 家证券公司开通业务

试点权限，沪市和深市分别有62家和79家证券公司开展实际交易，两市股票质押式回购初始交易规模共计904.08亿元，涉及股票市值2 254.36亿元。在约定购回式证券交易方面，截至年底，沪、深两市分别有79家和80家证券公司取得试点资格，实际开展业务的则分别有74家和76家，自业务试点以来沪、深两市累计完成18 686笔初始交易，涉及初始交易金额504.3亿元。股票收益互换产品是2013年证券公司场外衍生品业务的重要创新，截至年底，共有19家证券公司通过场外期权和权益互换业务专业评价，已在中国证券业协会完成备案的互换业务方案20项，已通过柜台市场完成729笔互换和1笔场外期权交易。2013年股指期货交投活跃，成交量和成交额分别达到19 322.05万手和140.7万亿元，同比分别增长83.91%和85.52%，中国金融期货交易所已成为全球第二大股指期货交易市场。国债期货交易重启则为金融机构利率风险管理提供了重要工具，截至年底总成交328 794手，持仓量3 631手。此外，中国证监会2013年共核准22单证券公司资产证券化项目，涉及10家证券公司505亿元产品规模，其中东方证券完成了业内首单小额信贷资产证券化产品并在深圳证券交易所挂牌交易。

五、互联网金融起步、并购整合和国际化，证券行业竞争格局调整进入新时代

随着业务创新持续深化，互联网金融方兴未艾，大量证券公司开始尝试搭建网络服务平台，通过网上开户、在线理财等信息技术手段拓展金融服务渠道，实现线上和线下双向布局。与此同时，2013年部分证券公司启动了新一轮并购整合，国际化探索也取得阶段性进展，促使证券行业竞争格局迎来调整良机。

证券公司业务与互联网的结合将推动业务转型进一步深化。2013年是国内证券公司主动探索互联网金融之路的元年，打造网络金融平台、增强客户黏性成为共同选择。其中，部分证券公司选择在天猫或淘宝开设电子商城，向客户提供各类金融产品销售服务，另一些证券公司则选择自行建立电子金融商城，打造特色化综合性金融服务平台。与此同时，一些证券公司选择与电商合作以拓展电子金融服务平台的外延。以国泰君安与微信合作推出的“微理财”为例，服务项目包括微信开户、LBS营业部定位、AI及人工交互、资讯图文推送、微账户、微交易等，能够为投资者客户提供完整的O2O闭环快捷开户体验。投资者借助移动信息终端可以实现网上开户、第三方存管的“一步式”签约。基于综合金融服务平台的竞争势必将证券行业盈利模式转型推向“深水区”，技术资本、缄默资本和资金资本在未来差异化竞争时代的重要性将愈发凸显。

2013年，证券公司并购与整合纷起，并延伸至其他金融子行业。通道业务式微和网络金融冲击，迫使证券公司纷纷求变谋新，行业整合和差异化竞争成大势所趋。2013年8月，方正证券宣布并购民族证券；11月，宏源证券则公告称与申银万国证券进行重大资产重组。除证券行业内并购外，海通证券还公告收购恒信金融集团100%的股份，将金融租赁业务纳入公司版图，这是国内证券公司首次收购金融租赁公司。

同时，证券行业的国际化加速推进，借道区域化迈向全球。2013年，我国证券公司的国际化步伐明显加快，我国香港市场依然是国内证券公司海外布局的第一站，东南亚市场成为国内证券公司区域化战略的重点目标，少数实力较强的证券公司则已将触角延伸至英、美成熟市场和其他新兴市场国家。在香港市场，2013年已有23家国内

证券公司在港设立子公司，中资证券公司 IPO 和再融资市场份额分别为 45.4%和 11.1%，分别较 2012 年增加 4.4 和 3.3 个百分点，在债券市场和人民币债券业务的市场份额分别为 25.4%和 34.7%。在并购业务方面，2013 年中资证券公司共参与 61.5 亿美元中资企业跨国并购交易项目，市场份额为 7.5%。同时，2013 年获得 QFII 资格的中资证券公司增至 7 家，累计获批额度 5 亿美元，证券系境外法人获批 RQFII 额度 276.5 亿元，占 52 家境外法人获批总额度的 17.56%。

事实上，2013 年国内证券公司国际化征程已迈出香港，走向东南亚乃至全球。中信证券和海通证券分别发行 8.42 亿美元和 9 亿美元的境外美元债券，前者收购里昂证券已正式收官，整合后的业务网络将覆盖美国、英国、日本、澳洲、新加坡、印度、韩国、菲律宾、马来西亚、印度尼西亚和泰国等海外市场，同时还与俄罗斯新兴投行 VTB Capital 签署战略合作协议，并在美国申请证券执业牌照。海通证券则已在新加坡筹建分支机构，并积极尝试收购当地投行以拓展东南亚业务。同样将目标瞄准东南亚市场的还有国金证券和太平洋证券等，前者于 5 月收购香港粤海证券，后者则出资 3 120 万元与老挝农业促进银行、老挝信息产业有限公司在万象设立合资证券公司。此外，招商证券和广发证券将视线投向全球大宗商品市场，前者在伦敦设立全资子公司中国招商证券（英国）公司，后者则通过收购法国外贸银行（Natixis）持有的英国 NCM 期货公司（Natixis Commodity Markets Limited）以获得英国主要期货交易所的会员结算资格。

2014年中国证券业发展展望

2014年，证券市场面临着机遇和挑战，十八届三中全会作出的《中共中央关于全面深化改革若干重大问题的决定》提出，要完善金融市场体系，健全多层次资本市场体系，推进股票发行注册制改革，多渠道推动股权融资，发展并规范债券市场，提高直接融资比重。鼓励金融创新，丰富金融市场层次和产品。2014年1月，全国证券期货监管工作会议提出了推动《证券法》修改等几项重要工作。在此背景下，可以预期，将对证券行业发展带来较大变化。

一、证券监管转型，证券行业创新的自主性加强

放松管制，减少事前审批、备案等事项，加强事中、事后监管，更加重视合规风控。2014年证券行业的监管思路，将在放松管制、加强监管的总体原则下，由机构监管转向功能监管、行为监管、业务监管。监管部门对证券公司监管的总体原则仍是放松管制、加强监管，市场能做的就让市场去做，自律组织能管的就交予自律组织管理，真正发挥市场在资源配置过程中的决定性作用。在上述总原则下，证券公司监管将由原先以机构监管为主，按照监管对象划分监管职责，转向以功能监管为主，更加体现行为监管、业务监管思路。即机构无论大小、名称，只要从事的是同一项业务，就适用统一的监管标准、统一的市场准入条件、统一的处罚措施。

二、证券监管机构设置调整，机构综合经营起步

2014年2月21日，根据中央编办批复，中国证监会发行监管部、创业板发行监管部合并为发行监管部；上市公司监管一部、上市公司监管二部合并为上市公司监管部；期货监管一部、期货监管二部合并为期货监管部；机构监管部、基金监管部合并为证券基金机构监管部。新设立公司债券监管部、创新业务监管部、私募基金监管部、打击非法证券期货活动局。在机构调整过程中，按照功能监管和一事一管的要求，将发行、上市、机构、基金和期货等部门进行整合。因此，证券行业向综合化经营迈进已初露端倪。事实上，整个金融领域近年来越来越呈现出业务领域相互渗透的趋势，这在资产管

理以及资本中介业务方面最为明显。

三、金融体制改革、利率市场化等为行业发展带来更多机遇

我国金融改革明显提速，市场化脉络日渐清晰。十八届三中全会作出的《中共中央关于全面深化改革若干重大问题的决定》要求体制改革全面市场化，要求市场对资源配置起决定性作用，比如金融市场对内对外全面开放、股票发行注册制、宏观管理方面的负面清单等。新一轮金融改革的重点则应逐步转移到构建制度、完善市场、提高金融资源配置效率与金融服务实体经济的功能上来。这些改革措施的推行，将使金融市场规则、金融市场行为、金融组织机构及市场竞争方式发生根本性变化。民间资本进入金融领域已是大势所趋，将有利于促进金融机构股权结构多元化，建立多层次的金融体系，激发金融机构市场活力。因此，证券行业的发展将面临重大机遇。

四、交易、结算、托管等基础功能进一步完善，客户服务能力进一步加强

2013 年，证券公司的支付功能、融资功能已经得到加强，今后，随着交易、结算、托管等基础功能进一步完善，证券行业客户服务能力必然进一步提升。在交易功能方面，我国的场内和场外证券交易均以竞价交易为主，做市交易功能较弱。我国目前在 ETF 交易中开始引用做市制度，新三板市场也在积极研究做市制度，如果能够顺利推广，将有利于增强市场流动性并提高证券公司的盈利能力。托管功能方面，目前在证券交易的实际操作中，登记结算机构是客户证券的实际托管人，证券公司承担客户证券托管责任，但不享有客户证券的管理权与处分权，不能实质性地对维护证券账户发挥应有作用，这就导致了证券托管主体职责不对称，不利于创新业务的发展。因此，证券公司对场外金融产品的托管功能有待进一步明确，进而推进场外市场间接持有多级托管体系的发展。

五、资本中介业务持续发展，为行业带来新的利润增长点

从美国的经验看，高盛的资本中介型业务是公司的核心业务，是公司最有活力且收入较稳定的业务。而国内此类业务，只有传统意义上资产管理等少数业务，资产管理规模很小。数据统计显示，2013 年国内证券公司的中介型业务收入占比是 55.76%，资本型业务为 19.19%，资本中介型业务是 25.05%。从发展趋势看，加杠杆是证券公司业务的发展趋势，随着融资融券和质押式回购等其他融资类业务的扩张，证券行业整体从自有资金冗余状态过渡到资金稀缺。2012 年底，沪、深两市融资融券余额为 895 亿元，到 2013 年底猛增至 3 465 亿元，增长率达 287%，这一业务为证券公司带来约 184.62 亿元的收入。因此，以融资融券和股权质押业务为代表的资本中介业务将成为证券行业新的利润增长点。

六、行业对内、对外开放，机遇与挑战并存

在功能监管推进、业务牌照管理制度建立的背景下，证券行业将放宽市场准入条件，加快对内对外开放的步伐。一方面，对内开放，即对民间资本、专业人士开

放。目前国内互联网金融和第三方财富管理公司发展如火如荼，业务牌照放开将会引入国内证券市场出现差异化的、专注于某些业务的证券公司，为行业发展引入活水。另一方面，对外开放，即支持符合条件的主体发起设立或者参股控股证券公司。根据《内地与香港关于建立更紧密经贸关系的安排》（CEPA）第十份补充协议，允许符合设立外资参股证券公司条件的港资金融机构，在上海、广东和深圳各设立一家两地合资的全牌照证券公司，港资合并持股比例最高可达50%以上。因此，随着行业对内、对外开放度的扩大，必然带来更多的发展机遇。同时，由于竞争的加剧，各种挑战随之而来。

分 报 告

分报告之一：2013年中国证券经纪业务发展回顾与展望

2013年中国证券经纪业务的总体情况和竞争格局

第一节 2013年中国证券经纪业务的总体情况

一、市场总体情况和经纪业务规模

（一）两市指数涨跌互现，股票基金交易回暖，债券交易增幅显著

2013年沪、深两市指数呈现冲高回落、持续探底、尾盘回升的走势。2013年，上证综合指数从上年收盘的2269.13点，最高到2444.8点，最低达1849.65点，收盘2115.98点，全年指数下跌了6.75%；深证综合指数从上年收盘的881.17点，最高到1106.27点，最低达815.89点，收盘1057.67点，全年指数上涨20.03%。

股票基金交易量回升显著。根据沪、深两市交易所的统计数据，2013年两市股票基金总成交48.29万亿元，较2012年的32.28万亿元激增16.01万亿元，增幅49.60%。其中，上海证券交易所股票、基金交易金额23.86万亿元，深圳证券交易所股票、基金交易金额24.43万亿元，分别较2012年上升42.28%和57.51%。日均成交量方面，2013年成交天数为238日，较2012年243个交易日减少5个交易日；2013年两市日均股票基金交易量提升更为显著，达到2 028.99亿元，较2012年日均1 328.40亿元上升52.74%。

股票交易量上升，基金交易量下降，债券交易量[①]快速增长。2013年，两市股票合计成交46.87万亿元，较2012年31.47万亿元的增长，涨幅达48.94%，股票日均交易额从2012年的1 294.93亿元增长到2013年的1 966.69亿元，增幅达51.88%；基金成交方面，2013年两市基金成交金额1.48万亿元，较2012年2.68万亿元的水平下降59.78%；债券成交方面，近两年持续增长，且增幅显著，2013年债券合计成交67.83万亿元，较2012年38.48万亿元增长了76.27%（见图1-1）。

① 特指深圳证券交易所和上海证券交易所的债券交易。

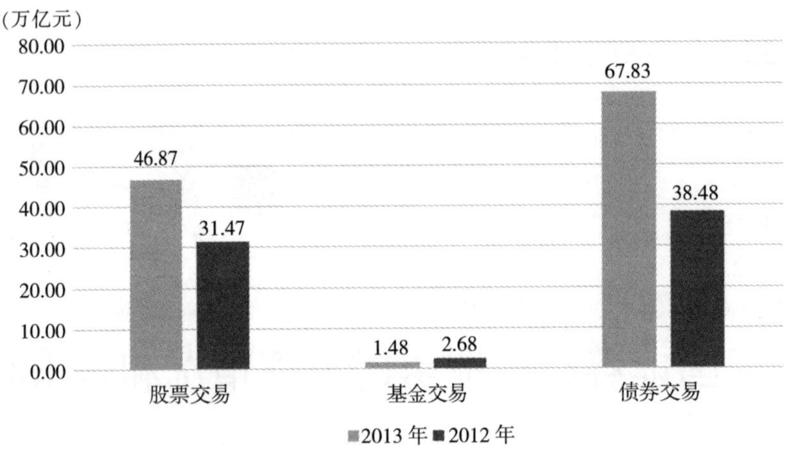

图1–1　2013年和2012年各品种交易量变化对比图

资料来源：沪、深证券交易所。

（二）市场扩容暂停，市值维持稳定，市盈率涨跌不一

2013 年新股发行暂停。截至 2013 年底，境内上市公司数（A、B 股）合计 2 489 家，较 2012 年底 2 494 家减少了 5 家，降幅是 0.2%。

两市总市值基本维持稳定。2013 年底，两市股票市价总值为 23.91 万亿元，较 2012 年的 23.04 万亿元略有提升，升幅 3.78%；其中，流通市值从上一年的 18.17 万亿元提升到 2013 年底的 19.96 亿元，升幅达 9.85%。

市场平均静态市盈率涨跌不一。截至 2013 年底，沪市平均静态市盈率为 10.991，较 2012 年底的 12.30 倍进一步下滑了 10.64%；而深市的平均静态市盈率为 27.76 倍，较 2012 年底的 22.01 倍上涨了 26.12%（见表 1–1）。

表 1 –1　2013 年证券市场概况统计表

	2012 年底	2013 年底	比 2012 年底增减
境内上市公司数（A、B 股）（家）	2 494	2 489	-0. 20%
境内上市外资股（B 股）（家）	107	107	0. 00%
股票市价总值（A、B 股亿元）	230 357. 62	239 077. 19	3. 79%
其中：股票流通市值（亿元）	181 658. 26	199 579. 53	9. 87%
股票成交金额（亿元）	314 667. 41	468 728. 61	48. 96%
日均股票成交金额（亿元）	1 294. 93	1 969. 45	52. 09%
上证综合指数（收盘）	2 269. 13	2 115. 98	-6. 75%
深证综合指数（收盘）	881. 17	1 057. 67	20. 03%
股票有效账户数（万户）	14 045. 91	13 247. 15	-5. 69%
平均市盈率（静态）			
其中：上海	12. 30	10. 99	-10. 65%
深圳	22. 01	27. 76	26. 12%
证券投资基金只数（只）	1 173	1 552	32. 31%

资料来源：中国证监会，上海证券交易所，深圳证券交易所，中国证券登记结算有限责任公司。

（三）信用交易继续保持快速发展势头，融资业务快于融券

2013 年，融资融券业务继续保持迅猛增长势头，两融业务余额由 2012 年的 895.16 亿元上升到 3 465.27 亿元，增幅 287.11%。融资业务方面增速显著。截至 2013 年底，融资余额 3 434.70 亿元，期间买入额 32 891.94 亿元，偿还额 30 314.18 亿元，而 2012 年同期对应的三项指标仅分别为 856.94 亿元、7 265.98 亿元及 6 784.51 亿元，增幅分别达到 300.81%、352.68%及346.82%。融券方面，增速同样显著，但低于融资业务增速，2013 年期间合计卖出 1 108.71亿元，增幅 209%（见表 1–2 和图 1–2）。

表 1 –2　　2010 ~2013 年融资融券业务发展数据

	融资（亿元）			融券（亿元）		
	截止日余额	期间买入额	期间偿还额	截止日余额	期间卖出量	融资融券余额
2010 年	127. 61	695. 13	567. 42	0. 11	0. 73	127. 72
2011 年	375. 48	2 908. 99	2 661. 12	6. 59	22. 88	382. 07
2012 年	856. 94	7 265. 98	6 784. 51	38. 21	358. 47	895. 16
2013 年	3 434. 70	32 891. 94	30 314. 18	30. 57	1 108. 71	3 465. 27
2013 年比 2012 年的变化幅度	300. 81%	352. 68%	346. 82%	–19. 99%	209. 29%	287. 11%

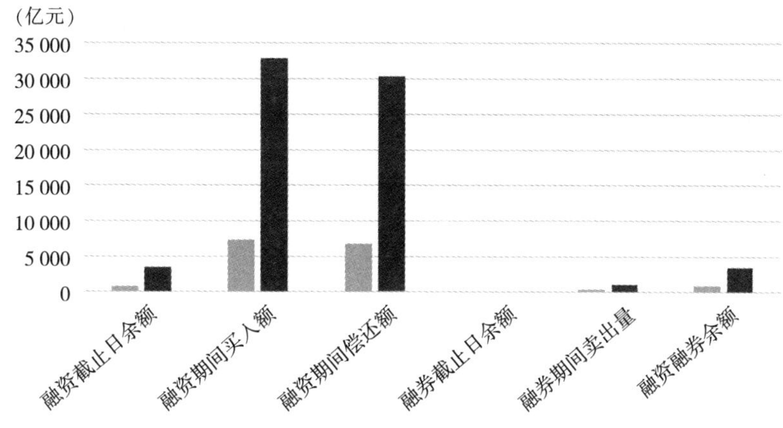

图 1–2　2012 年和 2013 年融资融券业务情况

资料来源：Wind。

（四）股票质押式回购、约定购回式证券交易等创新业务逐步铺开，发展迅速

股票质押式回购方面，根据沪、深证券交易所专项统计数据，自 2013 年 5 月沪、深证券交易所正式规范以来，截至年末，已有 86 家证券公司开通了股票质押式回购业务的权限。其中，在上海证券交易所实际开展交易的证券公司有 62 家，在深圳证券交易所实际开展交易的有 79 家。截至 2013 年底，两市股票质押式回购初始交易金额共计 904.08 亿元，其中 60.11 亿元已购回，约占 6.65%；待购回初始交易金额 846.21 亿元，涉及股票市值 2 254.36 亿元，平均履约担保比例约为 266.41%。

具体而言，上海证券交易所股票质押回购业务累计成交金额 292.99 亿元，其中初

始交易金额272.08亿元，购回交易金额20.91亿元；期末待购回初始交易金额249.71亿元，待购回证券市值539.36亿元，平均履约担保比例215.99%。深圳证券交易所累计成交金额671.2亿元，其中初始交易金额632亿元，购回交易金额39.2亿元；期末待购回初始交易金额596.5亿元，待购回证券市值1 715亿元，平均履约担保比例287.15%。

证券公司分布方面，两市股票质押业务待回购金额占比靠前的十大证券公司分别为国泰君安证券、中信证券、兴业证券、海通证券、华泰证券、国信证券、中金公司、广发证券、国元证券及招商证券，前十家公司合计占比达到60%。

约定购回式证券交易方面，上海证券交易所和深圳证券交易所约定购回式证券交易业务分别于2011年10月和2013年1月开闸。根据沪、深证券交易所专项统计数据，截至2013年底，沪市和深市分别有79家和80家证券公司试点约定购回式证券交易业务，并分别有74家和76家证券公司实际开展该业务。自两市开展该业务以来，共完成18 686笔初始交易，初始交易金额共计504.3亿元。

上海证券交易所方面，累计初始交易10 852笔，初始交易金额298.62亿元；累计购回交易6 266笔，购回交易金额178.79亿元；期末待购回初始交易金额133.51亿元，待购回证券市值258.17亿元，平均履约担保比例205.25%。

深圳证券交易所方面，累计初始交易为7 834笔，初始交易金额为205.7亿元，其中主板股票101.2亿元，中小板股票80.2亿元，创业板股票21.4亿元，债券及基金2.9亿元；累计购回交易为3 934笔，购回交易金额为79.7亿元；期末待购回初始交易金额126.0亿元，待购回证券市值260.4亿元，平均履约担保比例235.0%。

证券公司分布方面，与股票质押业务类似，同样呈现较高的集中度，初始交易金额排名前10位的证券公司交易金额约占行业整体的62.70%。按照排名依次为中信证券、海通证券、国泰君安、华泰证券、申银万国、国元证券、银河证券、广发证券、浙商证券及长江证券。

二、市场参与主体

（一）投资者期末空仓占比过半

截至2013年末，沪、深股票账户数合计为17 517.64万户，其中A股账户17 263.38万户，B股账户254.26万户；剔除休眠账户4 270.49万户，有效账户为13 247.15万户。

2013年末，沪、深两市场共有A股有效账户12 992.7万户。其中，4 756.85万户近一年内参与了二级市场交易，占期末A股有效账户的36.61%；未参与交易的A股有效账户8 235.85万户，占期末A股有效账户的63.39%。参与交易的A股有效账户中，七成期末持有证券，三成期末未持有任何证券。未参与交易的账户中，七成期末未持有任何证券。

2013年末持仓的A股账户数为5 385.44万户，持仓A股账户占全部A股有效账户的比重为41.45%；空仓账户占58.55%。

1. 股票账户持续增加，增速继续放缓。自2009年以来，因市场环境恶劣，二级市场指数持续下滑，股票账户总数虽然一直有所增加，但增幅已连续4年明显减缓。

2013年两市股票账户净增453.16万户，增长幅度为2.66%，与2012年的3.13%相比，增长幅度进一步下滑。其中，A股账户净增451.96万户，增长幅度为2.69%；B股账户净增1.2万户，增长幅度为0.47%（见表1–3和图1–3）。

表1－3　2009～2013年股票账户变化情况　（单位：万户）

	2009年	2010年	2011年	2012年	2013年
期末股票账户总数	14 027.88	15 454.03	16 546.90	17 064.48	17 517.64
其中：期末A股账户数	13 781.78	15 204.06	16 294.74	16 811.42	17 263.38
期末B股账户数	246.10	249.97	252.16	253.06	254.26

资料来源：中国证券登记结算有限责任公司。

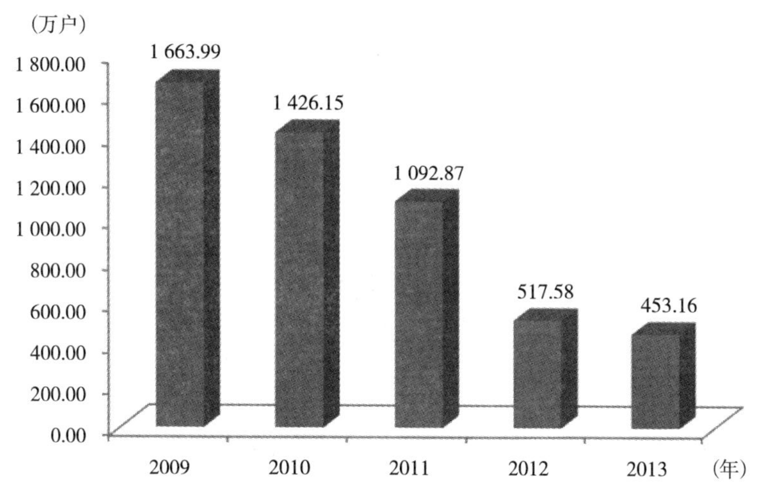

图1–3　2009～2013年股票账户数较上年变化趋势图

资料来源：中国证券登记结算有限责任公司。

2. 基金账户规模增幅明显。截至2013年底，两市基金账户总数为4 445.40万户，相较2012年底的4 018.69万户，净增426.71万户，增长幅度为10.62%，相较2012年306.39万户的净增额涨幅明显（见表1–4和图1–4）。

表1－4　2009～2013年基金账户变化情况　（单位：万户）

	2009年	2010年	2011年	2012年	2013年
期末基金账户总数	3 121.80	3 404.25	3 712.30	4 018.69	4 445.40

资料来源：中国证券登记结算有限责任公司。

（二）投资者根据自然人与机构的划分，市值分布差异较大

首先，根据中国证券登记结算有限责任公司2013年底的专项统计数据，针对投资者A股账户的期末已上市A股流通市值，其中自然人账户八成以上低于10万元，近四成低于1万元；机构账户近五成低于50万元，近三成低于10万元，但有超过两成高于500万元。可以看出，从占比上，大部分自然人的A股账户市值在50万元以下，而机构投资者不同资产区间账户数量的分布比较平均。

其次，2013年与2012年相比，无论是自然人还是机构，50万元以下市值的账户占比略有下降，500万元以上市值的账户占比则略有上升（见表1–5）。

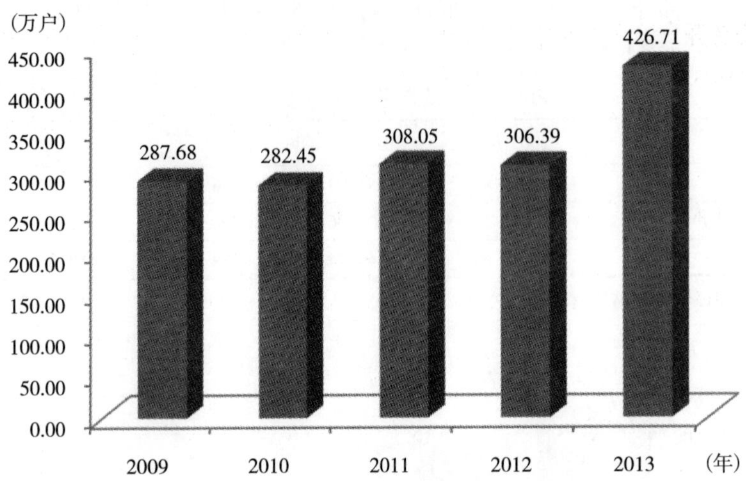

图1-4 2009~2013年基金账户较上年变化趋势

资料来源：中国证券登记结算有限责任公司。

表1-5 2012年与2013年（截至10月末）按自然人和机构分列的A股账户市值分布

自然人：

期末已上市的A股流通市值	2013年10月末		2012年	
	账户数（户）	比重（%）	账户数（户）	比重（%）
1万元（不含）以下	20 002 281	37.719	20 751 771	38.197
1万~10万元（不含）	24 979 037	47.104	25 906 187	47.685
10万~50万元（不含）	6 639 834	12.521	6 418 964	11.815
50万~100万元（不含）	834 466	1.574	753 419	1.387
100万~500万元（不含）	512 777	0.967	447 607	0.824
500万~1 000万元（不含）	39 180	0.074	32 286	0.059
1 000万元~1亿元（不含）	20 792	0.039	16 863	0.031
1亿元以上	1 660	0.003	887	0.002

机构：

期末已上市的A股流通市值	2013年10月末		2012年	
	账户数（户）	比重（%）	账户数（户）	比重（%）
1万元（不含）以下	6 959	8.77	7 370	8.87
1万~10万元（不含）	15 274	19.24	17 654	21.24
10万~50万元（不含）	16 581	20.89	18 342	22.07
50万~100万元（不含）	7 494	9.44	7 873	9.47
100万~500万元（不含）	13 655	17.20	14 270	17.17
500万~1 000万元（不含）	4 130	5.20	3 987	4.80
1 000万元~1亿元（不含）	8 860	11.16	7 918	9.53
1亿元以上	6 420	8.09	5 686	6.84

资料来源：中国证券登记结算有限责任公司。

（三）投资者开户地区主要分布在上海、广东、江苏、深圳、北京、浙江等经济发达区域

投资者按地区分布情况，截至2013年底，两市A股账户开户数前3位分别是上海、广东和江苏，其中上海的开户数占比达到全国的1/10以上。其余位居前列的地区有深圳、北京、浙江、山东等沿海和经济较发达地区。中西部地区，比重较高的有四川、湖北、河南等地（见表1–6）。

表1–6　2013年底投资者开户地区分布

地区	上海分公司开户总数（户）	深圳分公司开户总数（户）	两市合计开户总数（户）	比重（%）
北京	5 908 116	4 794 091	10 702 207	5.91
天津	1 269 513	1 559 394	2 828 907	1.56
河北	2 203 832	2 344 730	4 548 562	2.51
山西	1 574 277	1 475 329	3 049 606	1.68
内蒙古	904 800	866 601	1 771 401	0.98
辽宁	3 367 225	3 693 191	7 060 416	3.90
吉林	1 425 856	1 383 997	2 809 853	1.55
黑龙江	1 955 189	2 037 357	3 992 546	2.21
上海	12 404 646	6 843 546	19 248 192	10.63
江苏	7 075 615	7 012 048	14 087 663	7.78
浙江	4 951 912	5 665 584	10 617 496	5.86
安徽	1 923 829	1 710 621	3 634 450	2.01
福建	3 163 316	3 403 022	6 566 338	3.63
江西	1 471 126	1 761 900	3 233 026	1.79
山东	5 275 988	5 210 185	10 486 173	5.79
河南	3 019 847	3 538 192	6 558 039	3.62
湖北	3 266 769	3 496 580	6 763 349	3.74
湖南	2 523 096	3 162 685	5 685 781	3.14
广东	7 878 868	9 324 563	17 203 431	9.50
深圳	6 390 209	6 132 651	12 522 860	6.92
广西	1 376 576	1 704 960	3 081 536	1.70
海南	526 290	760 733	1 287 023	0.71
重庆	1 336 969	1 473 810	2 810 779	1.55
四川	3 654 289	4 001 913	7 656 202	4.23
贵州	580 685	569 126	1 149 811	0.64
云南	967 111	1 036 077	2 003 188	1.11
西藏	27 330	38 893	66 223	0.04
陕西	1 646 497	1 953 414	3 599 911	1.99
甘肃	925 494	935 533	1 861 027	1.03
青海	331 852	248 187	580 039	0.32
宁夏	425 958	312 998	738 956	0.41
新疆	1 223 691	1 116 039	2 339 730	1.29
其他	0	489 811	489 811	0.27
合计	90 976 771	90 057 761	181 034 532	—

资料来源：中国证券登记结算有限责任公司。

（四）投资者性质分布：自然人账户占据绝对多数

从A股账户构成上来看，自然人账户依旧占据绝对多数，占比达99.62%，比例与上年基本持平。机构账户中占比较高的是一般机构和证券公司自营账户。

从变化趋势来看，2013年除证券自营账户显著下降之外，其他各类型的投资者账户数均较上年有所增加。其中，自然人账户增加449万户，但相比上年515万户及前年超千万户的增幅，增速进一步减小，显示出股市对于自然人的吸引力正不断降低。

从增幅大小来说，近几年机构投资者的增幅要远远高于自然人的增幅。机构投资者中增幅最高的是RQFII，其次分别为证券公司集合理财账户及基金公司专户理财产品。此外，QFII的增幅也很明显（见表1-7）。

表1－7　2013年A股账户结构及变化数据

投资者	2013年末A股账户数（户）	2013年末A股账户数结构（%）	2012年末A股账户数（户）	2013年较2012年增减变化（户）	2013年较2012年变化幅度（%）	2012年较2011年增减变化（户）	2012年较2011年变化幅度（%）
自然人	171 978 413	99.6204	167 485 115	4 493 298	2.68	5 150 883	3.17
证券公司自营	91 384	0.0529	96 319	－4 935	－5.12	42	0.04
证券公司集合理财	2 041	0.0012	822	1 219	148.30	256	45.23
证券投资基金	3 089	0.0018	2 323	766	32.97	554	31.32
基金公司专户理财产品	3 859	0.0022	2 010	1 849	91.99	438	27.86
社保基金	230	0.0001	196	34	17.35	16	8.89
企业年金	5 598	0.0032	5 055	543	10.74	1 015	25.12
QFII	612	0.0004	355	257	72.39	116	48.54
RQFII	156	0.0001	50	106	212.00	—	—
保险	1 564	0.0009	1 278	286	22.38	227	21.60
信托	13 700	0.0079	12 073	1 627	13.48	451	3.88
一般机构	533 107	0.3088	508 632	24 475	4.81	12 763	2.57

资料来源：中国证券登记结算有限责任公司。

第二节　2013年中国证券经纪业务的竞争格局

一、市场集中度持续提升

2013年，证券公司行业集中度延续了近些年的发展趋势，不断提升，股票基金交易量排名行业前20位的证券公司市场份额总和为64.03%，比2012年的62.95%增加了1.08个百分点。

2013年，经纪业务股票基金市场份额前10名的证券公司分别是：华泰证券、中国银河证券、国泰君安、海通证券、招商证券、申银万国、广发证券、国信证券、中信证券及中信建投。其中，前 4 位交易排名未发生变化，但银河证券与国泰君安之间的差距已十分细微。招商证券从上年的第 7 位上升到第 5 位。申银万国下滑 1 位，名列第 6 位。广发证券上升 1 位，名列第 7 位。国信证券从上年的第 6 位继续下滑，名列第 8 位。中信证券与中信建投相较上年互换了排名，分别为第 9 位、第 10 位。

第 11~20 位的证券公司排名没有发生变化，延续了 2012 年的位次，分别为光大证券、齐鲁证券、中国中投证券、安信证券、中信证券（浙江）、方正证券、长江证券、兴业证券、东方证券、宏源证券。

相较于 2012 年，2013 年排名前 50 位内上升幅度较大的证券公司有民族证券、华安证券、民生证券、东莞证券、平安证券，下滑幅度较大的证券公司有渤海证券与东海证券（见表1–8）。

表 1 –8　　2013 年股票基金份额排名前 50 位的证券公司统计表

证券公司	市场份额（%）			排名（名）	
	2013 年	2012 年	变化幅度	2013 年	2012 年
华泰证券	6. 043	5. 4697	10. 48	1	1
中国银河证券	5. 098	5. 0941	0. 08	2	2
国泰君安	5. 005	4. 7896	4. 50	3	3
海通证券	4. 673	4. 5002	3. 84	4	4
招商证券	4. 272	4. 3219	–1. 15	5	7
申银万国	4. 153	4. 1086	1. 08	6	5
广发证券	3. 977	4. 0248	–1. 19	7	8
国信证券	3. 901	4. 0062	–2. 63	8	6
中信证券	3. 486	3. 2284	7. 98	9	10
中信建投	3. 407	3. 1314	8. 80	10	9
光大证券	3. 062	3. 0255	1. 21	11	11
齐鲁证券	2. 381	2. 5012	–4. 81	12	12
中国中投证券	2. 354	2. 4449	–3. 72	13	13
安信证券	2. 280	2. 3050	–1. 08	14	14
中信证券（浙江）	1. 941	1. 9047	1. 91	15	15
方正证券	1. 838	1. 8342	0. 21	16	16
长江证券	1. 731	1. 7514	–1. 16	17	17
兴业证券	1. 577	1. 6498	–4. 41	18	18
东方证券	1. 441	1. 5428	–6. 60	19	19
宏源证券	1. 408	1. 3139	7. 16	20	20
平安证券	1. 208	1. 1650	3. 69	21	25
财通证券	1. 097	1. 1344	–3. 30	22	22
浙商证券	1. 095	1. 0707	2. 27	23	21
国元证券	1. 072	1. 0596	1. 17	24	24
东兴证券	1. 061	1. 0592	0. 17	25	23
华西证券	1. 029	1. 0406	–1. 11	26	26
东吴证券	0. 903	0. 9724	–7. 14	27	29
中银国际证券	0. 886	0. 9583	–7. 54	28	28
信达证券	0. 853	0. 9059	–5. 84	29	30

续表

证券公司	市场份额（%）			排名（名）	
	2013年	2012年	变化幅度	2013年	2012年
中国国际金融	0.811	0.9057	-10.46	30	27
长城证券	0.810	0.8214	-1.39	31	31
上海证券	0.755	0.8169	-7.58	32	35
西南证券	0.751	0.7839	-4.20	33	34
华福证券	0.744	0.7792	-4.52	34	33
湘财证券	0.732	0.7522	-2.69	35	32
东莞证券	0.718	0.7196	-0.22	36	40
东北证券	0.698	0.6983	-0.04	37	36
国金证券	0.687	0.6944	-1.07	38	38
中信万通	0.686	0.6943	-1.20	39	43
国海证券	0.671	0.6925	-3.10	40	37
民生证券	0.646	0.6781	-4.73	41	45
中国民族证券	0.645	0.6714	-3.93	42	47
南京证券	0.645	0.6688	-3.56	43	41
华安证券	0.634	0.6443	-1.60	44	49
东海证券	0.627	0.6272	-0.03	45	39
中原证券	0.620	0.6121	1.29	46	46
财达证券	0.608	0.6103	-0.38	47	44
国联证券	0.568	0.5906	-3.83	48	48
渤海证券	0.533	0.5812	-8.29	49	42
西部证券	0.523	0.5467	-4.34	50	50

资料来源：沪、深证券交易所。

二、行业收入触底反弹，经纪业务收入喜忧并存

由于市场成交量整体回暖，加上信用业务的迅猛发展，2013年证券行业整体盈利情况触底反弹。

根据中国证券业协会的统计数据，全行业115家证券公司2013年实现营业收入1 592.41亿元，较2012年增长22.99%；净利润为440.21亿元，较上年的329.30亿元上升了33.68%。具体到经纪业务收入方面，行业代理买卖证券业务净收入为759.21亿元，较2012年的504.07亿元增长50.62%。但值得注意的是，代理买卖证券业务净收入增幅略小于行业股票交易金额的增速（52.09%），显示出行业的佣金尽管整体较为平稳，但仍在不断的下滑过程中。显然，寻找差异化发展之路、推动经纪业务转型的行业课题仍值得我们在2014年继续深入探索。

三、行业托管市值有所回升

2013年行业托管证券市值达到了153 586亿元，较上年的137 646亿元，增长幅度达到了11.58%。

在市场交易份额排名靠前的证券公司中，银河证券A股托管总额（流通市值）近几年一直排名第1位，排名第2位和第3位的分别是中信证券和国泰君安。

2013年相比2012年，这10家证券公司除银河证券外，其他证券公司托管市值都有所上升，上升幅度较高的有中信建投、海通证券、华泰证券（见表1-9和表1-10）。

表1－9　　2012～2013年市场份额排名靠前证券公司A股托管总额的变化

（单位：亿元）

证券公司	2012年	2013年	2013年比2012年变化（%）
银河证券	18 183.8	16 413.0	－9.74
中信证券	13 648.0	14 775.1	8.23
国泰君安	8 940.4	9 909.1	10.84
广发证券	8 019.7	8 902.7	11.01
招商证券	7 965.3	8 807.9	10.58
华泰证券	7 882.0	8 962.8	15.66
海通证券	6 788.1	8 062.3	18.77
国信证券	6 287.5	6 859.0	13.94
申银万国	6 115.5	6 498.3	6.26
中信建投	3 760.6	4 631.7	23.16

资料来源：中国证券登记结算有限责任公司。

表1－10　　2013年底两市A股托管总额前50位主要参与人排名情况

名次	名称	上交所托管总额（亿元）	比例（%）	名称	深交所托管总额（亿元）	比例（%）
1	中国银河证券	12 984.12	8.62	广发证券	5 196.61	5.96
2	中信证券	10 902.23	7.24	华泰证券	4 661.27	5.35
3	中银国际证券	7 201.67	4.78	国信证券	4 369.51	5.01
4	中国中投证券	6 856.05	4.55	国泰君安证券	4 204.77	4.82
5	国泰君安证券	5 704.35	3.79	招商证券	4 134.78	4.74
6	宏源证券	5 380.29	3.57	中信证券	3 872.82	4.44
7	东兴证券	5 365.15	3.56	海通证券	3 679.78	4.22
8	招商证券	4 673.07	3.10	中国银河证券	3 428.91	3.93
9	交通银行托管	4 462.07	2.96	中国工商银行	3 190.51	3.66
10	申银万国证券	4 441.21	2.95	中信建投证券	2 155.67	2.47
11	海通证券	4 382.47	2.91	申银万国证券	2 057.07	2.36
12	中国国际金融	4 373.91	2.90	中国建设银行	2 048.74	2.35
13	华泰证券	4 301.53	2.86	齐鲁证券	1 876.21	2.15
14	工商银行托管	4 164.02	2.76	平安证券	1 758.69	2.02
15	广发证券	3 706.13	2.46	中国银行	1 651.36	1.89
16	国信证券	2 489.50	1.65	光大证券	1 640.17	1.88
17	中信建投证券	2 476.07	1.64	宏源证券	1 520.99	1.74
18	建设银行托管	2 430.00	1.61	中国中投证券	1 474.43	1.69
19	齐鲁证券	1 999.86	1.33	安信证券	1 443.85	1.66
20	光大证券	1 985.52	1.32	中国农业银行	1 183.32	1.36
21	中国银行托管	1 979.88	1.31	中信证券（浙江）	1 132.26	1.30

续表

名次	名称	上交所托管总额（亿元）	比例（%）	名称	深交所托管总额（亿元）	比例（%）
22	兴业证券	1 926.99	1.28	长江证券	1 048.59	1.20
23	东方证券	1 919.22	1.27	交通银行	1 019.29	1.17
24	长江证券	1 823.28	1.21	兴业证券	1 012.61	1.16
25	农业银行托管	1 519.88	1.01	中国国际金融	1 009.96	1.16
26	山西证券	1 312.90	0.87	东吴证券	939.14	1.08
27	中航证券	1 227.39	0.81	方正证券	877.08	1.01
28	中信证券（浙江）	1 137.78	0.76	民生证券	800.28	0.92
29	安信证券	1 126.63	0.75	国元证券	774.78	0.89
30	西南证券	1 106.23	0.73	财通证券	692.63	0.79
31	长城证券	1 083.95	0.72	华西证券	690.30	0.79
32	华宝证券	1 060.85	0.70	东方证券	683.36	0.78
33	汇丰银行托管	1 018.89	0.68	西部证券	643.78	0.74
34	上海证券	843.01	0.56	国海证券	614.79	0.71
35	国元证券	812.22	0.54	中原证券	614.01	0.70
36	方正证券	732.92	0.49	国金证券	610.31	0.70
37	平安证券	589.22	0.39	湘财证券	605.43	0.69
38	中原证券	578.52	0.38	东北证券	596.08	0.68
39	华西证券	566.42	0.38	山西证券	591.85	0.68
40	英大证券	527.73	0.35	浙商证券	579.62	0.66
41	湘财证券	480.05	0.32	长城证券	572.15	0.66
42	东吴证券	477.63	0.32	中信万通证券	567.68	0.65
43	东海证券	458.03	0.30	中航证券	564.18	0.65
44	华安证券	450.61	0.30	财达证券	499.63	0.57
45	德邦证券	439.30	0.29	汇丰银行（中国）	484.94	0.56
46	花旗银行托管	423.10	0.28	西南证券	475.48	0.55
47	财达证券	422.06	0.28	东海证券	465.05	0.53
48	信达证券	417.37	0.28	东莞证券	459.77	0.53
49	财通证券	391.85	0.26	瑞银证券	431.75	0.50
50	国都证券	391.79	0.26	渤海证券	428.76	0.49

资料来源：中国证券登记结算有限责任公司。

四、从业人员数量下降、投资主办人增长迅速

根据中国证券业协会的统计数据，证券公司登记注册的从业人员数继续呈下降态势。截至2013年底，登记从业人数为222 802人。其中，一般从业人员141 161人，证券经纪业务营销人员3 957人，证券经纪人46 389人，证券投资咨询业务（分析师）2 610人，证券投资咨询业务（投资顾问）25 343人，保荐代表人2 356人，投资主办人986人。

从从业人员结构来看，2012年一般证券从业人员占比达68%，2013年下降到63%；而证券经纪人占比从17%提升到21%，证券投资咨询业务（投资顾问）从原来的10%提

升到 11%，证券经纪业务营销人员占比从 2012 年的 3%下降到 2013 年的2%。

各类人员比例结构的调整，营销人员的降低及经纪人、投资咨询等岗位人员的增长，在一定意义上反映出近年来行业不断深化转型的特征，证券公司传统的营销人员正逐步向各专业化岗位分化，纯营销性质的人员受成本压力影响逐步变为经纪人，而具有专业价值的人员则逐步向投资顾问及分析师等专业岗位转变。保荐人与投资主办人的人数增加则显示了业内对投行与资管业务的重视，特别是投资主办人人数的增幅也从侧面显示了资管业务的快速发展（见表 1-11 和图 1-5）。

表 1－11　2012～2013 年证券公司从业人员规模及分布　（单位：人）

年度 \ 人员	从业人员	一般证券业务	证券经纪业务营销	证券经纪人	证券投资咨询业务（分析师）	证券投资咨询业务（投资顾问）	证券投资咨询业务（其他）	保荐代表人	投资主办人
2013	222 802	141 161	3 957	46 389	2 610	25 343	0	2 356	986
2012	240 922	165 076	6 190	41 104	2 451	23 205	0	2 154	742

资料来源：中国证券业协会。

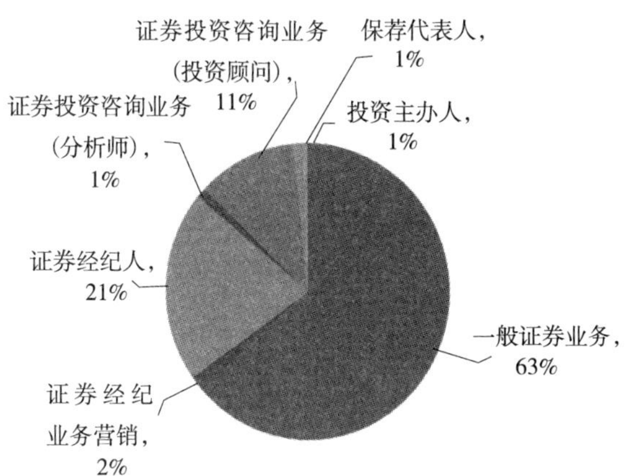

图 1-5　2013 年证券从业人员结构

资料来源：中国证券业协会。

2013年中国证券经纪业务面临的问题及2014年前景展望

第一节 2013年中国证券经纪业务面临的问题

2013年我国证券经纪业务代理买卖证券净收入为759.21亿元，相比于2012年的504亿元，同比上升了50%以上，全年市场交投活跃，代理买卖证券净收入贡献度比2012年上升了近10个百分点，为整个行业贡献了近48%的收入。同期，经纪业务的竞争格局发生了较大变化，创新业务获得较好进展，但传统业务领域竞争更加激烈，新设网点放开，加之互联网金融爆发增长，传统经纪业务的发展面临着更为严峻的问题和挑战。

一、盈利模式虽有改善，但传统收入比重仍过大

近年来，行业创新业务取得了突破性进展，传统经纪业务占比呈现下滑趋势，"靠天吃饭"的局面开始有所缓解，如融资融券业务已成为稳定的收入来源，其所产生的代理买卖证券业务净收入占比已不断提升（见图2-1）。

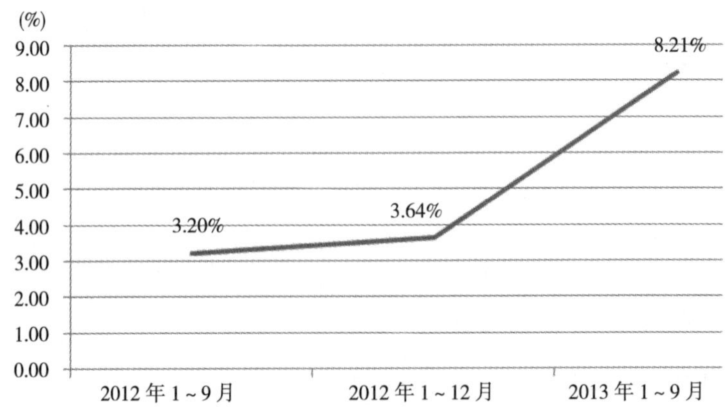

图2-1 融资融券业务相关代理买卖证券业务净收入占比

资料来源：中国证券业协会《传导》。

尽管如此，代理买卖证券净收入仍是证券公司最主要的收入来源。2013 年，证券公司超四成业务收入由该项收入贡献。此外，传统经纪业务收入直接受佣金率与证券交易金额影响，与市场波动情况高度相关。2013 年，行业佣金水平基本持稳，但日均交易增幅显著。不难发现，交易金额的增长是带动 2013 年经纪业务出现较大增长的主要因素，“靠天吃饭”仍是全行业的主要特征之一（见图 2–2）。

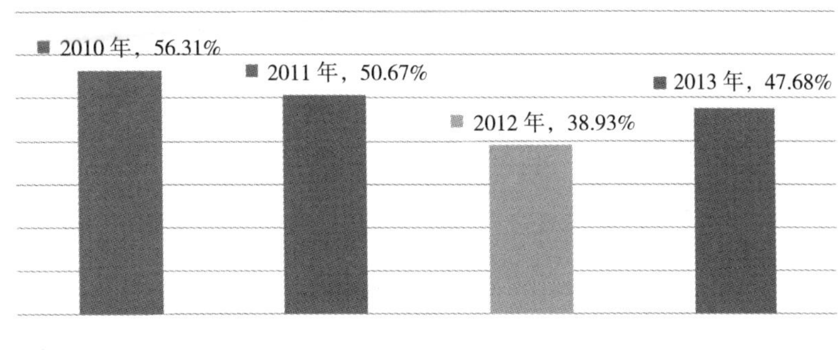

图 2–2　我国经纪业务代理买卖证券业务净收入占行业营业收入比重

资料来源：中国证券业协会，Wind。

总体上看，2013 年经纪业务收入仍主要由股票市场交易量等外生因素决定，导致证券公司整体收入仍受市场波动的很大牵制。证券公司应积极培育个股期权等新产品、新业务，提高专业化、个性化的高端服务的能力，形成规模效应，推进经纪业务传统经营模式实现转型。

二、网点放开推动佣金率再走低，亟须加快转型提升贡献

2013 年，中国证监会放开了对证券公司新设网点的限制，放开了分支机构设立的主体资格限制、地域限制、数量限制，提出以市场机制取代过渡性安排，鼓励证券公司在竞争中打造核心竞争能力，只要符合基本的风控指标要求、2 年内无重大违法违规事项，皆可申请在全国设立证券分公司和营业部。

随着营业网点新增且不受地域、数量限制，客户争夺将更加激烈，并引发佣金率再次走低，进一步挤压营业部的盈利空间。2007~2012 年，证券公司营业部从 3 051 家上升至 5 220 家，年均复合增速约 10%。行业佣金率逐年降低，证券公司经纪业务收入占比逐年降低。

另一方面，较之公司层面的创新转型，营业部的转型与发展较为缓慢，以综合金融服务及财富管理为内涵的模式处于探索阶段。营业部对证券公司收益的影响主要体现为代理买卖业务收入。证券公司在大力新设营业部的同时，更应加快既有营业部的转型，丰富业务内涵，提升分支机构的收益贡献度。

三、人才匮乏、服务不足，跟不上业务内涵转变

2012 年以来，经纪业务资源呈现向高端投资者集中的趋势，以私募为代表的机构

投资者以及高净值个人客户在传统经纪业务中的比重越来越高。统计显示，2013 年与 2012 年相比，高净值客户占比上升，无论是自然人还是机构，50 万元以下市值的账户占比略有下降，500 万元以上市值的账户占比则略有上升；而且近几年机构投资者的增幅远远高于自然人的增幅，2013 年相较于 2012 年，自然人账户数仅增长了 2.68%，而机构投资者账户数增长了 41.68%，其中 RQFII、QFII、基金公司、证券公司资管等增长较快（见表 2-1）。同时，新业务、新产品和新工具渐次出现，业务呈现出多元化的趋势。以上两方面都对证券公司的财富管理能力、综合金融服务能力提出了更高的要求。

表 2－1　2013 年自然人与机构投资者 A 股账户数同比增长情况

	2013 年末 A 股账户数	2012 年末 A 股账户数	2013 年较 2012 年变化幅度（%）
自然人	171 978 413	167 485 115	2. 68
机构投资者	655 340	629 113	41. 68

资料来源：中国证券登记结算有限责任公司。

经纪业务多年来以代理股票买卖为主要收入来源的业务模式，导致经纪业务领域形成了集中对通道交易型投资者的基础性服务为主的人才结构，各分支机构主要立足于为个人投资者服务。在经纪业务服务呈现个性化、综合化、多元化发展的新趋势下，整个行业经纪业务人才队伍出现了结构性不匹配的问题。高端服务、创新业务及综合服务型人才普遍缺乏，不但难以跟上经纪业务内涵转变的形势，而且在对接证券公司总部既有业务上也存在难度。近年来，经纪业务人员还出现流动较大、部分高端人才流失的现象，进一步恶化了纪业务的人才结构和服务能力。

四、创新经纪业务仍处起步阶段，贡献度亟待提高

2013 年，随着证券行业一系列创新转型举措的推进，融资融券、资产管理、股权质押等新业务获得了突破性增长。2014 年，围绕投行基础功能，证券公司的支付、类贷款、托管等基础功能将得到进一步恢复和完善，支付功能将更加完善，托管业务将得以开展，场外交易、类贷款等业务规模将得到更大拓展。随着自贸试验区推进，跨境金融服务将更为便利。此外，2014 年，个股期权、股指期权及商品期货期权将相继推出，中国金融衍生品领域将迎来多元化发展时代。这些方面的创新发展均与经纪业务有紧密的联系，为经纪业务提供良好的发展机遇。证券经营机构须积极筹备布局，抓住上述业务机会，实现发展创收并举。

除信用交易得到迅速发展之外，经纪业务范畴下的其他创新业务大部分仍处于发展的初期阶段，传统股票交易占比仍较高，缺乏 OTC 场外交易、期权衍生品交易、创新产品交易等创新经纪业务支持，与成熟资本市场差距明显。

以期权为例，我国股票市场曾推出过以权证为代表的类期权产品，但昙花一现，很快又叫停了相关业务，期权业务处于事实上的停滞状态。而期权业务早已是国际衍生品市场的重要组成部分。2005 年开始，衍生品业务占全球投行总收入的比例已经超过了股票经纪、自营和承销三大投行传统业务之和，成为投行最主要的收入来源，其中股票类

衍生品（主要是期权）的收入占比高达10%左右。根据2012年世界清算银行（WFE）的统计，截至2012年，全球交易所中权益类合约在全部衍生品合约数中的占比近62.5%，权益类期权成交量又占整个权益类衍生品成交量的75%。也就是说，股票期权及股指期权成交量超过整个场内衍生品市场的四成（见图2-3和表2-2）。

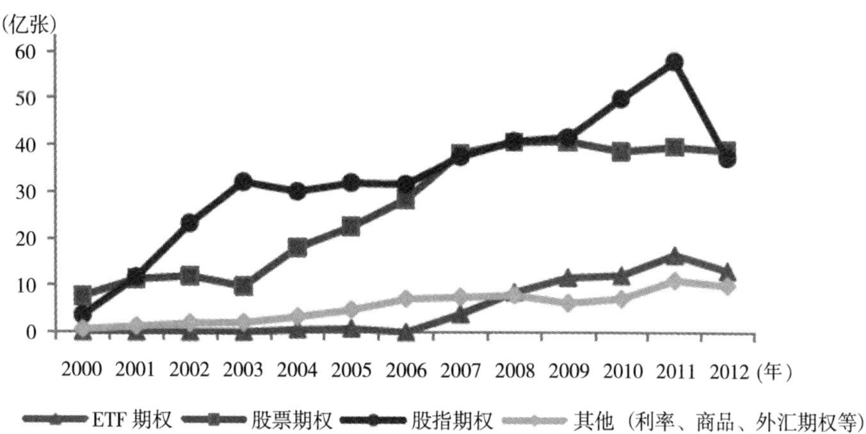

图2-3　2000～2012年期权市场不同类型期权成交量

资料来源：WFE。

表2-2　高盛创新经纪业务收入占比大于传统经纪业务

	业务类型	业务描述	占2012年收入比例（%）	占2011年收入比例（%）
佣金收入	传统经纪业务	为客户提供股票、债券、期权和期货等一系列金融资产的交易服务而获取的佣金和费用	9.25	13.10
做市商收入	创新经纪业务	以自有资本直接进入金融市场为客户及其他市场参与者提供流动性，转移并对冲风险，从而取得的收入	33.22	32.23
利息收入	创新经纪业务	包括融资融券存款利息入、借入或转售的证券持有期间产生的利息、持有金融工具的利息收入和其他利息收入	11.36	18.02

资料来源：高盛年报披露，国泰君安证券研究。

五、内部协作和资源整合不足，业务转型亟须管理转型

全方位一站式服务是提升客户满意度的重要条件。对于证券公司，各业务条线的彻底融合可大幅拓展收入来源，极大地减少成本内耗和重复建设。当下，证券公司管理层对全业务链的战略已经基本达成共识，但证券公司股东及考核制度限制并迫使公司管理层看重短期绩效目标，没有精力且缺乏动力从长远发展角度对现有公司架构进行全新梳理。此外，由于长期按业务类别划分业务条线，进行业务管理、运行及考核，证券公司内部的业务彼此割裂，围绕“客户为中心”进行业务协同、业务融合的理念不足，且缺乏对各方利益有效的分配机制和制度安排。

再有，证券公司的财务报表“业务分割”尚未进行相应调整，实际操作中，部分证

券公司正在逐步打破同质化、通道式服务格局，不断夯实以“客户为中心”的服务模式，构建“以客户为中心”的证券经纪业务营销与管理体系。经纪业务部门与其他业务部门之间围绕“以客户为中心”的协作内容越来越丰富，但实现的协作收支尚未反映在对外财务报表的“经纪业务收入”项中。这种核算模式不仅强化了“业务割裂”的导向，不利于“以客户为中心”服务模式的建立，而且也无法反映条线协作收入，进而无法反映经纪业务转型进展，因此亟须改变。

第二节　中国证券经纪业务 2014 年发展前景展望

一、业务规模：交易量稳步增长，佣金率有下滑风险

2013 年经纪业务实现收入 759.21 亿元，约占行业总收入的 48%，仍为最主要的收入来源。2014 年，行业创新政策和产品的推动有望进一步推动市场交易额稳步提升。但由于互联网企业的介入，长期行业佣金率存在一定的下滑风险。

交易量方面，得益于 2013 年创业板市场的快速发展，2013 年两市股票基金交易量总体较 2012 年增长约 50%，但仍处于历史中间水平，2009 年和 2010 年资本市场日均股票基金交易额均达到了 2 200 亿元以上高位（见图 2-4）。考虑到 2014 年将是我国经济结构转型之年，代表新兴技术和盈利模式以及代表经济结构转型的市场板块有望得到市场进一步认可，预计股票基金交易额有望向历史较高水平靠拢。此外，由于交易量预估尚未考虑交易制度（如“T+0”交易）和新产品（如个股期权）的推出，实际股票和基金交易量有可能超出预期。

图 2-4　2006～2013 年股票与基金交易额

资料来源：上海和深圳证券交易所，国泰君安证券研究。

佣金率方面，2013 年行业净佣金率约 0.079%，与 2012 年基本持平，2007 年以来佣金率下滑态势基本遏制。但从长期看，我国现阶段经纪业务发展与美国 1975 年（佣金率自由化）和 2000 年（大量网络证券公司机构设立）阶段均有类似之处。美国情况见图 2-5 和表 2-3。一方面，部分地区对行业佣金率的保护性管制有放松甚至取消的可能性，高佣金率地区的营业部扩张仍在继续；另一方面，互联网企业未来有渗透到金融领域的战略，网上证券业务将是互联网金融的布局动向。国金证券与腾讯推出的佣金宝服务，以万二佣金为卖点，引起了业内多方关注。随着网络传播效应的持续放大，账户开立数量迅速增长，如果监管层没有介入干预，预计将导致越来越多的中小证券公司在未来主动降低交易佣金，保持客户规模，聚焦增量市场，行业整体的竞争力度及市场化程度将迅速提升，中长期佣金率下滑的趋势难以避免。

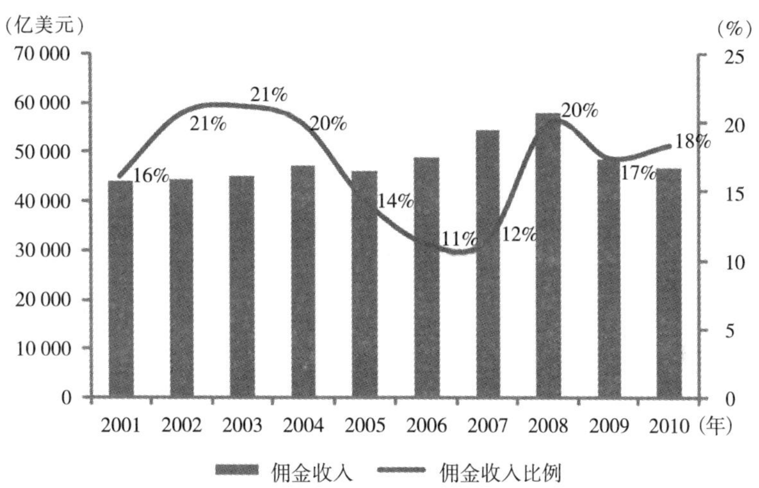

图 2-5　美国佣金自由化之后，传统佣金收入占收入比例

资料来源：美国证券业协会，国泰君安证券研究。

表 2-3　　美国 2013 年网上证券公司经纪业务得分情况

服务商	综合排名	平均每笔交易佣金（美元）	资产管理产品（分）	银行服务（分）	交易工具（分）	研究支持（分）	顾客服务（分）	经营模式
Fidelity	1	7.95	3	5	5	5	3	传统资产管理机构，涉足网上业务
Scottrade	2	7.00	5	4	3	4	4	纯网上经纪服务商
America – trade	3	9.99	2	4	5	5	3	纯网上经纪服务商
E – trade	4	9.99	2	4	5	5	4	纯网上经纪服务商
Chales Schwab	5	8.95	3	4	4	5	3	折扣交易服务商，以网上业务为主
Trade King	6	4.95	3	3	3	2	5	纯网上经纪服务商
Zecco	7	4.95	3	3	3	3	4	纯网上经纪服务商
Merrill Edge	8	6.95	2	4	3	3	1	传统经纪服务商，涉足网上业务
Share Builder	9	9.95	5	1	3	2	1	纯网上经纪服务商
Wells Trade	10	8.95	1	3	1	1	1	纯网上经纪服务商

注：每笔交易定义为买卖 100 股，每股均价 20 美元。评比项目中得分 5 分为最高，1 分为最低。

资料来源：Smart Money，国泰君安证券研究。

尽管佣金率中长期呈下滑态势，但2014年行业整体的佣金水平仍将相对稳定。原因有两点：第一，综合实力较强的证券公司经纪业务收入主要来自东部地区，这些地区竞争已经充分，佣金率水平再进行下浮的空间有限。第二，证券公司的核心竞争力在于资产定价能力，我们认为有竞争力的证券公司有望通过开展两融业务、加强研究、代销理财产品、为高净值客户提供增值服务等方式维持较高佣金率。

二、网点形态：从传统通道向综合化发展转型

传统证券公司营业部收入主要来自交易佣金和代理买卖资管产品管理费收入。随着2014年行业竞争的进一步激烈及互联网企业的介入、传统通道收入的迅速减少及资管产品线上渠道的扩充，将倒逼传统营业部功能转型，由传统通道为主转向综合化发展。国内不少大型证券公司在推进业务整合、走综合化金融的发展道路方面早已起步。

预计2014年起，证券公司基层营业部会向财富管理型、销售产品型和综合机构型等多种形态转变。以海外证券业为例，美国既有像嘉信理财、爱德华琼斯等机构设立定位于中等收入投资者的营业部，也有定位于高净值人群的财富管理中心（如美林），同时有类似于E-Trade等以线上业务为主、基本不依靠实体营业部的互联网渠道布局（见表2-4）。考虑到我国以散户为主，对佣金较为敏感，预计未来营业部扩张将以轻型营业部为主，少数有客户资源的营业部将转型为财富管理中心，即服务高净值客户，并通过研究服务、开展两融业务等模式提高客户黏性，维持高于行业平均的佣金率。

表2-4　海外营业部业务模式多样

业务模式	代表	营业部职能
财富管理	美林	以实体营业部为主，针对高净值客户进行财富管理咨询
资管产品销售、融资融券	嘉信理财、爱德华琼斯	实体营业部与线上业务相结合，定位于中等收入投资者
纯经纪业务	E-trade	主要依托线上业务，实体营业部很少，定位于中低收入对佣金较为敏感的投资者

三、政策支持：加强监管与放松管制双线并举

2013年行业强化了监管方面的要求。结合2013年全国证券期货监管工作会议的会议精神及行业长期发展的趋势，加强监管、放松管制仍将是政策面的主要方向。

在保护中小投资者方面，相应监管与制度设计预计将进一步强化。根据中国证监会数据，我国拥有全球数量最多、最活跃的个人投资者群体，股票、债券、期货投资者9 000万人，公募基金投资者6 000多万人，其中99%以上是投资金额少于50万元的中小投资者。《关于进一步加强资本市场中小投资者合法权益保护工作的意见》的发布显示，保护中小投资者与买者自负原则并不矛盾。在强调买者自负原则的同时，必须强化卖者有责。保护中小投资者是一个政策体系，其核心是适当性管理制度。经纪业务作为中小投资者接触最多的证券公司业务部门，2014年，预计以适当性管理为代表的相应领域的监管政策或将进一步细化、加强，以更好地保护中小投资者的利益。

2014年为加速多层次资本市场的构建，政策方面有望进一步放开，个股期权及互联网金融等新的业务种类及服务理念的引入，加之2012年起行业已经颁布的若干基础性

制度，制约经纪业务发展的限制将逐步放开，证券经营机构的市场主体地位将更为凸显。对应的，证券公司经纪业务层面的自主创新也将显著加强。

2012 年以来《证券公司开立客户账户规范》为证券公司探索非现场渠道的营销与服务提供了可能；《证券公司分支机构监管规定》允许证券公司自主设立网点，并灵活地设计实体经营业态，极大地降低了证券公司单体网点的设立及运维成本；《证券公司代销金融产品管理规定》及融资融券业务的推出及不断发展，为证券公司经纪业务走差异化的综合创新之路，为客户提供全面综合的金融服务创造了可能。

未来，证券公司将由以往业务规模扩张转向深层次基础功能发挥，由简单证券通道服务转向综合金融服务，国内大型证券公司有望逐步转型为海外的全能投资银行。经纪业务领域若干基础制度的不断完善及相应限制的持续放开，为证券公司个体层面的自主创新与探索奠定了坚实的基础。可以预见，2014 年经纪业务的内涵与外延将不断扩展，证券经营机构内部的自主创新也将更为凸显，特别是涉及跨账户信息整合、消费支付功能植入、资金存管方式及产品代销系统建设等底层机制设计领域，将出现新的探索与尝试。

四、行业创新：综合化与差异化并存

在佣金率长期下滑的背景下，单纯以通道为核心的经纪业务盈利模式已经难以为继。证券公司经纪业务要实现长期、可持续的发展，必须走差异化竞争的道路，结合当前行业的发展趋势及各证券公司不同的资源禀赋，未来，经纪业务的转型与创新或将呈现综合化与差异化并存的特征。一方面，大型证券公司有望凭借资本金优势，以传统经纪业务为基础，针对不同类型客户的实际需求，叠加、丰富不同的服务内涵，为客户提供更为全面及综合的金融服务，具体涉及机构经纪、财富管理、做市业务等；另一方面，部分机制灵活的中小证券公司也有可能通过与其他企业合作的方式，探索差异化的经纪业务新模式，如网络经纪业务及社区经纪业务等。我国未来或将形成一批类似于美国嘉信理财、E-Trade 的网络证券公司。

（一）机构经纪业务

证券公司研究所掌握了证券的定价权，是现代投资银行的主要业务部门，有力推动了机构经纪业务发展。上市公司信息披露具有专业性，投资者难以全面了解证券投资的有关信息并做出有效分析，证券公司设立专业研究机构通过对资本市场和上市公司的有关信息的处理和分析，服务机构投资者并获得佣金分仓。2013 年以来，机构投资者影响力提高，立足机构投资者研究服务的证券公司研究所的地位将日益凸显。未来保险、社保等长期投资资金将加大权益资产的配置，QFII 和 RQFII 在我国步入大发展阶段，我国长期资金和海外投资者将大量进入股票市场，提升了对机构经纪业务的需求，证券公司机构研究业务将获得新的推动力。

（二）财富管理业务

近年来，随着居民财富积累和高净值人群的激增，依托经纪业务的财富管理将成为我国证券公司的重要创新业务。按照胡润百富 2013 年度报告，我国千万元以上富豪达到了 105 万人，中国富裕群体有独特的生活方式和理财需求。相对于银行目前对私人业务开拓情况，目前证券公司有针对性的财富管理业务才刚起步，需要大力开展（见表 2–5）。

表 2 – 5　我国富裕群体发展状况和理财要求

涉及方面	描述	对证券公司经纪业务转型的影响
群体数量	2013 年，百亿元富豪 280 个，比上年增加 20 人；10 亿元富豪 8 100个，增加 600 人；亿万元富豪 6.45 万人，增加 1 000 人；千万元富豪 105 万人，增加 3 万人。其中，北京、广东和上海人数在全国排名前 3 位	市场潜力巨大，对证券公司而言，个人经纪业务向综合财富管理业务的战略转型呼之欲出
生活方式	亿万元富豪的平均年龄为 40 岁，平均每人拥有 2 个私人银行账户； 理财产品前 5 位：房地产、股票、固定收益类、黄金等贵金属、文物等艺术品收藏；最关注子女出国留学选择	作为业务转型拓展，财富管理业务未来应作为一业务整合平台，经纪业务作为重要渠道，参与各业务运作
投资偏好	积极投资者及规避风险者各占 34% 左右，对理财产品的选择：房地产投资 64%，股票 44%，债券等固定收益产品 31%，黄金 26%，艺术品 21%； 最青睐的理财机构，中资私人银行为招商银行，国际离岸私人银行为瑞银	目前客户对证券行业参与理财业务的认可度不高，但客户对理财产品有较高需求，并开始寻求新的投资标的

资料来源：《群邑智库・胡润百富 2013 财富报告》、《至尚优品・中国千万富豪品牌倾向报告》。

证券公司凭借其专业的产品设计、定价能力和快捷的服务有望在未来我国财富管理市场上发挥重要作用。从海外经验看，财富管理业务已经成为投资银行的主业，如瑞银的财富管理业务收入占其总收入约 60%。瑞银的资产管理业务主要分为本土财富管理、北美财富管理和全球财富管理三个条线。以欧洲为主体本土财富管理已经耕耘多年，是托管资产最多、收入贡献最大的部分。我国部分大型证券公司也有意打造“瑞银模式”、“美林模式”，即加强财富管理业务，提高经纪业务的客户黏性，维持较高的佣金率和理财产品销售费率（见图 2–6）。

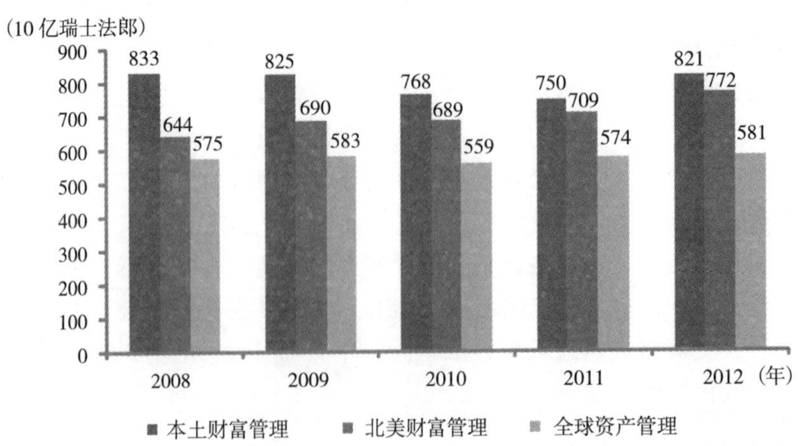

图 2–6　瑞士银行资产管理业务中本土财富管理资产规模

资料来源：公司年报，国泰君安证券研究。

（三）信用交易、衍生品及做市业务

加强与信用交易、做市的业务协作有利于拓展经纪业务的收入来源，维持较高的佣金率水平。截至2013年12月底，融资融券余额已超过3 500亿元，较年初增长3倍以上，沪、深两市股票质押式回购余额已达800亿元以上，实现了自2013年6月业务开展以来的爆发式增长；2013年行业融资融券利息收入实现185亿元，比2012年增长近250%。融资融券、质押式回购等业务规模进一步增长的可能性有三个：第一，机构投资者参与度提升，零售客户净值规模增长，未来基金、保险资产管理有望参与融资融券业务。第二，资金来源拓宽，信用交易资金来源除了自有资本金、短融及公司债融资、证金公司融资以外，已有证券公司开始采用发行资产管理产品、通过银行同业市场等方式进行融资，融资来源广阔。第三，融券标的扩大，有望继续向中小板、创业板扩容。考虑到目前信用交易业务佣金率约为0.1%左右，高于传统经纪业务佣金率，扩大信用交易的参与力度有助于提升经纪业务的平均佣金水平。

以新三板为主的场外市场建设有助于拓展证券公司经纪业务。新三板扩容将优化我国中小企业融资环境，使证券公司盈利模式发生演变。随着证券公司业务链条的延伸和重组，将为承销、并购、直投、融券等业务带来新的客源，经纪业务有望与做市交易相结合，在提高场外市场流动性的同时拓展收入来源。

此外，2014年个股期权等衍生产品的推出将为经纪业务提供新的收入来源。个股期权具有双向交易、日内回转交易等特点，有利于价格发现和资源配置，将促进股票投资和套利策略的进一步丰富。在交易制度上，我国个股期权将主要采用实物交割，因此期权组合投资策略对正股标的需求加大，预计个股期权也将促进股票交易量的进一步提升。

从海外经验看，发展中国家的期权交易市场空间比发达国家更为广阔。2013年全球股票期权成交约40亿美元。2010年以来巴西证券交易所交易额均为全球第1位，2013年其个股期权成交量占全球主要期权交易所约24%，同时美国四大证券交易所NASDAQ OMX、ISE、NYSE Euronext以及CBOE分别位居个股期权交易量第2名到第5名。我国拥有巨大的经济体量并受益于资本市场改革红利，期权交易市场发展空间广阔。相关资料见表2-6和图2-7。

表2-6　个股期权的推出对我国证券行业各业务影响

业务部门	说　明
经纪业务	促进正股交易量的提升，拓展高频交易、大宗交易、对冲交易等机构经纪业务
信用交易业务	期权交易具有对冲性，可能对融资融券业务产生替代作用
自营业务	丰富证券公司自营投资策略，有利于证券公司对冲交易业务发展
资产管理业务	丰富资产管理产品的开发，促进量化、对冲、追求绝对收益等资产管理产品的设计开发

资料来源：国泰君安证券研究。

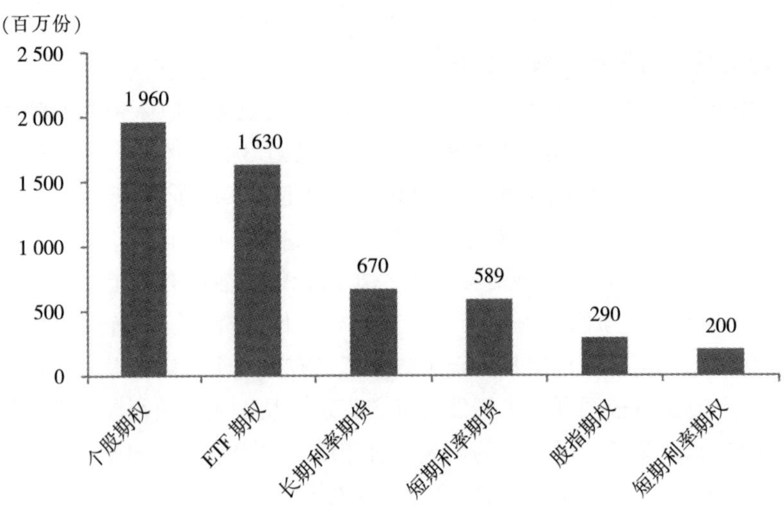

图 2–7　美国衍生品种

注：统计数据为2011年美国成交合同量。

资料来源：WFE。

（四）互联网金融与折扣证券公司

2013 年是互联网金融的元年，互联网以“开放、平等、协作、分享”的精神对传统金融业态进行了迅速渗透。2010 年阿里巴巴获得小额信贷牌照，2012 年阿里金融实现单日利息收入 100 万元，2013 年余额宝推出 1 个月就聚集 250 万用户。截至 2014 年 1 月，依托余额宝的天弘基金资产管理规模已经超过 2 000 亿元，成为业内资产管理规模最大的基金（见图 2–8）。

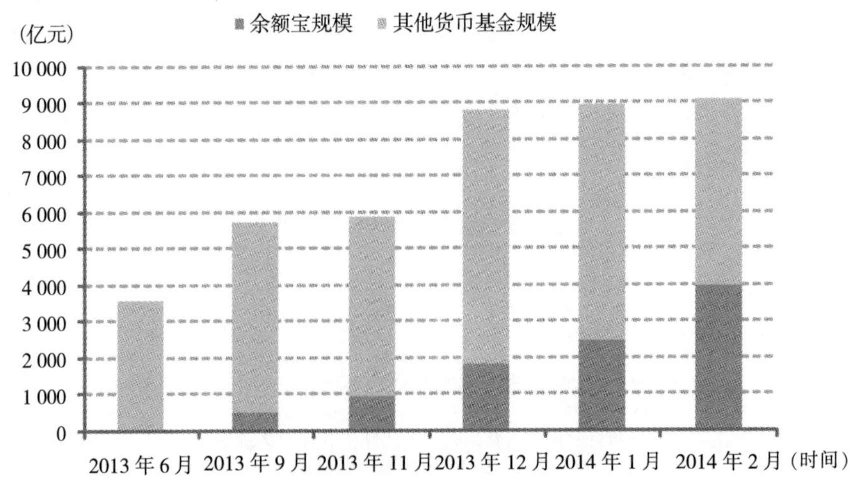

图 2–8　余额宝规模变动图

资料来源：阿里巴巴。

2014 年，利用互联网、智能手机、微信等非现场媒介，互联网企业有望与金融机构共同探索新的合作模式，打造开放的金融平台，实现社交加移动的金融业务平台。腾讯、阿里巴巴、百度等大型互联网企业将与证券公司一起开发移动证券交易（见图 2-9）。

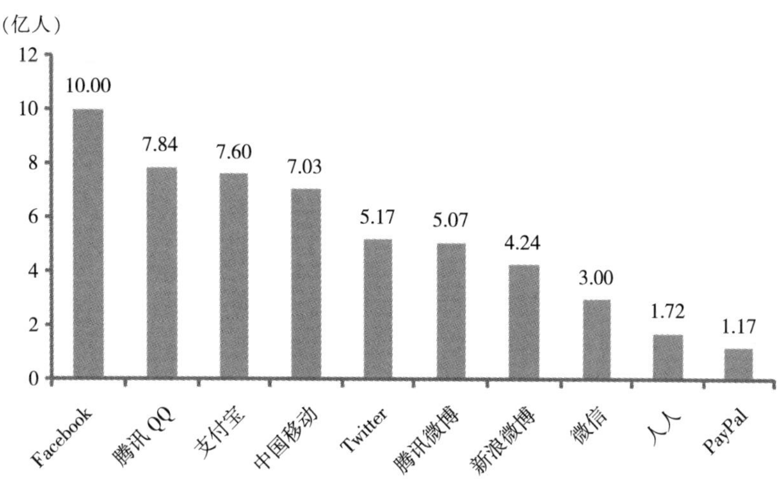

图 2-9　腾讯社交平台（QQ/ 微博 / 微信）受众群体

资料来源：2012年公司年报，国泰君安证券研究。

机制领先、牌照齐全、转型成本低的中小型证券公司有望获得互联网巨头的青睐。2013 年 11 月，国金证券与腾讯签署了《战略合作协议》。根据相关协议，国金证券与腾讯旗下腾讯网将在网络证券公司、在线理财、线下高端投资活动等方面展开全面合作。合作期间，腾讯将向国金证券开放核心广告资源，协助国金证券进行用户流量导入，进行证券在线开户和交易、在线金融产品销售等服务。腾讯通过流量平台为国金证券提供持续的用户关注度。腾讯和国金证券自合作公告发布以来，国金证券估值提升了近 50%，得到资本市场的认可（见表 2-7）。

表 2 -7　海外网上经纪业务交易便捷可靠，客户体验更好

服务商	综合排名	交易反应时间（秒）	交易可靠性（%）	交易波动性
Fidelity	1	3. 284	99. 97	1. 140
E – trade	2	4. 394	99. 89	1. 916
Chales Schwab	3	4. 649	99. 93	2. 316

资料来源：Gomez，国泰君安证券研究。

分报告之二：2013 年中国投资银行业务发展回顾与展望

2013年中国投资银行业务的总体情况

第一节　股权融资业务情况①

一、股权融资总体情况

2013年，受IPO暂停影响，我国证券市场股权融资金额和主承销商项目家数相比2012年有明显下降，全年上市公司股权融资（包括IPO、公开增发、融资性非公开发行、配股，不包括可转换公司债）募集资金2 802.76亿元，比2012年的3 127.54亿元下降了10.38%；家数共205家，比2012年的285家下降了28.07%（见图1–1）②。

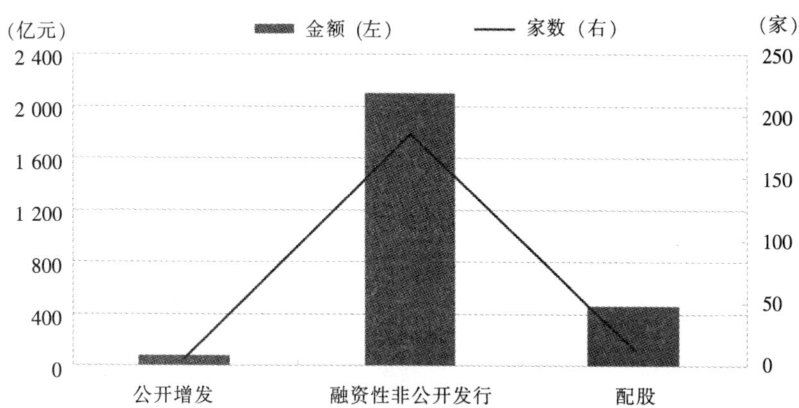

图1–1　2013年上市公司股权融资情况

① 第一章第一节资料来源于中国证监会，项目家数根据Wind数据统计。

② 若无特别说明，资料来源于中国证监会、中国证券业协会、交易所和Wind数据。

2013 年承销市场具体情况如下：

（一）公开增发

2013 年共完成公开发行增发项目 5 家，募集资金 80.42 亿元，平均每家募集资金 16.08 亿元；单笔项目募集资金比 2012 年减少近 5 亿元，募集资金比 2012 年和 2011 年分别减少 24.32 亿元、51.63 亿元，发行家数比 2012 年减少 1 家。2013 年公开增发最大的项目为新兴铸管，募集资金 32 亿元。

2013 年发行的公开增发项目中仅有新兴铸管出现少量包销情况，网上网下认购部分以外的 4 613 146 余股由联席主承销商包销，占发行总量的 0.90%。在二级市场处于弱势的情况下，主承销商承做公开增发项目时，面临的包销风险较大。

（二）融资性非公开发行

2013 年融资性非公开发行家数及融资额相比上年明显增长，融资额增长了 20.3%。全年共完成融资性非公开发行项目 188 家，募集资金 2 246.59 亿元，平均每家募集资金 11.95 亿元；与 2012 年相比，发行家数增加 70 家，募集资金增加 379.11 亿元。融资量最大的前 5 家公司分别是：兴业银行（236.71 亿元）、酒钢宏兴（80.58 亿元）、包钢股份（60.00 亿元）、电广传媒（52.97 亿元）和东旭光电（50.39 亿元）。

（三）配股

2013 年共有 12 家公司实施配股，总计募集资金 475.75 亿元，平均每家募集资金 39.65 亿元；与 2012 年相比，发行家数增加 4 家，募集资金增加 354.75 亿元。募集资金量最大的前 5 家公司分别是：招商银行（275.25 亿元）、驰宏锌锗（35.68 亿元）、国海证券（32.56 亿元）、兴蓉投资（18.17 亿元）和中色股份（18.01 亿元）。

此外，IPO 全年暂停发行，全年首次公开发行并上市企业数量为零。

二、股权融资市场的特点

2013 年，股权融资市场呈现以下几个特点：

（一）再融资业务增长幅度较大，非公开发行占主导

2013 年，受到 IPO 暂停影响，面对趋紧的资金压力和相对低迷的市场行情，A 股上市公司再融资需求更加迫切。若剔除 2012 年 IPO 募集资金金额，2013 年上市公司再融资募集资金金额较 2012 年增加 709.54 亿元，增幅达 33.90%。

从再融资类型来看，非公开发行为再融资主要手段，占 2013 年全年再融资募集金额的 80.16%。

（二）再融资业务中，行业集中度较高

2013 年的股权再融资市场主要由定向增发、公开增发和配股三部分组成。从行业来看，材料制造业、资本货物和银行业是股权再融资业务的前三大主要行业。根据 Wind 数

据统计，材料制造业占再融资总融的 23.01%，资本货物占 14.18%，银行业占 13.54%。

（三）承销市场集中度较高

根据 Wind 数据统计，股权融资业务方面，2013 年全年前 10 家证券公司主承销家数 102 家、占比 44.35%，主承销金额 1 909.78 亿元、占比 57.61%，略高于 2012 年。

第二节　2013 年公司债及可转债发行情况

一、公司债及可转债发行情况

2013 年，中国证监会大力推动债券市场创新发展，促进债券市场互联互通，积极扩大中小企业私募债试点范围。受资金面影响，全年公司债及可转债市场融资金额和主承销商项目家数相比 2012 年均有所下降。根据 Wind 数据统计，全年债券融资（包括可转换公司债券、公开发行公司债和创业板非公开发行公司债，不包括中小企业私募债）共募集资金 1 914.86 亿元，比 2012 年的 2 677.35 亿元减少了 762.49 亿元，降幅 28.48%；发行家数 107 家，较 2012 年的 188 家下降 43.09%（见图 1–2）。

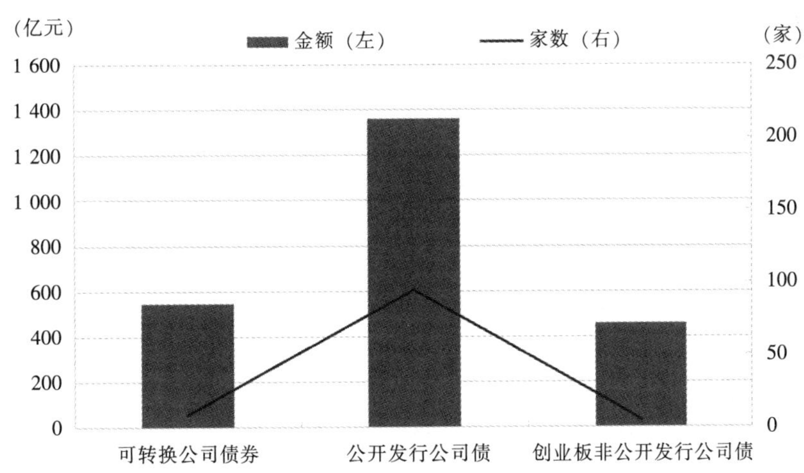

图 1–2　2013 年上市公司债券融资情况

2013 年债券承销市场具体情况如下：

（一）可转换公司债券和分离交易可转换公司债券

2013 年可转换公司债券家数和募资额较上年度均大幅增长，募资额同比增长 2.51 倍。全年共发行 8 家可转换公司债，共募集资金 551.31 亿元，平均每家 68.91 亿元；与 2012 年相比，发行家数增加 4 家，募集资金增加 394.26 亿元。其中，募集资金量最大的可转换公司债是平安转债，募资 260 亿元。

2011 年起分离交易可转换公司债券处于停滞状态，2013 年全年无发行。

（二）通过中国证监会审核的公司债发行情况

受全年资金面紧张影响，公司债（不含可转债）全年发行规模较 2012 年大幅下降，平均每家募资仅有 14.49 亿元，低于 2012 年单笔 13.70 亿元的募资额。根据 Wind 数据统计，2013 年共发行 94 只公司债，较 2012 年 181 只减少 48.07%，合计募集资金 1 361.85 亿元，较 2012 年 2 492.00 亿元减少了 45.35%。2013 年公开发行公司债发行额最大的是 13 中油 01，发行额 160 亿元。2013 年发行额排在前 5 名的其他 4 家公司债是：12 盐湖 01（50 亿元）、12 国航 01（50 亿元）、12 东航 01（48 亿元）、13 平煤债（45 亿元）。94 家公开发行公司债的平均发行期限为 5.52 年，平均票面利率为 5.52%。

2013 年共有 5 家创业板进行了非公开发行公司债，发行总额 8.20 亿元，平均每家 1.64 亿元，发行额最大的是 12 金刚债（2.3 亿元）。5 家非公开发行公司债的平均发行期限为 4 年，平均票面利率为 8.28%。

二、中小企业私募债情况

（一）通过深圳、上海证券交易所备案审核的私募债发行情况

中小企业私募债自 2012 年推出以来，在银行信贷规模收紧的情况下，有助于解决中小企业融资难、综合融资成本高的问题。根据 Wind 数据统计，2013 年共有 257 家企业发行中小企业私募债，募集资金 337.12 亿元。257 家中小企业私募债的平均发行期限为 2.63年，平均票面利率为 9.27%，其中 154 家提供了担保措施。

截至 2013 年底，已开展中小企业私募债业务试点证券公司共 73 家，2013 年承销家数排名第 1 位的是中信证券，共承销 19 家；承销金额排名第 1 位的是国信证券，共发行26.07 亿元。

（二）存续期满的中小企业私募债情况

根据 Wind 数据显示，2013 年共有 13 单中小企业私募债到期，到期偿还本金总额 8.28 亿元，平均每只债券归还本金 0.64 亿元，其中有 5 单提供了担保措施，7 单发行人为国有企业，6 单发行人为民营企业。13 单到期的中小企业私募债平均发行期限为 1.08 年，平均票面利率为 8.94%。

三、债券融资市场的特点

2013 年市场资金面的紧张主导了债券市场，资金成本相对较高。部分市场人士对经济增长持悲观预期，对公司尤其是处于周期性、产能过剩行业公司的盈利能力和信用资质持怀疑态度，便要求其在发债时提高票面利率以做出合理的风险溢价补偿，最终实际融资成本提高抑制了企业的发债融资需求。

全年债券市场下滑较大，尤其是公司债品种（包括公开发行公司债和创业板非公开

发行公司债），据 Wind 数据显示，募集金额较 2012 年下降了 45.63%，家数下降 46.20%。

第三节　并购重组业务情况

一、并购重组审核情况及特点

2013 年，中国证监会共核准重大资产重组 190 家，其中主板 135 家，中小板 37 家，创业板 18 家，交易金额总计 2 427.76 亿元，募集配套资金 211.30 亿元（见表 1-1）。

表 1－1　2013 年上市公司并购重组中国证监会核准情况表

上市公司上市板块	并购重组核准项目数（家）	交易金额（不含配套资金）*（万元）	募集配套资金金额（万元）
主板	135	21 852 101. 94	1 625 153. 74
中小板	37	1 635 750. 17	351 629. 4
创业板	18	789 785. 03	136 260. 04

*：其中一单 B 股，交易金额 5 035 304. 23 万元，未纳入表中。
资料来源：中国证监会。

2013 年完成并购重组的最大的三家分别是云天化发行股份购买资产、威远生化发行股份购买资产并募集配套资金、重庆钢铁重大资产购买并募集配套资金项目，涉及金额分别达到 137.48 亿元、67.00 亿元和 62.68 亿元。

2013 年，在政策大力推动以及市场并购整合意愿显著增强的背景下，国内并购市场迎来一个新的发展阶段。2013 年上市公司并购重组呈现以下特点：

（一）政策支持高度提升产业集中度

2013 年 1 月 22 日，工信部、国家发改委、财政部等 12 部委联合发布《关于加快推进重点行业企业兼并重组的指导意见》，提出“促进汽车、钢铁、水泥、船舶、电解铝、稀土、电子信息、医药和农业产业化九大行业和领域兼并重组”，“到 2015 年，汽车、钢铁、水泥、船舶、电解铝行业集中度分别达到 90%、60%、35%、70%、90%以上，电子信息行业形成 5~8 家销售收入过 1 000 亿元的大型骨干企业，前 100 家医药企业销售收入占全行业 50%以上”的主要目标和任务。

该文件一经发布，立即引起资本市场极大关注，一方面这九大行业共同具有“规模效益显著”的特征，行业集中度的提升对降低生产成本、提高生产效率和提升行业竞争力具有较大益处，资本运作具备充足空间，尤其提到“对通过兼并重组淘汰落后产能的企业，中央财政将给予奖励资金”；另外，这九大行业因涉及行业广、行业集中度要求较高、鼓励寡头垄断等特征引起资本市场参与者充分重视。

（二）IPO 暂停促使部分公司转道借壳上市

2012 年 11 月浙江世宝登陆中小板，至 2013 年底，A 股上市窗口关闭已达 1 年多，众多拟上市公司转道借壳上市登陆 A 股市场。2013 年共有 20 家企业宣布借壳交易，累计涉及交易规模达 161.43 亿美元，如海澜之家拟借壳凯诺科技、长城影视拟借壳江苏宏宝、济川药业拟借壳洪城股份、视觉中国拟借壳远东股份。

中国证监会在 2011 年发布《关于修改上市公司重大资产重组与配套融资相关规定的决定》，对借壳交易提出趋同 IPO 的严格标准，但借壳与 IPO 之间小小的“缝隙”也被众多资本市场参与者找到运作空间。此前 IPO 被否的企业因强烈的资产证券化愿望亟须通过捷径登陆资本市场；而此前曾接受过 VC/PE 机构注资、却因对赌协议中的退出时间到期无法兑现使得 VC/PE 机构成为助推借壳交易的重要因素。在二者的推动下，A 股市场的壳资源价值被推高。

（三）以正向收购方式为主

2013 年市场上的并购案例，主要以上市公司正向收购相关业务和资产为主要模式，较少出现借壳上市的反向收购案例。主要原因是，目前的企业多希望通过并购整合上下游，达到拓展产业链，实现做大做强产业整合的目的。

（四）市场化导向对并购业务各方面影响积极

第一，定价愈加市场化。并购定价主要是买卖双方博弈的结果，监管层日渐趋向市场化导向，充分尊重市场交易结果，目前较少出现因定价过高而导致交易被否的案例，并购的市场化趋势日益显著。第二，利润补偿机制多样化。交易双方对于利益补偿机制日趋多样化，买卖双方可在公平合理的前提下，充分协商个性化利益对赌机制，如追加补偿机制、奖励机制、梯级对价调整安排等。第三，并购融资渠道多样化。收购方可通过发行股份购买资产、募集配套资金、贷款及其他方过桥贷款等方式实现资金来源的多样化。第四，交易模式具有创新性。市场化并购交易模式呈现出灵活创新态势，交易双方在平等协商基础上可制订个性化交易方案。

（五）国际化趋势明显

伴随国内企业实力的不断提高和国家“走出去”战略，国内企业拓展海外市场业务的需求持续上升，并购已经从国内市场拓展到国际市场，越来越多的企业通过海外并购拓展企业产业链、整合境外资源增强协同效应来壮大企业实力。

二、分道制审核

2013 年 9 月 13 日，上海证券交易所和深圳证券交易所分别发布《关于配合做好并购重组审核分道制相关工作的通知》，明确中国证监会自 2013 年 10 月 8 日起正式实施并购重组分道制审核。并购重组审核分道制是指中国证监会对并购重组行政许可申请审核时，根据财务顾问的执业能力、上市公司规范运作和诚信状况、产业政策和交易类型的不同，实行差异化的审核制度安排。其中，对符合标准的并购重组申请，实行豁免审核或快速审核。具体提到如“涉及年初12部委提到的9大行业、且交易类型为上市公司同行业或上下游并购的，列入豁免/快速审核类，构成借壳上市的除外”。

该文件的发布将有助于改善以往我国上市公司不论企业所在行业、资质均须统一排队等候并购审核的低效状态，对提高我国上市公司并购重组效率、促进资本市场资源有效配置起到积极作用；将为目前关注并购退出、联合上市公司设立并购基金的VC/PE机构提供较为有利的市场环境。另外提到引入“财务顾问的执业能力”，对提高证券公司、新兴投资银行并购业务量，提升其并购业务专业程度以及独立判断项目能力方面将大有裨益。

根据《证券公司从事上市公司并购重组财务顾问业务执业能力专业评价工作指引》和《开展2013年度财务顾问执业能力专业评价工作的通知》要求，财务顾问分为A、B、C类。

2013年度72家证券公司从事上市公司并购重组财务顾问业务执业能力专业评价结果中，A类证券公司有10家，B类证券公司有24家，C类证券公司有38家（见表1-2）。

表1-2　证券公司并购重组财务顾问业务执业能力分类结果

序号	证券公司（按拼音排序）	2013年分类结果	序号	证券公司（按拼音排序）	2013年分类结果
1	爱建证券有限责任公司	C	22	国金证券股份有限公司	C
2	安信证券股份有限公司	B	23	国开证券有限责任公司	C
3	渤海证券股份有限公司	B	24	国盛证券有限责任公司	C
4	财富里昂证券有限责任公司	C	25	国泰君安证券股份有限公司	A
5	财通证券有限责任公司	B	26	国元证券股份有限公司	B
6	长城证券有限责任公司	B	27	海际大和证券有限责任公司	C
7	长江证券承销保荐有限公司	B	28	海通证券股份有限公司	B
8	大通证券股份有限公司	C	29	恒泰证券股份有限公司	C
9	德邦证券有限责任公司	C	30	宏源证券股份有限公司	B
10	第一创业摩根大通证券有限责任公司	C	31	红塔证券股份有限公司	B
11	东北证券股份有限公司	C	32	华安证券有限责任公司	C
12	东方花旗证券有限公司	B	33	华创证券有限责任公司	C
13	东海证券股份有限公司	A	34	华林证券有限责任公司	B
14	东吴证券股份有限公司	C	35	华龙证券有限责任公司	B
15	东兴证券股份有限公司	C	36	华融证券股份有限公司	B
16	东莞证券有限责任公司	C	37	华泰联合证券有限责任公司	A
17	高盛高华证券有限责任公司	B	38	华西证券有限责任公司	C
18	广发证券股份有限公司	A	39	华英证券有限责任公司	C
19	广州证券有限责任公司	B	40	江海证券有限公司	C
20	国都证券有限责任公司	B	41	金元证券股份有限公司	C
21	国海证券股份有限公司	B	42	摩根士丹利华鑫证券有限责任公司	C

续表

序号	证券公司（按拼音排序）	2013年分类结果	序号	证券公司（按拼音排序）	2013年分类结果
43	齐鲁证券有限公司	A	58	兴业证券股份有限公司	C
44	日信证券有限责任公司	C	59	英大证券有限责任公司	C
45	瑞信方正证券有限责任公司	C	60	招商证券股份有限公司	B
46	瑞银证券有限责任公司	C	61	浙商证券股份有限公司	B
47	申银万国证券股份有限公司	B	62	中德证券有限责任公司	B
48	世纪证券有限责任公司	C	63	中国国际金融有限公司	A
49	首创证券有限责任公司	C	64	中国民族证券有限责任公司	C
50	太平洋证券股份有限公司	C	65	中国银河证券股份有限公司	C
51	天风证券股份有限公司	C	66	中国中投证券有限责任公司	B
52	万联证券有限责任公司	C	67	中航证券有限公司	C
53	西部证券股份有限公司	B	68	中山证券有限责任公司	C
54	西南证券股份有限公司	A	69	中信建投证券股份有限公司	A
55	湘财证券有限责任公司	C	70	中信证券股份有限公司	A
56	新时代证券有限责任公司	C	71	中银国际证券有限责任公司	A
57	信达证券股份有限公司	C	72	中原证券股份有限公司	B

第四节　场外市场情况

一、全国中小企业股份转让系统

2006年1月，中关村科技园区非上市股份有限公司股份报价转让试点工作启动。2013年1月，全国中小企业股份转让系统有限责任公司正式揭牌运营。2013年9月7日，全国股份转让系统从中关村科技园区扩大试点至上海张江、天津滨海、武汉东湖等高新园区。截至2013年底，全国股份转让系统挂牌公司共计356家①，挂牌公司总股本964 665.97万股。从地域分布看，北京中关村248家，上海张江50家，天津滨海22家，武汉东湖36家。2013年度，57家挂牌公司完成59次定向发行，定向发行股数合计29 193.87万股，累计募集资金10.02亿元。从主办券商来看，申银万国、长江证券、中信建投等业务量前10位的证券公司市场份额超过50%，达到62.19%②（见表1-3、表1-4、表1-5）。

① 2014年1月9日，安控科技公开发行股票并在创业板上市的申请已获中国证监会核准，自1月9日起在全国股份转让系统终止挂牌，成为全国股份转让系统2012年9月正式成立以来第一家通过IPO上市的挂牌公司。

② 资料来源：全国中小企业股份转让系统。

表1-3　　新三板挂牌公司市盈率分布情况

市盈率（2012年报）	家数（家）	占新三板上市公司比例（%）
0以下	28	7.87
1~10（不含）	143	40.17
10~20（不含）	77	21.63
20~30（不含）	34	9.55
30~40（不含）	19	5.34
40~50（不含）	10	2.81
50~60（不含）	5	1.40
60~70（不含）	5	1.40
70~100（不含）	9	2.53
100以上	26	7.30
合　计	356	100.00

资料来源：Wind。

表1-4　　新三板挂牌公司净资产分布情况

净资产（2012年报）	家数（家）	占新三板上市公司比例（%）
2 000万元以下	148	41.57
2 000万~5 000万元（不含）	103	28.93
5 000万元~1亿元（不含）	64	17.98
1亿元以上	41	11.52
合　计	356	100.00

资料来源：Wind。

表1-5　　新三板挂牌公司净利润分布情况

净利润（2012年报）	家数（家）	占新三板上市公司比例（%）
100万元以下	99	27.81
100万~500万元（不含）	122	34.27
500万~1 000万元（不含）	53	14.89
1 000万~1 500万元（不含）	33	9.27
1 500万~2 000万元（不含）	14	3.93
2 000万~2 500万元（不含）	9	2.53
2 500万元以上	26	7.30
合　计	356	100.00

资料来源：Wind。

二、区域性股权交易市场

2012年8月，中国证监会下发了《关于规范区域性股权交易市场的指导意见（试行）》，从政策层面首次明确区域性股权交易市场的基本制度框架。2013年2月，中国证券业协会发布《证券公司参与区域性股权交易市场业务规范》，对证券公司参与区域性股权交易市场从准入程序、业务服务、投资者适当性管理、风险控制和合规管理、自律管理等方面提出明确要求。2013年12月13日，国务院发布《关于全国中小企业股份转让系统有关问题的决定》，明确在不同层次资本市场建立有机联系，在符合《国务院关于清理整顿各类交易场所切实防范金融风险的决定》（国发〔2011〕38号）要求的区域性股权转让市场进行股权非公开转让的公司，符合挂牌条件的，可以申请在全国股份转让系统挂牌公开转让股份。

监管部门为了多渠道推动股权融资和债券融资，提高中小微企业直接融资比重，一直在着力推动各省区市建立区域性股权交易市场，加快多层次资本市场体系建设。2013年12月28日，北京股权交易中心有限公司正式成立。至2013年底，全国共建有区域性股权交易市场19家，挂牌企业上千家。

第五节　创新业务情况

一、资产证券化

2013年3月，中国证监会公布《证券公司资产证券化业务管理规定》，证券公司资产证券化业务启动。按照国务院“优化金融资源配置，用好增量、盘活存量”的总体部署，2013年中国证监会积极推动信贷资产证券化产品在交易所上市，并在交易所市场开展小额贷款类资产证券化创新探索。同年整个市场完成4单资产证券化项目（见表1-6），融资规模有限，截至2013年底在会审核项目30单。随着企业资产与信贷资产证券化的统筹推进，以及专项资产管理计划行政许可的取消，资产证券化业务将迎来较好的发展阶段（见表1-6）。

表1-6　2013年完成发行的资产证券化（ABS）项目情况

序号	项目名称	发行日期	发行规模（亿元）	证券公司
1	汇元一期	2013年11月29日	11.14	中信建投
2	阿里巴巴	2013年9月18日	25.00	东方证券
3	澜沧江	2013年5月31日	33.00	招商证券
4	隧道股份	2013年2月21日	4.84	国泰君安
合　计			73.98	

二、优先股

2013年5月24日，中国证监会新闻发言人表示中国证监会正在积极开展优先股相关工作，条件成熟时将尽快推出。2013年11月30日，中国政府网发布《国务院关于开展优先股试点的指导意见》。12月13日，中国证监会就《优先股试点管理办法》公开征求意见，对优先股发行主体、发行条件、投资者资格等内容予以详细规定，拉开了优先股试点工作的序幕。优先股作为一种股债连接产品，是股票和债券之外重要的直接融资工具，在境外有着成熟的市场。目前，《优先股试点管理办法》及有关配套文件的制定工作已基本完成。当前开展优先股试点有利于拓宽直接融资渠道，提供多元化的投资渠道；有利于支持企业兼并重组，推动行业整合和产业升级；有利于增强商业银行抗风险能力，满足资本监管要求等多方面积极的作用。

第六节　投资银行业务组织架构基本情况

一、证券公司集中度较高

2013年度A股融资规模和融资家数最多的前10名证券公司的集中度不断提高，市场向大证券公司集中，反映出我国资本市场逐渐成熟。根据Wind数据统计，股权融资业务方面，前10家证券公司主承销金额达到57.61%，略高于2012年度的54.4%；债券业务方面，前10家证券公司主承销家数占比46.96%，同时，主承销金额占比55.33%，占据了市场近半客户资源（见图1-3）。

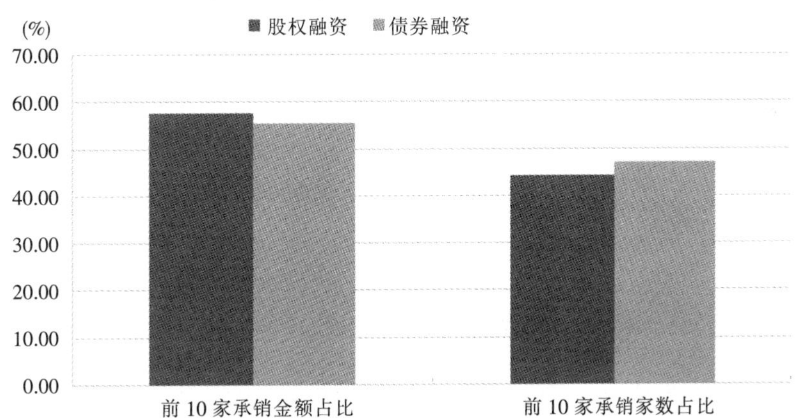

图1-3　2013年前10家证券公司承销金额和家数的占比情况

二、投资银行从业人员数量基本稳定，保荐代表人稳步增长

证券公司投资银行部的总人数（不含资本市场部、债券承销部人数）2012年已突破万人，2013年与2012年基本持平。其中保荐代表人数已接近2 400人，较2012年增加了约10%，呈现稳步增长态势。债券承销部总人数较2012年增加约35%，已达1 500余人。资本市场部总人数600余人，较2012年小幅增加约3%①。

三、投资银行业务收入结构呈现多元化趋势

总体来看，2013年证券公司投资银行业务总收入较2012年下降约23%，并且股权

① 资料来源：中国证券业协会2013年专项调查数据。

融资业务收入占比略微下降。其中，受IPO暂停影响，股票保荐与承销业务收入较2012年下降约39%；债券市场受到资金面影响，债券融资规模减小，债券融资收入也相应较2012年下降接近19%；并购重组财务顾问收入较2012年小幅上升约8%；场外市场业务是近年来新出现的业务类别，处于起步阶段，证券公司的场外市场业务收入金额和占比均非常少，但增长迅速，2013年的新三板及其他场外市场业务收入较2012年增长169%。随着并购重组、债券业务以及资产证券化等各项创新业务的发展，投资银行业务收入渠道更加多元化（见表1-7和图1-4）。

表1-7 近三年投行业务收入结构对比 （单位：%）

收入类别	2013年	2012年	2011年
股票保荐承销收入占比	37.05	46.17	66.21
债券承销业务收入占比	42.65	40.10	20.23
并购重组财务顾问收入占比	10.38	7.31	8.54
新三板及其他场外市场业务收入占比	2.10	0.59	0.28
其他业务收入占比	7.82	5.83	4.74

资料来源：中国证券业协会专项调查数据。

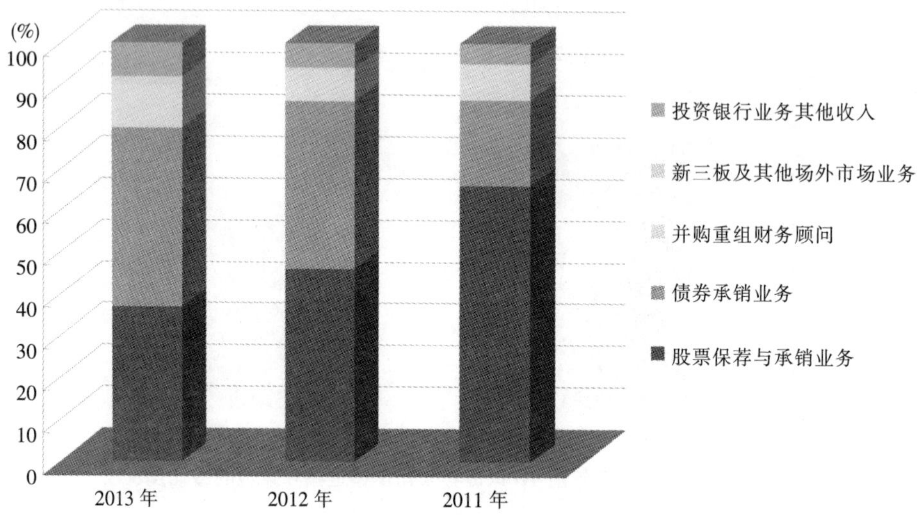

图1-4 近三年证券公司收入结构情况

为了适应并购重组业务、新三板业务日益重要的趋势，部分证券公司增设了并购部和新三板业务部，专门从事该类业务。

2013年投资银行业务的国际比较

第一节 股票发行市场的国际比较

纵观2013年中国股票及相关证券发行市场，与世界其他发达国家和地区相比，具有以下一些特点：

一、行业构成比较

首先，从行业构成上来讲，2013年全球发达国家和地区大多以金融业融资额排名第1位，而2013年中国则以材料制造业融资额位于第1位。此外，股票及相关证券融资排名前3位的行业与全球范围相比，也有所不同：全球范围内融资额排名前3位的行业分别为金融、消费品（快消）和工业，中国股票及相关证券融资排名前3位的则是材料制造业、资本货物和银行业。与2012年相比，中国的技术硬件与设备企业融资额明显提升，排名上升到股权融资所有行业中的第5位。可以看到，虽然我国产业结构与世界先进国家相比尚存在一定的差距，但随着我国产业结构不断优化升级，银行金融业、技术硬件与设备业等第三产业的融资额和占比均在上升，在国民经济中起到越来越重要的作用（见图2-1和图2-2）。

二、股票及相关证券融资

2013年中国股票相关融资额约为632亿美元（包含H股），占亚太地区的30.23%。在世界范围内，2013年中国超过日本股票相关融资额196亿美元，但比美国的2 791.70亿美元还有较大的差距，仅占其股票相关融资额的22.64%。由此可见，我国的股票相关融资市场融资额在亚太地区乃至世界范围内都具有领先的总量，但相比于2013年股票相关融资额排名第1位的美国，还有明显的差距。

从发行市场看，美国在2013年的股票相关融资量为2 791.70亿美元，连续3年蝉

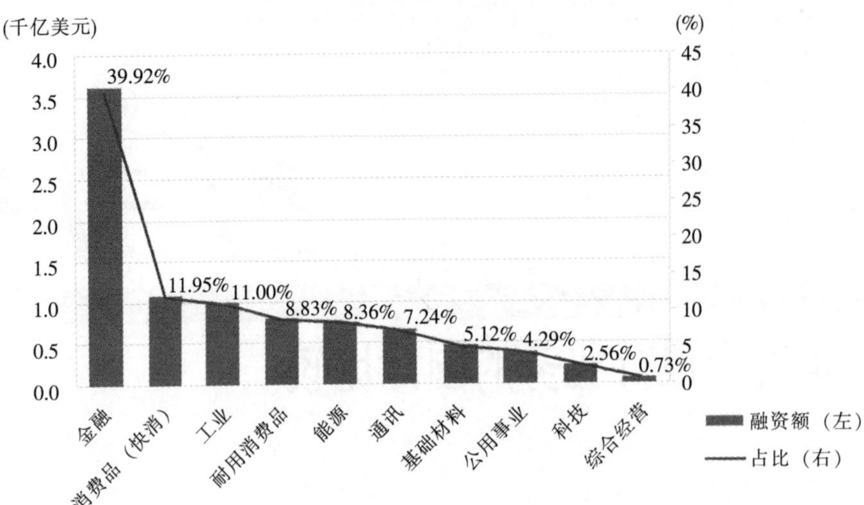

图 2-1　2013 年全球股票及相关证券融资额及占比

资料来源：Bloomberg。

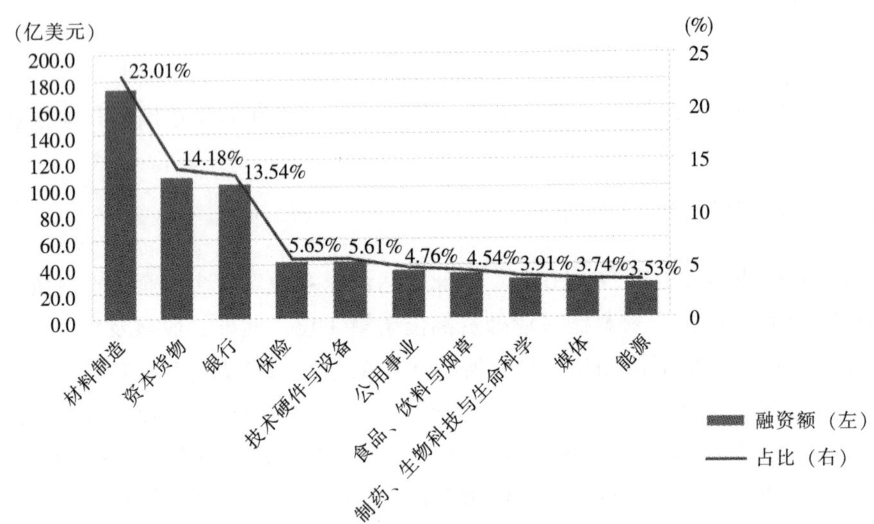

图 2-2　2013 年中国股票及相关证券融资额及占比

资料来源：Wind。

联全球第 1 位。欧洲、中东以及非洲地区（EMEA）2013 年股票相关融资量为 1 868 亿美元，排名第 2 位。亚太地区（不含日本）2013 年融资额有所下降，以 1 654.30 亿美元的融资量排名第 3 位。2013 年全球股票相关融资比 2012 年上升 27.75%，其中 EMEA、日本和其他市场股票相关融资额增幅较大，除日本以外的亚太地区融资额较 2012 年相差不大。具体情况见表 2-1。

表 2－1　　　　2013 年股票发行市场的国际比较

区域	2013 年		2012 年		2013 年相比 2012 年融资额增长率（%）
	融资额（含超额配售）（亿美元）	融资单数（单）	融资额（含超额配售）（亿美元）	融资单数（单）	
美国	2 791.70	1 363	2 555.80	1 052	9.23
EMEA	1 868.00	1 177	1 024.80	1 014	82.28
亚太地区（除日本）	1 654.30	2 186	1 633.90	2 098	7.25
日本	436.10	234	230.00	174	89.61
其他市场	510.30	141	238.80	103	113.69
合　计	7 260.40	5 101	5 683.30	4 441	27.75

资料来源：Bloomberg。

2013 年中国股票 A 股相关融资额约为 438 亿美元，比 2012 年下降了 18%，根据 Wind 统计，2013 年中国证券市场股票及相关证券融资单数 203 单，较 2012 年的 285 单下降 82 单。与世界其他地区相比，我国股票相关融资的融资单数与融资额跌幅最大，我国股票相关融资跌幅超出全球其他国家和地区的原因很大程度上是由政策因素导致的。2013 年全年中国证监会停止了对新股发行的发审会，新股发行市场也处于停滞状态。

据 Bloomberg 统计，2013 年全球股票及相关证券市场发行量约为 7 260.40 亿美元，融资额比 2012 年上升约 14.86%。全球共有 5 101 单股票及相关证券发行案例，单数较 2012 年上升 14.86%，世界经济仍旧行进在缓慢复苏的道路上。

三、承销投行市场份额

与世界其他国家和地区不同，中国 2013 年股票相关融资承销投行的市场份额相对比较分散。前 10 名承销商共占市场份额的 57.61%，世界上其他主要国家和地区排名前 10 位承销商的市场份额均高于这一水平。全球范围内，高盛集团以 879 亿美元的承销额位列第 1 名，市场份额为 11.7%；摩根大通从 2012 年第 1 名的位置下降 1 位，排名第 2 名，承销金额为 664 亿美元，市场份额为 8.8%。美国投行在全球股票融资前十大承销商排名中依然占据 5 位（并且排名前 5 位），这 5 家美国投行的合计市场份额为 43%，与 2012 年基本持平。据 Bloomberg 统计，2013 年全球股票及相关证券发行的平均承销费约为 3.86%，排名前 10 位的承销商占据了市场份额的 67.3%。具体情况见表 2-2。

表 2－2　　　　2013 年全球市场排名前 10 位的承销商

承销商	市场份额（%）	金额（百万美元）	费率（%）	发行数（单）
高盛集团	11.7	87 897.42	3.987	407
摩根大通	8.8	66 394.43	3.612	447
摩根士丹利	8.3	61 991.40	3.41	432
美国银行美林	7.6	56 808.32	4.904	417
花旗集团	6.6	49 852.29	3.497	370
瑞士银行	6.3	47 395.18	3.382	304
德意志银行	5.9	44 454.72	3.611	345
瑞士信贷集团	5.3	39 423.60	5.195	336
巴克莱	4.9	37 101.68	2.623	273
富国银行	1.9	14 307.85	4.001	189
前 10 家合计	67.3	505 626.89	38.222	3 520
全球合计	100.0	750 863.87	–	3 698

资料来源：Bloomberg。

（一）美国

2013 年，高盛集团跃居美国地区股票及相关证券发行承销额第 1 位，累计承销 416 亿美元，占美国承销市场总额的 14.8%；摩根大通位列第 2 名，累计承销 334 亿美元，占美国承销市场总额的 11.9%，前 10 名的承销商占据了市场份额的 87.8%。具体情况见表 2-3。

表 2-3　2013 年美国市场排名前 10 位的承销商

承销商	市场份额（%）	金额（百万美元）	费率（%）	发行数（单）
高盛集团	14.8	41 644.07	4.207	229
摩根大通	11.9	33 417.91	3.637	289
花旗集团	11	30 910.34	3.618	251
美国银行美林	10.7	30 184.98	5.317	289
巴克莱	9.9	27 704.33	2.651	217
摩根士丹利	9.6	27 052.64	3.46	239
瑞士信贷集团	6.4	17 922.41	6.279	195
德意志银行	5.9	16 462.28	3.87	183
富国银行	5	14 027.64	3.983	184
瑞士银行	2.6	7 207.70	4.054	101
合　计	87.8	246 534.3	—	2 177

资料来源：Bloomberg。

（二）欧洲、中东及非洲地区（EMEA）

2013 年，高盛集团以 222 亿美元的承销金额成为 EMEA 股票及相关证券发行承销额第 1 名的投行，占 EMEA 市场承销总额的 11%；德意志银行位列第 2 名，累计承销 199 亿美元，占 EMEA 市场承销总额的 9.8%。前 10 名承销商占市场份额的 71.8%。具体情况见表 2-4。

表 2-4　2013 年 EMEA 市场排名前 10 位的承销商

承销商	市场份额（%）	金额（百万美元）	费率（%）	发行数（单）
高盛集团	11	22 248.87	2.279	75
德意志银行	9.8	19 903.29	2.32	86
美国银行美林	9.6	19 524.94	2.877	60
摩根大通	9.5	19 249.96	3.376	79
摩根士丹利	9.1	18 542.21	1.952	65
瑞士银行	8.3	16 783.85	4.626	66
瑞士信贷集团	4.5	9 051.95	2.214	47
花旗集团	4.4	8 941.79	3.506	43
巴克莱	3.2	6 593.65	1.743	33
法国巴黎银行	2.4	4 907.83	5.5	40
合　计	71.8	145 748.34	—	594

资料来源：Bloomberg。

（三）亚太地区（日本除外）

亚太地区（日本除外）股票发行市场中，高盛集团是 2013 年亚太地区股票及关联证券发行承销额第 1 位的投行，累计承销 148 亿美元，占亚太地区承销总额的 11.3%。第 2 位是瑞士银行，累计承销 127 亿美元，占亚太地区承销总额的 9.7%。具体情况见表 2–5。

表 2–5　2013 年亚太地区（日本除外）市场排名前 10 位的承销商

承销商	市场份额（%）	金额（百万美元）	费率（%）	发行数（单）
高盛集团	11.3	14 885.32	2.262	58
瑞士银行	9.7	12 696.03	1.465	77
摩根大通	6.2	8 174.38	2.717	48
摩根士丹利	5.5	7 279.12	2.925	62
瑞士信贷集团	5.1	6 762.70	2.879	54
花旗集团	4.4	5 766.85	2.165	50
中国国际金融有限公司	3.7	4 840.29	2.316	20
汇丰银行	3.5	4 562.77	1.915	42
德意志银行	3.3	4 391.07	2.656	50
美国银行美林	3.1	4 095.05	2.211	37
合　计	55.8	73 453.58	—	498

资料来源：Bloomberg。

（四）日本

日本市场 2013 年前 10 名承销商更是占据了股票相关融资市场份额的 96.4%，野村证券连续第 11 年在该地区股票承销上名列第 1 位，市场份额为 22.4%，承销额为 98 亿美元，承销单数为 87 单。具体情况见表 2–6。

表 2–6　2013 年日本市场排名前 10 位的承销商

承销商	市场份额（%）	金额（百万美元）	费率（%）	发行数（单）
野村证券	22.4	9 792.61	4.313	87
大和证券	15.7	6 866.69	4.24	64
三井住友金融集团	13.2	5 776.14	4.006	63
摩根士丹利	12.4	5 415.35	3.964	36
瑞穗金融集团	11.6	5 069.70	4.057	48
高盛集团	9	3 948.49	3.462	10
摩根大通	4.9	2 141.31	3.88	10
瑞士银行	3	1 317.27	3.839	14
花旗集团	2.3	1 005.43	3.406	5
巴克莱	1.9	853.08	3.063	5
合　计	96.4	42 186.07	—	342

资料来源：Bloomberg。

四、国际投行在中国股票相关融资市场上份额

国际投行在中国股票相关融资市场上份额较小。除了日本2013年股票及相关融资市场上份额最大的前2名是日本本土证券公司外，美国、EMEA和亚太等地区股票相关融资承销金额名列前茅的无不是国际知名的投行，如高盛集团、摩根士丹利、摩根大通等，而在中国2013年股票相关融资承销金额排名前10位的证券公司中，只有高盛高华1家外资背景的证券公司排名第4位，前10名中的剩余9席则清一色被中国本土证券公司占据。究其原因，首先是中国未完全放开本国的A股承销业务给国际投行。国际投行要参与A股的承销，必须在中国与具备承销资格的证券公司合资成立证券公司作为承销机构。这些规定在很大程度上影响了国际投行在中国资金和人才上的投入力度。另外，由于中国政策因素使得投资银行业务不断向资本实力强、具有本地关系资源和行业知识的证券公司倾斜，导致国际投行在中国分支机构普遍在A股股票及相关证券的承销过程中落后于中国本土证券公司。然而随着A股市场影响力日增，外资企业尤其是中国业务比例日益提升的外资企业在A股市场上市是大势所趋。随着国际板预期的升温，国际投行在中国的业务或将获得大幅增长的契机。

第二节 债券发行市场的国际比较

一、债券发行市场

据Bloomberg统计，2013年全球公司债券市场发行量为3.78万亿美元，比2012年的3.96万亿美元减少了4.55%。但是其中全球高收益债券市场发行量为0.53万亿美元，比2012年的0.43万亿美元上升了23.26%。总体来说，2013年的全球债券市场与2012年相比变化不大。

2013年美国公司债券发行市场持续发展，全年公司债发行量达1.6万亿美元，发行9 058单。其中，高收益债券发行量为0.38万亿美元，共发行810单。欧洲2013年公司债券市场融资额1.74万亿美元，发行数量为8 408单。日本公司债券市场2013年的债券发行量为825亿美元，发行数量为443单。

2013年，中国债券市场受到资金面影响，根据Wind统计，债券发行量约为1 879.49亿美元，发行数量为1 062单，与2012年相比有所下降。2013年，中国公司债券市场融资额约是股票及相关证券融资额的3倍左右，这一比例远小于美国、日本等世界发达国家。相对于发达国家，中国债市规模还比较小，还有巨大的发展空间和增长潜力。

二、债券承销投行市场份额

在前10名主承销商的市场集中度方面，与股票及相关证券承销市场相类似，中国债券承销市场中份额排名前10位的承销商所占份额仅为55.29%。这一比例高于欧洲，但仍显著低于美国、日本等发达地区前10名债券承销商的集中程度。

中国债券融资市场的承销商中中信证券的融资金额最高，为258.48亿美元，市场份额为13.75%。具体情况见表2-7。

表2-7　2013年中国债券市场排名前10位的承销商

机构名称	市场份额（%）	金额（百万美元）	发行数（单）
中信证券股份有限公司	13.75	25 848.69	118
国开证券有限责任公司	6.59	12 385.25	56
中信建投证券股份有限公司	6.23	11 711.15	52
中国国际金融有限公司	5.82	10 933.11	44
海通证券股份有限公司	5.69	10 691.80	28
国泰君安证券股份有限公司	5.11	9 602.46	48
国信证券股份有限公司	3.22	6 053.61	54
瑞银证券有限责任公司	3.22	6 043.77	17
招商证券股份有限公司	2.92	5 491.80	14
广发证券股份有限公司	2.74	5 156.07	28
合　计	55.29	103 917.70	459.00

资料来源：Wind。

（一）美国

2013年，美国公司债券发行市场承销商排名第1位的是摩根大通，累计承销额约为1 943亿美元，市场份额为12.1%，融资单数为1 101单。具体情况见表2-8。

表2-8　2013年美国债券市场排名前10位的承销商

承销商	市场份额（%）	金额（百万美元）	费率（%）	发行数（单）
摩根大通	12.1	194 255.84	0.583	1 101
美国银行美林	10.5	168 665.47	0.615	2 775
花旗集团	9.7	155 938.09	0.589	919
摩根士丹利	8.5	136 070.76	0.575	2 432
高盛公司	7.9	126 722.92	0.502	668
巴克莱	6.3	101 209.80	0.591	654
德意志银行	6.3	101 141.55	0.487	620
富国银行	5.9	94 042.82	0.724	2 145
瑞士信贷集团	4.6	73 141.25	0.495	442
加拿大皇家银行资本市场	3.5	55 263.20	0.4	328
合　计	75.3	120 6451.7	—	12 084

资料来源：Bloomberg。

2013年，美国高收益债券发行市场承销商排名第1位的同样是摩根大通，累计承销金额约为443亿美元，市场份额11.7%，融资单数为326单。具体情况见表2-9。

表 2-9　　2013 年美国高收益债市场排名前 10 位的承销商

承销商	市场份额（%）	金额（百万美元）	费率（%）	发行数（单）
摩根大通	11.7	44 302.11	1.214	326
美国银行美林	10.1	38 305.03	1.407	318
花旗集团	9.2	34 837.34	1.528	259
德意志银行	7.9	30 101.78	0.943	240
瑞士信贷集团	7.9	30 053.45	0.93	218
高盛公司	7.4	27 966.34	1.395	211
摩根士丹利	6.9	26 405.09	1.28	181
巴克莱	6.6	25 199.79	1.365	188
富国银行	6	22 854.99	1.362	204
加拿大皇家银行资本市场	3.6	13 598.87	1.352	125
合　计	77.3	29 3624.79	—	2 270

资料来源：Bloomberg。

美国高收益债券市场已经形成了比较完善和成熟的机制。发行主体以中小企业和信用评级较低的公司为主，行业分布较为集中；发行债券的公司实行注册制，公开发行的高收益债券需向美国证券交易委员会（SEC）注册并遵守严格的信息披露制度；在发行方式上有公开和私募两种，私募发行须严格遵循《114A 法则》，即只能对合格的机构投资者进行私募；发行等级以信用评级为 BB、B 的债券为主。2009 年以来，评级为 BB 及 B 类的发行规模占高收益债券发行规模的 90%左右；发行期限以长期为主，10 年期以下的债券占市场的 70%，其中 5~10 年期限的占比 50%左右；单笔发行规模较小，平均发行额为 1 亿~4 亿美元；也有少部分发行年限长达 30 年以上，而期限在 3 年以内的总量很少。

在 20 世纪 80 年代末，高收益债券的发债主体主要集中于募集资金用于杠杆收购的公司。进入 21 世纪以后，高收益债的发债主体已经完全多样化，目前包括明日之星、堕落天使、高负债公司、杠杆收购公司、资本密集型企业和外国政府和企业六大类。投资者则以机构投资者为主，95%以上的投资者为机构投资者，主要包括保险公司、养老基金和其他机构，个人投资者则通过购买高收益债券共同基金间接地参与这个市场。

（二）欧洲

德意志银行和汇丰银行分别占据 2013 年欧洲公司债券发行市场承销商排名的第 1 位和第 2 位，承销额分别为 1 091 亿美元和 963 亿美元，市场份额分别为 6.3%和 5.5%。具体情况见表 2-10。

表2－10　　2013年欧洲债券市场排名前10位的承销商

承销商	市场份额（%）	金额（百万美元）	费率（%）	发行数（单）
德意志银行	6.3	109 117.51	0.372	692
汇丰银行	5.5	96 300.93	0.318	691
法国巴黎银行	5.3	91 627.92	0.277	537
巴克莱	4.9	85 659.01	0.227	566
摩根大通	4.3	74 537.94	0.32	558
高盛公司	4	70 202.23	0.269	345
美国银行美林	3.6	62 731.26	0.304	471
瑞士信贷集团	3.6	62 149.78	0.227	381
意大利裕信银行	3.5	61 561.97	0.273	346
法国兴业银行	3.4	59 428.82	0.25	362
合　计	44.4	773 317.37	—	4 949

资料来源：Bloomberg。

（三）日本

2013年日本债券融资的承销商中野村控股的融资金额最高，为206.11亿美元，市场份额为25%。具体情况见表2-11。

表2－11　　2013年日本债券市场排名前10位的承销商

承销商	市场份额（%）	金额（百万美元）	费率（%）	发行数（单）
野村控股	25	20 611.33	0.522	220
瑞穗金融集团	19.9	16 407.81	0.382	207
摩根士丹利	18.2	15 041.81	0.343	213
大和证券	16.8	13 884.29	0.535	175
三井住友金融集团	15.4	12 685.52	0.373	198
高盛公司	1.3	1 033.43	0.249	16
花旗集团	1	790.48	0.225	13
Tokai Tokyo Securities Co Ltd	0.6	509.52	0.326	17
美国银行美林	0.5	447.62	0.213	8
Shinkin Central Bank	0.5	401.24	0.353	19
合　计	99.2	81 813.05	—	1 086

资料来源：Bloomberg。

第三节 并购重组交易活动的国际比较

2013年，中国国内并购重组市场交易规模达932.03亿美元，同比增长24.3%。从具体完成交易来看，能源及矿业、房地产和机械制造业并购金额居前3位。相比传统行业，生物技术/医疗健康、清洁技术、互联网新兴行业的并购活动表现抢眼。

跨境并购虽然活跃度远低于国内并购，但在金额规模方面出现大幅上扬，2013年跨境并购共完成138起，涉及交易额514.63亿美元，较2012年的334.83亿美元上升53.7%。

2013年中国企业出境大规模并购重组成为亮点，如1月21日，中石油拟500亿美元收购埃森克美孚在伊拉克油田项目；3月15日，中石油母公司中石油集团宣布拟42.1亿美元收购埃尼集团全资子公司埃尼东非28.57%的股权，从而间接获得其在莫桑比克4区块项目20%的权益；6月29日，中石油计划50亿美元从哈萨克斯坦国家石油天然气公司收购Kashagan油田8.33%的股份；5月29日，双汇国际宣布其与美国最大的猪肉及猪肉制品生产商史密斯菲尔德公司的并购协议，双汇将以70.22亿美元的价格收购史密斯菲尔德公司；8月15日，中铝矿业国际即将聘请高盛集团和摩根士丹利为收购矿业和商品交易巨头嘉能可斯特拉塔在秘鲁的一座潜在价值为50亿美元的铜矿交易提供顾问服务；10月2日，绿地集团与森林城公司签署谅解备忘录，将成立合资公司（绿地集团持70%股权），共同收购开发后者持有的布鲁克林大西洋广场地产项目，总投资预计将超过50亿美元，这是纽约20年来最大规模房地产单体项目，同时也是中国房企迄今为止在美最大投资。

在我国外汇储备巨大及投资过剩、产能过剩现象频现的大背景下，企业"走出去"和资本输出逐渐成为趋势，积极在海外开拓新市场，发展新渠道。基于全球及中国的宏观经济现状，未来跨境并购在中国并购市场的占比将越来越重要。

2013年，中国资本市场受制于IPO停摆，倒逼VC/PE机构通过并购实现退出；同时，市场的快速发展和股权投资退出的多元化也导致VC/PE相关并购的活跃度大幅提升。清科研究中心的数据显示，2013年与VC/PE相关并购共计发生446起，较2012年的208起大幅上升114.4%；其中披露金额的交易为413起，涉及的金额共计346.60亿美元，同比涨幅高达542 .5%。

全球范围，2013年从已实施并购的行业分布来看，资本涉及最多的行业为电信业、多元化金融服务、石油与天然气、电力和房地产。资本涉及最多的并购行业电信业占全球所有行业并购交易资本的17.06%。排名第2位和第3位的多元金融服务业和石油与天然气行业分别占并购活动总资本的11.33%和8.95%（见图2-3）。

从中国已实施并购交易的投行财务顾问排名中，中信证券和摩根士丹利分别占据第1位和第2位。其中，2013年中信证券涉及并购金额为242亿美元，市场份额为

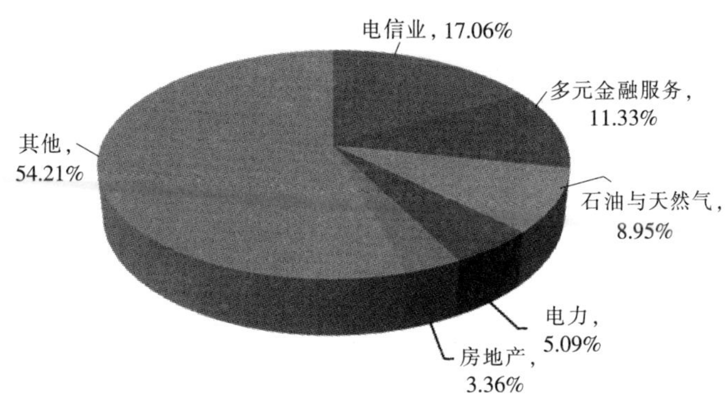

图 2-3 2013 年全球并购交易资本行业分布

资料来源：Bloomberg。

11.53%；摩根士丹利涉及并购金额为 169 亿美元，市场份额为 8.06%。具体情况见表 2-12。

表 2 - 12 2013 年中国并购交易财务顾问排名

投行名称	市场份额（%）	总额（百万美元）	交易数目（单）
中信证券	11. 53	24 194. 62	24
摩根士丹利	8. 06	16 917. 11	13
巴克莱资本	7. 52	15 789. 36	9
中金公司	6. 38	13 389. 20	19
新百利	4. 94	10 363. 68	20
摩根大通	4. 43	9 304. 75	10
汇丰银行	3. 75	7 871. 27	10
中银国际	3. 42	7 175. 25	3
海通证券	3. 36	7 050. 23	9
花旗集团	3. 10	6 508. 31	16
合计	56. 49	118 563. 78	133

注：由于部分并购项目由多家投行同时担任财务顾问，因此纳入各投行名下的并购金额、市场份额及并购次数的合计数比 2013 年中国已实施并购交易市场的并购金额、市场份额及并购次数的合计数大。

资料来源：Bloomberg。

从 2013 年全球已实施并购交易的投行财务顾问排名中，高盛集团、摩根大通和美银美林分别占据前 3 位。其中，2013 年高盛集团涉及的已实施并购交易金额为 5 254 亿美元，市场份额为 23.62%；摩根大通涉及的已实施并购交易金额为 4 511 亿美元，市场份额为 20.28%；美银美林涉及的已实施并购交易金额为 4 502 亿美元，市场份额为 20.23%。具体情况见表 2-13。

表2－13　　2013年全球并购交易财务顾问排名

投行名称	市场份额（%）	总额（百万美元）	交易数目（单）
高盛集团	23.62	525 414.00	295
摩根大通	20.28	451 137.56	217
美银美林	20.23	450 168.33	190
摩根士丹利	20.08	446 798.76	246
巴克莱资本	16.43	365 579.96	173
瑞银集团	11.99	266 675.87	143
德意志银行	9.42	209 597.96	140
花旗集团	9.00	200 330.14	165
瑞士信贷	8.44	187 769.65	175
瑞德集团	7.64	170 027.16	175
合　计	147.13	3 273 499.39	1 919

注：由于部分并购项目由多家投行同时担任财务顾问，因此纳入各投行名下的并购金额、市场份额及并购次数的合计数比2013年全球已实施并购交易市场的并购金额、市场份额及并购次数的合计数大。

资料来源：Bloomberg。

通过以上对比可知，与股权和债权融资市场相比，目前中国并购交易重要的财务顾问中，外资投行占据了很大的比重，其中主要的原因是中国的并购包括中国企业跨国并购和海外企业入境并购，这两块业务占据了较大比重，而国内多数证券公司的跨境业务尚处于起步阶段，在人才、资本、经验、创新能力等各方面与外资投行相比均有不足。放眼全球市场，国内证券公司的市场份额与国际大行的差距更为明显，但可喜的是，在中国企业“走出去、引进来”这一历史机遇面前，通过以中信证券、中金公司为代表的本土证券公司的持续努力，国内证券公司在全球并购市场财务顾问中的占比将有所提升。

2013年中国投资银行业务存在的问题及2014年前景展望

第一节　中国投资银行业务当前存在的主要问题

一、业务结构单一，投资银行业务收入受市场影响较大

国内投资银行业务主要以承销业务为主，根据中国证券业协会近3年来的数据，股权融资业务承销收入尤其是IPO业务承销收入在投资银行收入中占比仍然较大。实践表明，愈是高度依赖承销甚至IPO承销的证券公司的投资银行业务，面对市场的变化，业绩波动越大，尤其是在二级市场低迷、IPO大幅收缩的年份，所受冲击更为明显。2013年多家知名证券公司受IPO暂停影响，营业收入以及净利润同比均大幅下降。而美国投资银行的相关数据表明，其承销等投资银行业务收入和佣金所占比例近些年变化不大，但交易和资产管理业务收入占比提升较大。国内证券公司投资银行需要改变业务结构单一的现状，承销业务需由主板、中小板、创业板IPO以及上市公司再融资向债券、新三板等场外市场延伸，并注重资产证券化、资本中介等创新业务；同时，充分利用并购重组业务的资源整合作用，并在资源整合中实现投资银行创收。

同时，监管机构需要放松监管，完善各项制度，推动投资银行业务创新。

二、行业集中度偏低，亟须培育有国际影响力的投资银行

国内证券公司总体规模整体偏小，对金融体系影响力不足，提高国际竞争力需要很长一段路要走。与世界其他国家和地区不同，中国2013年股票相关融资承销投资银行的市场份额相对比较分散。前10位承销商共占市场份额的57.61%，世界上其他主要国家和地区排名前10位承销商的市场份额均高于这一水平。全球范围内，美国投资银行占据全球股票融资前五大承销商，这5家美国投行的合计市场份额为43%，与2012年基本持平。据Bloomberg统计，2013年全球股票及相关证券发行的平均承销费约为

3.86%，排名前10位的承销商占据市场份额的67.3%。国内投资银行的综合竞争能力以及国际影响力均有待提高。

三、保荐业务中各主体归位尽责有待继续加强

实践中，迫于投资人方面的压力，以及出于侥幸心理，甚至在部分律师事务所、会计事务所的放纵下，少数发行人恶意隐瞒，使保荐机构难以通过尽职调查发现问题。继续深化新股发行体制改革，中国证监会强调发行人是信息披露第一责任人，不仅保荐机构应加强对发行人以及董事、监事、高级管理人员的培训，增强其法律意识，律师、会计师等其他中介机构也应在监管机构的有效管理下，切实履责并承担违规法律责任。资本市场健康发展有赖于市场各主体法制意识的增强，同时，需要监管机构将各主体之间的责任边界通过立法予以明确。

四、流动性不足制约了场外市场的发展

当前，新三板市场最大的发展障碍是流动性问题。2012年，新三板共成交638笔，成交金额仅为5.84亿元。为了提升新三板的流动性，活跃市场，全国中小企业股份转让系统有限责任公司于2013年2月发布的《全国中小企业股份转让系统业务规则（试行）》中明确“股票转让可以采取协议方式、做市方式、竞价方式或其他中国证监会批准的转让方式”；并于同年12月发布《全国中小企业股份转让系统股票转让细则（试行）》，但做市交易尚未实施。实际交易中，依然是通过协议方式进行交易。做市商系统正式上线，才意味着新三板业务的交易机制和平台正式搭建。

第二节　2014年中国投资银行业务前景展望

根据2013年国内外投资银行的数据分析，在世界经济继续缓慢复苏和国内经济增速放缓的预期下，对2014年投资银行市场展望如下：

一、市场化改革继续推进，投资银行业务竞争加剧

2013年11月30日，《关于进一步推进新股发行体制改革的意见》发布，标志着IPO即将重启。同时，新股发行将逐渐由审批制向注册制过渡，中国证监会审核职能将逐渐弱化，2014年市场化改革将得以延续。在股权融资业务中，新规赋予主承销商自主配售，意味着价格不再是机构能够获得配售的唯一因素，承销商有了自主配售权，有利于证券公司培育机构客户，建立、培育自己的销售网络，切实加强主承销商的销售定价能力，当然也对证券公司的研究、定价和销售能力提出考验。多层次债券市场的建设以及债券市场的产品创新，均为承销商带来了新的机遇，同时，承销市场的竞争将更加多元。

在市场化改革的过程中，中国证监会不断完善相关法律法规，强化信息披露质量，强化公司治理和内控制度建设，对证券公司投资银行业务的合规性提出更高要求。

二、 并购重组活跃，交易规模可能创新高

自 2013 年以来，中国证监会一直推进并购重组市场化改革，简化行政许可、丰富并购重组支付工具、完善并购重组监管等，为并购重组市场的健康发展提供了制度和政策保障，同时中国证监会与工信部等部门正在筹划企业兼并重组工作部际联席会议机制，并购重组外部环境将得以优化。

十八届三中全会之后，各地国企改革步伐加快，新一轮的国企改革将产生更多并购重组业务机会，由于国有企业涉及的规模较大、案例数量较多，有望在细分领域诞生重大并购案例。同时，经济发展现阶段决定上下游产业整合需求增多，以及 PE/VC 存在借道并购重组退出的内生需求，均将有利于 2014 年并购重组市场的发展。

三、 交易所债券市场在政策支持下持续、健康发展

2014 年资金面可能依然趋紧以及 IPO 重启吸金，对债券一级市场的销售会造成一定影响，同时，市场信用风险在增大，影响投资者预期。受以上影响，2014 年交易所债券市场尤其是公司债（含可转债）融资规模可能难以大幅增长。

中国证监会表示 2014 年将按照“发展并规范债券市场”的总体要求，持续推进多层次债券市场建设。一是推动完善债券规章制度，推动统一公司债券市场准入条件、信息披露标准、资信评级要求、投资者适当性制度和投资者保护制度；二是积极推动债券市场创新，深入开展可交换债、减记债等创新试点；三是完善债券市场风险防控体系建设。以上均为 2014 年交易所债券市场的发展提供了制度保障、政策保障，为今后交易所债券市场的健康发展奠定了基础。

四、 创新业务处于培育期，资产证券化业务迎来发展机遇

新三板挂牌将逐步常态化，预计 2014 年挂牌家数将稳步增长。随着新三板市场融资工具创新、转板机制建设及做市商上线等制度的出台，2014 年新三板市场体系逐步完善。但近期挂牌数量虽然增加较多，因企业规模较小，融资规模也较小，对主办券商的盈利贡献不大。预计 2014 年除了直投业务受益于 IPO 开闸和新政外，其他创新业务的收入和盈利增速难以大幅提升。

中国证监会表示 2014 年将全面推动资产证券化业务深入发展，统筹推进企业资产与信贷资产证券化，为证券公司创造的业务机会将多于 2013 年。一是根据国务院取消行政审批事项的统一部署，取消证券公司专项资产管理计划的行政许可，进一步还权给市场；二是继续推动信贷资产证券化产品在交易所上市；三是大力发展应收账款证券化等企业资产证券化业务。

五、 美国经济继续强劲复苏，中企海外上市形势较好

在经历了 2012 年中概股遭遇的回购、退市等惨境后，2013 年伴随着美国资本市场

的回暖，中国企业赴美上市状况也在这一年得到有效改善。先后有“兰亭集势”、“中国商务信贷”、“澜起科技”、“58 同城”、“去哪儿网”、“久邦数码”、“500 彩票网”和“汽车之家”8 家中概股成功登陆美国资本市场，而 2012 年仅有两家中企登陆美国资本市场。在 8 家中概股中，5 家互联网企业上市首日表现优异，为背后的 VC/PE 机构带来可观的账面回报，有利于提升投资者对中概股的信心。

同时，中国证监会将放松境外上市的审批，H 股上市只要符合香港联交所的条件，就可以直接去上市。在此背景下，2014 年赴港上市的路径将更加顺畅。

附录：

2013年证券市场与投资银行业务相关的主要事件

一、IPO暂停及新股发行改革

完善金融市场体系是十八届三中全会提出的重要改革内容。自2013年初起IPO暂停发行，中国证监会自1月8日开始对拟上市公司进行财务核查，层层把关。11月30日，中国证监会发布了《关于进一步推进新股发行体制改革的意见》，并宣布将在2014年1月重启IPO，这也是逐步推进股票发行从核准制向注册制过渡的重要步骤。

本次改革坚持市场化、法制化取向，向股票发行注册制转型，突出以信息披露为中心的监管理念，加大信息公开力度，审核标准更加透明，审核进度同步公开，通过提高新股发行各层面、各环节的透明度，努力实现公众的全过程监督。

二、中国证监会发起财务核查

中国证监会于2013年1月9日对在审的881家IPO企业（不含遵义钛业）正式启动2012年度财务专项核查工作。上海证券交易所原在审企业162家，深圳证券交易所中小板原在审企业351家，深圳证券交易所创业板原在审企业338家，截至2013年5月31日，在本次财务专项核查中，共计有63家证券公司的268家（不含遵义钛业）IPO在审企业提出了终止审查。

本次财务核查工作以财务真实性为核查重点，为在会审核的IPO企业和保荐机构都敲响了警钟，保荐机构加强了项目立项和内核的审核工作，提高了申报项目质量，这对于未来A股IPO审核工作奠定了重要的基础。

三、股转系统全面扩容

2013年12月13日，国务院发布了《关于全国中小企业股份转让系统有关问题的决定》，对“新三板”全国扩容作出部署，市场期待已久的股转系统政策落地。《关于全国中小企业股份转让系统有关问题的决定》指出，境内符合条件的股份公司均可通过主办券商申请在全国股份转让系统挂牌，公开转让股份，进行股权融资、债权融资、资产重组等。同时，在全国股份转让系统挂牌的公司，达到股票上市条件的，可以直接向证券交易所申请上市交易。

近年来，资本市场正由原来的倒金字塔结构向发达资本市场的正金字塔结构转变，全国中小企业股份转让系统、区域性股权交易市场、证券公司柜台市场等均在快速发展，一个全新的多层次资本市场正在形成。

四、中国证监会加强了对中介机构监管与处罚力度

2013 年全年中国证监会共作出 84 项行政处罚决定，作出 21 项市场禁入决定。其中，信息披露违法 24 项，含首次发行股票信息披露违法案 4 项，中介机构未勤勉尽责 13 项，总计罚没款 7.3 亿元，25 人被终身市场禁入。中国证监会 2013 年针对中介机构并购重组执业中存在的问题，共对 28 家中介机构监管谈话。

中国证监会 2013 年从五方面加大对违法违规的行政处罚力度。一是加大处罚力度，处罚案件数量同比增加 41.1%，罚没款项同比增长 11.4%，处理的当事人数量同比增长 216.7%；二是加大对违法案件及其中介机构的处罚力度，加强中介机构的归位尽责意识；三是保持打击违法内幕交易的高压态势；四是及时回应市场关注事项，处理大案要案，整肃规范市场秩序；五是在办理案件的同时，依法行政，充分保证当事人的合法权益。

五、新股发行体制改革新规赋予证券公司自主配售权

《中国证监会关于进一步推进新股发行体制改革的意见》规定：“网下配售的股票中至少 40%应优先向以公开募集方式设立的证券投资基金和由社保基金投资管理人管理的社会保障基金配售。上述投资者有效申购数量不足的，发行人和主承销商可以向其他投资者进行配售。” 这实际上给予了证券公司部分自主配售权。所谓自主配售权，就是发行新股时，由主承销商在提供有效报价的投资者中自主选择投资者进行配售。发行人应与主承销商协商确定网下配售原则和方式，并在发行公告中披露。这表明，引入主承销自主配售，意味着价格不再是机构能够获得配售的唯一因素，承销商有了自主配售权，有利于证券公司培育机构客户，建立、培育自己的销售网络，切实加强主承销商的销售定价能力，当然也对证券公司的研究、定价和销售能力提出了考验。给予证券公司自主配售权，将使证券公司作为资本市场中介的真正职能得到大大提升，有利于证券公司整合自身资源，在资本市场具有更大的话语权。

分报告之三：
2013年中国证券公司资产管理业务发展回顾与展望

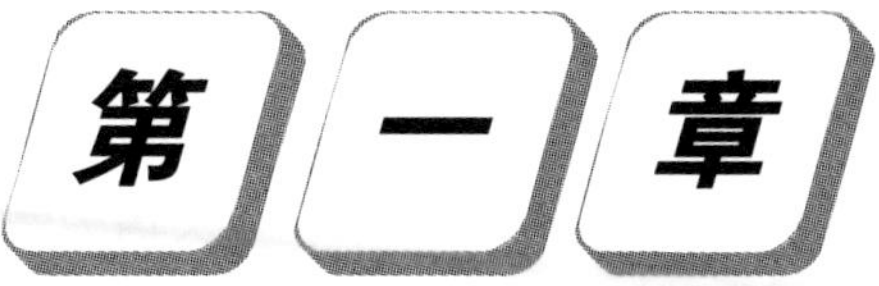

2013 年中国证券公司资产管理业务的总体情况

第一节 2013 年中国证券公司资产管理业务的发展环境

证券公司资产管理业务的发展与其发展环境息息相关。证券公司资产管理业务的发展环境从两个方面展开：一是推动证券公司资产管理业务发展的经济环境，如国民经济增长速度、居民财富积累的增长情况等；二是推动证券公司资产管理业务发展的制度环境，如行业监管法规、监管态度及监管层对创新业务的态度。

2013 年，我国国内生产总值按可比价格计算比上年增长 7.7%。分季度看，第一季度同比增长 7.7%，第二季度增长 7.5%，第三季度增长 7.8%，第四季度增长 7.7%。我国经济经过第二季度的低谷开始企稳，2013 年第三季度回升至 7.8%，全年 GDP 同比增长 7.7%。2013 年我国国民经济仍保持较快的增长态势，同时，2013 年全年居民消费价格比上年上涨 2.6%。经济在保持稳步增长的同时，控制物价过快增长的调控目标也得以实现。2013 年，国内居民可支配收入保持持续增长态势，这为证券公司资产管理业务的继续发展奠定了基础。另外，经历了 2012 年证券公司资产管理业务制度环境的重大变化后，2013 年证券公司资产管理业务的相关政策进入巩固和深化阶段。2013 年 2 月，中国证监会颁布了《资产管理机构开展公募证券投资基金管理业务暂行规定》。6 月，在原有的“一法两则”（《证券公司客户资产管理业务管理办法》、《证券公司集合资产管理业务实施细则》及《证券公司定向资产管理业务实施细则》）的基础上，中国证监会再次对《证券公司客户资产管理业务管理办法》、《证券公司集合资产管理业务实施细则》进行了修订。这也符合新《基金法》的修订，以及十八大《中共中央关于全面深化改革若干重大问题的决定》提出的“完善金融市场体系”，“提高直接融资比重”，“发展普惠金融”，“鼓励金融创新，丰富金融市场层次和产品”，“改革市场监管体系，实行统一的市场监管”，“完善监管协调机制”的原则和精神。在十八大全面深化改革精神的指导下，监管部门落实市场化改革措施，为证券公司改革开放，包括证券公司资产管理业务在内的创新发展指明了方向。

一、推动证券公司资产管理业务发展的经济环境

经济增长和由此导致的居民财富积累是证券公司资产管理业务发展的源泉。经济持续增长导致居民收入持续增加，在满足基本生活所需后，居民的理财意愿会逐渐增强，专业理财规模逐渐增长。以美国为例，1995~2012年美国GDP基本上持续小幅增长，由此导致美国的人均可支配收入持续增长（见图1-1）。

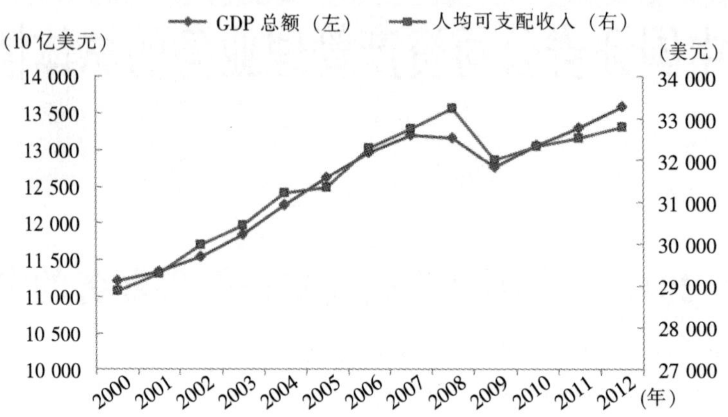

图1-1 2000~2012年美国GDP总额及人均可支配收入变动状况对比图

资料来源：根据美国商务部经济分析局（NBER）数据绘制（http：//www.nber.org/）。

一般而言，随着居民可支配收入的增加，居民对财富管理产品的需求会增加。以美国情况为例，美国居民2002~2012年间人均可支配收入总体上呈震荡上升的态势，资产管理业的总资产管理规模增长态势与居民人均可支配收入走势基本同步，呈现出高度吻合同步的趋势（见图1-2）。

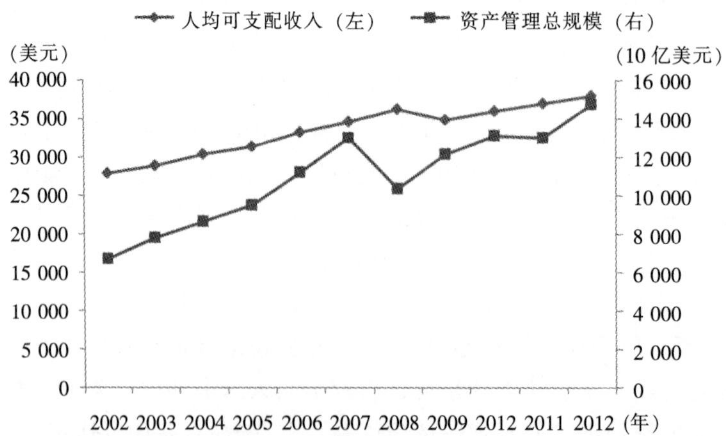

图1-2 2002~2012年美国人均可支配收入与美国资产管理总规模变动状况

资料来源：根据美国商务部经济分析局（NBER，http：//www.nber.org/）及美国投资公司协会（http：//www.ici.org/）数据绘制。

2013 年我国经济增长为 7.7%，尽管相比前几年增速有所放缓，但环顾世界其他经济体的增长状况，我国经济增长仍处于快速增长阶段（见图 1-3）。

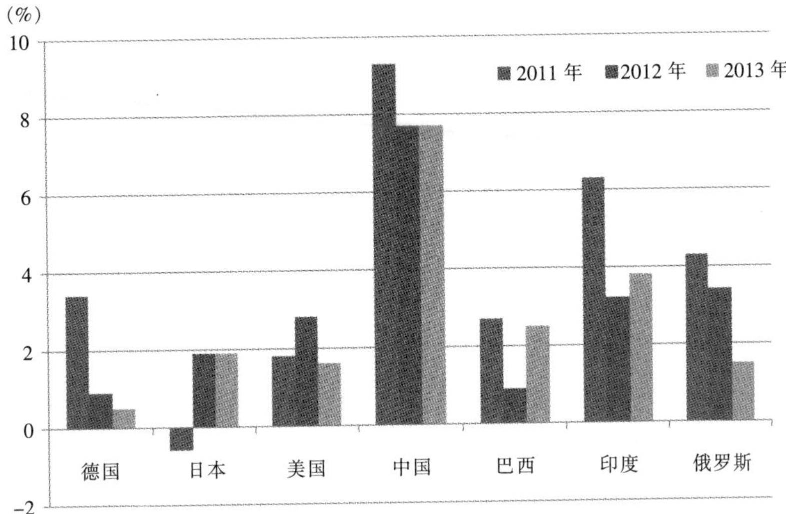

图 1-3　世界主要经济体 2011～2013 年经济增长状况对比

注：德国、日本、巴西、印度、俄罗斯截至 2013 年 9 月，美国截至 2013 年 8 月。

资料来源：根据国际货币基金组织（IMF）数据绘制。

我国居民可支配收入随着经济的快速增长而保持着稳定增长的态势。2003~2013 年我国城镇居民可支配收入与国民经济增长态势大致保持一致。在此期间的大多数年份中，我国城镇居民的可支配收入增长趋势与国民经济增长趋势基本相同。城镇居民可支配收入的快速增长及其财富的积累，为我国证券资产管理业的发展奠定了坚实的基础（见图 1-4）。

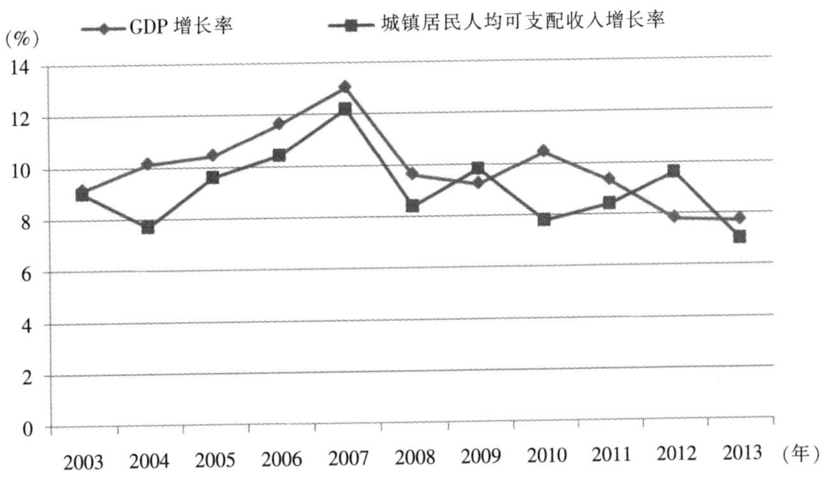

图 1-4　我国 2003～2013 年 GDP 增长与城镇居民可支配收入增长状况

资料来源：根据国家统计局数据绘制。

二、推动证券公司资产管理业务发展的制度环境变化

2012年以来证券公司资产管理业务的发展环境发生剧烈变化，标志是“一法两则”的颁布和实施。市场化改革为证券公司资产管理业务创造了较为宽松的政策环境。2013年，依托于新《基金法》的颁布和实施，监管机构继续完善顶层设计，对监管政策进行修改和完善。2013年，中国证监会修订了《证券公司客户资产管理业务管理办法》及《证券公司集合资产管理业务实施细则》，并制定了《资产管理机构开展公募证券投资基金管理业务暂行规定》及《证券公司资产证券化业务管理规定》。新政策的修订体现了“放松管制、加强监管”的思路，为证券公司资产管理业务的持续发展提供了指引。

2013年，中国证券业协会充分发挥行业自律的指导作用，相继发布了《关于规范证券公司聘用第三方机构为集合资产管理计划提供投资决策相关专业服务的通知》、《关于规范证券公司与银行合作开展定向资产管理业务有关事项的通知》、《关于进一步规范证券公司资产管理业务有关事项的补充通知》，对证券公司聘用第三方机构提供专业服务、银证合作开展定向资产管理业务等具体业务问题作出较为详细的规范（见表1–1）。

表1–1　监管政策变化对证券公司资产管理业务的影响

监管主体	新颁布或修改的监管规定	主要政策变化
全国人大常委会	修订《中华人民共和国证券投资基金法》	（1）将基金募集申请由实质性判断的“核准制”，改为仅需作合规性审查的“注册制”； （2）放宽了基金管理人的组织形式，允许管理人由依法设立的公司或者合伙企业担任； （3）加强了对基金持有人的保护力度； （4）确认了私募基金的法律地位，建立了合格投资者制度； （5）基于信托法原理，捍卫基金财产作为信托财产的独立性法律地位。
中国证监会	关于修改《证券公司客户资产管理业务管理办法》的决定	（1）增加了资产管理计划托管机构的范围； （2）取消了限定性和非限定性集合资产管理计划的规定； （3）专项资产管理业务增加了证券公司了解和披露基础资产和融资主体的风险特征的义务； （4）规定集合资产管理计划不超过200人的人数限制及参与起点金额； （5）增加了对“合格投资者”的规定； （6）取消集合资产管理计划投资双10%的限制、投资关联方7%的限制。
中国证监会	关于修改《证券公司集合资产管理业务实施细则》的决定	（1）规定了集合资产管理计划需满足的条件：规模限制（50亿元以下）、最低参与额（不低于100万元）和人数限制（200人以下）； （2）取消限定性和非限定性集合资产管理计划，并设置统一的投资范围； （3）修改了集合资产管理计划的成立条件：募集资金不低于3 000万元，客户不少于2人等； （4）扩充了集合资产管理计划的托管范围； （5）取消集合资产管理计划投资双10%的限制。
中国证监会	制定《资产管理机构开展公募证券投资基金管理业务暂行规定》	（1）明确了可以开展公募基金业务的资产管理机构的范围包括证券公司、保险资产管理公司以及私募证券基金管理机构； （2）规定了各类资产管理机构开展公募基金业务应当具备的条件、审批机构、防火墙机制、人员要求等； （3）证券公司控股的资产管理子公司、股权投资管理机构、创业投资管理机构等其他管理机构申请开展基金管理业务比照规定执行。

续表

监管主体	新颁布或修改的监管规定	主要政策变化
中国证监会	《证券公司资产证券化业务管理规定》	（1）对证券公司开展的资产证券化业务、基础资产的内涵和外延进行明确界定； （2）规定证券公司的“专项计划”可以作为特殊目的载体，原始权益人、管理人、托管人及其他业务参与机构因依法解散、被撤销或者宣告破产等原因进行清算的，专项计划资产不属于其清算财产； （3）规定资产支持证券可以按照规定在证券交易所、中国证券业协会机构间报价与转让系统、证券公司柜台市场以及中国证监会认可的其他交易场所进行转让； （4）规定资产支持证券投资者所享有的权利，管理人、托管人和原始权益人的职责； （5）规定专项计划的内部和外部信用增级方式、信用评级； （6）规定证券公司申请设立专项计划、发行资产支持证券应当具备的条件。
中国证券业协会	《关于规范证券公司聘用第三方机构为集合资产管理计划提供投资决策相关专业服务的通知》	（1）界定为集合计划提供投资决策相关服务的第三方机构的服务内容； （2）规定证券公司聘用的第三方机构应当具有中国证监会核准的证券投资咨询、证券资产管理、基金管理、期货投资咨询、期货资产管理等资格，或者具有中国证券业协会等受中国证监会监督指导的行业协会会员资格； （3）规定在计划管理合同中，证券公司应充分披露第三方机构的基本情况，证券公司应向投资者充分揭示和说明聘用第三方机构开展集合资产管理业务所面临的特定风险等； （4）规定证券公司应当建立防范利益冲突机制，有效防范集合资产管理计划与第三方机构及其管理的其他产品之间发生利益输送、内幕交易、操纵证券价格等违法违规行为。
中国证券业协会	《关于规范证券公司与银行合作开展定向资产管理业务有关事项的通知》	（1）界定银证合作定向业务的合作内容； （2）禁止通过证券公司向委托人发送投资征询函或投资建议书、委托人回复对投资事项无异议的形式开展银证合作定向业务； （3）规定证券公司开展银证合作业务不得存在的情形； （4）规定证券公司开展银证合作定向业务应当建立银行遴选机制，明确遴选标准和程序； （5）规定证券公司应当与符合条件的银行或经其合法授权的分支机构、相关部门签订定向资产管理合同； （6）规定银证合作定向资产管理合同应当包括的内容。
中国证券业协会	《关于进一步规范证券公司资产管理业务有关事项的补充通知》	（1）对《关于规范证券公司与银行合作开展定向资产管理业务有关事项的通知》中合作银行的范围进行明确； （2）进一步明确证券公司聘用第三方机构为集合资产管理计划提供专业服务应当具备的条件； （3）规定证券公司分级集合资产管理计划的产品设计应遵循设计与风险收益相匹配的原则； （4）明确规定不得通过集合资产管理计划开展通道业务； （5）要求证券公司开展客户资产管理业务应当充分关注流动性风险。

资料来源：根据中国证监会网站内容整理。

三、制度变革对推动证券公司资产管理业务发展具有重大意义

（一）促进资产管理行业基础制度的完善

新《基金法》的修改和实施，以及与之相适应的《证券公司客户资产管理业务管理办法》、《证券公司集合资产管理业务实施细则》的修订继续完善了证券资产管理行业的基础制度。

第一，新《基金法》明确了“公开募集”与“非公开募集”的界限，将私募基金作

为具有金融属性的金融产品纳入规制范围，并针对其资产规模小、客户数量少、风险外溢弱等特点设定与公募基金不同的制度安排。这将吸引越来越多的机构参与资产管理行业，对于完善市场结构、丰富产品体系意义重大。

第二，新的《证券公司客户资产管理业务管理办法》及细则废除"证券公司办理集合资产管理业务，可以设立限定性集合资产管理计划和非限定性集合资产管理计划"的区别，统一了集合资产管理计划的投资范围。取消了限定性集合资产管理计划参与金额不低于人民币5万元，非限定性集合资产管理计划参与金额不低于人民币10万元的规定。结合新《基金法》的颁布，将集合资产管理计划明确定位于"非公开募集"产品，面向不超过200人的合格投资者推广，单个客户参与金额不低于100万元。其最显著的影响是大幅提高了集合资产管理计划的准入门槛，将中小投资者排除在集合资产管理计划的投资者之外。此前，证券公司面向零售客户的集合资产管理产品因起点金额与银行理财产品类似，可以与之竞争。监管变化之后，起点金额大幅提高，集合资产管理计划主要的竞争对象转变为信托产品和银行高端理财产品，在短期内导致证券公司面向中小投资者的产品不足，一定程度上削弱了证券公司资产管理产品的竞争力。这也迫使证券公司加强主动管理业务并促进产品创新。由于"大集合"产品已被叫停，监管政策颁布前后存续产品所适用规定的衔接问题也引起行业内的普遍关注。

第三，开放了证券公司从事公募基金业务的资格。新颁布的《资产管理机构开展公募证券投资基金管理业务暂行规定》允许符合条件的证券公司开展公募基金业务。公募基金业务的放开为证券公司的大资产管理业务发展创造了广阔的空间。公募基金业务缓解了集合资产管理计划参与金额提高后证券公司资产管理业务缺乏面向中小投资者的局面，但证券公司公募基金业务的组织架构、人员配置等正在建立过程中，短期内管理能力和自有公募产品不足。同时，可以开展公募基金业务的资产管理机构还包括保险资产管理公司以及私募证券基金管理机构等，公募基金市场参与者的增加将导致更激烈的竞争。

第四，为证券公司开展资产证券化业务提供明确指引。《资产管理机构开展公募证券投资基金管理业务暂行规定》确定证券公司可以通过"专项计划"作为特殊目的载体达到破产隔离的目的。基础资产的范围也较为宽泛，包括"企业应收款、信贷资产、信托受益权、基础设施收益权等财产权利，商业物业等不动产财产，以及中国证监会认可的其他财产或财产权利。"并且可以发行资产支持证券，资产支持证券可以在规定的交易场所进行转让，赋予资产支持证券以流动性。该规定为证券公司开展资产证券化业务创造了条件。随着经济金融化的发展，市场中可供证券化的资产规模不断增加，为证券公司资产管理业务未来的发展开拓了广阔的空间。

第五，中国证券业协会凸显了行业自律功能，对证券公司开展资产管理业务具体问题进行指导。针对证券公司较为普遍存在的聘用第三方机构提供专业服务的情况，中国证券业协会规范了第三方机构应当具备的条件，避免证券公司聘请第三方机构出现良莠不齐的情况。银证合作定向资产管理业务是证券公司定向资产管理业务的重要组成部分，中国证券业协会对该类业务作出了明确的规范。证券公司资产管理业务规模近年来迅速膨胀，不可避免地蕴藏某些风险因素。中国证券业协会将行业自律的重点放在风险防范方面，同时也提升了证券公司资产管理业务的可操作性。

需要指出的是，随着监管放松，大资产管理格局正在形成，证券公司的资产管理业务同时面临着银行、信托、基金、保险等跨行业的竞争。证券公司资产管理业务当然也受到其他金融同业监管政策的潜在影响。2013 年 9 月，中国银监会业务创新协作部批准首批理财资产管理业务试点资格。预计这将对目前证券公司资产管理业务中比重较高的通道类业务产生潜在冲击，反过来将倒逼证券公司主动资产管理业务的发展。

（二）继续推动证券公司资产管理业务快速发展

新《基金法》的修订、《证券公司客户资产管理业务管理办法》及配套实施细则的修订以及各项新监管政策的颁布标志着证券行业资产管理制度的发展和完善，是按照“放松管制、加强监管”思路进行制度安排的体现。制度的变化将有利于促进金融创新，改变和提升证券资产管理在金融同业中的弱势地位。

2013 年是证券公司资产管理业务充分利用制度红利发展壮大的一年。证券公司的同业竞争环境明显改善，证券公司与银行、信托等其他金融机构管理客户资产规模的差距不断缩窄。截至 2013 年底，银行理财产品超过 20 万亿元、信托产品超过 10 万亿元、保险资产管理规模超过 8 万亿元、基金规模 3 万亿元，我国资产管理业务的市场总规模约有 45 万亿元。而证券公司集合理财产品的规模 3 588 亿元，专项理财产品 111.46 亿元，定向理财产品 4.8251 万亿元，总规模约 5.2 万亿元（见表 1–2）。证券资产管理规模超越基金行业，但仍与银行、保险、信托公司差距较大。这意味着证券公司在理财业务市场上还有巨大的成长空间。

表 1 –2　目前证券公司在理财产品市场上处于弱势地位　（单位：万亿元）

年度	保险管理资产规模	信托管理资产规模	基金管理资产规模	证券公司管理资产规模
2003	0. 84	—	0. 17	—
2004	1. 08	—	0. 32	—
2005	1. 41	—	0. 47	0. 08
2006	1. 78	0. 35	0. 86	0. 03
2007	2. 67	0. 88	3. 28	0. 26
2008	3. 06	1. 23	1. 94	0. 06
2009	3. 74	2. 04	2. 67	0. 10
2010	4. 60	3. 04	2. 50	0. 15
2011	5. 54	4. 81	2. 13	0. 12
2012	6. 85	6. 32	2. 80	1. 89
2013	8. 29	10. 91	3. 00	5. 20

资料来源：根据中国证券业协会、中国信托业协会、中国保险行业协会、普益财富、Wind 相关数据整理。

（三）新办法将极大地推动证券公司资产管理业务与其他业务融合与转型

资产管理业务的发展还能有效促进证券公司财富管理和投资银行业务的发展和融合，这一转型与融合既是对日渐增长的各类客户综合性理财需求的回应，也是证券公司未来业务发展的转型方向。佣金自由化改革以后，单纯的低佣金已经无法有效吸引客户，只有让客户的资产保值增值，实现真正意义上的财富管理，才是证券公司留住客户的长久发展之道。未来资产管理业务发展的过程就是不断强化财富管理，实现客户资产保值增值的过程。除此之外，资产管理业务的快速发展有利于构建证券公司跨业务合作的联动机制，如促进投行业务实现从传统的承销模式向“投行+资产管理”融合的综合金融管理服务转型。资产管理业务发展能够为投行业务带来丰富的客户资源和多元化、综合性的服务组合；投资银行业务的拓展能够为资产管理业务提供投资工具及产品设计、投资标的发行的对接平台。现今，企业和机构客户的金融需求已经不仅仅局限于股权和债权融资，还包括一系列的理财、投融资等金融需求。从国外投行的发展经验来看，投资银行业务的重点已经从IPO上市业务，逐步向上市后的综合资产配置方向转移，包括企业现金的管理、再融资的解决方案、战略规划、收购兼并、全球资产配置等。这些衍生的资产管理性质的服务，带来的收入已远远超出了IPO承销的收入，成为欧美大型投资银行业务的主要收入来源。而这也将是我国证券公司业务的转变方向。以资产管理业务的发展为推手，证券公司的全面业务整合将进一步强化，证券公司也将走上综合创新的发展道路。

第二节 2013年中国证券公司资产管理业务的发展情况

一、2013年证券公司资产管理产品发行市场的特征

从业务规模和产品数量来看，2013年是自证券行业市场化改革以来，政策红利充分释放、证券公司资产管理业务经历跨越式发展的一年。

集合资产管理计划由审批制改为备案制以及投资范围的扩大促进了集合资产管理计划的爆发式增长。从数量来看，2012年全国各证券公司新发行集合理财产品共435只。2013年全国各证券公司新发行集合理财产品共1 308只，是2012年的3倍。伴随产品数量大幅增加的是集合资产管理业务规模的增长。2013年证券公司管理集合理财产品的规模从2012年的2 052.1亿元增加至3 587.9亿元。专项资产管理业务虽然基数较小，但年内发行产品的规模和数量快速增长。开展定向资产管理业务的证券公司从2012年的83家跃升至89家，管理定向理财产品的规模从2012年的16 847.3亿元飙升至2013年的48 251.3亿元。集合资产管理计划数量的增加、定向资产管理计划规模的大幅增长、专项资产管理计划的创新成为2013年证券资产管理业务的亮点。

（一）集合资产管理计划新发行数量呈爆发增长，但单只规模下降

2013年证券公司新发行集合资产管理计划从产品数量上看，呈爆发性增长，充分体现了政策红利带来的结构性变化（见图1-5）。

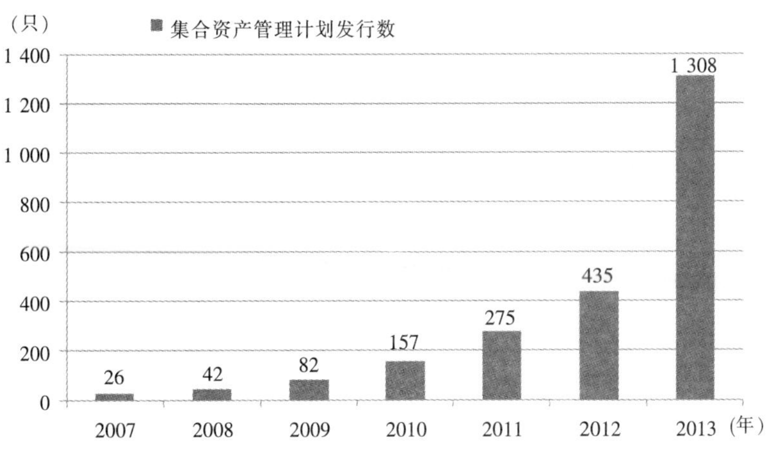

图 1-5　2007～2013 年证券公司集合理财产品新发行情况

资料来源：中国证券业协会。

尽管 2013 年各证券公司新发行集合产品快速增长，但由于 A 股市场持续波动，投资者对市场看法谨慎，股票型集合产品较少，增速低于整体水平。集合产品数量的快速增长也导致单只产品规模的下降，单只理财产品首次募集的平均规模呈下降趋势（见图 1-6）。

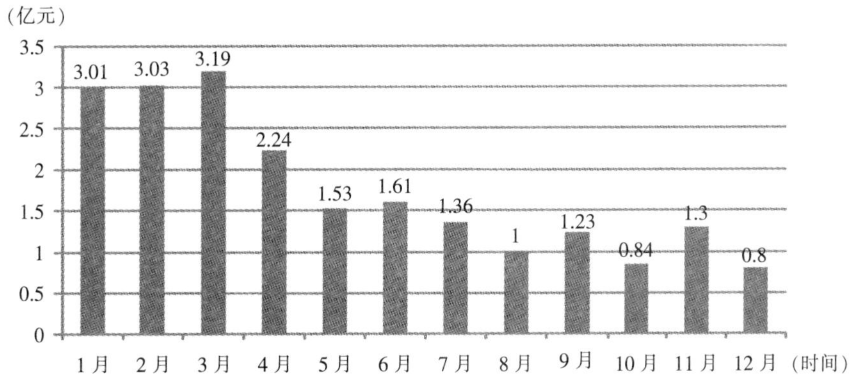

图 1-6　2013 年证券公司集合理财产品单只平均发行规模

资料来源：Wind 数据。

（二）定向资产管理计划发行规模快速膨胀

2013 年开展定向资产管理业务的证券公司从 2011 年的 48 家跃升至 89 家，相比于 2012 年增加 6 家，占全部证券机构总数的 78%。监管政策放松之后，定向资产管理业务经过 2012 年的初步繁荣后继续发展壮大，成为证券行业的主流业务模式。

伴随着定向理财业务的发展，管理资产规模迅速增长。定向资产管理业务的规模从 2011 年的 1 305.8 亿元飙升至 2013 年的 48 251 亿元，是 2011 年的 37 倍（见图 1-7）。平均每家证券公司管理的定向资产管理计划的规模也是 2011 年的 16 倍之多（见图 1-8）。

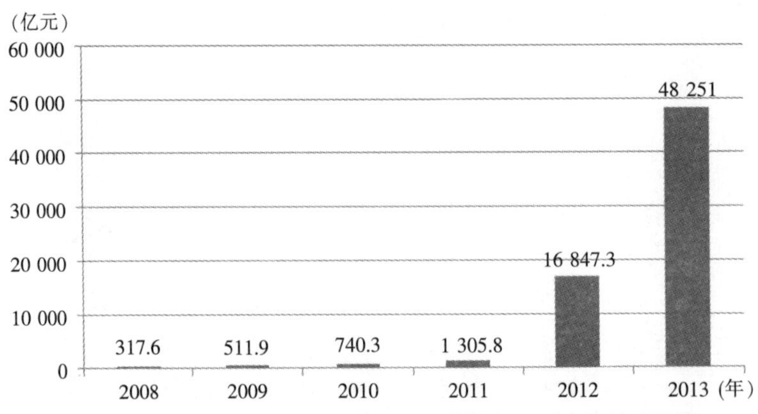

图 1–7　2008～2013 年证券公司开展定向理财业务的总规模

资料来源：中国证券业协会。

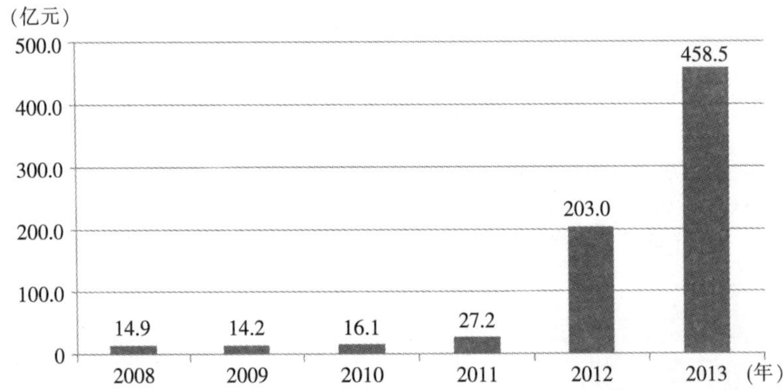

图 1–8　2008～2013 年证券公司平均管理定向理财产品的规模

资料来源：根据中国证券业协会数据整理。

（三）专项理财产品新发行规模稳定增长。

2013 年证券公司专项理财产品快速增长，产品数量和规模都大幅增加。但由于基数较小，相比于定向理财产品的发行，专项理财产品的产品数量和规模相比于集合、定向资产管理计划仍然有非常大的差距（见图 1–9、图 1–10 和图 1–11）。

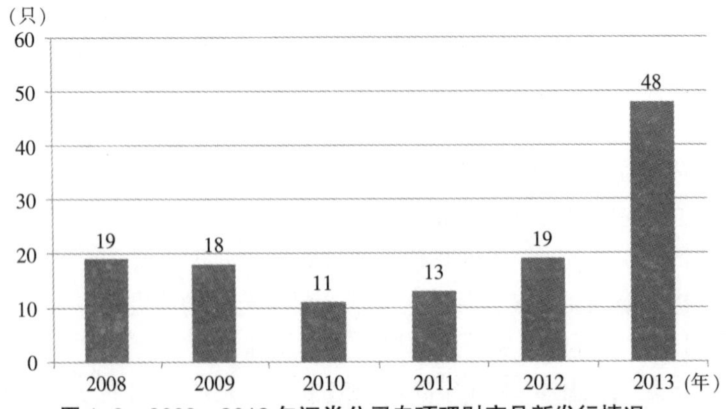

图 1–9　2008～2013 年证券公司专项理财产品新发行情况

资料来源：中国证券业协会。

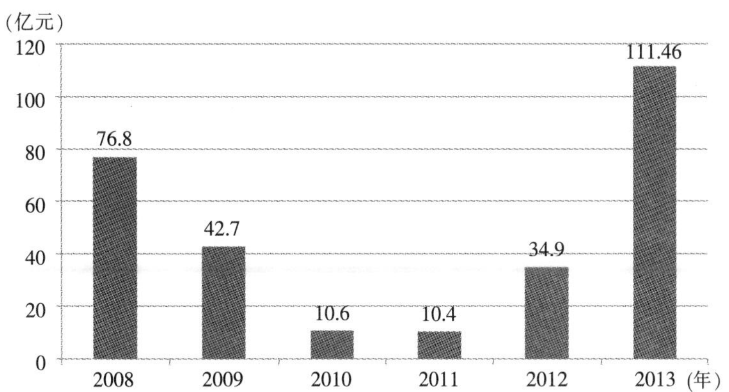

图 1–10　2008～2013 年证券公司开展专项理财业务的总规模

资料来源：中国证券业协会。

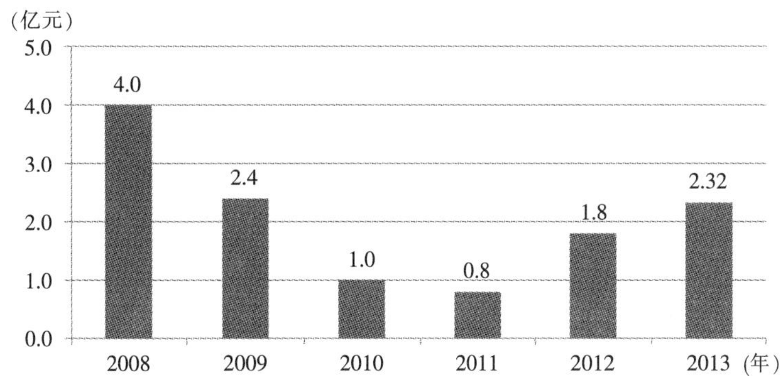

图 1–11　2008～2013 年证券公司平均管理专项理财产品的规模

资料来源：中国证券业协会。

二、2013 年证券公司资产管理理财产品投资收益概况

（一）证券公司集合资产管理业务规模及前 10 位的证券公司

截至 2013 年底，国内证券公司已有 89 家开展证券资产管理业务，合计管理集合理财产品份额为 4 940 亿份，资产净值 3 587.95 亿元。按所管理的集合理财资产规模排序，管理集合计划前 10 家证券公司见表 1–3。

表 1 –3　　截至 2013 年底发行集合资产管理计划前 10 位证券公司及规模

管理人	产品数量（只）	份额合计（亿份）	资产净值合计（亿元）
海通证券	127	509. 72	860. 01
国泰君安	104	258. 39	340. 66
广发证券	54	158. 17	299. 72
光大证券	79	282. 02	278. 72
恒泰证券	44	164. 68	241. 86
华融证券	124	312. 61	239. 92

续表

管理人	产品数量（只）	份额合计（亿份）	资产净值合计（亿元）
华泰证券	56	229.99	227.61
东方证券	52	185.02	199.86
宏源证券	40	103.26	193.65
安信证券	75	190.00	176.31

资料来源：Wind资讯。

（二）2013年证券公司资产管理产品的投资业绩有较大提升

截至2013年底，各类型证券公司发行集合产品中实现正收益的产品占55.48%；收益为0的占23.69%；亏损产品占20.83%。整体来看，2013年证券公司集合理财产品的收益情况好于2012年。从产品来看，收益率排名前10位的集合理财产品的业绩表现也好于2012年（见表1–4）。

表1–4　2013年投资收益排名前10位的集合理财产品及收益

产品名称	2013年度收益率（%）	投资类型
国泰君安君享重阳	66.61	普通股票型
东方红5号	46.83	平衡混合型
中银中国红稳定价值	43.11	平衡混合型
东方红4号	41.31	平衡混合型
招商智远成长	41.26	偏股混合型
东方红新睿1号	35.94	平衡混合型
光大阳光6号	34.71	平衡混合型
东方红公益	33.68	平衡混合型
中信优选成长	31.61	偏股混合型
中山金砖1号	31.24	平衡混合型

资料来源：Wind资讯。

在2013年实现正收益的产品中，35.80%为混合型，债券型产品的比重为46.69%，股票型产品所占的比重仅为5.28%（见表1–5和图1–12）。

表1–5　2013年实现正收益产品的类型及百分比

正收益产品所属概念	所占百分比（%）
混合型产品	35.80
债券型产品	46.69
FOF产品	7.98
股票型产品	5.28
货币市场型产品	2.38
QDII产品	0.58
其他	1.29

资料来源：根据Wind数据计算。

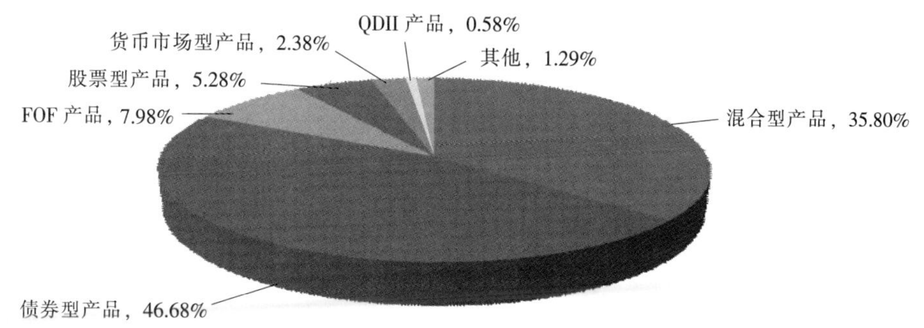

图 1-12　2013 年实现正收益产品的类型及分布情况

资料来源：根据 Wind 数据计算绘制。

按投资类型进行分类分析，混合型产品中收益率最高的是“东方红 5 号”，该产品在 2013 年度的收益率为 46.83%，位列混合型产品第 1 位（见表 1-6）。

表 1-6　　2013 年混合型产品收益率排名前 10 位

产品名称	收益率（%）	规模（亿元）	成立日期	投资类型	管理公司
东方红 5 号	46.83	6.8061	2010 年 2 月 5 日	平衡混合型	东方证券
中银中国红稳定价值	43.11	1.1441	2010 年 11 月 19 日	平衡混合型	中银国际证券
东方红 4 号	41.31	6.3597	2009 年 4 月 21 日	平衡混合型	东方证券
东方红新睿 1 号	35.94	23.5345	2011 年 9 月 5 日	平衡混合型	东方证券
光大阳光 6 号	34.71	4.5770	2009 年 12 月 28 日	平衡混合型	光大证券
东方红公益	33.68	2.9188	2011 年 4 月 13 日	平衡混合型	东方证券
中山金砖 1 号	31.24	0.2159	2012 年 11 月 1 日	平衡混合型	中山证券
东方红先锋 6 号	30.90	1.7788	2011 年 3 月 10 日	平衡混合型	东方证券
东方红先锋 6 号Ⅱ期	30.57	0.9900	2011 年 6 月 8 日	平衡混合型	东方证券
东方红先锋 5 号	29.37	1.7156	2011 年 1 月 12 日	平衡混合型	东方证券

资料来源：Wind 资讯。

2013 年股票型产品中收益率最高的是“国泰君安君享重阳”，该产品 2013 年收益率为 63.61%（见表 1-7）。

表 1-7　　2013 年股票型产品收益率排名前 10 位

产品名称	收益率（%）	规模（亿元）	成立日期	投资类型	管理公司
国泰君安君享重阳	63.61	1.3321	2010 年 12 月 27 日	普通股票型	国泰君安
招商智远成长	41.26	0.7775	2010 年 4 月 30 日	偏股混合型	招商证券
中信优选成长	31.61	3.8668	2009 年 5 月 8 日	偏股混合型	中信证券
中信卓越成长	29.57	5.6645	2011 年 5 月 19 日	普通股票型	中信证券
平安优质成长中小盘	27.55	0.5499	2009 年 11 月 26 日	平衡混合型	平安证券
国泰君安君得鑫股票	26.66	7.8424	2010 年 12 月 28 日	平衡混合型	国泰君安
中金股票策略	21.65	5.0695	2007 年 3 月 6 日	偏股混合型	中金公司
国信金理财多策略	19.69	5.6661	2010 年 1 月 5 日	平衡混合型	国信证券
中金股票精选	15.36	8.5303	2006 年 7 月 20 日	偏股混合型	中金公司
国泰君安明星价值	14.89	5.7238	2010 年 2 月 12 日	偏股混合型	国泰君安

资料来源：Wind 资讯。

2013 年债券型产品中收益率最高的是“民族金港湾 1 号”，该产品 2013 年收益率为 10.19%（见表 1-8）。

表 1－8　　2013 年债券型产品收益率排名前 10 位

产品名称	收益率（%）	规模（亿元）	成立日期	投资类型	管理公司
民族金港湾 1 号	10.19	3.1905	2012 年 9 月 17 日	混合债券型二级基金	中国民族证券
光大阳光 5 号	9.60	2.0710	2009 年 1 月 21 日	混合债券型二级基金	上海光大证券
大通三石 2 号 B	9.50	4.7356	2012 年 12 月 18 日	混合债券型二级基金	大通证券
华鑫鑫财富智享 1 号	8.24	5.0694	2012 年 11 月 29 日	短期纯债型基金	华鑫证券
国泰君安君享汇创 1 号	7.35	11.8145	2012 年 11 月 29 日	混合债券型一级基金	国泰君安
银泰 2 号稳健收益	7.14	0.6319	2012 年 12 月 19 日	短期纯债型基金	银泰证券
创业创金安享收益	6.69	3.2577	2012 年 9 月 19 日	混合债券型一级基金	第一创业证券
创业创金安享收益 2 期	6.29	3.5517	2008 年 12 月 18 日	混合债券型一级基金	第一创业证券
西藏同信如意稳健 1 号	5.80	35060	2012 年 11 月 20 日	短期纯债型基金	西藏同信证券
东兴 5 号	5.71	9.9289	2012 年 11 月 6 日	混合债券型一级基金	东兴证券

资料来源：Wind 资讯。

2013 年货币型产品中收益率最高的为“华泰紫金定存宝”，该产品 2013 年收益率为 4.84%（见表 1-9）。

表 1－9　　2013 年货币型产品收益率排名前 10 位

产品名称	收益率（%）	规模（亿元）	成立日期	投资类型	管理公司
华泰紫金定存宝	4.84	1.8915	2012 年 9 月 20 日	货币市场型基金	华泰证券
华泰紫金天天发	4.74	80.4288	2012 年 8 月 21 日	货币市场型基金	华泰证券
国泰君安君得利 1 号	4.72	57.2791	2010 年 10 月 11 日	货币市场型基金	国泰君安
华泰理财 1 号	4.36	—	—	货币市场型基金	华泰证券
中银国际中国红货币宝	4.18	19.0307	2010 年 5 月 24 日	货币市场型基金	中银国际
招商现金牛货币	4.17	12.8788	2006 年 1 月 16 日	货币市场型基金	招商证券
华泰紫金现金管家	4.13	1.4724	2009 年 8 月 25 日	货币市场型基金	中银国际
民族现金港	3.98	2.6957	2013 年 1 月 11 日	货币市场型基金	民族证券
长江超越理财货币管家	3.94	10.3719	2012 年 11 月 28 日	货币市场型基金	长江证券
齐鲁锦泉	3.84	1.4277	2011 年 9 月 28 日	货币市场型基金	齐鲁证券

资料来源：Wind 资讯。

2013 年 QDII 产品中收益率最高的是“华泰紫金龙大中华”，该产品 2013 年收益率为 18.91%。QDII 产品在 2013 年总体表现良好，排名前列的 QDII 见表 1-10。

表 1－10　　2013 年 QDII 型产品收益率排名前 10 位

产品名称	收益率（%）	规模（亿元）	成立日期	投资类型	管理公司
华泰紫金龙大中华	18.91	1.0978	2011 年 2 月 15 日	QDII	华泰证券
光大全球灵活配置	18.29	0.3771	2011 年 5 月 30 日	QDII	光大证券
国泰君安君富香江	11.74	0.8357	2010 年 9 月 30 日	QDII	国泰君安
国信金汇宝人口红利	2.37	0.2071	2012 年 11 月 29 日	QDII	国信证券

资料来源：Wind 资讯。

三、2013 年证券公司资产管理创新进程——以结构化产品为例

（一）2013 年我国证券公司资产管理结构化产品创新及现状

1. 更为灵活的内含期权结构化产品在市场中崭露头角。从目前已发发行的产品来看，按产品类型分为收益划分型和收益互换型两大类。收益划分型产品中，按内含期权标的又可分为收益划分型结构化产品和新型收益划分型产品两类（见图 1-13）。

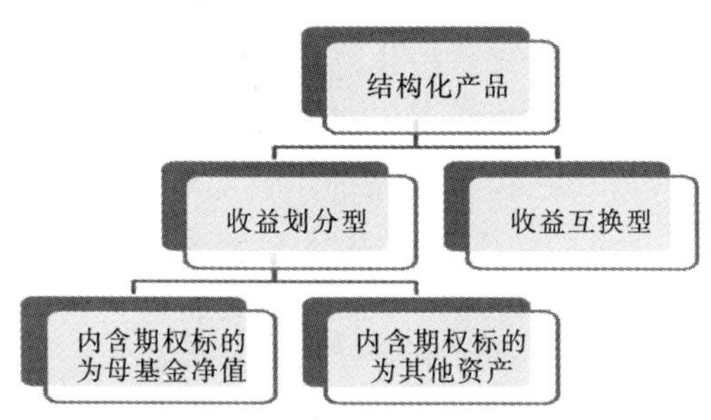

图 1-13 证券公司结构化产品类型划分

资料来源：申万研究所。

2. 内含期权标的结构化产品。第一类内含期权标的结构化产品是类似于分级基金采用结构分层模式的收益划分型产品，低风险类份额获取固定收益，高风险类份额获取剩余收益。通过分层形式实现内含期权，期权标的资产为母基金净值。例如齐鲁金债基 1 号分级型集合资产管理计划、招商汇金之重阳集合资产管理计划以及国泰君安君得稳 1 号。

第二类内含其他资产期权标的结构化产品设计中引入更为灵活的期权概念，内含期权跟踪标的为母基金净值以外的其他资产。收益结构中子份额采用多空对弈形式，相当于证券公司自行创设的场外衍生品工具。子类份额风险收益能够对冲，母份额仍为固定收益型产品。例如广发金管家多空杠杆集合资产管理计划、光大阳光挂钩 300 分级集合资产管理计划。

3. 收益互换型结构化产品。未来，随着证券公司通过场外衍生品开展收益互换业务的正式放开，还将出现第三类设计更为灵活的结构化产品。收益互换为更多衍生工具提供了产品载体，不但能够实现两类基础资产收益的互换，证券公司还可通过收益互换向客户提供由其创设的场外衍生品。收益互换形式下，客户向证券公司支付约定收益（作为期权费用），获得证券公司支付的条款收益（期权收益）。与传统的期权相比，其非线性的期权支付结构本质不变，唯一改变的是期权费将在互换合约到期时支付。

与内含期权的产品相比，收益互换的产品要素设计更为灵活，交易效率更高。证券公司可根据客户特定需求提供定制化的产品方案，包括基础标的、杠杆、策略等产品要素的风险收益与客户需求的匹配度更高。证券公司在不同产品间扮演交易对手方角色，

对风险敞口进行统一管理，而客户亦无须等待其他对手方出现即可达成交易，交易效率显著提升。

该模式下证券公司作为互换对手方，产品本身存在风险敞口，需要证券公司进行严格的风险管理，该项业务将对证券公司风险控制和产品定价能力提出较高要求。国外投行采取的全市场风险对冲模式是在不同产品甚至自营业务间率先进行风险敞口的对冲，能够有效节约投行自身对冲成本，提高风险保证金的运作效率，但同时也对机构整体风险控制能力提出更高要求。

（二）2013年证券公司资产管理结构化产品创新的特征及趋势

1. 市场需求：机构客户和企业客户是需求主体。未来，收益划分型产品和收益互换型产品将成为国内证券公司结构化产品的主流品种。其中前者主要面向零售客户，证券公司应着力于降低产品的参与门槛，引入和整合不同风险偏好客户需求。随着证券公司获得公募基金业务资格，传统型产品可能最终将归入公募的业务形式。后者主要针对机构客户和企业客户，证券公司须发挥资产管理、投行、固收、研究等部门的协同效应，积极储备、梳理潜在客户的投融资需求。例如，对于有市值管理需求的机构客户设计跨式期权、债券基金，在大类资产转换下让债券投资者分享股市上涨收益的股债收益互换产品。我们预计机构客户和企业客户将成为收益互换型结构化产品的主要供给对象。

2. 基础标的：侧重于股票基础标的的产品开发。产品基础标的方面，结构化产品的基础标的资产涵盖股票、利率、信用品、大宗商品、外汇等。目前，商业银行特别是外资银行是国内提供结构化产品的主要机构，其客户群往往本身有汇率、利率和商品套保需求。然而，外资银行的结构性产品的对手方多为海外投行，无法对冲A股风险，其产品主要挂钩境外标的。

相对于其他标的，我们认为国内证券公司可侧重于发展以国内A股为主要基础标的的工具性和策略性结构化产品。（1）相对于境外标的，以A股为标的的结构化产品尚处于市场空缺阶段，广阔市场潜力亟待开发。（2）证券公司已有的机构客户群中，资产管理类机构和企业客户皆为权益类结构化产品的潜在客户群，对于市值管理、投资组合风险对冲的需求可通过定制化的结构化产品得以实现。（3）证券公司对于权益类资产的投研和定价方面更具比较优势，还可将策略产品化，发展策略型产品。（4）目前，经济弱复苏下市场大类资产转换预期加强，为股票型结构化产品的推出提供了良好的市场契机。

3. 产品设计：注重产品工具化和简单化，尝试主题策略产品化。产品结构方面，注重产品工具化和简单化，尝试主题策略产品化。参考海外衍生品业务的发展经验，2008年后在金融市场整体去杠杆的背景下，结构化产品向工具化和简单化回归。通过分析潜在客户需求，我们认为产品结构设计包含以下三条思路（见表1-11）。

（1）推动产品工具化，根据客户需求开发特定的功能性产品。可选产品结构包括：①代替股指期货的对冲工具——针对有市场风险对冲需求的基金客户，传统的股指期货对冲缺陷在于需要占用大量资金，证券公司可提供一个看跌期权产品，此时客户仅须支

表1－11　产品设计思路

设计思路	产品需求与理念	目标客户	产品结构
产品工具化	提供市场下跌风险的对冲工具（比股指期货更节约资本金）	基金	出售看跌期权、看跌敲出期权
	博弈市场波动性	市值管理需求的机构客户	看多波动性：跨式期权；看空波动性：反向跨式期权
保本型产品开发	大类资产转换下，债券投资者分享股市上涨收益	债券基金、银行	股债收益互换、股票看涨数值期权
	要求保本的同时，分享股票上涨收益		CPPI保本策略（固定收益＋期权）
策略产品化	主题/行业投资	个人、私募	选取生命周期较长、具备一定持续性的主题策略
	被动投资工具		设计多种资产类别头寸的Delta One产品
	量化投资平台（产品）		将自有量化策略封装为产品，或基于客户的量化策略，为其提供量化交易平台

资料来源：申万研究。

付相对较少的期权费。另外，如果客户仅对部分下跌风险进行对冲（认为大幅下跌风险不大，可不进行对冲），证券公司可提供一个看跌敲出期权产品。②做空波动率的市值管理工具——针对有市值管理需求的企业客户，要求在目标日市值波动在一定范围内。证券公司可提供蝶式期权为客户锁定波动率上升的价格风险。

（2）注重（部分）保本型产品开发。银行、基金专户等资产管理类机构的客户群具有资金量大、风险偏好低的特征，一般要求产品能够保本或部分保本。对于该类需求，可选产品结构包括：①收益互换类产品——客户向证券公司支付浮动收益，获得固定收益。②采用CPPI保本策略的结构化产品——客户用安全垫部分购买期权，通过期权杠杆提升整体收益。

（3）尝试策略产品化。证券公司可以凭借投研能力和交易平台优势，为客户提供定制化的策略型产品。可选产品结构包括：①主题策略产品——选取生命周期较长、具备一定持续性的主题策略产品，发挥证券公司投研的主动投资优势。②被动投资工具——根据客户特定需求提供定制化的被动投资工具，设计可建立多种资产类别头寸的Delta One产品，如行业ETF、大宗商品ETF。③量化交易产品——将自有量化策略封装为产品，或基于客户的量化策略，为其提供量化交易平台。

第三节　证券公司资产管理业务的比较分析

一、证券公司资产管理业务的特点

（一）资产管理计划的发行特征

我国证券公司自 2005 年以来正式发行集合理财产品。从 2007 年证券公司资产管理发行集合理财产品 26 只，到 2013 年发行集合理财产品 1 308 只，7 年间增长了 49 倍。以 2012 年为分界点，集合资产管理业务发展可以分为两个阶段，前一阶段主要表现为市场驱动，后一阶段主要表现为政策驱动（见图 1-14）。

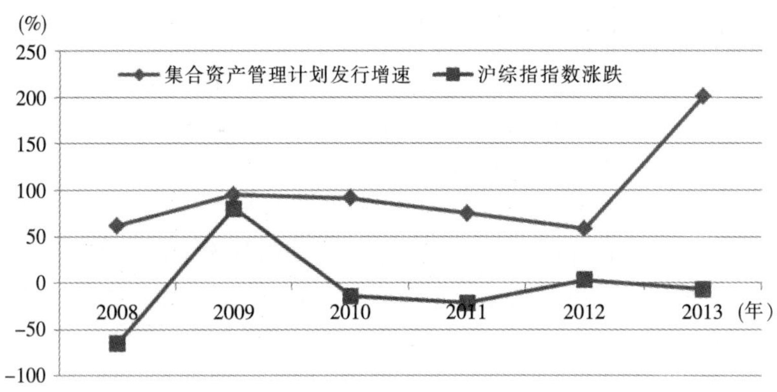

图 1-14　2008～2013 年证券公司发行集合理财产品与市场状况间的关系

资料来源：根据 Wind 数据计算绘制。

第一阶段自 2005 年开始，2008 年集合资产管理业务经历第一次快速增长，比 2007 年增长 62%。经过 2008 年、2009 年、2010 年三年的快速增长之后，大量严重同质化产品充斥着整个市场。再加上 2010~2011 年 A 股市场持续波动，2011 年证券公司集合理财产品发行数量增速大幅下降，同比 2010 年仅增长 11.34%。2012 年之前虽然有部分年份集合产品的增长速度较快，但这是建立在市场集合产品数量和规模较低的基础上的。除 2008 年出现明显的滞后性外，该阶段产品发行节奏与 A 股市场走势基本符合。

第二阶段始于 2012 年，在证券公司创新发展和监管层对证券公司资产管理业务政策“松绑”的背景下，2012 年比 2011 年的集合产品发行数量增长了 99%。2013年集合产品发行增速更达到 798%。这一阶段集合资产管理计划的发行开始脱离 A 股市场行情，制度驱动成为最主要因素。

每年产品成立的规模与每只产品成立时的平均规模总体上呈现负相关走势，即每年证券公司集合理财产品的发行规模都在稳定增长，但单只集合理财产品的平均规模在逐级下降，尤其是近几年单只集合理财产品的平均规模下降较快。主要原因有以下几个方面：（1）相对于持续低迷的 A 股市场，近几年集合理财产品发行太多；（2）近几年，尽管各大证券公司都在积极创新，但创新产品面世后不久，其他公司就会争先恐后模仿，各公司集合理财产品同质化严重，导致竞争加剧，降低了单只集合理财产品的发行规模。（3）整个资产管理市场产品的竞争加剧，证券公司集合产品面临其他机构资产管理产品的竞争。

与集合资产管理业务类似，定向资产管理业务也经历了从平稳到快速增长，定向资产管理计划对政策变化的反应更为迅速。2012 年，证券资产管理新政出台的当年，定向资产管理计划的增长即达到了 1 190%。2013 年定向资产管理的增速大幅放缓，但仍达到 186%。随着规模的扩大，定向资产管理计划的发行节奏放缓。相对于集合与定向资产管理计划，专项资产管理计划的增速更为平稳，2012 年与 2013 年的增速都超过 200%（见图 1–15）。

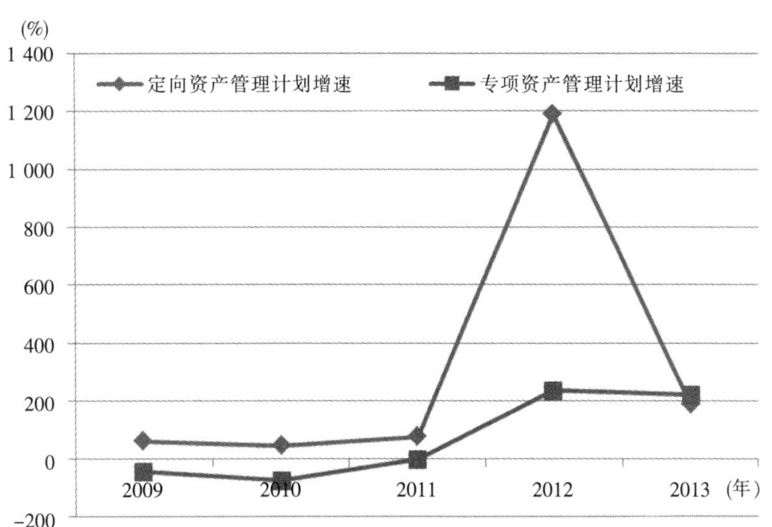

图 1–15　2009～2013 年证券公司发行定向和专项资产管理计划增速

资料来源：根据 Wind 数据计算绘制。

（二）证券公司资产管理产品的结构特点

将 2005~2013 年间发行的集合理财产品根据产品数量比重按所属概念进行划分，截至 2013 年混合型集合理财产品的比重为 45.68%，债券型集合理财产品的比重为 44.60%，混合型与债券型两类集合理财产品在产品数量中的比重超过 90%。其次是货币市场型集合理财产品，比重为 7.66%。股票型集合理财产品的比重仅为 1.72%（见图 1–16）。单纯的股票型集合理财计划受市场波动的影响更大，出于平衡风险与收益的考虑，混合型集合产品的比重远超股票型产品的比重。近年来市场与客户对固定收益和类固定收益产品更为推崇，债券类及货币类集合理财产品的比重合计超过半壁江山。

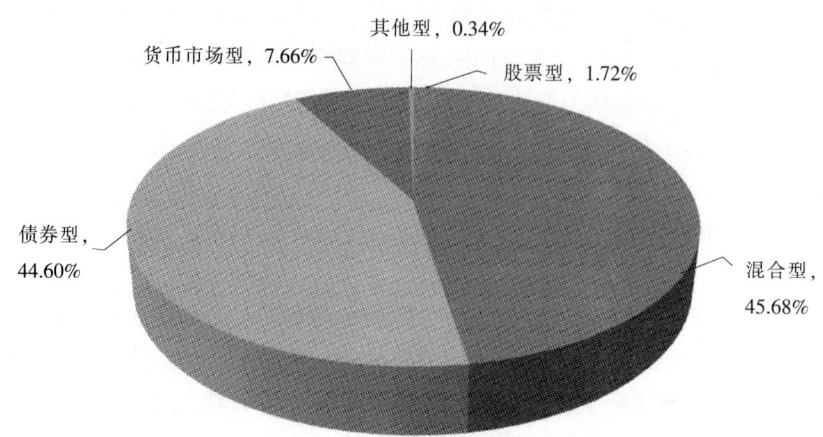

图 1–16　2005～2013 年证券公司发行集合理财产品投资类型构成

资料来源：根据 Wind 数据绘制。

从历年发行的新产品发行结构来看，混合型证券公司集合理财产品占比最高（见图1–17）。除了 2005 年、2012 年和 2013 年混合型产品占比在 50%以下之外，其余 6 年新发行混合型集合理财产品占当年新发行产品总数比重均在 50%以上，其中 2007 年全年发行的集合理财产品全部是混合型。混合型集合理财产品的比重变化也相对稳定，没有其他类型集合理财产品变化剧烈。混合型产品受到青睐的原因在于其产品设计的灵活性，仓位可以灵活调整。在震荡市中，如市场持续下挫，该类产品可以果断减仓至 0，并投资固定收益类产品，减少损失。而在行情走强时，该类产品的股票仓位也可以达到 95%的上限，享受牛市的收益。由于该类型产品在耐力和爆发力上都有所兼顾，同时将追求绝对收益的特性发挥得淋漓尽致，因此最受投资者的青睐。

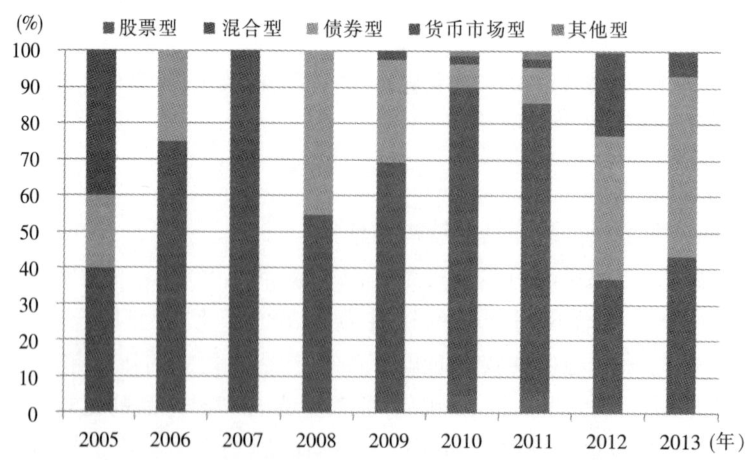

图 1–17　2005～2013 年证券公司发行集合理财产品投资类型构成变动

资料来源：根据 Wind 数据绘制。

债券型集合理财产品的波动较大，自 2008 年开始，债券型集合理财产品的数量占比呈下降趋势，在 2010 年达到最低点后，债券型集合理财产品的占比开始上升。2013 年债券型集合理财产品的数量占比达到最大值，比重为 49.75%，约占集合理财产品发行数量的一半。近年来，客户的风险偏好趋于稳健使得债券型集合理财产品越来越受到市场的欢迎。

货币型集合理财产品在 2012 年之前的数量和比重都很小。2005 年由于集合产品发行的总量很少导致货币集合理财产品的比重较高。2006 年、2007 年、2008 年连续 3年均未发行一只货币市场型证券公司集合理财产品。2009 年、2010 年、2011 年货币型集合理财产品发行数量也不多。2012 年是货币型集合理财产品发展的转折点，虽然 2012 年、2013 年占比波动较大，但绝对数量快速增长。主要还是出于 2012 年资产管理政策放松、客户风险偏好趋稳、证券公司丰富自身产品线的原因。货币型集合产品成为证券公司资产管理与基金公司货币市场基金以及银行理财产品竞争的主要工具。

二、证券公司资产管理业务收入分析及其特点

（一）近 3 年证券公司收入前 20 名情况及其特点

从 2009 年至今，排名前 20 位的证券公司受托客户资产管理业务净收入总和呈现出上升后的平稳发展态势（见图 1–18），2010 年排名前 20 位的证券公司资产管理净收入比 2009 年增长了 45%，净收入规模达 20.36 亿元。2011 年随着我国经济调控政策的加强，A 股市场开始逐级调整，受此影响，2011 年相对于 2010 年受托客户资产管理业务净收入总和出现了 4.7%的下滑。2012 年由于监管政策的放松和资产管理产品的多样化，排名前 20 位的证券公司资产管理净收入恢复增长。

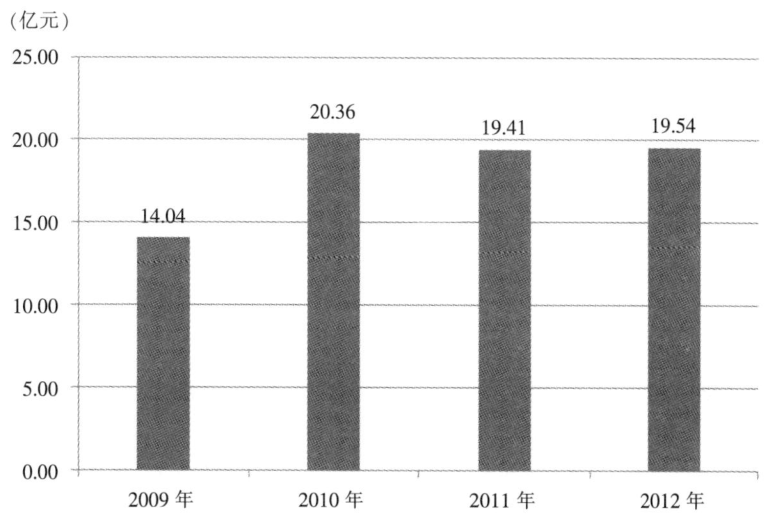

图 1–18　2009～2012 年排名前 20 位证券公司受托客户资产管理业务净收入总计

资料来源：根据中国证券业协会数据绘制。

为了测度证券公司资产管理行业的集中度，分析证券公司资产管理行业的竞争状况，下文将采用受托客户资产管理业务净收入的绝对差额和相对比指标测度证券公司资产管理行业竞争状况，用证券公司受托客户资产管理业务净收入前 3 名、前 5 名、前 10 名收入占前 20 名比重趋势变化分析证券公司资产管理行业的集中度。

将证券公司受托客户资产管理业务净收入第 1 名与第 20 名对比，绝对差额在不同年份中有升有降，但趋势并不明显。相对比（第 1 名/第 20 名）总体上呈现出下降的趋势，从 2009 年的 16.04 倍下降到 2012 年的 5.91 倍。这说明证券公司资产管理业务行业内部竞争日益加剧（见图 1–19）。

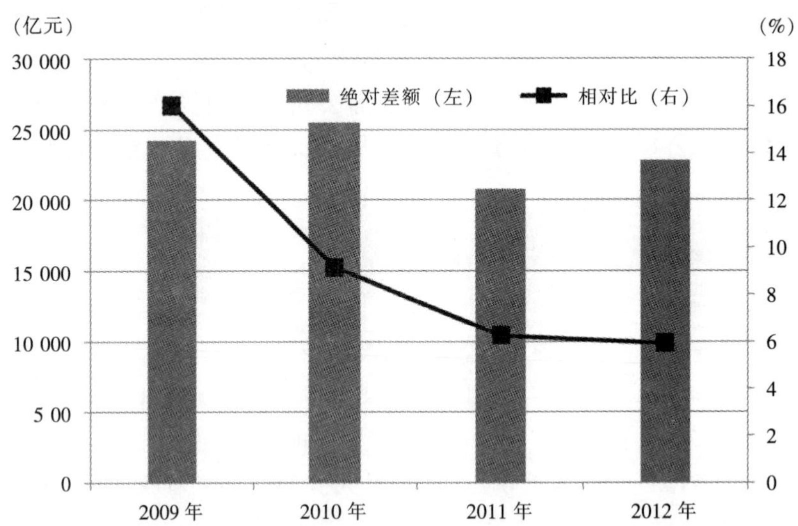

图 1–19　2009～2012 年排名第 1 位与第 20 位证券公司资产管理业务净收入对比

资料来源：根据中国证券业协会数据绘制。

从行业集中度来看，证券公司受托客户资产管理业务净收入前 3 名、前 5 名、前 10 名的证券公司，收入绝对数额在 2009 年出现一定程度下滑后，2010 年恢复上涨，但 2011 年又出现了下滑。2009~2012 年，证券公司受托客户资产管理业务净收入前 3 名、前 5 名、前 10 名收入占前 20 名比重总体上呈现出下降态势：前 3 名收入占前 20 名收入比重从 2009 年的 39.42%下滑到 2012 年的 30.65%;前 5 名收入占前 20 名收入比重从 2009 年的 55.25%下滑到 2012 年的 43.10%;前 10 名收入占前 20 名收入比重从 2009 年的 78.66%下滑到 2012 年的 67.45%（见图 1–20）。总体比重下滑的态势表明证券资产管理行业的集中度呈现出逐步分散的趋势，这也再次表明证券公司受托客户资产管理业务市场竞争逐步加剧。

从 2010~2012 年证券受托客户资产管理业务净收入排名情况来看，连续 3 年均排名前 5 位的证券公司只有中信证券和光大证券 2 家，连续 3 年排名前 10 位的证券公司有 7 家，表明证券公司业绩管理水平的稳定性有待提高，受托客户资产管理业务净收入波动较大（见表 1–12）。

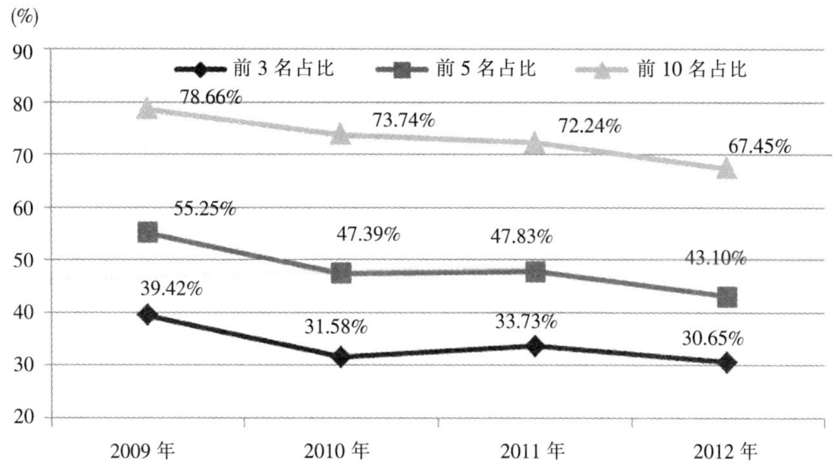

图 1-20　前 3 名、前 5 名及前 10 名证券公司受托客户资产管理业务净收入占比

资料来源：根据中国证券业协会数据绘制。

表 1－12　证券公司受托客户资产管理业务净收入前 20 位排名　（单位：万元）

2012 年			2011 年			2010 年		
位次	公司名称	收入	位次	公司名称	收入	位次	公司名称	收入
1	国泰君安	27 452	1	光大证券	24 797	1	东海证券	28 609
2	中信证券	19 809	2	中信证券	21 776	2	光大证券	18 797
3	申银万国	12 633	3	国泰君安	18 895	3	中信证券	16 895
4	中金公司	12 427	4	华融证券	14 119	4	浙商证券	16 580
5	光大证券	11 908	5	东海证券	13 242	5	华融证券	15 626
6	广发证券	11 199	6	广发证券	11 207	6	国泰君安	12 839
7	东方证券	9 726	7	东方证券	9 667	7	华泰证券	12 828
8	宏源证券	9 548	8	华泰证券	9 287	8	中金公司	11 119
9	华泰证券	8 660	9	招商证券	8 702	9	广发证券	8 483
10	兴业证券	8 437	10	中金公司	8 519	10	长江证券	8 387
11	招商证券	8 334	11	长江证券	8 126	11	国信证券	7 544
12	东海证券	8 255	12	兴业证券	6 490	12	招商证券	7 166
13	信达证券	7 930	13	浙商证券	5 932	13	东北证券	6 021
14	长江证券	6 501	14	信达证券	5 621	14	东方证券	5 900
15	华融证券	6 231	15	申银万国	5 463	15	宏源证券	5 809
16	中信建投	6 152	16	国信证券	5 446	16	兴业证券	5 593
17	东兴证券	5 647	17	东北证券	4 654	17	东兴证券	4 567
18	安信证券	5 175	18	安信证券	4 194	18	安信证券	3 905
19	浙商证券	4 746	19	东兴证券	3 975	19	申银万国	3 837
20	国信证券	4 647	20	西南证券	3 975	20	银河证券	3 125

资料来源：中国证券业协会。

（二）证券公司资产管理业务净收入占营业收入情况

从证券公司资产管理业务净收入占其营业收入的比重来看，资产管理业务对公司的贡献目前还较小。2009~2012 年，前 20 位证券公司的资产管理业务净收入总和占总收入的比重增长超过 1 倍，从 2009 年的 1.28%增长到 2012 年的 3.07%。虽然比重不断增长，但仍与高盛、摩根士丹利这些国际大证券公司资产管理收入占其收入的比重有不小的差距。这说明我国证券公司资产管理业务的发展还处于起步阶段，未来具有很大的发展空间（见图 1–21）。

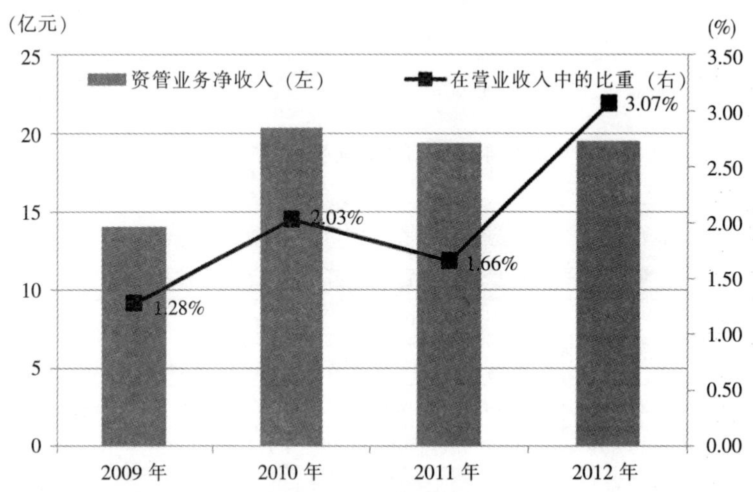

图 1–21　排名前 20 位证券公司资产管理净收入总和占其公司总收入比重

资料来源：中国证券业协会。

对排名前 20 位的公司细分，2010 年资产管理业务净收入比重超过 10%的证券公司有 3 家，2011 年资产管理业务净收入比重超过 10%的证券公司只剩下 2 家。并且 2010 年、2011 年资产管理业务净收入比重超过 10%的证券公司都属于规模较小的中小型证券公司。这可能是由于中小型证券公司其他类型业务发展相对薄弱，导致资产管理业务净收入的占比较高。2012 年，之前资产管理业务净收入比重超过 10%的证券公司全部下降到了 10%以下，净收入比重的波动较大。这也表明证券公司的资产管理业务发展仍不稳定，受市场和政策的影响较大（见表 1–13）。

表 1 – 13　证券公司受托客户资产管理业务收入占总收入的比重　（单位:%）

2012 年			2011 年			2010 年		
位次	公司名称	比重	位次	公司名称	比重	位次	公司名称	比重
1	国泰君安	4. 32	1	光大证券	4. 50	1	东海证券	14. 42
2	中信证券	2. 51	2	中信证券	0. 15	2	光大证券	4. 24
3	申银万国	3. 15	3	国泰君安	3. 13	3	中信证券	0. 89
4	中金公司	5. 17	4	华融证券	27. 24	4	浙商证券	11. 28
5	光大证券	4. 09	5	东海证券	12. 50	5	华融证券	18. 95
6	广发证券	1. 76	6	广发证券	2. 03	6	国泰君安	1. 72

续表

2012 年			2011 年			2010 年		
7	东方证券	4.80	7	东方证券	4.19	7	华泰证券	2.41
8	宏源证券	3.12	8	华泰证券	2.41	8	中金公司	2.80
9	华泰证券	1.96	9	招商证券	1.83	9	广发证券	0.83
10	兴业证券	4.38	10	中金公司	3.77	10	长江证券	2.83
11	招商证券	1.93	11	长江证券	5.04	11	国信证券	0.98
12	东海证券	8.05	12	兴业证券	3.67	12	招商证券	1.20
13	信达证券	6.73	13	浙商证券	5.57	13	东北证券	3.73
14	长江证券	6.78	14	信达证券	5.14	14	东方证券	2.01
15	华融证券	8.95	15	申银万国	1.31	15	宏源证券	1.81
16	中信建投	1.44	16	国信证券	0.93	16	兴业证券	2.61
17	东兴证券	4.65	17	东北证券	6.46	17	东兴证券	3.55
18	安信证券	2.40	18	安信证券	1.46	18	安信证券	1.00
19	浙商证券	5.11	19	东兴证券	3.65	19	申银万国	0.62
20	国信证券	0.85	20	西南证券	3.84	20	银河证券	0.41

资料来源：中国证券业协会。

三、证券公司、银行、信托、保险资产管理业务比较

2012 年之前，相比于银行、信托理财市场的快速发展，证券公司资产管理业务的发展呈缓慢增长的趋势。2012 年中国证券公司资产管理业务发展因制度变革与业务创新的兴起突显快速增长的态势，特别是经过 2013 年的快速发展，证券公司资产管理业务的市场地位显著提升。

（一）证券公司资产管理业务规模增长，结构日益丰富

2012 年前证券公司资产管理的规模缓慢增长，与信托、保险、基金、银行理财产品相比，规模相对较低。截至 2012 年上半年，证券公司资产管理行业总体规模只有 4 800 亿元。2012 年下半年由于资产管理业务的放开，行业总体规模增长迅速。截至 2012 年底，证券行业资产管理的规模达 1.89 万亿元。截至 2013 年底，证券行业资产管理的规模达 5.2 万亿元。截至 2013 年底，信托资产管理规模达到 10.91 万亿元，保险资产管理规模达到 8.29 万亿元，基金资产管理规模达到 3 万亿元，银行理财产品规模约为 19.3 万亿元[①]（见图 1-22）。我国资产管理的市场总规模已超过 45 万亿元。证券公司资产管理规模已超越基金公司，在大资产管理格局中的市场地位大幅提升。

从结构来看，资产管理规模的增长主要来自定向的增长。2013 年集合资产管理规模为 3 587.94 亿元，占比 6.91%；定向规模 48 251.32 亿元，占比 92.88%；专项规模 111.46 亿元，占比 0.21%（见图 1-23）。与 2012 年相比，定向资产管理计划的规模与比重上升，集合计划规模上升但比重下降，专项计划规模与比重同时上升。

① 银行理财产品规模数据截至2013年9月30日，资料来源于社科院金融研究所。

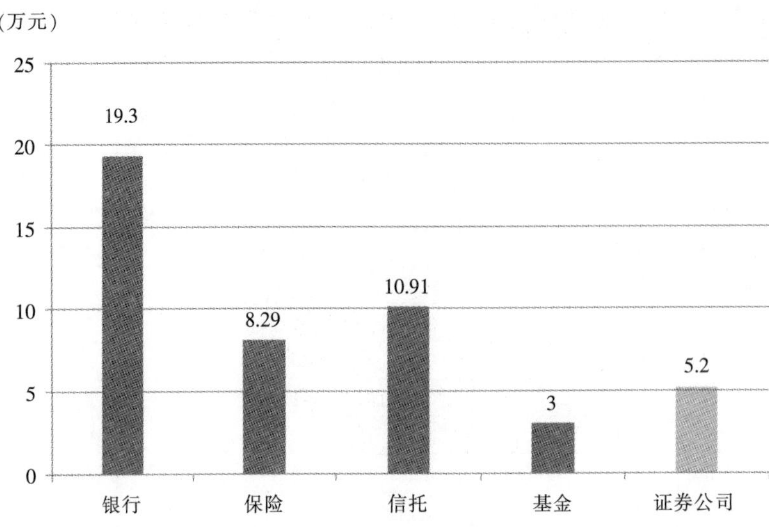

图 1-22 2013 年证券公司资产管理规模小于其他理财产品规模

资料来源：中国证券业协会、中国保险业协会、中国信托业协会、中国基金业协会、中国社科院财富管理研究中心。

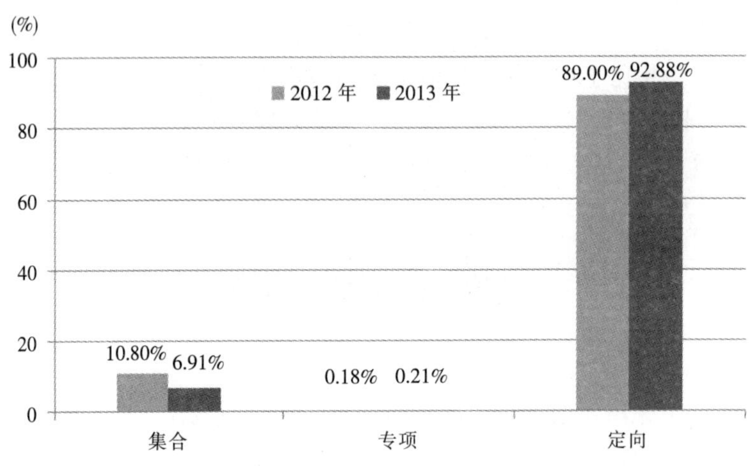

图 1-23 2012 年和 2013 年证券公司资产管理产品构成

资料来源：中国证券业协会。

（二）银行理财产品规模大，收益稳定

2004~2005 年是我国银行理财产品开发的探索阶段，这个时期产品主要以债券和货币市场类为主。2005 年中国银监会明确相关业务的制度规范，商业银行也加大对客户需求的挖掘和产品的研发、销售力度，银行理财市场开始蓬勃发展。截至 2013 年第 3 季度，我国商业银行产品发行规模近 19.3 万亿元。银行理财产品的收益率、期限结构以及“刚性兑付”的几乎“无风险”特征使银行理财产品具有很强的市场竞争力。银行理财产品以 1~6 个月中短期产品为主。短期化的理财产品极大地提高了投资者闲散资金的使

用效率，在保有灵活性和流动性的基础上，能够获得可观的投资收益。银行理财产品的期限结构见图 1-24，银行理财产品投资的基础资产类别见图 1-25。

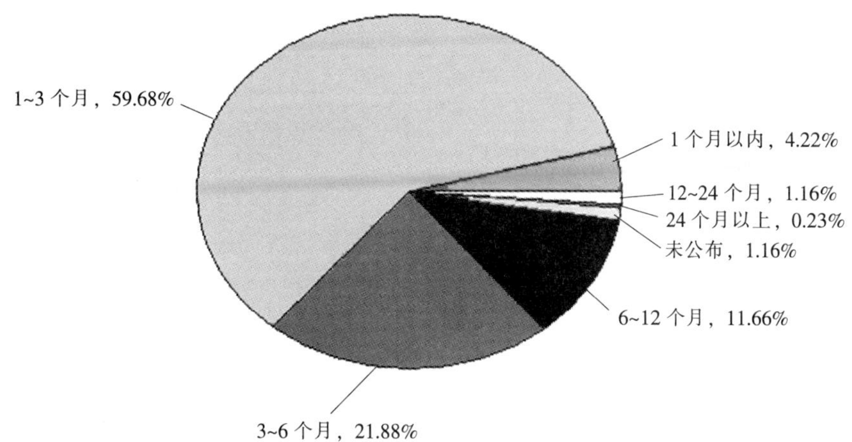

图 1-24 银行理财产品期限结构

资料来源：Wind。

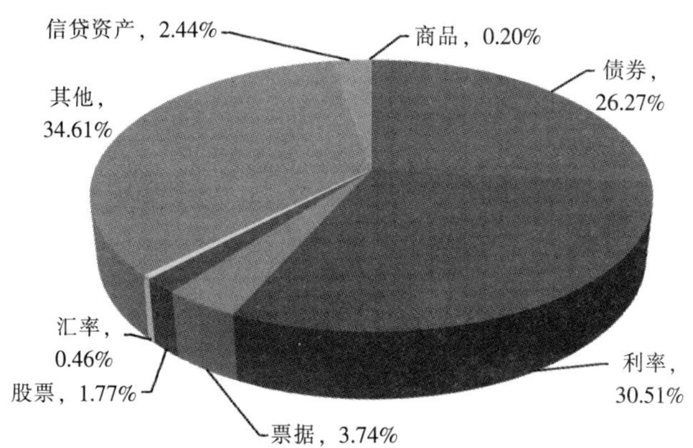

图 1-25 银行理财产品投资的基础资产

资料来源：Wind。

（三）宽松灵活的投资范围使信托产品优势明显

第一批信托产品自 2002 年底面世至今，经过 10 年的发展，信托产品从无到有，从单一到丰富，无论在产品数量上还是产品类别上都比成立之初发生了巨大的变化，凸显了信托公司强大的金融创新能力。截至 2013 年底，信托资产总额高达 10.91 万亿元，是 2006 年初的 29 倍。信托资产管理规模仅次于银行，已超越保险公司、证券公司、基金公司，在资产管理行业中占有重要地位。

信托投资范围非常灵活，主要投向贷款、股权、证券、基础产业、工业企业、房地产行业等，支撑信托产品较高的收益率，成为高端理财市场不可或缺的产品。信托投资领域及收益情况见表 1-14。

表1-14　　2013年各类信托产品收益率

类别	数量（个）	规模（万元）	期限（年）	最高收益（%）	最低收益（%）	平均收益（%）
所有产品	5 822	11 141.74	1.61	9.26	8.44	8.80
贷款类	1 586	3 344.31	1.62	9.62	8.68	9.12
股权类	311	1 485.26	1.97	10.12	8.90	9.55
权益类	1 417	3 089.26	1.74	9.55	8.71	9.07
证券类	1 239	775.04	1.21	7.55	7.27	7.32
组合运用类	599	1 273.60	1.36	8.43	7.80	8.14
其他投资类	671	1 174.27	1.69	8.19	7.61	7.81
基础产业类	868	2 174.67	1.91	9.74	8.85	9.28
房地产类	1 095	3 923.31	1.89	10.16	9.01	9.55
工商企业类	1 071	1 591.67	1.47	9.09	8.34	8.72
金融类	1 936	2 076.25	1.22	7.89	7.46	7.71
其他投向类	853	1 375.84	1.55	8.55	7.90	8.17

资料来源：用益信托网。

（四）风险分散功能使保险产品具有排他性的竞争力

截至2013年12月，保险公司资产总计8.29万亿元。保险公司已成为债券市场第二大投资者和资本市场重要的机构投资者（见图1-26）。

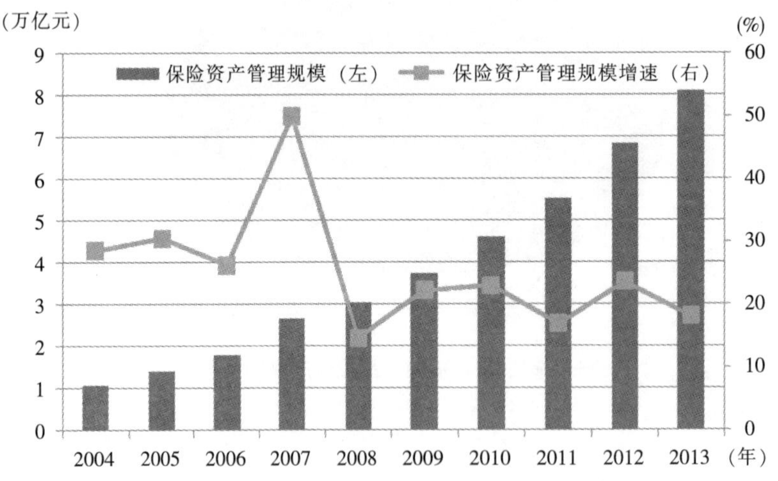

图1-26　2004～2013年保险产品规模及其增长速度

资料来源：国家统计局，申银万国证券整理。

传统的保险产品主要以保障和风险管理为核心功能，与其他投资性质的理财产品有显著不同。近年来，面临着信托等其他理财产品高收益率的竞争，为了吸引更多客户投保，寿险公司在传统产品的基础上也开发了投资属性更强的分红型保险、万能型保险、投资连结型保险理财产品。

2013年以来，随着保险资金投资范围以及投资环境的持续优化，除了以往主要投资于银行存款、国债、证券投资基金及流通股股票外，未来随着保险投资范围的放开，还可投资境内理财产品、金融衍生品以及基础设施计划和不动产投资。届时，保险理财产品将具有更为理想的收益性和低风险特性。随着公募基金业务的放开，保险资产管理机构也可以参与公募基金业务市场。相对于证券公司而言，保险资产管理机构从事公募基金业务具有更强的资金优势和客户基础优势。保险资产管理机构将享有投资范围放宽与业务范围放宽的双重制度红利。

（五）低门槛使基金成为大众理财工具

基金是目前理财市场中发展时间最长的资产管理子市场。从 1997 年开始试点，由于政策鼓励及指数上升的提振，基金行业经历了前期的高速发展和 2007 年的爆发式增长（年增速 282%）。2007 年后由于股指持续下行，业绩也大幅度下降，加上私募基金的快速崛起，公募基金的规模呈现出不断下降的趋势。2011 年末全部基金共管理的资产份额为 2.65 万亿份，资产净值 2.17 万亿元。2012 年行业有所回暖，截至 2012 年 12 月 31 日，管理的资产份额上升至 3.52 万亿份，资产净值上升至 2.87 万亿元。经过近几年的波动，2013 年基金资产管理规模终于重上 3 万亿元。随着大众理财产品市场的丰富，基金行业面临着较大的冲击。我国基金公司管理的基金资产净值及增速如图 1–27 所示。

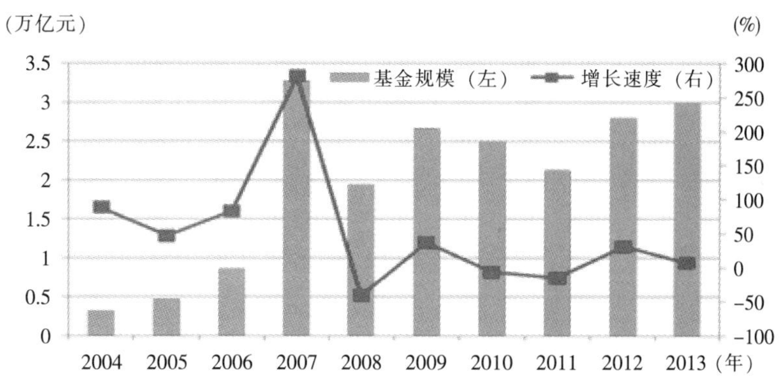

图 1–27　我国基金市场发展概况

资料来源：申银万国证券整理。

公募基金理财产品最大优势在于其极低的投资门槛和较高的流动性。与信托、证券公司资产管理产品定位于高净值客户不同，公募基金主要定位于普通投资者（基金专户理财业务除外），投资门槛很低。公募基金的起始认购份额一般为 1 手，通常价格在 1 000 元以上即可。另外，受到行业监管政策的监督，公募基金都有非常透明的净值披露制度，便于投资者对资产回报率进行实时跟踪。从流动性上说，基金产品的流动性也相对较高。开放式基金可以随时申购赎回，符合一定条件的封闭式基金也可上市交易，较高的流动性为普通投资者资金周转提供了极大的便捷。基金购买渠道便捷，通过银行、基金公司、证券公司营业部都可以申购，因此成为大众广为接受的投资理财工具。

然而，由于投资范围限制，公募基金近年来也因投资业绩不理想，受托管理资产一直徘徊不前。公募基金只能投资于交易所上市的金融产品，包括股票、债券、票据等，根据资产配置比例不同，可以分为股票型基金、混合型基金、债券型基金和货币基金，每种基金的风险依次降低。同时，基金产品的收益率与产品的投资风格有很大的关系，一般股票型基金由于投资股票比率较高，预期收益率较高，但投资收益受股市波动影响较大，风险较高；债券基金受债市收益率影响，预期收益率相对更低，风险也较小；货币市场基金预期收益率最低，风险最小。

随着投资范围的放宽，基金特定客户资产管理业务将与信托、证券公司资产管理进一步竞争高净值客户资产管理市场。2012 年 11 月 1 日，中国证监会颁布了《证券投资基金管理公司管理办法》、《证券投资基金管理公司子公司管理暂行规定》和《基金管理公司特定客户资产管理业务试点办法》。根据《基金管理公司特定客户资产管理业务试点办法》，基金管理公司可以设立子公司投资于未通过证券交易所转让的股权、债券及其他财产权利以及中国证监会认可的其他资产，并允许基金管理公司通过设立专项资产管理计划开展资产管理业务。专项资产管理明确定位于高净值客户，单一客户专项资产管理门槛为 3 000 万元，为多个客户办理特定资产管理业务的，客户门槛为 100 万多个客户。基金子公司及专户政策为基金公司应对信托、证券公司资产管理的竞争提供了有利的工具。

2013年中国证券公司资产管理业务发展中面临的问题及2014年前景展望

第一节 2013年中国证券公司资产管理业务发展中面临的问题

我国证券公司资产管理业务经过多年发展已取得了较大的进步，但与资产管理业的其他机构类型相比，证券公司的资产管理业务发展水平存在不小差距。2013年证券公司资产管理业务发展势头良好，行业呈现出新气象。但证券公司该业务发展过程中的一些新问题值得各方关注。

一、资产规模快速增长，但业务结构不平衡的现象仍无改变

2012年10月19日，中国证监会正式发布修订后的《证券公司客户资产管理业务管理办法》、《证券公司集合资产管理业务实施细则》及《证券公司定向资产管理业务实施细则》（简称"一法两则"）。修改后的"一法两则"积极鼓励证券公司客户资产管理的理财产品创新活动，扩大证券公司资产管理投资范围，允许产品分级，拓宽销售渠道，减少相关限制。对定向和专项理财，允许投资者与证券公司自愿协商，合同约定投资范围；允许资产管理计划将其持有的股票作为融券标的证券借给证券金融公司。将现金管理产品的投资范围从银行存款放宽到各类风险较低、流动性较强的债券。2013年，随着新《基金法》的实施，各项监管制度不断完善。按新《基金法》的规定，《证券公司客户资产管理业务管理办法》和《证券公司集合资产管理业务实施细则》进行了相应修订。监管部门放开证券公司从事公募基金业务资格并且对发展潜力较大的资产证券化业务作出了业务指引。

在此环境下，证券公司资产管理业务在2012年迅速发展的基础上，持续保持快速发展。但在规模快速增长的同时，资产管理产品发展不平衡的态势非常明显。证券公司

资产管理业务发展不平衡性主要表现为证券公司定向资产管理业务发展过快，资产管理集合理财产品、专项理财产品发展仍旧缓慢。

2008~2011 年，证券公司资产管理业务发展尽管缓慢，但证券公司资产管理集合、定向业务发展相对均衡，专项业务因为各种原因基本处于停滞状态。但上述均衡状态因 2012 年“一法两则”的修改打破，定向资产管理业务最快开始“井喷”，带动了 2012 年规模的快速扩张。2013 年，除了定向资产管理业务仍保持快速增长之外，集合资产管理业务的产品规模和数量也有大幅增长，专项资产管理业务也取得了不小的突破。但从规模看，结构性的偏离并没有得到根本改变。

二、新的“一法两则”下开展资产管理业务的风险意识有待提高

根据 2012 年 10 月 19 日修订后的《证券公司集合资产管理业务实施细则》，集合理财计划由审批制改为备案制，同时证券公司的集合理财计划投资范围大幅扩宽。投资范围增加了中期票据、保证收益及保本浮动商业银行理财计划、股指期货等衍生品、银行间市场交易的投资品种、金融监管部门批准或备案发行的金融产品以及境外金融产品等。

投资范围的拓展和审批制度的放松在推动证券公司集合理财业务快速发展的同时，证券公司介入之前并不熟悉的投资领域，也使集合理财业务除市场风险外增加了信用风险、操作风险和合规风险。

第一，证券公司集合计划分级和衍生品投资增加了市场风险。杠杆操作性的增强放大了集合理财计划的各类风险敞口规模。一方面，根据《证券公司集合资产管理业务实施细则》，证券公司集合理财计划可参与融资融券交易，从而集合理财投资中符合规定投资证券可以通过再融资放大杠杆；另一方面，股指期货等衍生品本身就具有高杠杆的特征。

第二，投资范围的放开增加了信用风险、操作风险和合规风险。集合资产管理计划增加了信托、私募债、银行理财产品等监管层认可的其他金融产品，投资范围的放开，使证券公司资产管理的投向非常广泛和灵活，增加了信用风险、操作风险和合规风险。次级债、信托等高风险产品以及涉及更多利益主体的可投资产品将使其面临更高的系统性风险敞口。在宏观经济的某一方面如银行体系、房地产体系或地方政府债务体系等存在较大系统性泡沫的时候，任一种或几种风险将通过各类金融机构间的金融联系、各类金融产品和金融市场间的传导效应对集合理财产品造成系统性冲击。特别在目前国家监管机构对各类影子银行、资金池等新型金融风险监管不足、相关制度不完善的情况下，金融机构系统风险处于较高水平，这进一步提高了集合理财业务的相关风险暴露水平。

第三，定向资产管理计划的快速膨胀增加了证券公司的信用风险和操作风险。定向资产管理计划主要是与银行、信托、基金子公司等金融同业开展的通道业务。对于涉及非标准化债权以及融资类项目中信用风险的把控并非证券公司所擅长，证券公司也缺乏此类风险管理人员。另外，定向资产管理业务涉及与众多金融机构的对接，各机构业务流程差异较大，容易产生操作风险。

第二节 2014年中国证券公司资产管理业务前景展望

展望2014年，我国证券公司投研优势、协同优势下资产管理业务竞争力将逐步显现，因而资产管理的市场竞争格局将发生重大变化；证券公司通过专项计划开展资产证券化业务将成为2014年证券公司资产管理业务推进的新平台；随着场外柜台交易开启，证券公司资产管理产品转让、流动性将得到加强，必将加快证券公司管理业务的发展；证券公司管理业务的收入占比将提高，必将优化证券公司的收入结构。

一、2014年证券公司协同优势、投研优势、渠道优势使证券公司资产管理业务的竞争力逐渐提升

证券公司在开展资产管理业务时具有以下明显优势。

（一）协同优势

“一法两则”修订发布后，证券公司从一级市场到二级市场的业务链条清晰，能够实现项目的主动管理，包括项目开发、尽职调查、产品分销、风险管理等。通过证券公司各部门间的协作，提供客户一揽子投融资服务，并能够根据客户需求进行个性化的服务合同设计，客户管理能力将会得到极大提升。具有综合牌照的证券公司各业务条线的协同优势将愈发明显。

（二）投研优势

信托公司目前的业务中超过50%是和银行及私募基金合作的“纯通道”业务，这些业务中，开展项目审批和执行投资交易的专业能力都分别掌握在银行和私募基金手中，而对信托公司自身的投资研究实力要求很低。与信托公司相对照，证券公司经过20多年的发展，无论从一级发行市场投行业务还是到二级市场经纪业务、投资业务的投研经验及能力的积累，投研队伍都在不断发展和完善中。单从从业人员的数量上看，信托行业目前的从业人员数量仅2万余人，其中行政人员占了较高比例。与此相对照，根据中国证券业协会的统计，证券行业注册从业人员数量已达24.5万人，其中分析师（研究员）超过2 500人，投资顾问超过2.3万人。另外，证券公司的研究实力及优势还体现在不仅可以直接服务于证券公司资产管理业务的投资决策，还可以促成其资产管理业务与私募基金、保险机构的合作，将经纪业务的客户转化到资产管理业务上来。

（三）渠道优势

证券公司相对于银行之外的资产管理机构具有组织架构方面的优势。开展资产管理业务需要充分了解个人客户、企业、金融机构的需求，证券公司分布广泛的分支结构可

以使证券公司更充分接触客户，发掘业务机会。与信托公司、基金公司等资产管理机构相比，证券公司具有更多的分支结构和从业人员，可以充分发挥证券公司的网络效应，更大范围地拓展业务。

二、2014 年证券公司在资产管理市场竞争格局中的地位仍将持续变化

证券公司要在大资产管理时代不断提升自己的行业地位，必须充分利用证券行业“放松管制、加强监管”的制度红利并充分发挥证券公司自身的竞争优势。由于行业藩篱不断被打破，预计 2014 年资产管理行业各市场主体的竞争格局将更为均衡，证券公司在资产管理市场中的地位有可能进一步加强。

首先，2013 年证券公司充分利用政策红利积极发展定向资产管理业务。证券公司从事通道类资产管理业务相对于信托公司而言具有更为明显的成本优势，打破了信托公司投资融资类项目的专属投资权，实现了对信托公司的部分替代。在集合资产管理方面，根据中国银监会监管规定，信托目前不能做债券正回购、不能做融资融券、网下新股申购。而证券公司集合资产管理计划的投资范围更广，有可能争取更多的私募基金“改道”与证券公司合作从事主动管理业务。信托公司的优势在于融资类项目，短期内信托公司的人才优势及与银行合作的渠道优势仍然存在。证券公司资产管理团队过去主要以二级市场投资为主，对融资项目缺乏经验。但证券公司资产管理在融资类项目之外的主动管理领域相对于信托公司具有明显优势。 而且证券资产管理目前积极引入外部人才，建立项目融资及非标准化债权投资的团队。证券资产管理有可能继续蚕食信托行业的市场空间。

其次，商业银行具有强大的客户基础和销售网络优势，商业银行的体量是市场中其他资产管理机构无法比拟的。银行理财产品主要投向为非标准化的贷款类资产以及标准化的债券市场。2013 年中国银监会发布《关于规范商业银行理财业务投资运作有关问题的通知》（简称“8 号文”）对商业银行非标转化投资品种配置比例及规模进行了限制。中国银监会又推出了银行资产管理计划试点方案，可投资于债权直接融资工具(DDFI)，可以将非标准化银行贷款转化为可交易的标准化投资工具。另外，虽然中国证券登记结算有限责任公司发布的《关于商业银行理财产品开立证券账户有关事项的通知》允许商业银行理财产品开立证券账户，但仍需要出具承诺函，承诺所开立的证券账户仅用于参与证券交易所标准化债券、信贷资产支持证券、优先股等固定收益类产品，不得用于法律、行政法规、部门规章禁止或限制的证券投资行为。可见，与证券公司相比，商业银行的投资范围相对受限。证券公司相对于银行，在全市场范围开展资产管理业务具有优势。

最后，与基金公司相比。随着资产管理机构开展公募基金业务的放开，公募基金原有的行业界限被打破，监管模式从原来的行业监管转变为以业务为导向的内容监管。公募行业由“围城里的战争”发展至全面竞争时代，这一变化不可避免地对基金公司造成冲击。符合条件的证券公司可以开展公募基金业务，使证券公司资产管理业务形成“公募”与“私募”并重的全面发展态势。证券公司普遍将公募业务定位于战略性业务。同时，监管部门颁布《证券投资基金管理公司子公司管理暂行规定》以及《基金管理公司

特定客户资产管理业务试点办法》，基金公司可以通过子公司开展专项资产管理业务，使基金公司投资领域从现有的上市证券类资产拓展到了非上市股权、债券、收益权等实体资产。这使得基金公司可以与证券公司、信托公司在类似的投资领域内竞争。监管的放松，使得各类资产管理机构在相同的平台上共同竞争，这是一个“创造性破坏”的过程，将导致大资产管理的格局继续发生演变。

三、场外柜台交易开启证券公司资产管理产品流动性和创新之门

为了健全多层次资本市场体系，2012 年 12 月 21 日中国证券业协会发布了《证券公司柜台交易业务规范》，宣告证券公司柜台市场启动。《证券公司柜台交易业务规范》所称“柜台交易”，是指证券公司与特定交易对手方在集中交易场所之外进行的交易或为投资者在集中交易场所之外进行交易提供服务的行为。证券公司柜台交易的产品包括经国家有关部门或其授权机构批准、备案或认可的在集中交易场所之外发行或销售的基础金融产品和金融衍生产品。因此，证券公司柜台交易市场实质上是区别于沪、深证券交易所的场外市场的一部分。证券公司理财产品交易转让平台可以分为上交所平台和场外柜台交易两类。柜台交易为非标准化投资工具的交易提供了平台。通过柜台交易市场，证券公司可以将自主创设的产品销售给客户，丰富投资者的选择，满足投资者个性化的资产配置和综合财富管理需求。同时，当客户需要转让时，证券公司也可以通过柜台交易，为产品提供流动性。在交易制度方面，柜台交易业务将以协议交易为主，同时尝试开展报价交易或做市商交易机制，具有更高的灵活度，可满足客户特殊的投融资需要。

柜台市场业务包括“一级发行市场”和“二级交易市场”。证券公司柜台交易市场明确定位为证券公司发行、转让、交易私募产品的平台，以销售和转让证券公司理财产品、代销金融产品为主，交易产品种类多为证券公司自己创设、开发、管理的金融产品。以集合理财计划为例，集合计划存续期间，证券公司、代理推广机构的客户之间可以通过证券交易所或场外柜台等中国证监会认可的交易平台转让集合计划份额。允许理财产品相互转让，将减少产品大量赎回的概率，保持集合理财计划份额和规模的稳定。

柜台交易市场对产品创新的促进作用不容忽视。柜台交易业务不但可能成为证券公司新的利润来源，更为重要的是柜台交易对证券公司资产管理业务创新的促进作用。通过新业务和新产品的导入，柜台交易可以为机构客户提供个性化的定制服务。随着个股期权、收益互换等创新型业务的推出和发展，柜台交易市场将为新业务、新产品的创新、定价和交易提供业务平台，具有广阔的发展空间。

四、证券公司资产证券化业务将提速

2005 年中国人民银行和中国银监会联合发布《信贷资产证券化试点管理办法》，建设银行和国家开发银行开始进行信贷资产证券化的试点。2013 年初，中国证监会发布《证券公司资产证券化业务管理规定》，进一步明确了专项资产管理计划特殊目的载体（SPV）的地位和作用，并通过列举的方式列明可以证券化的基础资产具体形态，允许包括企业应收款、信贷资产、信托受益权、基础设施收益权等财产权利，商业票据、债

券、股票等有价证券，商业物业等不动产财产等，为实务操作提供了明确指引。证券公司作为资产证券化业务的财务顾问、证券化产品的承销商，以及通过设立“专项资产管理计划”作为特殊目的载体（SPV），能够获得多种业务收入。

我国现有的资产证券化产品主要包括银行信贷资产和工商企业资产证券化两类，SPV载体分别为信托机构和证券公司专项资产管理计划。其中，证券公司在工商企业资产证券化业务中起着管理人的作用，在银行信贷资产证券化业务中起着承销人的销售作用。

2005年8月中金公司发行第一笔基于CDMA网络租赁费收益权的专项资产管理计划，目前通过专项计划发起的企业资产证券化业务已经超过了10笔。产品范围包括高速公路收费权、能源收益权、设备租赁资产、BT项目、网络租赁权、大型企业的应收账款收益权、销售费用收益权等。2013年7月，东方资产管理公司的专项资产管理计划——阿里巴巴资产证券化项目获批。产品的合作方是东方证券旗下的东方红资产管理公司以及阿里巴巴的金融业务平台阿里金融。该获批的资产证券化项目不是单一产品，而是系列产品。

华泰证券研究认为，中国目前的资产证券化产品仍为试点发行，信贷资产支持债券、证券公司专项资产证券化债券和资产支持票据三类产品存量仅463.5亿元，水平偏低，各家证券公司都希望在资产证券化业务上取得突破。随着基础资产的创新和证券化技术的发展，证券公司证券资产化业务的发展潜力将逐渐显现。

五、资产管理业务的发展将带来证券公司收入结构的逐渐变化

2011年证券行业资产管理业务受托管理资产规模为2 800亿元，创造净收入21亿元(综合管理费率0.75%)。2012年证券行业受托管理资产规模为1.89万亿元，净收入为26.76亿元。2013年证券行业受托管理资产规模约为5.2万亿元，净收入为70.3亿元。随着管理规模的增加，由于竞争加剧，证券行业资产管理综合费率进入快速下降通道，规模增长带来的净收入的增长边际递减效应明显。2012年证券行业资产管理规模增长率为576%， 2013年的增长率为174%。预计2014年资产管理规模将会继续大幅增长，但增长率将继续下降。

2013年信托行业受托管理资产规模为10.91万亿元，创造经营收入832.6亿元。信托行业管理资产规模约为同期证券行业管理资产规模的2.09倍，而收入水平为证券资产管理行业的11.84倍。证券资产管理行业的收入水平与信托行业差距很大，信托行业的盈利能力远强于证券公司资产管理业务。可以预见，随着通道业务竞争的加剧和饱和，证券资产管理行业的发展方向应是大力发展主动管理业务，提升行业盈利水平。

2010年美国投行资产管理业务收入326亿美元，占行业总收入13%。而2013年上半年我国上市证券公司资产管理业务净收入占营业收入的比重仅为5%（见图2-1)。我国证券资产管理行业的收入水平与发达国家差距较大。随着证券行业市场化改革的持续深入，证券资产管理行业的政策效应持续释放，以及证券公司资产管理能力的加强，预计证券行业资产管理业务所创造的净收入在证券行业总体收入中的比重将继续上升，资产管理业务在证券行业中作用将进一步得到巩固。

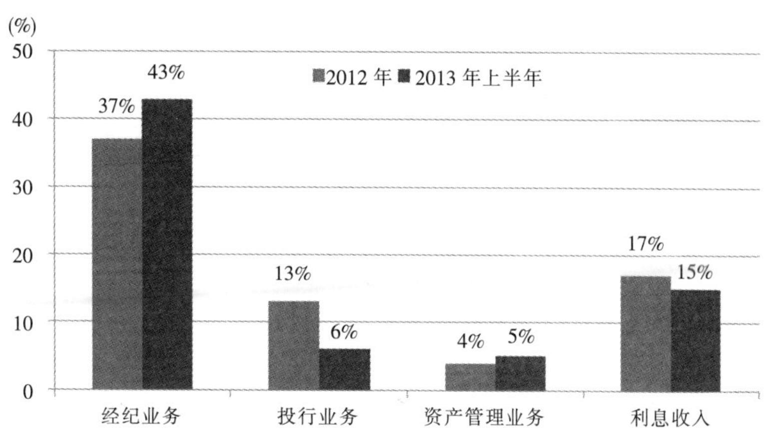

图 2–1　上市证券公司 2013 年上半年各业务收入比重

资料来源：信达证券研发中心。

根据美林证券测算，全球高净值人群可投资资产规模为 39 万亿美元，而全球投资银行的私人银行部管理的资产规模共计 16.5 万亿元，约占高净值人群总资产的 42.3%。根据贝恩公司和招商银行出具的《2013 中国私人财富报告》估计，2012 年中国个人的可投资资产总体规模达到 80 万亿元人民币，可投资资产 1 000 万元人民币以上的中国高净值人士数量超过 70 万人，共持有可投资资产 22 万亿元人民币高净值客户的委托资产为主动资产管理业务，利润水平远高于被动管理的通道式业务。假设其 30%的可投资资产由证券公司的管理部门管理，则其潜在的受托资产管理规模可达到 6.6 万亿元。根据全球私人银行资产管理费率 0.4%~1.4%估算，以私人客户为服务对象的资产管理市场将为证券公司增收 264 亿~924 亿元的收入（见表 2–1）。

表 2 – 1　　中国高净值人群资产管理市场潜力测算

中国高净值人群数量	70 万人
高净值人群可投资资产规模	22 万亿元
证券公司受托管理资产规模的比例	30%
证券公司受托管理资产规模	6.6 万亿元
资产管理费率	0.4% ~1.4%
资产管理业务收入测算	264 亿 ~924 亿元

资料来源：根据贝恩公司和招商银行《2013 中国私人财富报告》数据测算整理。

从长期来看，参照美国证券行业收入结构，未来 5~10 年证券行业的资产管理业务收入将快于承销、做市商等业务的发展，占行业收入比例将不断提升，成为证券公司盈利的重要来源（见图 2–2）。

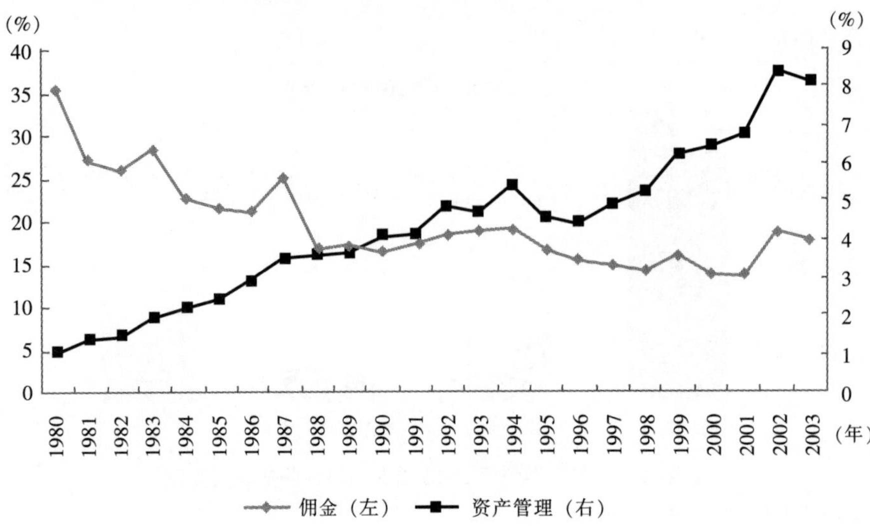

图 2-2　1980～2003 年美国证券行业资产管理业务收入占比持续上升

资料来源：申万研究。

附录：

2013 年证券市场与资产管理业务相关的主要事件

一、银行资产管理计划

2013 年 10 月 8 日媒体报道，中国银监会将推出一个名为“银行资产管理计划”的银行理财试点新方案，将投资于新设计的“债权直接融资工具（DDFI）”。

工商银行、建设银行、招商银行、交通银行、中信银行、民生银行、兴业银行、浦发银行、光大银行、平安银行、渤海银行首批 11 家银行将于 10 月 18 日发行该资产管理产品，额度在人民币 5 亿~10 亿元之间。该资产管理计划的具体内容包括：（1）银行可将信贷资产或其他资产转化为在同业债券市场上交易的 DDFI，这样 DDFI 便可以从非标准化银行贷款转化为可交易、具有公允价值的标准化投资工具；（2）中国银监会希望通过允许投资者基于对公允价值的判断来交易银行资产管理产品的方式提高银行理财产品的透明度。借助市场价值的波动，中国银监会希望这些产品能够较传统理财产品更切实地令投资者体会到投资者应承担投资损失的概念，从而降低银行的隐性担保风险。

银行推出自主资产管理计划被认为是银行回归真正意义上的理财，有专业人士认为，一旦银行的资产管理计划实现，首先受到冲击的就是信托、证券公司资产管理、基金子公司通道业务。国务院发展研究中心金融所研究员巴曙松曾公开表示，新一轮的监管放松，使资产管理行业进入全面竞争时代。在目前的银信、证信合作通道业务中，资金、项目都来自银行，为了规避监管，才不得不走其他金融机构的通道。一旦银行理财通过资产管理计划，以债权形式直接向企业投资，将对目前的通道业务产生冲击，通道价值也将迅速贬值。

2013 年 10 月，首批银行资产管理计划正式面世，工商银行、交通银行、兴业银行、浦发银行推出了总计 116 亿元的银行资产管理计划。银行资产管理计划是理财产品的改进版。有分析认为，新的制度设计有三个特点：一是不再允许银行将其理财产品的多个资产放在一个大资产池中，而是实现资产管理产品和投资金融工具的一一对接，这样每笔资产管理计划是否盈利一清二楚；二是去“通道化”，银行不再借用信托、证券公司、基金子公司发行产品——这些通道让金融产品更加复杂，而复杂化的金融产品正是造成 2008 年金融危机的主要原因；三是在实行资产隔离和信息披露的前提下，银行不再对资产管理计划的本金返还进行隐性承诺。

二、阿里巴巴资产证券化业务

东方证券资产管理公司推出的业内首单小额贷款资产证券化产品——东证资管-阿里巴巴专项计划于 2013 年 9 月 18 日在深圳证券交易所举行挂牌上市仪式，此举将提升资产证券化产品的流动性，助推证券公司资产证券化业务快速发展。

9月18日在深圳证券交易所挂牌上市的为东证资管-阿里巴巴1号、2号专项计划优先级资产支持证券。资料显示，东证资管-阿里巴巴专项计划根据不同风险收益特征，以大致75%：15%：10%的比例，分为优先级、次优级和次级等三级资产支持证券，其中，本次上市的优先级资产支持证券已获AAA级信用评级。

东证资管-阿里巴巴1号至10号专项计划于2013年6月底获批，基础资产为阿里金融旗下小额贷款公司的小额贷款资产，每只专项计划募集资金规模为2亿~5亿元，目前已完成发行两只，获得保险、银行、证券公司等众多机构投资者热捧。本次挂牌上市后，不对普通投资者开放。持有深圳A股证券账户和基金账户的机构投资者可以通过深圳证券交易所综合协议交易平台的专项资产管理计划交易专区，参与东证资管-阿里巴巴专项计划的转让业务。

三、2013年年中“钱荒”

2013年5月下旬以来，由银行间市场资金紧张引起了金融市场震荡，银行间市场利率飙升，股票、债券市场暴跌。2013年6月19日隔夜拆借利率上涨至7.66%，6月20日跳涨至13.44%，当天最高飙升至30%。面对“钱荒”造成的市场恐慌，6月25日，中国人民银行官网刊发名为《合理调节流动性维护货币市场稳定》的新闻稿。中国人民银行数据显示，5月末，金融机构备付率为1.7%，截至6月21日，全部金融机构备付金约为1.5万亿元。通常情况下，全部金融机构备付金保持在六七千亿元左右即可满足正常的支付清算需求，若保持在1万亿元左右则比较充足，所以总体看，当前流动性总量并不短缺。当前，我国经济金融运行总体平稳，物价形势基本稳定。前5个月货币信贷和社会融资总量增长较快。受贷款增长较快、企业所得税集中清缴、端午节假期现金需求、外汇市场变化、补缴法定准备金等多种因素叠加影响，货币市场利率仍出现上升和波动。中国人民银行将认真贯彻落实国务院第13次常务会议精神，继续实施稳健的货币政策，把稳健的货币政策坚持住、发挥好。同时，也要根据市场流动性的实际状况，适时调节银行体系流动性，平抑短期异常波动，稳定市场预期，保持货币市场稳定。中国人民银行强调，商业银行要继续加强流动性和资产负债管理。为保持货币市场平稳运行，中国人民银行已向一些符合宏观审慎要求的金融机构提供了流动性支持，一些自身流动性充足的银行也开始发挥稳定器作用向市场融出资金，货币市场利率已回稳。2013年年中“钱荒”不仅对股市造成了冲击，也冲击了债券市场，6月债券市场出现一波快速下跌。

分报告之四：2013年中国证券公司融资融券业务发展回顾与展望

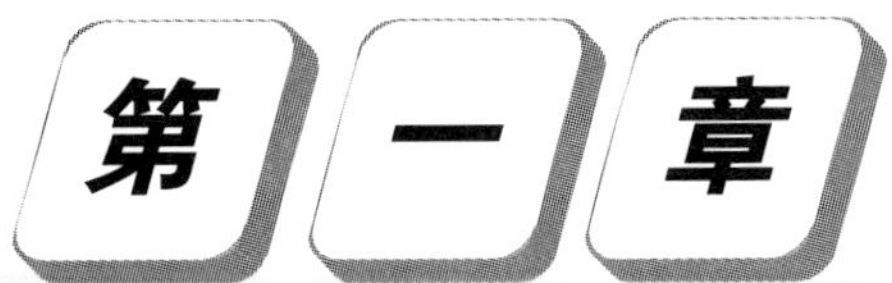

2013年中国证券公司融资融券市场综述

融资融券业务，是指证券公司向客户出借资金供其买入上市证券或者出借上市证券供其卖出，并收取担保物的经营活动。证券公司出借的资金或上市证券可以是自有的，也可以是向证券金融公司转融入的。融资融券交易，是指投资者向具有融资融券业务资格的证券公司提供担保物，借入资金买入证券（融资交易）或借入证券并卖出（融券交易）的行为。

2011年融资融券业务由试点转为常规，2012年转融通业务开展（先行办理转融资业务，2013年初开始办理转融券业务），2013年迎来了融资融券市场跨越式的发展。2013年，融资融券市场规模相较2012年大幅增长约3倍，进一步放大了资金的使用效果和证券供求，增加了市场交易量，降低了流动性风险。同时，作为创新型业务，融资融券成为证券行业主要的新盈利增长点，对提升行业整体利润、改善证券公司的生存环境起了很大作用。

第一节 融资融券市场交易规模

一、市场总交易量情况

2013年我国融资融券市场规模逐步扩大。根据Wind统计数据，信用账户中融资交易金额为32 935.55亿元，较2012年的14 050.48亿元增长134.41%；信用账户中融券交易量为5 794.86亿元，较2012年的1 778.91亿元增长225.75%。

二、市场余额情况

2013年底融资融券市场余额为28 074.54亿元，其中融资余额为27 634.76亿元，融券余额为439.78亿元。相比2012年7 351.59亿元的融资融券余额增加了2.82倍（见图1-1和图1-2）。

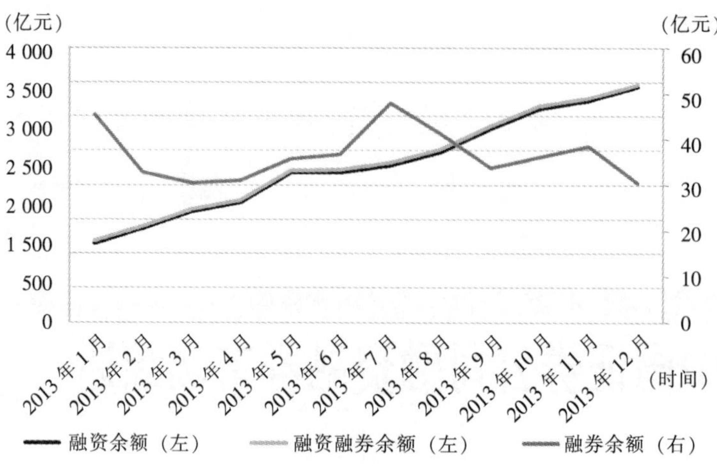

图1-1　2013年融资融券市场余额变化情况

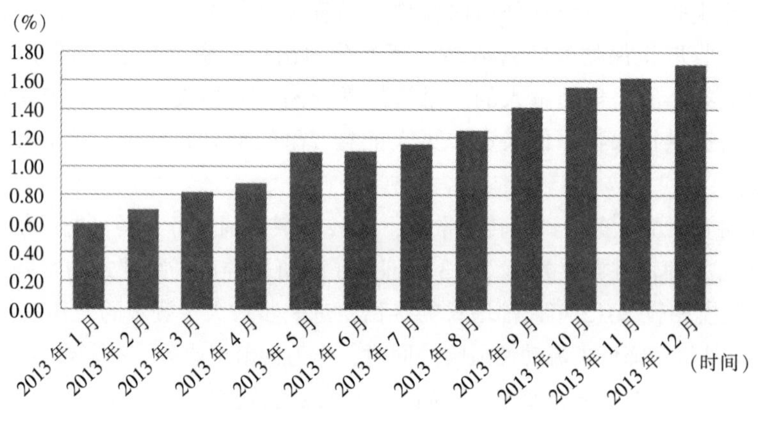

图1-2　2013年融资融券市场余额占A股流通市值比重变化情况

三、ETF融资融券交易与余额情况

截至2013年底，融资融券业务标的证券中有15只ETF基金，其中上海证券交易所7只，深圳证券交易所8只。

2013年以来，ETF累计融资买入金额达754.20亿元，累计融券卖出金额为1 100.65亿元；ETF融资余额为239.69亿元，融券余额为4.49亿元。与2012年的累计融资买入金额347.66元相比，新增1.17倍。

第二节 融资融券市场开户规模

从融资融券业务的参与者来看，参与融资融券业务的投资者数量快速增长。2013 年底信用账户总开户数为 267.17 万户,是 2012 年的 99.03 万户的 2.70 倍。2013 年信用账户开户数平均增长率为 8.75%。截至 2013 年 12 月，参与融资融券业务客户量占 A 股市场参与者的比重为 1.48%，与 2012 年的 0.56%相比，所占比重增长了近 1.64 倍①（见图 1-3 和图 1-4）。

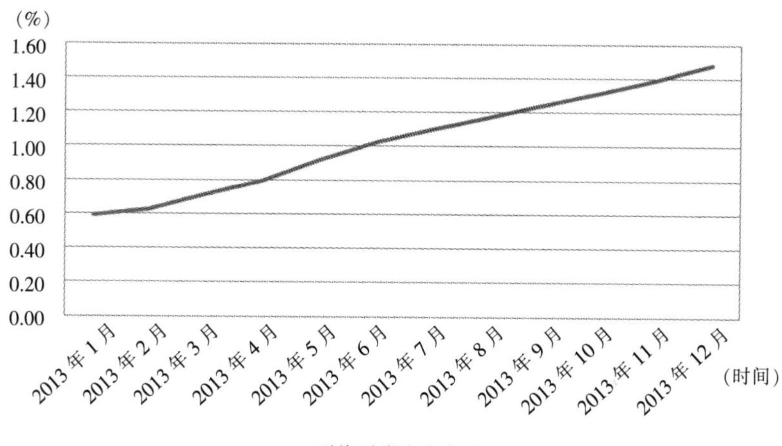

图 1-3 2013 年融资融券客户与 A 股客户数占比情况

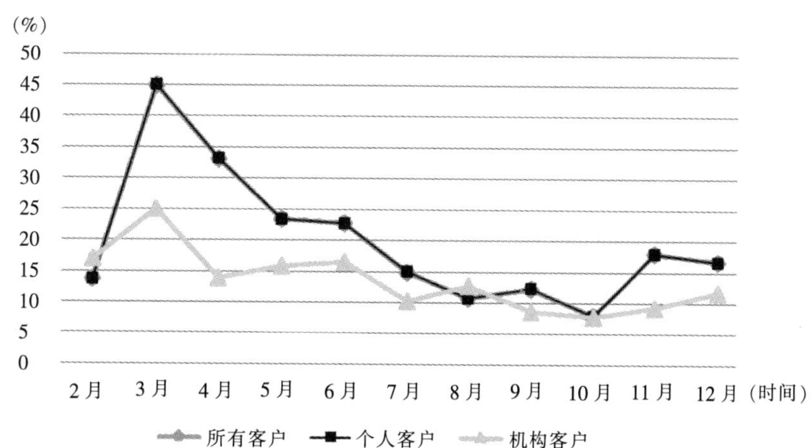

图 1-4 融资融券业务客户开户增长情况

① 资料来源：根据中国证券登记结算有限责任公司《统计月报》中信用账户和 A 股账户开户数计算得出。

第三节　融资融券余额证券公司分布

证券公司融资余额分布集中度明显小于融券余额。融资余额前5名证券公司集中度为30.59%，融券余额证券公司集中度高达51.84%。相关资料见图1–5。

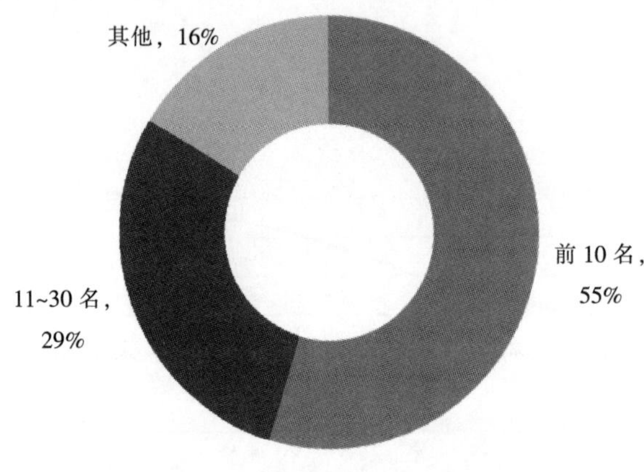

图1–5　融资融券余额集中度分布

2013年中国融资融券业务发展情况

在经过了前期3年半的准备阶段之后，2010年3月31日融资融券交易正式进入市场操作阶段。此后，证券公司融资融券业务经历了试点阶段、规范发展和稳步推动的阶段，逐步走向常规和规范。2013年，继2012年8月30日转融资业务推出后，转融券业务正式开展，并与2013年2月28日由试点转为常规业务。

除此之外，2013年融资融券标的迎来两度扩容以及证券公司资产管理、基金专户、合伙制等机构投资者参与融资融券交易，为融资融券业务带来了新的活力。

第一节　交易所融资融券标的迎来两度扩容

自2013年1月31日起，融资融券标的（简称“两融标的”）股票从278只扩至500只，ETF数量维持不变。此次入选两融标的的个股不再仅限于指数成分股，开始出现多只中小盘股，其中“吉峰农机”、“机器人”、“华谊兄弟”、“碧水源”、“燃控科技”、“蒙草抗旱”6只创业板个股的加入引人注目。

2013年9月16日，两融标的股票从494只扩至700只。此时，A股市场中28%的个股都已经被纳入两融标的。新增的206只标的证券中，中小板和创业板个股共85只，占新增标的证券比重为41%。其中，创业板标的数目增加28只至34只。新入选标的证券大多具有较大的流通市值、较好的流动性和活跃度。

第二节　转融通业务全面发展

2012年8月27日，经中国证监会批准，中国证券金融股份有限公司、上海证券交易所、深圳证券交易所和中国证券登记结算有限责任公司分别发布了转融通业务规则和配套细则等文件，标志着转融通试点实质启动。2012 年 8 月 30 日，转融资业务试点正式启动。2013 年 2 月 28 日，转融券业务试点正式启动。根据《中国证券金融股份有限公司转融通业务规则（试行）》的相关规定，确定中信证券、光大证券、广发证券、国泰君安证券、国信证券、海通证券、华泰证券、申银万国证券、招商证券、中国银河证券、中信建投证券作为首批转融券业务试点的 11 家证券公司，与中国证券金融股份有限公司开展转融券业务，即可作为借入人向其申报融入证券，并可为符合条件的机构客户提供证券出借交易代理服务。试点初期，暂不采用约定申报方式，暂不办理转融券交易展期。转融券业务开闸首日，共出借 30 只股票（28 天），合计 712 000 股。

2013 年 9 月 18 日，中国证券金融股份有限公司公布新增安信证券、长城证券、长江证券、东方证券、东吴证券、方正证券、国都证券、国海证券、国元证券、宏源证券、民族证券、平安证券、齐鲁证券、西南证券、兴业证券、中金、中投证券、中信万通、中信证券（浙江）19 家证券公司参与转融券业务试点。

截至 2013 年 12 月，中国证券金融股份有限公司已累计向 74 家试点证券公司出借资金 576.9 亿元，占市场融资融券余额的 16.8%。其中，转融资余额为 574.71 亿元，转融券余额为 2.19 亿元。转融通业务对市场的积极推动作用进一步加强。

2013年中国证券公司融资融券业务面临的问题及2014年前景展望

第一节 2013年中国证券公司融资融券业务面临的问题

一、融资融券业务市场规模

虽然2013年融资融券的市场规模增长较快，但相对于沪市日均千亿元的交易规模而言，融资融券的市场规模相对较小。统计数据显示，我国A股融资融券业务交易总量仅占市场交易总量的1.2%左右。海外成熟市场中，以融资融券为代表的信用交易较为活跃，在市场交易总量中占比较大。例如，美国和日本的信用交易规模占证券交易金额的比重高达16%~20%左右；我国台湾地区融资融券交易的规模占其总交易量的比例更高，达到了30%以上。

二、融资融券业务发展不平衡

融资融券业务发展不平衡，主要表现在融券业务比重过小，融券交易规模仅为融资交易规模的4.46%，市场融券功能不足，未能充分体现融资融券价格发现和对冲风险的功能。

从成熟市场融资融券的实践经验来看，尽管融资交易会高于融券交易，但融券业务的占比仍会占据一席之地。例如，在日本和我国台湾证券市场中，融券交易一般会占融资和融券交易总额的20%左右。这一问题的出现主要有两方面的原因：一方面，可交易的融券标的数量较小，范围较窄，多集中于大盘蓝筹股，投资者几乎没有选择余地；另一方面，由于融券卖空对我国投资者来说属于新的投资方式，市场大部分投资者还未熟练掌握卖空投资。

三、证券公司市场融通渠道进一步增减，但仍然有限

起初，证券公司均是以自有资金和自身持有的股票作为向客户融资和融券的来源。随着中国证券金融股份有限公司的成立，转融通业务成为证券公司获取开展融资融券业务资金和证券的另一主要途径。

然而，由于转融通业务在我国开展时间尚短，面对庞大的融资融券资金和证券需求，转融通业务暂时不能满足融资融券市场的需求。

四、风险控制管理制度有待进一步优化

本着试点先行、稳妥起步的原则，为了保证融资融券业务平稳运行，业务开始之初中国证监会及交易所等制定了多种风险控制措施，制度建设和风险控制审慎推进。例如，投资者准入限制（包括开户时间及金融资产情况），规定信用交易规模及接受担保品的市值设定上限，对投资者规定保证金比率下限及担保品的折算率上限等。

严格的风险控制流程确保了业务的稳步开展，经过近4年的实际运行，相关业务环节（如办理客户开户等流程）可进一步优化，降低投资者参与融资融券的各种隐性成本，提高客户交易效率。

五、投资者信用交易的认知程度仍须进一步加强

我国证券市场已经有20多年的历史，投资者一直进行做多交易，通过寻找股票上涨的机会获得收益。这种单边市场的投资习惯使投资者不能很快转换做空思维，对融券交易的推出还需要一个适应过程。相关研究表明，在已开立信用交易账户的投资者中，仅有大约50%的账户申请参与过融资融券交易，说明市场中投资者对信用交易的认知和接受程度还有待提高。

六、机构投资者参与度有待进一步提高

2012年10月18日，中国证监会公布了修订后的《证券公司客户资产管理业务管理办法》及配套实施细则，允许证券公司集合资产管理计划和定向资产管理参与融资融券交易。截至2012年，能参与融资融券业务的机构投资者主要包括一般机构、证券公司集合资产管理计划和定向资产管理计划。2013年，证券投资基金专户理财产品、合伙制私募基金也获批参与融资融券业务。而证券公司自营、证券投资基金、社保基金、企业年金、QFII、RQFII、保险、信托等特殊机构投资者均不能参与融资融券交易。

第二节　2014年中国证券公司融资融券业务的发展前景

一、证券公司参与程度进一步增加，市场规模逐步扩大

融资融券业务转常规后，中国证监会修订了相关行政许可规定，适度降低了证券公司的准入资格。随着中国证券业协会出台相应的申请程序以及系统测试工作的大范围开展，目前，已有84家证券公司拥有融资融券业务资格。据粗略估计，这些符合条件的证券公司开展融资融券业务的营业部覆盖率不低于80%。参与证券公司的增多，在很大程度上将扩大对业务的市场推介，市场规模将有显著增加。

二、投资者参与程度逐步增加

随着融资融券业务的持续稳步推进，市场对这项新业务的认知程度将逐步提高，参与融资融券的投资者逐步增加。同时，随着相关监管规定的逐步明确，基金专户、私募基金、证券公司资产管理、保险等机构投资者将逐步参与融资融券业务，既拓宽了新的低风险收益，也丰富了市场对冲策略和风险管理措施。

三、市场化的转融通机制正在逐步完善

2013年2月28日转融通试点业务的全面开展，标志着我国市场化的转融通机制已经初步建立。截至2013年底，转融资业务已平稳运行1年多，转融券业务10个月，转融通业务余额近570亿元，占市场融资融券余额的16.3%。

四、投资者适当性管理流程将进一步优化

随着融资融券业务的开展，在业务实际操作过程中，证券公司业务经验逐渐成熟，在对客户分级分类的判断和操作上有了较系统和科学的评价和操作体系。在此基础上，将进一步优化投资者适当性管理流程，提高投资者参与融资融券业务的效率，在风险可控的前提下降低投资者的参与成本。

五、证券公司收入结构更加优化

对于证券行业来说，融资融券业务成为证券行业发展最快和最有潜力的业务，它的开展对于丰富投资者交易手段、改善证券公司盈利结构、提高证券市场活跃度等都有非常重要的作用。更为重要的是，融资融券提供了杠杆，这将从根本上改变证券公司的盈利模式，这是证券行业发展史上革命性的进步。据中国证券业协会最新数据显示，2013年证券行业融资融券业务的利息收入达184.62亿元，比2012年大幅增长2.5倍，是全行业增长幅度最大的业务；收入占比也从2012年的4%大幅跃升至12%，这一比例也超过了投行业务，成为继经纪业务和自营业务之后全行业的第三大收入来源。

附录：

昌九生化事件案例分析

一、背景分析

昌九生化在 2013 年 9 月 16 日被调入融资融券标的范围，许多散户投资者通过融资交易做多该股票，其市场融资余额从 2013 年 9 月 16 日 3 832 万元上升到 2013 年 11 月 1 日最高的 3.5 亿元。2013 年 11 月 4 日，赣州稀土借壳深圳证券交易所上市公司威华股份（股票代码 002240）相关公告见报后，市场有关赣州稀土注入昌九生化的预期落空，昌九生化开始崩盘。在此后直至 11 月 13 日的 7 个交易日，昌九生化股票连续 7 天跌停。昌九生化公告从 11 月 14 日起临时停牌。

2013 年 12 月 20 日复盘之后到 12 月 24 日，昌九生化又连续 3 天跌停。这也是该公司自 11 月 4 日以来的第 10 个跌停，最新股价报 10.13 元，相比 11 月 1 日 29.02 元的收盘价暴跌了 65%，公司总市值从 70 亿元下降到 25 亿元，缩水约 45 亿元。以众多散户为主的投资者损失惨重，不少提供融资融券业务的证券公司也发生了程度不等的潜在坏账。

二、昌九生化事件对融资融券业务的影响

附图显示昌九生化 2013 年 9 月 16 日进入标的范围以来的融资融券差值曲线，其中融资融券差值定义为：融资融券差值 = 融资余额 – 融券余额。融资融券差值反映市场上通过杠杆方式的净做多金额。

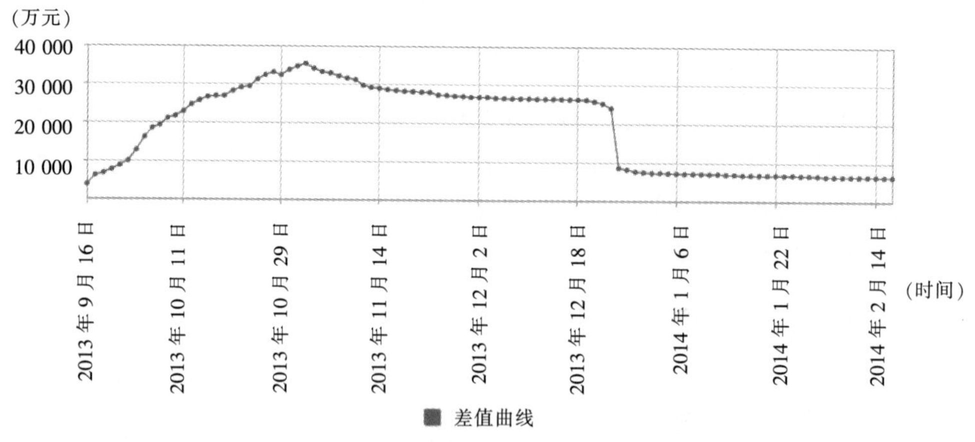

附图　融资融券差值曲线

不但众多昌九生化融资投资者损失惨重，而且提供两融的证券公司也遭受了程度不等的损失。事实上，针对昌九生化的暴跌，很多证券公司也在 2013 年 11 月上旬纷纷采取了风险应对措施，包括将昌九生化调出标的（或担保）证券范围、调低该股票的公

允价值等。但是，由于很多昌九生化投资者是满仓运行、信用账户持仓集中度高以及股票在下跌过程中几乎无交易量等原因，很多证券公司无法执行强制平仓或平仓后仍有暴露，发生了坏账。

三、事件分析

昌九生化事件作为A股市场开通融资融券以来发生的两融第一惨案，有很多经验教训，值得包括投资者、两融证券公司和交易所在内的各类市场参与者汲取和反思。

很多提供两融服务的证券公司，在昌九生化事件中遭受了程度不等的坏账损失，主要是存在以下几个风险管理方面的问题：

第一，对信用账户集中度风险的危害程度重视不够。如果持仓的集中度过高，投资者受个股事件等非系统性影响较大，投资者的盈亏（及信用账户维持担保比例）容易发生较大的波动。如果高集中度的证券同时市场流动性也不好（例如，昌九生化的无交易量跌停），或者流动性的质量不高（例如，市场交易量不稳定），那么融资融券客户跌破平仓线和证券公司强平后仍然有坏账的可能性将大大增加。

据统计，全市场持有昌九生化的1 200位融资融券客户中，有360位只持有昌九生化这一只股票，有390位客户持有昌九生化的市值占其担保品市值的比例达到90%，发生坏账的融资融券客户几乎全部是这些高集中度的投资者。

第二，很多证券公司对标的证券（及其他担保证券）的主动、事前风险管理能力不足。鉴于上海证券交易所将昌九生化股票纳入了交易所的标的证券范围，大部分证券公司过度依赖交易所的风险控制，也将昌九生化放入证券公司的标的证券范围内，并且在折算率设定上疏于管理，给很多投资者创造了“以昌九生化为担保品，继续融资买入昌九生化，并达到100%个股集中度”的机会。

第三，证券公司在投资者征授信和客户分类风险管理方面也需要加强。这次因昌九生化被强平或爆仓的客户几乎全部是小、散投资者，证券公司可以从此次昌九生化事件之后，重视对小、散客户的前端风险管理，包括在客户征授信、客户分类风险管理（含保证金比例分类和个性化折算率）等方面进行必要的前端风险控制。

分报告之五：
2013 年中国证券公司投资业务发展回顾与展望

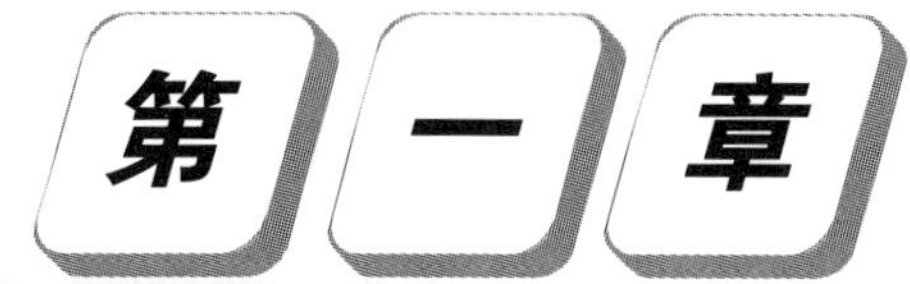

2013年中国证券公司投资业务的总体情况

第一节　2013年中国证券公司传统投资业务发展情况

一、中国证券公司传统投资业务2013年运行情况

我国证券公司传统投资业务可划分为权益投资和固定收益投资两大类。2013年，证券投资业务成为上市证券公司各项业务中最大的亮点之一，多家证券公司自营业务实现较快增长。2013年证券公司营业收入中，含公允价值变动的证券投资收益达305.5亿元。2013年上半年,证券公司营业收入中，含公允价值变动的证券投资收益即达到209亿元，上半年债券投资盈利丰厚。但随着6月"钱荒事件"的出现和下半年流动性的紧张，多家证券公司的固定收益投资出现较大压力。

（一）2013年证券公司权益类投资业绩结构分化、波动较大

2013年证券公司权益类投资业绩结构分化明显。以传统低估值大盘股为配置方向的证券公司自营业绩表现较差，而以新兴成长股为主要配置方向的证券公司自营业绩表现良好。

2013年证券公司权益类投资业绩波动较大。2013年证券公司权益类投资业务主要受到流动性收紧和IPO重启预期的影响。6月的货币市场流动性危机，加大了证券公司权益类投资业绩的波动性，直接影响了股票、债券投资的结果。在6月货币市场利率出现大幅度上升后，市场普遍预期人民银行可能会开展逆回购等公开市场操作来平抑短期利率的急剧波动。不过6月中旬开始，随着货币市场利率的不断提升，人民银行并没有采取市场所预期的措施。在此背景下，伴随着货币市场利率的急剧上升，股票和债券市场在6月下旬出现了大幅下跌，直到6月25日后人民银行和国务院通过各种途径缓解市场情绪，货币市场利率才出现稳定下滑，A股市场也修复了6月24日、6月25日的

大幅下跌。进入12月，随着IPO重启的预期越来越明确，权益类资产再次出现了明显的下跌。

（二）传统业务对创新工具的运用逐渐增多

证券公司传统投资与创新投资的结合从无到有，对创新工具的运用逐渐增多，如股指期货在传统股票自营业务的仓位管理过程中起到了积极的套保作用，并有利于市场价格的稳定。相比2012年的起步阶段，2013年有更多的证券公司加入了对冲套保的队伍，如国信证券等中大型证券公司，均对传统权益投资进行了套保，进行了风险敞口的有效管理，并获取了相应的收益。

二、中国证券公司传统投资业务发展特征

（一）证券公司传统投资规模继续收缩

证券公司传统投资主要指方向性股票投资业务。2010年以来，A股市场持续震荡下跌，各家证券公司持续收缩传统自营规模。2013年以来，主流大中型证券公司方向性自营平均规模稳定在30亿元左右。

（二）证券公司传统投资收入受股指波动的影响减小

过去证券公司传统投资收入受股指波动的影响较大。2008年金融危机以来，沪、深股指经历了大幅震荡，过去从事方向性投资的权益投资业务收益率也经历了大起大落。在对冲工具运用较少的情况下，权益类投资收益率受股指波动的影响较大。由于固定收益类的投资收益波动性较小，证券公司传统投资收入主要受权益类业务收入波动影响，进而与股指波动的相关性较高。2012年以来，随着证券公司传统投资对风险对冲工具的运用越来越多，证券公司传统投资收入受股指波动的影响减小（见图1–1）。

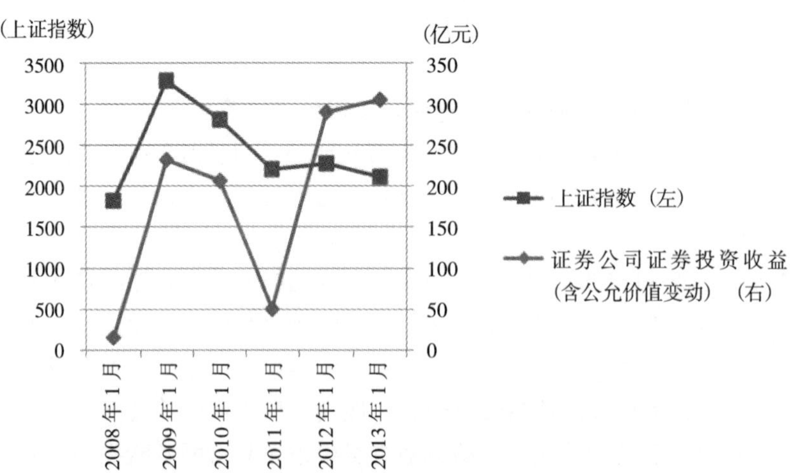

图1–1　证券公司投资收益受股指波动的影响降低

资料来源：中国证券业协会统计数据，Wind。

第二节 2013年中国证券公司直接投资业务发展情况

一、中国证券公司直接投资业务的监管和发展环境

（一）证券公司直投业务发展历程

证券公司直投业务试点于2007年启动后的一段时间，证券公司直投子公司开展直接投资业务的审批较为严格，需要事前行政审批、事后向中国证监会备案，审批流程较长。按照监管层放松管制、加强监管的思路，证券公司直接投资业务的监管在2012年实现了由行政监管到自律管理的转变。根据新的监管思路，中国证券业协会承接了对证券公司直接投资业务进行行业自律管理的职能，于2012年11月2日颁布了《证券公司直接投资业务规范》（以下简称《业务规范》），并于2014年1月3日对《业务规范》作了进一步修订。

《业务规范》的颁布和修订为证券公司直投行业的规范、长远发展奠定了坚实的基础。《业务规范》旨在引导直投子公司及其下属机构（含基金管理机构）、直投基金（以下合称“直投机构”）在业务范围、内部控制、治理结构、业务流程、资金募集等方面进行规范运作，在投资者适当性管理、内部控制、治理结构、信息披露等方面为证券公司直投行业制定了行为规范，并通过严格执行监督检查制度加强对证券公司直投行业的管理，有助于证券公司直投行业保护投资者合法权益，防范企业投资风险、行业信用风险和非法集资风险，维护证券公司直投行业的整体信誉，促进证券公司直投行业的规范、长远发展。

（二）《业务规范》修订的指导思想

证券公司直投业务6年来从无到有，取得较大发展，但无论是从募资的角度还是从投资的角度看，其所面临的行业监管环境和受到的限制远远大于其他市场化投资管理机构，在资金管理规模、投资规模、投资范围等方面，与社会上一流的PE/VC机构仍然存在较大的差距。因此，需要从规范上着手，修改不合理限制行业发展的规定，为证券公司直投行业争取较为公平宽松的发展空间。

（三）修订《业务规范》的重大意义

1. 扩大直投子公司业务范围。国内证券公司直投业务目前处于以Pre-IPO类型的直投项目为主向多元化投资模式和投资策略的转型摸索阶段；而境外证券公司在成熟市场上的直接投资已经多样化，在投资类型上不仅偏重于多数股权的投资交易，还充分利用了优先股、可转债、认股权证等多种多样的投资工具。修订前的《业务规范》规定直投

机构的业务范围只限于“股权投资或与股权相关的债权投资，或投资于与股权投资相关的其他投资基金”，使得直投机构可投资的标的较少，产品的设计单一，无法适应日渐成熟的投资市场需求。同时，直投机构在开展股权投资业务时，通常会被客户要求为其提供策划投资、各类融资方式等一揽子咨询服务。为此，需要对直投业务范围作出扩大调整，加入债权投资以及与股权投资、债权投资有关的财务顾问服务等内容（但不包括《证券法》规定的与证券交易、证券投资活动有关的财务顾问等证券公司的业务范围，以防止直投子公司从事或变相从事证券业务）。

2. 适当拓宽闲置资金的投资范围。修订前的《业务规范》规定的闲置资金投资品种仅局限于流动性强、风险较低的证券，基本满足直投公司现金管理需求。考虑到行业现实需求，闲置资金投资范围增加了在境内银行间市场交易的短期融资券品种，并允许闲置资金从事债券逆回购。

3. 扩大直投基金合格投资者范围。现阶段我国资金的募集对象主力军是一些个人资产净值较高的自然人。在激烈的市场竞争中，如果将直投基金的募集对象仅限定于认购金额不低于1 000万元的法人机构，或者专业从事股权投资或者基金投资业务的有限合伙企业，不少资产量大、有风险识别和承受能力的自然人将会被排除在外。这不利于直投基金扩大募集范围，也不利于证券公司为高净值客户提供全方位增值服务。因此，应将具有较高风险识别与承受能力且投资额不低于1 000万元人民币的个人投资者纳入合格投资者范围。

4. 进一步放宽对举债经营的限制。与金融市场较为发达的欧美国家相比，境外证券公司在开展直投业务时，往往借助杠杆以及多种金融工具，设计较为复杂的交易结构，使资本金的投资收益实现最大化。修订前的《业务规范》公布后，借助财务杠杆进行直接投资的限制得以解禁，但其中对于举债经营的限制，却在很大程度上抑制了直投机构运用财务杠杆的范围和程度。在实践中，并购业务涉及的资金额可能非常巨大，并且并购后，通过扭转企业的经营，提高企业的盈利能力并最终实现退出的周期可能较长。因此，“负债期限不得超过十二个月，负债余额不得超过注册资本或实缴出资总额的百分之三十”远远无法满足并购对资金的需求。为此，修订后的《业务规范》作出了较大调整：一是取消证券公司不得对直投子公司及其下属机构的担保禁止性要求；二是允许直投子公司及其下属机构、直投基金为补充流动性或进行并购过桥贷款可以负债经营，但保留了直投子公司非全资下属机构、直投基金本身负债经营的期限和比例要求。

5. 增加了直投基金的交易场所。为丰富证券公司柜台市场产品，增强直投基金的流动性，修订后的《业务规范》规定，直投基金可以按照规定在证券公司柜台市场、中国证券业协会机构间报价与转让系统等中国证监会认可的交易场所进行募集、转让。本条是选择性、授权性条款，直投基金份额持有人如认为转让会影响其在拟投资企业利益的也可以决定不转让。在转让的情况下，不得违反相关法律法规、中国证监会相关规定及中国证券业协会自律规则的要求。

二、2013年中国证券公司直投业务总体情况

据中证资本市场发展监测中心备案信息统计，截至2013年12月底，共有57家证

券公司设立直投子公司，其中，2013 年新设 8 家直投子公司。57 家直投子公司注册资本合计395.5 亿元，总资产合计 455.5 亿元，净资产合计 431.8 亿元。2013 年，57 家直投子公司实现净利润共计 17.4 亿元，新增对外投资总额 57.4 亿元，主要集中在采矿业、制造业、金融业，三个领域投资额占比达 81.4%。2013 年，直投子公司退出项目金额 53.7 亿元。

截至 2013 年 12 月底，共 19 家直投子公司发起设立 38 只直投基金，计划募集资金总额为 516.3 亿元，已募集资金总额为 304.9 亿元，完成募集计划的 59.1%。其中，2013 年发起设立 25 只直投基金，终止 1 只直投基金。25 只新设直投基金中，7 只为股权投资基金，5 只为创业投资基金，11 只为夹层基金，2 只为并购基金。2013 年，直投基金对外投资总额 109.3 亿元，主要集中在房地产业、金融业、制造业，三个领域投资额占比达 86.8%。2013 年，直投基金退出项目金额 16.7 亿元。

第三节 2013 年中国证券公司创新投资业务发展情况

一、国内证券公司另类投资业务

（一）另类投资业务现状

另类投资（Alternative Investments）是指利用市场的非有效性，运用各种灵活的交易策略，来获取超额收益的投资方式，具有绝对收益、风险敞口低、与市场相关性低的特点。与单向做多股票、债券等传统投资相比，能减小市场周期性波动带来的风险，获得较为稳定的收益。

一直以来，证券公司传统方向性自营交易由于受投资范围与投资方式限制，业务“靠天吃饭”特征显著，与股市牛熊周期关联紧密。有两方面因素促进了证券公司另类投资业务的发展：一是监管层对证券公司创新投资的鼓励；二是交易所对衍生金融产品的创设提供了多种对冲工具。

2012 年 5 月，监管层制定《关于推进证券公司改革开放、创新发展的思路与措施》，放宽了证券公司自营业务范围和投资方式限制，具体包括：逐步扩大证券自营投资品种范围，直至允许投资所有场内场外证券类金融产品；允许具备条件的证券公司依法投资金融期货、商品期货、黄金现货及其他非证券类金融产品。

多种衍生金融工具的创设为寻求绝对收益的对冲交易策略提供了可能。2010 年 4 月 16 日，股指期货正式在中国金融期货交易所上市交易，标志着 A 股正式进入了可对冲时代。3 年来股指期货市场繁荣有序发展，机构投资者深度参与，现在日均交易金额稳定在 2 000 亿元以上。2013 年 9 月 6 日，国债期货正式推出，既为市场参与者提供了一种对冲利率风险的工具，也为推进利率市场化、发挥市场参与主体的定价作用创造了条件。另外，即将推出的场内期权交易将会进一步丰富另类投资的品种范围和交易策略。目前，境内的5家交易所在进行场内交易期权的筹备工作，标的物横跨个股、ETF、股指和商品期货，包括上海证券交易所的4只个股期权和2只ETF期权、中国金融期货交易所的股指期权、大连商品交易所的豆粕期权、郑州商品交易所的白糖期权、上海期货交易所的铜期权和黄金期权。

（二）国内证券公司的另类投资策略

1. 股票多空/市场中性策略。股票多空策略的核心思想在于同时持有股票多头和空头。一方面，买入预期表现会跑赢大市的股票；另一方面，卖空预期表现会比大市逊色的股票。通过在多头和空头同时进行操作，使投资组合能够避免大盘波动的系统性风险β，获取超额收益α。在更一般的意义上，股票多空策略是市场中性策略的一种，由于卖空股票在一些市场中被禁止，因此无法通过构建多空组合来对冲市场风险，通常的做法是利用股指期货、股指期权等衍生品对股票多头组合的市场风险β进行对冲。股票多空/市场中性策略是历史最悠久的对冲基金策略，也是目前世界上占据对冲基金份额最大的投资策略。

2. 无风险套利策略。目前市场中两种最主要的无风险套利策略是期现套利与ETF套利。

期现套利，是指当某种标的在期货市场与现货市场的价格出现严重背离时，利用两个市场的价差低买高卖而获利的策略，也是平抑因为投资行为导致价格大幅波动的市场自发机制。理论上，期货价格是标的资产的远期价格，现货价格是标的资产目前的价格，按照经济学上的一价理论，期货价格减去现货价格的基差应该等于持有标的资产的成本。一旦基差与持有成本偏离较大，就出现了期现套利的机会。期现套利主要包括正向套利（买进现货沽空期货）和反向套利（买进期货沽空现货）两种。目前，在中国的股指期货市场和商品期货市场，都有成熟的机构投资者利用期现套利策略进行交易。

ETF套利的原理与期现套利类似，也是建立在ETF二级市场的交易价格与ETF一篮子股票价格的联动关系之上。投资者可以在一级市场通过指定的ETF交易商向基金管理公司用一篮子股票组合申购ETF份额或把ETF份额赎回成一篮子股票组合，同时又可以在二级市场上以市场价格买卖ETF。假设在某个时段中，某只ETF成分股暴跌，使得该ETF的净值迅速走低，但该ETF的市场价格未能及时跟上，二者短暂地出现了一个价差，这时就可以选择买入ETF一篮子股票组合申购ETF（以净值计价），然后将ETF在二级市场上出售（以市场价格计价），从而实现低买高卖，获取价差。

3. 统计套利策略。统计套利策略是一种市场中性策略，它通过对相关证券进行对冲获得与市场相独立的稳定性收益。统计套利策略背后的基本思想就是均值回归。也就是说，两个相关性很高的投资标的价格之间如果存在着某种稳定性的关系，那么当它们的价格出现背离走势的时候就会存在套利机会，因为这种背离的走势在未来会得到纠正。在实际投资中，在价格出现背离走势的时候买进表现相对差的、卖出表现相对好的投资标的，就可以期待在未来当这种背离趋势得到纠正时获得相对稳定的收益。

统计套利是将套利建立在对历史数据进行统计分析的基础上，估计相关变量的概率分布，并结合基本面数据进行分析以指导套利交易。相对于无风险套利，统计套利少量增加了一些风险，但是由此可获得的套利机会将数倍于无风险套利。

统计套利的基本思路是运用统计分析工具对一组相关联价格之间关系的历史数据进行研究分析，研究该关系在历史上的稳定性，并估计其概率分布，确定该分布中的极端区域，即否定域。当真实市场上的价格关系进入否定域时，则认为该种价格关系不可长久维持，套利者有较高成功概率进场套利。

4. 可转债套利策略。可转债同时具有股票和债券的属性，从金融工程的角度上看，可转债既能由债券加上一份看涨期权来复制，也能由股票加上一份看跌期权来复制。因为可转债的混合证券属性，其自身与基础证券、衍生证券三者的价格之间应当存在一个固定的关系，如果市场价格严重背离了这种关系，就会产生相应的交易机会。

可转债套利是最常见的转债交易策略之一。当可转债的转换平价与其标的股票价格产生折价时，两者间就会产生套利空间，投资者可以通过将手中的转债立即转换成股票并卖出股票，或者投资者可以立即融券并卖出股票，然后再购买可转债立即转换成股票并偿还先前的融券。

另外一种常见的可转债交易策略基于对可转债隐含期权的价格分析。如果市场对可转债中隐含的看涨期权或看跌期权定价过高，那么投资者可以卖出可转债，然后通过动态复制买进相应的标的股票进行对冲。

5. 事件驱动策略。市场中的重大宏观事件和微观事件通常都蕴含着一些投资机会。宏观事件如重要经济数据、重大改革决议的公布，微观事件如公司并购、分红送转、财务困境等。

宏观事件驱动的交易策略非常灵活，投资标的也很丰富。例如在 2011 年底欧债危机集中爆发期间，通过做多欧美主要股指的指数期权和外汇期权的隐含波动率可以获得高额回报。微观事件驱动交易策略的投资标的包括公司股票和债券，交易逻辑基于特殊事件对公司价值的影响。以并购套利这种有风险事件驱动交易策略为例，套利者在并购事件中赚取标的股票当前市场价格与未来收购价格之间价差的投资策略。并购案在首次公告后还需要经过若干环节的审核，交易成功与否仍具有相当的不确定性。因此，在并购信息公布后，并购方的出价与目标方股价两者往往存在明显的价差，这种价差提供了套利的机会。与无风险套利不同的是，套利者在并购套利操作中要承担并购交易失败的风险，因为当并购交易不成功时，目标方股价可能跌落到套利者建仓价格以下并导致套利者遭受损失。

6. 管理期货策略。管理期货策略最初起源于商品期货市场，投资范围集中在股指期货和商品期货，很少涉及股票现货、外汇和债券。管理期货的交易者根据自己对市场的理解，并结合大量的技术指标和计量经济学工具，开发出一套完整的包含买卖策略、资金管理、风险控制等要素的程序化交易模型。根据系统交易商所运用的模型种类的划分，可以划分为趋势跟踪型、逆势震荡型、顺逆结合以及高频交易。通过多品种、多策略、多周期的组合搭配让各子策略程序独立运行，通过绩效组合增强投资收益的稳定性和过滤单一风险的冲击。

7. 全球宏观策略。宏观策略，是指利用宏观经济原理，识别经济发展趋势，或金融资产价格的失衡错配，通过对股票、债券、外汇、利率、期货和期权等品种的投资，争取获得高额收益的策略。宏观经济周期的波动具有很强的持续性，完成一个完整的经济周期往往需要数年的时间。宏观经济周期的持续性会带来市场价格波动的持续性，在较长的时间段，股票、债券、外汇等市场一般会跟随经济形势发生长时间、大幅度的趋势性运动，这形成了宏观对冲基金获取盈利的理论基础。美林证券的"投资时钟理论"，较好地对宏观对冲策略的基础投资思想进行了概括。

"投资时钟理论"由美林证券于2004年提出，其从经济原理和实证的角度论证了在宏观经济处于"复苏"、"过热"、"滞涨"、"衰退"阶段时，股票、大宗商品、现金、债券分别会有好于其他资产的表现。在不同阶段，不同行业的表现也会有差异，时钟由内至外，资产或行业对宏观经济变化的反应越发不敏感。大量学术研究表明，总投资回报的90%以上由资产配置决定，而具体证券的挑选和择时仅占10%不到。

较之一国之内的资产配置，宏观策略更多被应用于全球市场中，故也常被称为全球宏观策略。在全球市场中，宏观策略有主要通过两种方法获利。一种是在世界范围内，寻找经济形势更好、收益水平更高的经济体，并投资于其金融市场。很多主权基金、养老基金，会利用这一方法寻求高收益，并规避本国经济的系统性风险。另一种是发现经济体的经济结构缺陷或相对变化趋势，通过投资汇率、互换等产品，在该经济体相对外界的变化中获利。

（三）国内证券公司与国际投行另类投资业务的比较

传统投资和另类投资共同构成国际投行的买方业务。以UBS为例，国际投行的业务架构通常包括以下三大模块：股票债券承销和并购业务、卖方研究业务、销售交易，即俗称的卖方业务，全球资产管理（包括从客户募集的资金和自有资本），即俗称的买方业务，财富管理。

另类投资在UBS业务架构中的位置见图1-2。

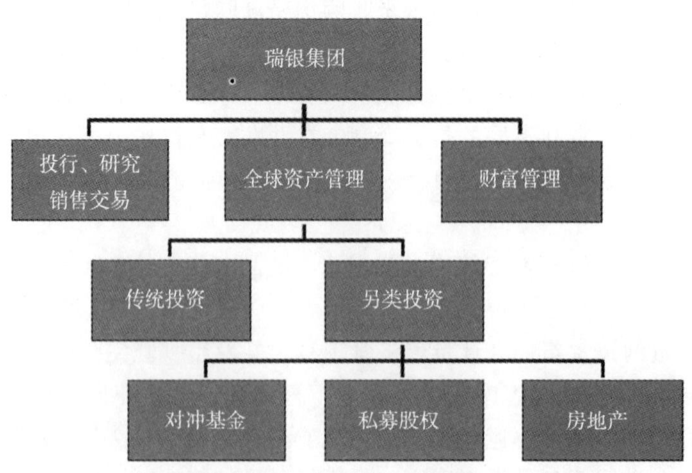

图1-2 另类投资在UBS业务架构中的位置

UBS 集团的全球资产管理分为传统投资和另类投资两大业务板块。传统投资的运作方式类似于公募基金，投资标的以股票、固定收益和现金管理类产品为主，既有跟踪指数的被动管理型产品，也有寻求超额收益的主动管理型产品。另类投资包括对冲基金、私募股权、房地产投资、艺术品投资等多个子部门。对比 UBS 与国内证券公司的另类投资业务不难看出，国际投行从事的是更广义的另类投资，而国内证券公司从事的是对冲基金类的投资。

（四）沃尔克规则对证券公司另类投资业务的影响

“沃尔克规则”是奥巴马在 2010 年 1 月时公布的，由奥巴马政府的经济复苏顾问委员会主席保罗·沃尔克（Paul Volcker）提出，内容以禁止银行业自营交易为主，将自营交易与商业银行业务分离，即禁止银行利用参加联邦存款保险的存款，进行自营交易、投资对冲基金或者私募基金。

对于银行机构来说，沃尔克规则的严厉性体现在三点：（1）禁止银行机构开展对冲基金、私人股权投资基金和类似工具的大额投资；（2）针对大部分资产类型，禁止银行成立单独的“自营交易”部门；（3）准许银行开展做市商、承销和相关对冲业务，但前提条件是此类业务活动不涉及被禁止的自营交易。

沃尔克规则对中国金融机构产生的直接影响相对有限。尽管近年来中国商业银行和证券公司大力推行国际化发展，但是这些金融机构海外交易业务的实际规模依然较小，几乎不存在正在进行的规模性自营交易活动。然而，从中期前景来看，随着中国企业国际化的程度越来越高，沃尔克规则对中国金融机构的影响将逐步显现。具体而言，对银行业的影响可能超过证券业，这一判断部分源于中国商业银行和证券公司近年来推行的不同扩张战略。

就中国证券公司的扩张战略来看，海外扩张一直高度侧重于核心的资本市场业务（如顾问服务、经纪业务、销售和交易），偏离主营业务而拓展至银行类存款或融资等新领域的情况很少。作为非吸储性金融机构，证券公司不属于沃尔克规则的直接适用范围，因而未来在发展另类投资业务或机构交易业务方面面临的限制较少。实际上，随着许多国际性银行在各类新监管条例的影响下逐渐削减资本密集型产品（如公司衍生品、合成性大宗经纪业务等），这些监管新规可能为中国证券公司国际化进程创造潜在的发展机遇。

二、证券公司约定购回业务发展状况

约定购回式证券交易（以下简称“约定购回”），是指符合条件的客户以约定价格向证券公司（沪市为客户指定交易的证券公司，深市为托管客户证券的证券公司）卖出标的证券，并约定在未来某一日期客户按照另一约定价格从证券公司购回标的证券的交易行为。

沪、深两市对待购回期间标的证券所产生的相关权益的处理方式有所不同。沪市，除指定情形外，待购回期间标的证券所产生的相关权益于权益登记日划转给客户；深市，待购回期间标的证券所产生的相关权益先留存在证券公司相应账户上，在购回交易时，证券公司根据与客户签署的协议将待购回期间标的证券产生的相关孳息返还给客户。

2011 年 10 月 31 日上海证券交易所正式推出约定购回业务，中信证券、银河证券和海通证券 3 家公司为首批试点证券公司。2013 年 1 月 14 日，深圳证券交易所的约定购回业务正式上线。截至 2013 年 12 月 27 日，共 79 家证券公司开展约定购回业务，其中沪市 79 家，深市 76 家。

根据交易所统计的数据，2013 年 3 月 22 日~12 月 27 日，沪、深两市的待购回金额由 158.12 亿元增至 259.91 亿元，增幅 64.38%（见图 1–3）。其中，沪市由 100.35 亿元增至 133.51 亿元，增幅 33.04%；深市由 57.77 亿元增至 126.40 亿元，增幅 118.80%。截至 2013 年 12 月 27 日，沪、深两市累计初始交易金额 504.12 亿元，沪市占 59.24%，深市占 40.76%；累计购回交易金额 257.89 亿元，沪市占 69.33%，深市占 30.67%；待购回交易金额 259.51 亿元，沪市占 51.37%，深市占 48.63%（见表 1–1）。

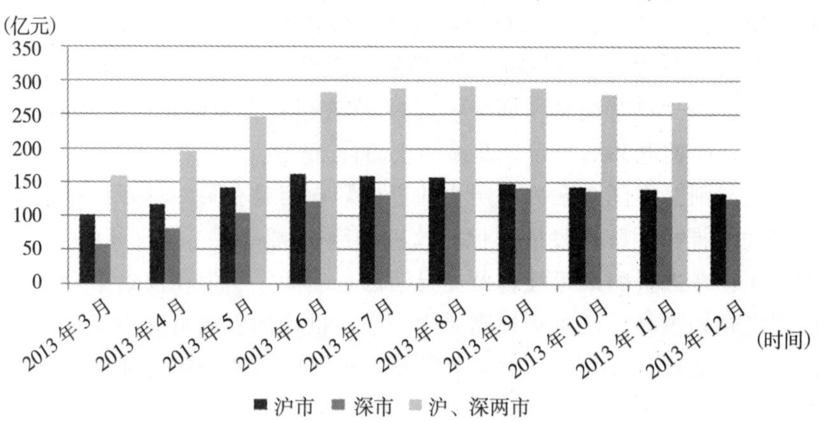

图 1–3　沪、深两市待购回金额

表 1 – 1　沪、深两市约定购回交易规模

	沪市		深市		沪、深两市（亿元）
	金额（亿元）	占比（%）	金额（亿元）	占比（%）	
累计初始交易金额	298. 62	59. 24	205. 50	40. 76	504. 12
累计购回交易金额	178. 79	69. 33	79. 10	30. 67	257. 89
待购回交易金额	133. 51	51. 37	126. 40	48. 63	259. 91

资料来源：上海证券交易所、深圳证券交易所（截至 2013 年 12 月 27 日）。

随着 2012 年 12 月约定购回业务在沪市转为常规业务，以及 2013 年 1 月深市约定购回业务的推出，2013 年约定购回业务规模较 2012 年有较大增长，这也反映出越来越多的股东对约定购回业务逐渐接受，使用约定购回业务作为融资方式之一。2012 年底时该业务融资余额仅为 50 亿元左右，到 2013 年 12 月末，融资余额已达 260 亿元左右。另一方面，从图 1–2 可以看出，沪、深两市待购回规模自 6 月达到 282 亿元后，7、8 月小幅攀升至 291 亿元，之后呈逐月递减趋势。这主要是因为 2013 年 6 月下旬，沪、深两市同步推出股票质押式回购交易业务，一定程度上取代了约定购回业务的融资功能；

同时，不用过户的质押交易模式更符合持股比例5%以上股东以及上市公司高管的需求。约定购回业务需要在客户需求基础上探索规则更新，发挥买断式回购的特征，比如在担保品的使用方面，证券公司是否可将担保品进行融券交易或直接卖出，以和股票质押式回购业务区别化发展。

三、证券公司约定购回业务发展状况

股票质押式回购交易（以下简称“股票质押回购”）是指符合条件的资金融入方以所持有的股票或其他证券质押，向符合条件的资金融出方融入资金，并约定在未来返还资金、解除质押的交易。

股票质押回购的主要交易类型包括：初始交易、购回交易、补充质押、部分解除质押。其中，初始交易，是指融入方按约定将所持标的证券质押，向融出方融入资金；购回交易，是指融入方按约定返还资金，并解除标的证券及相应孳息的质押；补充质押，是指融入方按约定补充提交标的证券进行质押；部分解除质押，是指融出方解除部分标的证券或其孳息的质押。此外，有关于交易双方发生违约事件的违约处置交易类型。

和约定购回业务一样，股票质押回购业务也是一种资本中介型创新业务，但两者又有一定的区别：

第一，交易模式。约定购回业务的标的证券要过户至证券公司的专用证券账户下；而股票质押回购业务的标的证券不过户，只需办理质押登记。

第二，资金融出方。约定购回业务的融出方为证券公司；而股票质押回购业务的融出方既可以是证券公司，也可以是集合资产管理计划、定向资产管理客户、专项资产管理计划。

第三，标的证券方面。约定购回业务的标的证券为上市交易的流通股、基金和债券；非流通股、限售流通股、个人持有的解除限售存量股及持有该存量股的账户通过二级市场买入的该品种流通股等不得用于约定购回式证券交易。股票质押回购业务的标的证券除了流通股，还可以是非流通股、限售流通股、存量股等。

第四，交易类型方面。约定购回业务的交易类型主要只包含初始交易与购回交易；而股票质押回购业务除了这两类交易，还有补充质押、部分解除质押。

第五，购回期限方面。约定购回业务的购回期限不超过1年；而股票质押回购业务的购回期限可以超过1年，但最长不超过3年。

第六，交收时间方面。约定购回业务T日初始（购回）交易，T+1日交收，T+2日资金（证券）可用；而股票质押回购业务T日初始（购回）交易，T日交收，T+1日资金（证券）可用。

2013年6月24日，股票质押回购业务正式上线，光大证券、广发证券、国泰君安证券、国信证券、海通证券、华泰证券、齐鲁证券、招商证券和中信证券为首批9家试点证券公司。截至2013年12月27日，共86家证券公司获得了股票质押回购业务交易权限。

根据交易所提供的统计数据，截至2013年12月27日，沪、深两市累计初始交易金额898.98亿元，沪市占30.27%，深市占69.73%；累计购回交易金额59.91亿元，沪

市占34.90%，深市占65.10%；待购回初始交易金额841.21亿元，沪市占29.68%，深市占70.32%；履约保障比例沪深两市合并统计为265.57%，沪市为215.99%，深市为286.57%（见表1–2）。

表1–2　沪、深两市股票质押回购交易情况

	沪市		深市		沪、深两市（亿元）
	金额（亿元）	占比（%）	金额（亿元）	占比（%）	
累计初始交易金额	272.08	30.27	626.90	69.73	898.98
累计购回交易金额	20.91	34.90	39.00	65.10	59.91
待购回初始交易金额	249.71	29.68	591.50	70.32	841.21
标的证券市值	539.36	24.14	1 694.65	75.86	2 234.01
履约保障比例（%）	215.99		286.50		265.57

资料来源：上海证券交易所、深圳证券交易所（截至2013年12月27日）。

待购回标的证券股份性质方面，沪、深两市流通股待购回初始交易金额445.06亿元，沪市占38.47%，深市占61.53%；沪、深两市限售股待购回初始交易金额396.15亿元，沪市占19.82%，深市占80.18%（见表1–3）。对沪市，待购回初始交易金额249.71亿元，流通股占68.56%，限售股占31.44%。对深市，待购回初始交易金额591.50亿元，流通股占46.30%，限售股占53.70%。对沪、深两市，流通股待购回初始交易金额占比52.91%，限售股占比47.09%。

表1–3　沪、深两市不同类型股份待购回初始交易金额情况

	沪市		深市		沪、深两市（亿元）
	金额（亿元）	占比（%）	金额（亿元）	占比（%）	
流通股	171.19	38.47	273.86	61.53	445.06
限售股①	78.51	19.82	317.64	80.18	396.15
合计	249.71	29.68	591.50	70.32	841.21

① 本文关于“限售股”的统计，如未特殊说明，均包含高管锁定股。

资料来源：上海证券交易所、深圳证券交易所（截至2013年12月27日）。

资金融出方情况方面，沪、深两市证券公司待购回金额595.57亿元，沪市占25.41%，深市占74.59%；沪、深两市资产管理产品待购回金额245.64亿元，沪市占40.04%，深市占59.96%（见表1–4）。对沪市，证券公司待购回初始交易金额占比60.61%，资产管理产品占比39.39%。对深市，证券公司待购回初始交易金额占比75.10%，资产管理产品占比24.90%。对沪、深两市，证券公司待购回初始交易金额占比70.80%，资产管理产品占比29.20%。

表1–4　沪、深两市待购回金额的融出方分布

	沪市		深市		沪、深两市（亿元）
	金额（亿元）	占比（%）	金额（亿元）	占比（%）	
证券公司	151.35	25.41	444.22	74.59	595.57
资产管理产品	98.36	40.04	147.28	59.96	245.64
合计	249.71	29.68	591.50	70.32	841.21

资料来源：上海证券交易所、深圳证券交易所（截至2013年12月27日）。

近些年，上市股权质押融资的交易规模增长迅速，显示出巨大的市场需求。以 2012 年沪、深证券交易所股票质押融资 Wind 资讯数据统计，全年质押股票市值（按质押起始日计算）总额达 5 837 亿元，按照融资金额占质押市值的比率为 30%~50%估算，当年 A 股质押融资规模保守估计在 1 750 亿~3 000 亿元（不包括存量质押融资规模，以及当年未公告的质押融资规模）。这些需求在证券公司的股票质押回购业务开展以前，主要通过银行、信托等完成融资。股票质押回购业务的推出，极大满足了上市公司“大小非”、“董监高”股东的融资需求，盘活股权资产。2013 年末沪、深两市股票质押回购存续规模达到 841 亿元。随着新股不断上市，以及目前数千亿元的存量市场，预计之后几年时间内，证券公司股票质押回购业务的规模还将继续提升。

利用上市股权融资是投资者长期而重要的融资方式，有助于改善国内融资渠道不丰富、融资结构单一的问题，是证券市场支持实体经济发展的重要途径。目前，我国证券化率已经达到 70%左右，股票资产已逐渐成为企业和个人重要的资产配置形式，约定购回和股票质押回购两项创新业务可以满足投资者利用上市公司股权进行融资的需求。场内交易的成交效率高，操作透明，流程简单，资金用途广，双方通过协议约定灵活的交易安排，违约处置具有一定的便利性。这些特点使得越来越多的上市公司股权持有者用约定购回和股票质押回购取代之前的银行、信托质押融资。约定购回和股票质押回购，在满足融资方盘活股权资产的资金需求、特别是中小企业实业经营融资需求的同时，提高了证券行业服务实体经济融资需求的能力，增强了证券公司在股权质押融资市场的控制力，提高了交易效率，降低了隐性交易成本。对证券公司而言，增强核心客户黏性，有利于提升公司业务收入，获取低风险、稳定收益的资产资源，提高非通道业务的创收能力。

2013年中国证券公司投资业务发展中面临的问题及2014年前景展望

第一节　传统投资业务发展中面临的问题及2014年前景展望

一、中国证券公司传统投资业务发展中面临的问题

（一）证券公司传统投资对风险对冲工具的运用仍待探索

证券公司权益类投资与创新业务的结合仍显不足，因此受股指波动的影响仍较大。股指期货和融资融券推出后，除了一些量化投资策略之外，市场中性和股票多空等策略尚未大规模开展。

（二）传统权益类投资业绩评价的标准难以形成

证券公司传统投资业务经历了综合治理发展阶段之后，目前已经实现了规范经营和适度发展。由于传统投资资金的性质与其他资产管理资金性质不同等因素，因此在过去的发展过程中，很难形成自营业绩评价的行业标准。

投资业务的业绩评价决定了投资经理的绩效，由于行业评价标准缺失，传统权益类投资中往往会出现风险收益划分模糊的情况，甚至出现风控过度或风控不足的现象，不利于传统权益类投资的健康快速发展。

（三）人才结构面临升级压力

传统投资业务人员的经验主要集中于选股和选时方面，缺乏将创新工具运用于风险收益管理的实践。一方面，国内证券公司传统的条块结构划分，使得传统投资人员在大类资产配置上的能力不足；另一方面，传统权益类投资出现被边缘化的倾向，尚未实现传统投资业务在创新机遇下的二次腾飞。

二、中国证券公司传统投资业务发展前景展望

（一）资产配置更趋合理

中国证券公司经历了综合治理的大发展，目前正处于行业发展的重要历史时机。监管大环境的开放、多层次资本市场的建立、证券产品的不断丰富，为证券公司的传统投资业务转型和二次腾飞提供了机遇和挑战。我国证券公司传统投资业务正在着力提高战略性资产配置能力，使公司资金优势得以充分发挥，回归证券公司管理风险的本源。

（二）投资渠道多元化

随着监管部门在围绕提高资产运用和财务杠杆方面诸多政策的推出，我国证券公司传统投资业务的投资渠道更加多元化。《关于证券公司证券自营业务投资范围及有关事项的规定》的附件《证券公司证券自营投资品种清单》，扩大了证券自营品种范围，如境内银行间市场交易的全部证券、银行理财计划、集合资金信托计划，以及金融衍生产品等。

（三）投资策略多样化

权益投资方面，随着股指期货套利、融资融券业务、转融通业务的推出和常规化，以及融券标的进一步放开，股指期货对冲和股票多空等策略将成为传统业务的有力补充，使传统业务的风险得到有效降低。

（四）销售驱动型自营业务面临机遇

随着我国证券公司传统投资业务的发展和投资渠道放宽，销售驱动型的自营业务也面临着发展机遇。如提供大宗交易的对手盘或者中介，提供配股的打包产品等，为市场提供流动性。未来三板市场的做市商等业务也是销售驱动型自营业务的发展方向之一。

（五）产品化趋势初见端倪

随着我国证券公司传统投资业务的发展，产品化的趋势开始出现。目前仍以公司内部的模拟产品化为主，但由于产品化可以降低传统投资业务的波动性，未来或将成为证券公司传统投资业务的发展方向之一。

第二节　直接投资业务发展中面临的问题及2014年前景展望

一、中国证券公司直接投资业务发展中面临的问题

（一）中国股权投资行业募资困难，直投基金募资进度缓慢

自2008年金融危机以来中国PE募资市场遇冷，2012年堪称最疲弱的一年；2013年上半年持续颓势，在下半年出现一定回暖迹象，最终实现2013年募资市场止跌。根据清科研究中心统计，2013年中国私募股权投资基金市场共披露349只私募基金完成募资，同比下降5.4%，其中披露金额的339只基金募资完成规模345.06亿美元，同比增长36.3%。

受到资本市场总体环境影响，尽管证券公司直投机构设立直投基金由事前审批改为事后备案，程序上已大为简化，但各证券公司直投公司设立直投基金和募资的进度都不容乐观；监管机构将自然人投资于直投基金的门槛设定为不低于1 000万元，无疑使得相对于境内外知名投资机构在知名度和投资经验、投资业绩方面相对不足，存量客户以自然人为主的直投机构募集设立直投基金增加了难度。

受资本市场总体环境影响，受制于面向自然人和保险资金募集资金的政策性因素，各证券公司直投公司设立直投基金和募资的进度都不容乐观。根据中证资本市场发展监测中心备案信息统计，2013年，证券公司直投公司新设立的直投基金合计25只，无论从直投基金数量还是募集总额来看，直投基金在国内私募股权基金市场里的占比均很小。

（二）中国证券市场IPO暂停，直投基金项目退出困难

2013年由于境内IPO暂停，在传统主退出渠道阻塞的情况下，退出市场呈现多元化态势。根据清科研究中心统计，2013年中国私募股权投资市场共发生退出案例228笔，其中并购退出成为最主要的退出方式，发生案例62笔，IPO退出案例共41笔全部发生在境外。

同样受境内IPO暂停的影响，早期以PRE-IPO项目为主要投资领域的证券公司直投子公司的项目退出受到很大影响，2013年退出项目共57笔，其中上市减持24笔，仅占42.1%，多数的项目退出途径通过股权转让、回购及其他方式实现。

二、中国证券公司直接投资业务发展前景展望

证券公司直投子公司将通过产品多元化创新，开展多层次资产管理业务，做大资产管理规模。

一方面，证券公司直投行业规模化发展受证券公司自有资金规模的制约，因此直投行业必然努力做大第三方资金管理规模。据中证资本市场发展监测中心备案信息统计，截至 2013 年 12 月底，共 19 家直投子公司发起设立 38 只直投基金，计划募集资金总额为 516.3 亿元，已募集资金总额为 304.9 亿元，其中，2013 年发起设立 25 只直投基金。

另一方面，传统的 PRE-IPO 业务模式受行业监管、同业竞争、IPO 关闸等诸多因素影响，传统的 PRE-IPO 类的股权投资基金发展也面临制约，证券公司直投行业管理的直投基金类型正在转向多元化方向发展，证券公司直投公司管理的直投基金类型从 2012 年单一的股权投资基金发展到 2013 年的股权投资基金、夹层基金、创业投资基金及并购基金等多种类型。

第三节　创新投资业务发展中面临的问题及 2014 年前景展望

2013 年，证券行业的创新投资业务开始加速，进入多项创新业务集中酝酿和密集推出的时期。从股票质押式回购推出、国债期货获批、资产证券化新规出台，到新三板扩容预期加强、个股期权和股指期权启动全真模拟交易，监管层正逐渐展开新一阶段的行业创新工作，为证券公司的创新投资业务提供了新的投资工具，也为证券公司发展新的业务形态提供了更大的空间。

与此同时，在监管机构的主导和协调下，证券公司在融资渠道、市场准入、税收政策等方面获得了更多的支持，为创新投资业务的持续发展创造了有利的条件。

一、OTC 市场起步、资产证券化启动、新三板预期增强将为做市类投资业务创造更大业务空间

做市类投资业务属于资本中介业务，从境外市场经验来看，做市类投资业务是投行核心的盈利来源之一。以高盛收入结构为例，做市收入占比在 2000 年至金融危机前的 2007 年间从 39%上升到 50%，收入规模约从 65 亿美元增加到 229 亿美元，ROE 从 18.55%上升到 27.1%。相比境外，境内证券公司做市业务有待提升。

从市场环境来看，2013 年 7 月央行全面放开人民币贷款利率管制，11 月央行副行长在《财经》年会上明确了利率市场化分三步走的进度。基准利率由市场定价后，利率的波动性将会加大，金融机构风险管理和套期保值的需求将大大增加，从而推动证券公司做市业务的发展。

在具体业务品种上，OTC 市场起步、资产证券化启动、新三板预期增强等，都将为做市业务创造较大的业务空间。

（一）OTC 市场起步

2012 年底，首批证券公司柜台交易业务试点机构出台。2013 年 2 月，第二批 8 家证券公司获得试点资格。目前，证券公司主要以其自身发行的资产管理产品的申购、赎回和交易为主要的 OTC 业务，功能集中于为资产管理产品提供流动性和新的销售平台，直接贡献业绩有限。

但从未来长远发展来看，OTC 市场将成为证券公司的一个重要的场外交易平台，成为非标准化产品、结构化产品、衍生品、非上市公司股权等场外产品的重要交易场所，并逐步实现托管、结算、交易、做市等功能。其中，围绕 OTC 市场的做市业务将是证券公司重要的收入来源之一。

（二）资产证券化启动

1. 资产证券化管理规定出台。2013 年 3 月，《证券公司资产证券化业务管理规定》正式出台，标志着资产证券化正式转为常规业务。证券公司进入门槛取消，资产支持证券的流动性增强，证券公司可以成为资产支持证券的做市商来为资产支持证券提供双边报价服务，这些都为证券公司资产支持证券业务发展打下了制度基础。

在新的管理规定中，证券公司资产证券化的基础资产更为广泛。除信贷资产外，证券公司资产证券化的基础资产还包括企业应收款、信托受益权、基础设施收益权等财产权利，商业票据、债券、股票等有价证券，商业物业等不动产财产。

相比之前，投资者更加广泛。证券公司资产支持证券可以在交易所、中国证券业协会机构间报价与转让系统、证券公司柜台市场进行转让，发行和交易对象可以为机构投资者或个人投资者，证券公司还可以成为交易的做市商。

2. 证券公司资产证券化有较大的发展空间。

第一，目前国内多家商业银行的存贷比都已接近 75%存贷比的监管红线，经济下行所带来的不良贷款率上行的风险越来越大，存款增速下降，商业银行迫切需要包括资产证券化在内的工具对自身资产结构进行调整。

第二，随着次贷危机的过去，资产证券化产品的负面影响也在逐渐消除，现今开展资产证券化业务的社会舆论压力远小于过去。

第三，随着以信托、融资租赁为代表的类银行金融行业的快速发展，以及以银行理财产品快速发行为代表的银行自身资产表外化趋势的加速，目前无论是信贷资产还是企业资产都部分实现了变相的资产证券化，并且规模在不断扩大，表明资产证券化业务的开展是满足市场需求的客观结果。

第四，证券公司作为资产证券化的发起人和销售者，在各业务环节都能深度参与。基于对资产本身的充分了解，证券公司是资产证券化中做市商的天然担任者。相应的，做市业务也将成为证券公司的重要收入来源。

（三）新三板扩容预期增强

2013 年证券公司创新大会中再次提出要“建立多层次的资本市场”，新三板扩容预期进一步增强。

根据《全国中小企业股份转让系统业务规则（试行）》，机构投资者门槛放宽至500万元，同时允许资产市值超过300万元的个人投资者参与。同时，《全国中小企业股份转让系统业务规则（试行）》还引入做市商制度，允许多家从事做市业务的主办证券公司为其提供做市报价服务。

未来，新三板的发展将为证券公司带来挂牌收入、做市收入、交易佣金收入等综合性收入。其中，做市收入将是重要的一块。

二、期权的推出可以让投资进入立体交易时代

2013年11月8日，中国金融期货交易所正式启动沪深300股指期权的全市场仿真交易。2013年12月26日，上海证券交易所启动个股期权的全真模拟交易。两大交易所期权仿真交易的开展，标志着期权这一重要投资品种进入内地市场的时刻又近了一步。

期权的推出，对证券公司意味着投资进入了立体交易时代，盈利模式更加多元化。首先，期权可以改进原有的投资策略，例如可以在方向性交易中通过期权提高投资效率，同时消除一定的不确定性，将利润集中在最可能发生的地方。其次，通过期权或期权组合可以实现特定的投资看法，通过期权实现了投资策略的工具化。最后，期权推出引入了新的交易策略，如期权与现货、期权与期货、期权与期权之间都存在众多的组合交易策略。

按照投资目的进行划分，证券公司可以用期权来实现投机、套利、套保、风险管理、主动管理等多种投资目的，还可在结构性产品、期权做市等相关业务中获取收益，业务范围将大幅扩大。具体而言：

（1）投机交易，即证券公司可以在风险限额的范围内利用期权来进行方向性交易、波动率交易等投机交易。

（2）套利交易，即证券公司抓住市场价格显著偏离均衡值的机会进行无风险或低风险的组合化交易。主要包括：单个期权与现货之间的套利，即当期权价格被严重高估或低估时对该期权进行交易，同时通过动态复制现货来对冲风险，实现套利；看涨期权、看跌期权和现货之间平价关系套利，或不同期权合约之间的平价关系套利；含市场走势判断的期权组合，如马鞍式组合、勒式组合、垂直组合、水平组合、蝶式组合。该类套利策略基于一定的市场判断，因此并非完全无风险交易。

（3）套保交易，即证券公司可通过期权组合规避现货资产的风险。例如，可以通过看涨期权、看跌期权复制期货，从而对现货资产进行套期保值。另外，还可以进行部分套保、动态套保等。

（4）风险管理，即证券公司可通过期权对现货资产进行多样化的风险管理。可采取的风险管理策略，如买入看跌期权策略（Protective Put）、备兑卖出看涨期权策略等。

（5）主动管理，即证券公司在投资过程中主动利用期权的杠杆、双向交易、T+0交易等特性进行流动性管理、仓位管理、资产配置优化等。

（6）结构性产品业务，即证券公司可利用期权设计不同风险收益特征的结构性产品，满足不同投资者多样化的需求。例如高息票据、含参与率的保本票据、挂钩个股或

指数的结构性产品等。

(7) 期权做市，即证券公司作为期权做市商，根据交易所的报价价差限制、报价持续时间等要求，为期权提供连续的双向报价以及回应交易所的询价，以改善期权合约的流动性。同时，证券公司在做市过程中，通过买卖价差等获取收益。

三、创新投资业务的开展环境正逐步改善

2012年5月，中国证券业协会、上海证券交易所、深圳证券交易所等单位联合组织召开了证券公司创新发展研讨会，会议明确提出"要协调相关部门，在融资渠道、市场准入、税收政策等方面给予证券公司支持"，监管层的积极态度推动创新投资业务的开展环境逐步改善。随着证券业创新的持续推进，我国金融市场中，金融商品种类和交易手段也日趋丰富，并且仍在快速扩充之中，也对投资环境的改善提出了更高的要求。

以金融衍生品的税收为例。期货等金融衍生品已经成为证券公司频繁使用的金融工具，多数情况下，这些工具是作为套利对冲工具与股票、债券、商品等同时进行交易的，其盈亏也应统一核算。而依据税务总局原来的规定，这些金融衍生品主要被归类在"外汇"、"其他"两大类别之中，其盈亏不能与股票、债券相抵。导致的结果是，当对冲操作进行时，若股票投资盈利，相应的股指期货套保头寸损失，则盈利部分需要交纳5.6%的营业税及附加，损失部分却不能予以抵减。反之，当股票投资损失，相应的股指期货套保头寸盈利时，也会出现类似的情况。套利对冲交易通常整体收益率较小，因此此类规定会对业务开展造成严重的制约。

11月，国家税务总局发布的《关于金融商品转让业务有关营业税问题的公告》指出："纳税人从事金融商品转让业务，不再按股票、债券、外汇、其他四大类来划分，统一归为'金融商品'，不同品种金融商品买卖出现的正负差，在同一个纳税期内可以相互抵消，按盈亏相抵后的余额为营业额计算缴纳营业税。若相抵后仍出现负差的，可结转入下一个纳税期相抵，但在年末时仍出现负差的，不得转入下一个会计年度。"

同时，《国家税务总局关于印发〈金融保险业营业税申报管理办法〉的通知》（国税发［2002］9号）第四章第十四条中"金融商品转让业务，按股票、债券、外汇、其他四大类来划分。同一大类不同品种金融商品买卖出现的正负差，在同一个纳税期内可以相抵，相抵后仍出现负差的，可结转下一个纳税期相抵，但年末时仍出现负差的，不得转入下一个会计年度"的内容同时废止。

新的《关于金融商品转让业务有关营业税问题的公告》将股票、债券、外汇、其他统一归为金融商品，解决了这一问题，更加适应金融创新、证券业创新这一新的发展形势，减轻了金融机构的税务负担，有利于金融行业及金融创新的持续发展，改善了创新投资业务的开展环境。

未来，这一趋势可望延续下去，相关支持政策将逐步出台，推动证券公司创新投资业务更快更好发展。

分报告之六：
2013 年中国证券公司国际业务发展回顾与展望

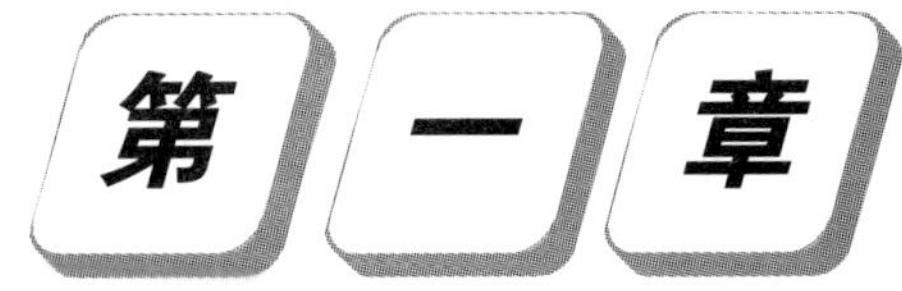

2013年国际业务发展状况

第一节 2013年国际业务发展特点

中国证券公司开展国际业务的政策环境日趋宽松。在2013年证券公司创新发展研讨会上，中国证监会副主席庄心一表示，创新发展必须持续不断地向前推进；创新发展必须致力于提升核心竞争力。在支持跨境业务发展方面，以下证券公司创新政策已经得到落实：支持内资或合资证券公司为国内企业跨境上市等提供服务；境外公司境内发行股票债券，须由境内证券公司保荐承销；增加QFII、RQFII、QDII额度，允许多种方式使用该额度，加快推出跨境双向挂牌ETF产品；允许证券公司开展专项QDII经纪业务、以自有资金、专项理财资金或直投基金进行跨境投资。

国际资本市场持续向好，为中国证券公司开展国际业务营造了良好的市场环境。与A股市场的低迷形成对照，全球主要资本市场的股票指数持续上涨。美国标普、道琼斯和纳斯达克三大股指已经创出2008年金融危机以来的新高。欧元区虽饱受债务危机的困扰，但复苏的势头日益明朗，相应的，欧元区斯托克指数延续2012年的上升趋势，在过去的一年里缓慢攀升。德国在欧元区中强势复苏，其股票市场表现一枝独秀。法兰克福DAX指数已经超过金融危机前的水平。英国金融时报100指数亦屡创新高。虽受到内地经济疲弱的影响，香港恒生指数依然在20000点以上的高位盘桓。

中国香港市场在中国证券公司开展国际化经营中的作用日益凸显。中国香港被中国证券公司作为进军海外的登陆场，海外分支机构的集中地和国际经营的总部基地，以及国际业务运营的主要地区。截至2013年底，中国香港市场共有中资证券公司31家，其中，中国国际金融（香港）、中信证券国际、国泰君安国际、海通国际、安信国际等券商系证券公司23家，中银国际、建银国际等银行系证券公司6家，其他系证券公司2家。中国香港市场在中国证券公司开展国际化经营中的作用主要表现在以下方面：第一，利用共同的语言和文化基础，将中国香港作为练兵场，锻炼队伍，培养国际化人才，积累国际化经营的经验。第二，利用中国香港市场和内地经济的紧密联系，奠定盈利基础。过去的一年里，多家证券公司的盈利能力显著增强，正在摆脱连年亏损而依赖母公司输血的尴尬局面。第三，经过多年培育，中国香港公司的经营已经理顺，一部分中资证券公司将中国香港作为国际化经营网络拓展的起点，正在将分支机构或交易通道扩展到美国、新加坡、伦敦、德国、法国、日本等市场。

2013 年，中国证券公司在国际化经营中展现以下特点。

一、IPO 业务表现突出

中国香港 IPO 市场 2013 年开局黯淡，但下半年开始好转，成功完成了一系列数十亿美元的 IPO 交易。来自 Dealogic 的数据显示，这使得香港交易所的 IPO 交易量排名第 2 位，仅低于纽约证券交易所。2013 年，香港恒生指数在高位盘桓；同时，A 股市场 IPO 业务暂停。此两项因素推动中国香港市场的 IPO 业务大幅增长，较 2013 年增长 171.4%。中资证券公司持续在中国香港市场 IPO 业务中表现突出，在排名前 50 位的承销商中，中资证券公司占据 20 席。中国银行、中金公司、交通银行、海通证券、农业银行、中信证券等中资证券公司参与了大量的大型 IPO 项目。

中资证券公司的抢眼表现主要源于其内地的客户优势，年内大量内地企业在中国香港上市助长了中资证券公司的业绩。为了获得新的资本，中等规模的中资银行在沉寂了 3 年后于 2013 年赴中国香港进行 IPO。其中最令人瞩目的是中国光大银行。该行于 2013 年 12 月终于在中国香港成功上市。光大银行规模为 30 亿美元的 IPO 交易是 2013 年中国香港市场最大的一笔交易，同时是亚洲市场规模第二大的 IPO 交易。重庆银行 10 月在中国香港上市筹资 5.46 亿美元；徽商银行筹资 11.9 亿美元。中国信达筹资 25 亿美元，该公司 12 月初开始挂牌交易。该公司的 IPO 是 2013 年最受欢迎的一宗上市交易，吸引了一些全球最大的机构投资者。

二、中国资产的国际定价权正在由国际投行向中资投行转移

长期以来，中国香港市场上大型 IPO 项目的定价权由以高盛、摩根等为代表的国际投行掌控。基于长期的经营、美国资本市场的主导地位、与机构投资者和跨国公司密切的合作关系，国际投行在全球范围内积累了大量的客户。凭借这些坚实的基础客户群体，国际投行在发起全球配售时，可以获得大量的客户订单，从而在市场上发挥支配性地位，掌握定价权。

2012 年底中国人保 H 股 IPO 时，高盛等国际投行以投资者只能在他们划定的价格进场为由，强势压低发行价。为了维护自身利益，发行人中国人保与中资投行联合起来，达成一致，最终实现了高价发行。这一夺取定价权的成功案例，主要由以下因素促成：第一，2008 年以来，从内地流入中国香港市场的资金增多，来自内地投资者的订单大量增加，其规模已经能够影响单个的融资项目；第二，内地投资者向海外投资的意愿增强，由先前的观望转向实际行动；第三，中资投行抱团取暖，通过集体谈判的方式与国际投行抗衡，既维护了自身利益，也保障了中资上市企业的利益。

虽然在中国人保 H 股 IPO 中，中资投行取得了胜利，但在其后的多数 IPO 中，定价

权仍由国际投行掌握。从长期来看，这一案例在中资投行国际化进程中会成为里程碑式的事件，标志着形势在向着有利于中资投行的方向发展，中国资产的定价权正在对中资投行一方偏移。

三、国际网络加快拓展

近年来，中信证券、海通证券及中国国际金融公司等中国大型证券公司致力于海外扩张。中金公司率先在美国、欧洲等地设立分公司，而海通证券和中信证券选择了“先中国香港，然后面向亚太地区，进而向欧美扩展”的路径。

2013 年，中国的证券公司国际经营网络拓展呈现加速趋势。以中信证券、海通证券、申银万国为代表的实力突出的证券公司在巩固中国香港市场的基础上，更将触角伸向了中国香港以外的市场。中信证券于年内完成了对里昂证券的收购，在整合过程中，力图通过里昂证券网络，将业务覆盖美国、英国、日本、澳洲、新加坡、印度、韩国、菲律宾、马来西亚、印度尼西亚和泰国等海外市场。收购里昂证券是中国证券公司第一次走出境外、全面控股收购一家跨国运营的金融机构。《亚洲金融》杂志将该起收购交易评选为 2013 年金融机构最佳并购交易。2013 年上半年，海通国际在新加坡成立了分支机构，并于年底前投入运营。该公司在新加坡发展的路径会参考中国香港经验，以收购客户基础较大的本地经纪行起步，依靠新加坡中心，覆盖周边多个投资者密度较大的市场。申银万国按照“先亚太、后欧美”的战略推进海外布局，将新加坡代表处升格为子公司，取得新加坡证券交易牌照，夯实了亚太基础。

资本及资本运用能力是改变证券行业竞争格局的关键因素，是行业进一步分化的推进器。近年来，随着国内企业“走出去”步伐的加快，特别是海外业务的拓展，各类机构存在较为显著的跨境或境外投资银行、财务顾问、资产管理、投融资和各类风险对冲的需求。2013 年中信证券在全球美元市场发行了 8 亿美元债券。这是中国证券公司在境外发行的第一只美元债券，是国内非银行类金融机构开展境外融资的重要一步。未来，中信证券仍将根据战略部署和业务拓展需要，继续在境内外市场进行债务融资，重点用以推进固定收益、融资融券等资本中介业务。2013 年上半年，海通国际进行了一系列大规模融资计划。4 月，海通国际顺利完成了总额近 12 亿港元的配股计划，现有股本在原来基础上扩大 1/3。5 月，该公司与超过 20 家银行完成了 30 亿港元的银团贷款。7 月，海通国际依靠唯一承销商汇丰的资产置换协议，逆市发行了 1 亿美元的可转股债券。若加上 2012 年母公司海通证券认购 48.5 亿港元的可转债，海通国际在 1 年时间内增资近 100 亿港元。

收购兼并是推动企业成长的加速剂，成功的收购可以有效缩短企业的发展进程。中信证券、海通证券等公司主要借并购实现国际扩张。与以并购方式加速网点机构扩张的国际化策略相对照，国泰君安按照“以我为主、循序渐进、安全可控”的原则，实施以内涵式增长带动外延式扩张的国际化发展策略。目前，该公司通过统一的交易平台，将业务拓展至中国香港、美国、澳大利亚、伦敦、日本、韩国、中国台湾、新加坡、泰国、马来西亚十大市场。

四、从收费型经纪行向资本中介型投行转型

境外业务的锤炼，使中资证券公司真正了解到了内地证券业务和国际投行之间的差距。于是，以海通证券、申银万国、中信证券等为代表的中资证券公司在追赶中创新转型。

资本中介业务是证券公司向现代投资银行转型的必经之路。与传统卖方业务收取费用的模式不同，现代投资银行更多的是以资本为中介，满足企业多种投融资需求。海通国际充分利用投行既有规范管理和监督，又有高度投融资灵活性的优势，为金融市场在一定程度上提供了一个对影子银行的"阳光替代方案"。2012 年，上海在全国首次批准 RQFLP 业务试点，海通国际成为首家获批发行 RQFLP 基金产品的公司。

在外资投行的业务架构中，做市交易、FICC（固定收益、外汇及商品）、股票衍生品占有重要比重，尤其是金融危机后，做市业务、信用交易等业务的收入占比呈现了快速上升的趋势。海通国际在风险可控的前提下，积极探索 FICC、股票衍生品和债券做市业务，并通过引进外汇交易和商品交易，加强产品的阔度和深度。

2013 年 5 月，海通国际正式开始"参与证券公司"业务，经香港交易所批准成为南方 A50 双柜台 ETF 基金的做市商。目前，已建立了经纪业务及零售孖展、企业融资、投资管理、FICC、结构性投融资及股票衍生品六大业务板块，符合现代化投行业务构成架构。

申银万国从传统中国香港交易平台向全球综合交易平台转型，建立起覆盖美国、英国、澳洲、日本等海外股票市场、商品期货市场的网上交易平台，同时开展了 A 股和韩国股票 ETF 的做市商业务。

过去的一年中，中信证券国际致力于扩大固定收益做市、大宗经纪、交易和衍生品以及替代投资等资本中介业务。该公司利用中国香港业务平台构造固定收益类结构化产品以及在中国香港市场开展人民币债券的做市交易，目前已经成为点心债券的重要交易商。

五、发展模式初现差异化

中资证券公司多数处于国际化的创业期，其业务区域集中在中国香港市场，业务模式同质化。新登陆中国香港的中资证券公司大多以经纪业务作为首选，而具有一定规模客户资源的中资证券公司集中主要资源做 IPO 项目，在向投资银行转型的过程中存在业务单一性的问题。

中资证券公司在中国香港发展多年，尤其近几年发展速度比较快，越来越活跃，但整个中资证券公司的力量和国际投行相比还有很大的提升空间。中资证券公司之间也存在激烈的竞争，只是进入中国香港市场的时间早晚不同，但是在核心能力和市场影响等方面没有本质的差距。

2013 年中资证券公司在发展模式方面开始呈现差异，呈现稳健型和进取型两种模式。

稳健型发展模式以国泰君安为代表。国泰君安前期主打经纪业务。在经纪业务基础夯实后，向投资银行、资产管理等其他业务领域投入资源。目前，经纪业务仍然为主要

盈利基础，同时其他业务领域也已经持续贡献盈利。该模式的特点是以盈利决定业务取舍，以自身积累支持国际化扩张，步伐稳健，风险较小。

进取型发展模式以中信证券、海通证券为典型。中信证券和海通证券倾向于通过并购扩展国际市场，并购的目标企业锁定整体实力突出和优势明显的本土金融机构，例如，中信证券收购里昂证券，海通证券收购大福证券。按照汤森路透社对亚太地区（除日本、澳洲）承销收入的统计，中信证券合并中信里昂证券后，2013 年成为全年唯一进入前 10 名的中资证券公司，市场份额则从 2012 年的 1.8%上升至 2.9%。公司整体在亚太地区的业绩提升与中信里昂在该地区的研究能力、分销网络、客户资源及品牌口碑是分不开的。经由并购，中资证券公司可以快速扩张国际业务规模，搭建国际业务平台和通道。该模式具有缩短发展时间的特点，同时资本消耗高，整合难度大。

第二节　2013 年证券公司国际业务发展具体情况

一、投资银行业务

中国证券公司的国际业务仍集中在中国香港市场，因此以下主要阐述中国香港市场的国际业务发展情况。包括银行系、证券系或其他在内的各中资金融机构，在中国香港往往设立唯一的投行子公司。根据 Dealogic 的统计口径，将承销商或财务顾问的业务数据计入母公司名下。

（一）IPO 业务

2013 年，中国香港市场 IPO 融资额为 217.7 亿美元，较 2012 年增长 171.4%。中资证券公司在中国香港市场 IPO 业务中的市场份额为 45.4，与 2012 年相当。在排名前 50 位的承销商中，中资证券公司占据 20 席。其中，中国银行占据首位，融资额为 1 534 百万美元，市场份额为 7.0%，承销项目 17 家（见表 2-1）。

表 2－1　　中国香港市场 IPO 前 50 位排名

排名	公司名称（母公司）	融资额（百万美元）	项目数量（家）	市场份额（%）
1	中国银行	1 534	17	7.0
2	瑞银	1 462	14	6.7
3	中金公司	1 192	12	5.5
4	汇丰银行	1 161	11	5.3
5	摩根斯坦利	1 088	11	5.0
6	德银	1 043	10	4.8
7	高盛	1 032	9	4.7

续表

排名	公司名称（母公司）	融资额（百万美元）	项目数量（家）	市场份额（%）
8	交通银行	886	13	4.1
9	海通证券	833	14	3.8
10	农业银行	832	9	3.8
11	瑞士信贷	761	7	3.5
12	中信证券	668	7	3.1
13	花旗	654	7	3.0
14	光大证券	601	7	2.8
15	安信证券	591	5	2.7
16	J. P. 摩根	590	7	2.7
17	建设银行	571	9	2.6
18	美林美银	564	7	2.6
19	工商银行	460	7	2.1
20	BNP	428	4	2.0
21	招商证券	425	7	2.0
22	CIMB	414	5	1.9
23	Macquarie	396	6	1.8
24	Daiwa 证券	384	3	1.8
25	Jefferies LLC	371	2	1.7
26	招商银行	316	3	1.5
27	DBS	296	4	1.4
28	渣打银行	290	4	1.3
29	国泰君安证券	251	5	1.2
30	信达资产管理公司	229	7	1.1
31	Investec Bank	214	1	1.0
32	中信建投证券	178	2	0.8
33	Nomura	124	2	0.6
34	银河证券	117	4	0.5
35	Maybank Investment Bank Bhd	117	2	0.5
36	Mizuho	116	2	0.5
37	第一上海证券	76	3	0.3
38	中国再保险	73	1	0.3
39	国元证券	72	1	0.3
40	RHB Capital	60	3	0.3
41	广发证券	49	1	0.2
42	Kingsway	28	4	0.1
43	Asian Capital	21	2	0.1
44	Raffaello Securities	20	1	0.1

续表

排名	公司名称（母公司）	融资额（百万美元）	项目数量（家）	市场份额（%）
45	WAG	18	1	0.1
46	Pacific Foundation Securities	18	2	0.1
47	Kingston	15	2	0.1
48	Melco International	14	1	0.1
49	申银万国证券	13	1	0.1
50	Sun Hung Kai Securities Ltd	12	1	0.1
合　计		21 678		99.6

注：对于组团承销 IPO，按主承销商家数均分融资规模。
资料来源：Dealogic。

（二）再融资业务

2013 年，中国香港再融资总额为 268.9 亿美元，较 2012 年大幅下降 46.3%。中资证券公司在中国香港市场再融资业务中的市场份额为 11.1%，高于 2012 年的 7.8%。在排名前 50 位的证券公司中，中资证券公司占据 13 席。排名最前的中资公司为中金公司，融资额为 771 百万美元，市场份额为 2.9%，承销项目 6 家（见表 2–2）。

表 2–2　　中国香港市场再融资前 50 位排名

排名	公司名称（母公司）	融资额（百万美元）	项目数量（家）	市场份额（%）
1	高盛	8 862	24	33.0
2	瑞银	2 553	20	9.5
3	摩根斯坦利	2 070	18	7.7
4	美林美银	1 947	7	7.3
5	汇丰银行	1 809	14	6.7
6	渣打银行	964	10	3.6
7	中金公司	771	6	2.9
8	瑞士信贷	676	6	2.5
9	中信证券	650	8	2.4
10	花旗	626	4	2.3
11	J. P. 摩根	584	4	2.2
12	德银	524	6	2.0
13	中国银行	519	7	1.9
14	金士顿金融集团	423	37	1.6
15	Nomura	344	4	1.3
16	招商证券	300	4	1.1
17	英皇证券	277	9	1.0

续表

排名	公司名称（母公司）	融资额（百万美元）	项目数量（家）	市场份额（%）
18	BNP Paribas	264	3	1.0
19	招商银行	190	2	0.7
20	UOB Kay Hian（Hong Kong）Ltd	188	2	0.7
21	Bridge Partners Capital Ltd	140	1	0.5
22	DBS	139	4	0.5
23	Macquarie Group	125	3	0.5
24	交通银行	102	2	0.4
25	东英金融服务集团	89	6	0.3
26	建设银行	82	5	0.3
27	海通证券	79	2	0.3
28	Quam Securities Co Ltd	77	1	0.3
29	Mansion House Securities Ltd	77	4	0.3
30	东方汇财证券	73	14	0.3
31	Partners Capital International Ltd	72	2	0.3
32	Freeman Financial Corp Ltd	70	11	0.3
33	China Rise Securities Co Ltd	68	5	0.3
34	工商银行	66	2	0.2
35	Melco International Development Ltd	60	3	0.2
36	First Shanghai Capital Ltd	58	3	0.2
37	RHB Capital Bhd	58	5	0.2
38	国泰君安证券	48	4	0.2
39	银河证券	45	3	0.2
40	安信证券	40	1	0.1
41	Enerchine Securities Ltd	37	5	0.1
42	Prominence Financials Ltd	37	2	0.1
43	CL Group（Holdings）Ltd	35	6	0.1
44	Convoy Investment Services Ltd	34	2	0.1
45	VMS Investment Group Ltd	34	2	0.1
46	Anglo Chinese Securities Ltd	34	1	0.1
47	越秀证券	31	1	0.1
48	Chung Nam Securities Ltd	29	4	0.1
49	Chinese Global Investors Group Ltd	27	3	0.1
50	Hong Leong Financial Group Bhd	27	3	0.1
合　计		26 434		98.5

注：对于组团承销，按主承销商家数均分融资规模。

资料来源：Dealogic。

（三）债券业务

2013年，除财政部发行的面值200亿元人民币约合32.5亿美元的债券，中国香港市场共发行531.6亿美元债券，其中，包括人民币债券50.3亿美元，美元债券474.6亿美元，欧元债券6.7亿美元。中资金融机构在中国香港市场债务业务中的市场份额为25.4%，承销债券135.0亿美元。在中国香港市场排名前30位金融机构中，中资金融机构占据9席。排名最居前的中资金融机构为中国银行，居第2位，承销债券47.6亿美元，市场份额为9.0%（见表2-3）。

表2-3　中国香港市场债券前30位排名

排名	主承销商	融资额（百万美元）	项目数量（家）	市场份额（%）
1	汇丰银行	6 645	64	12.5
2	中国银行	4 758	42	9.0
3	J. P. 摩根	4 428	34	8.3
4	瑞银	4 221	38	7.9
5	德银	4 177	45	7.9
6	高盛	2 760	21	5.2
7	花旗	2 731	21	5.1
8	美林美银	2 442	18	4.6
9	工商银行	2 435	29	4.6
10	渣打银行	2 183	29	4.1
11	摩根斯坦利	2 078	17	3.9
12	中信证券	1 773	16	3.3
13	瑞士信贷	1 515	13	2.8
14	巴克莱	1 216	16	2.3
15	中金公司	1 204	6	2.3
16	农业银行	1 138	13	2.1
17	DBS	1 076	12	2.0
18	建设银行	937	8	1.8
19	RBS	769	14	1.4
20	BNP Paribas	666	8	1.3
21	Nomura	572	4	1.1
22	SG Corporate & Investment Banking	567	2	1.1
23	交通银行	560	7	1.1
24	ANZ	410	5	0.8
25	招商证券	406	3	0.8
26	Mizuho	315	2	0.6
27	Credit Agricole CIB	300	3	0.6
28	海通证券	181	5	0.3
29	ING	106	2	0.2
30	Mitsubishi UFJ Financial Group	100	1	0.2
合计		52 669		99.1

注：对于组团承销，按主承销商家数均分融资规模。

资料来源：Dealogic。

2013 年，中国香港市场发行人民币债券 50.3 亿美元，中资金融机构在香港人民币债券业务中的市场份额为 34.7%。在中国香港市场人民币债券业务中排名前 20 位的券商中，中资金融机构占据 7 位，承销债券 17.4 亿美元（见表 2–4）。

表 2 –4　中国香港市场人民币债券前 20 位排名

排名	公司名称（母公司）	融资额（百万美元）	项目数量（家）	市场份额（%）
1	汇丰银行	1 280	17	25.5
2	中国银行	549	7	10.9
3	渣打银行	483	8	9.6
4	工商银行	426	7	8.5
5	德银	317	6	6.3
6	农业银行	266	4	5.3
7	DBS	226	3	4.5
8	中信证券	190	5	3.8
9	J. P. 摩根	186	2	3.7
10	中金公司	179	2	3.6
11	巴克莱	174	6	3.5
12	美林美银	152	3	3.0
13	高盛	100	1	2.0
14	交通银行	81	2	1.6
15	OCBC	79	1	1.6
16	BNP Paribas	79	2	1.6
17	建设银行	52	1	1.0
18	ANZ	40	1	0.8
19	Mizuho	40	1	0.8
20	瑞银	37	2	0.7
合　计		4 936	81	98.3

注：对于组团承销，按主承销商家数均分融资规模。
资料来源：Dealogic。

2013 年，中国香港市场发行美元债券 474.6 亿美元，中资金融机构在香港美元债券业务中的市场份额为 24.6%。在中国香港市场人民币债券业务中排名前 30 位的证券公司中，中资金融机构占据 9 位，承销债券 116.8 亿美元（见表 2–5）。

表 2 –5　中国香港市场美元债券前 30 位排名

排名	公司名称（母公司）	融资额（百万美元）	项目数量（家）	市场份额（%）
1	汇丰银行	5 281	46	11.1
2	J. P. 摩根	4 158	31	8.8
3	中国银行	4 125	34	8.7
4	瑞银	4 100	35	8.6
5	德银	3 860	39	8.1
6	花旗	2 647	20	5.6

续表

排名	公司名称（母公司）	融资额（百万美元）	项目数量（家）	市场份额（%）
7	高盛	2 576	19	5.4
8	美林美银	2 290	15	4.8
9	摩根斯坦利	2 065	16	4.4
10	工商银行	2 009	22	4.2
11	渣打银行	1 700	21	3.6
12	中信证券	1 583	11	3.3
13	Credit Suisse	1 404	11	3.0
14	中金公司	1 025	4	2.2
15	巴克莱	958	9	2.0
16	建设银行	885	7	1.9
17	农业银行	872	9	1.8
18	DBS	850	9	1.8
19	RBS	737	13	1.6
20	BNP Paribas	587	6	1.2
21	Nomura	572	4	1.2
22	SG Corporate & Investment Banking	567	2	1.2
23	交通银行	479	5	1.0
24	招商证券	406	3	0.9
25	ANZ	370	4	0.8
26	Credit Agricole CIB	300	3	0.6
27	Mizuho	275	1	0.6
28	海通证券	181	5	0.4
29	ING	106	2	0.2
30	Commerzbank Group	100	1	0.2
合　计		47 068		99.4

注：对于组团承销，按主承销商家数均分融资规模。

资料来源：Dealogic。

（四）兼并收购业务

2013年，与中国企业有关的跨国并购（收购方或被收购方为中国企业）业务产生交易规模820.0亿美元。其中，中资证券公司参与的并购交易规模为61.5亿美元，市场份额为7.5%。在中国香港市场并购业务前50位排名中，中金公司最为居前，名列第21位，交易金额为12.4亿美元，参与项目3宗（见表2-6）。

表2-6　　中国香港市场并购业务前50位排名

排名	公司名称（母公司）	交易规模（百万美元）	项目数量（家）
1	高盛	25 945.1	14
2	花旗	21 978.7	8
3	RBC Capital Markets	18 514.7	3
4	BMO Capital Markets	18 246.3	1
5	巴克莱	15 672.5	8
6	瑞银	13 862.4	16
7	摩根斯坦利	11 962.4	7
8	汇丰银行	11 034.5	5
9	J. P. 摩根	6 354.3	6
10	Rothschild	3 590.0	9
11	美林美银	3 196.7	4
12	瑞士信贷	2 532.8	7
13	Ernst & Young	2 435.1	7
14	Macquarie Group	2 258.2	6
15	Somerley Ltd	2 655.5	10
16	VTB Capital	1 960.1	1
17	PwC	1 760.7	13
18	Tudor Pickering Holt & Co LLC	1 700.0	1
19	德银	1 321.6	3
20	Jefferies LLC	1 267.2	3
21	中金公司	1 239.1	3
22	Grant Samuel & Associates Pty Ltd	1 106.4	2
23	Nomura	1 066.5	3
24	Quam Capital Ltd	1 004.3	10
25	东英金融服务集团	1 004.0	4
26	Rabobank	1 000.3	2
27	SEB	858.3	1
28	DNB Bank ASA	858.3	1
29	Carnegie	858.3	1
30	Credit Agricole CIB	841.7	1
31	ANZ	774.8	2
32	Optima Capital Ltd	742.6	5
33	广东证券	735.2	7
34	Investec Bank	717.8	4
35	中信证券	711.2	2
36	QInvest LLC	700.0	1
37	RHB Capital Bhd	686.5	20

续表

排名	公司名称（母公司）	交易规模（百万美元）	项目数量（家）
38	渣打银行	657.6	18
39	建设银行	652.1	4
40	KPMG Corporate Finance	633.0	23
41	Kingsway SW Securities Ltd	605.8	2
42	Altus Capital Ltd	563.0	4
43	Veda Capital Ltd	509.7	6
44	中国银行	509.3	1
45	Puji Capital Co Ltd	501.3	1
46	Proton Capital Ltd	497.9	3
47	First Shanghai Capital Ltd	490.6	4
48	Millennium Investment Banking	487.6	1
49	Banco Espirito Santo	487.6	3
50	Flagstaff Partners Pty Ltd	467.4	1

注：交易规模按各证券公司参与的项目金额加总，并未分摊。

资料来源：Dealogic。

二、资产管理业务

（一）QDII 业务

截至2013年底，已有14家证券公司获得QDII资格，共获得QDII投资额度61亿美元（见表2-7）。

表2-7　证券公司获批QDII投资额度（截至2013年12月25日）

机构名称	批准时间	批准额度（亿美元）
中国国际金融有限公司	2007年11月16日	8.00
招商证券股份有限公司	2008年5月4日	2.00
华泰证券股份有限公司	2010年4月14日	2.00
上海国泰君安证券资产管理有限公司	2010年11月26日	5.00
上海光大证券资产管理有限公司	2010年7月28日	2.00
上海东方证券资产管理有限公司	2010年11月26日	2.00
国信证券股份有限公司	2011年5月5日	5.00
广发证券股份有限公司	2012年4月10日	7.00
中信证券股份有限公司	2012年7月17日	8.00
安信证券股份有限公司	2012年8月16日	5.00
申银万国证券股份有限公司	2012年9月19日	1.00
中银国际证券有限责任公司	2012年9月19日	5.00
中国银河证券股份有限公司	2013年1月24日	4.00
上海海通证券资产管理有限公司	2013年5月31日	5.00

资料来源：国家外汇管理局。

（二）QDII 定向资产管理业务

2010 年中国证监会制定并发布了《〈合格境内机构投资者境外证券投资管理试行办法〉第 46 条证券公司开展境外证券投资定向资产管理业务的适用意见——证券期货法律适用意见第 6 号》，允许符合条件的证券公司在取得 QDII 资格和外汇额度后，在外汇额度范围内，为境内客户提供定向资产管理服务，投资海外证券市场。

证券公司境外证券投资定向资产管理业务，是指证券公司接受单一客户委托，与客户签订定向资产管理合同，根据合同约定的方式、条件和要求，通过客户的账户管理客户委托资产，进行境外证券投资管理的活动。

在外汇额度范围内，为境内客户提供定向资产管理服务，投资海外证券市场，符合现行法规和政策，有利于证券公司发挥自身优势发展跨境业务，更好地满足客户投资需求，也有利于证券公司积累跨境业务经验，拓宽盈利渠道。

（三）RQFII 业务

2011 年底人民币合格境外机构投资者（简称“RQFII”）试点推出后，运作情况良好，对促进人民币国际化、扩大资本市场对外开放、支持国内证券机构拓展境外业务发挥了积极作用。境外投资者看好中国经济增长前景和中国资本市场的投资机会，认购踊跃，许多境外养老金、保险资金等长期投资机构对 RQFII 产品仍有巨大投资需求。为进一步扩大资本市场开放，支持香港国际金融中心地位，促进香港离岸人民币市场发展，2013 年 3 月，《人民币合格境外机构投资者境内证券投资试点办法》及其实施规定正式发布。

此次，中国证监会发布的试点办法与原有规定相比着重修改了两方面内容。第一，扩大试点机构类型。为确保 RQFII 试点顺利推出，试点初期参与机构仅限于基金管理公司、证券公司的中国香港子公司。中资银行、保险公司等中资机构在港分支机构及中国香港本地金融机构均有参与 RQFII 业务的较强意愿。此次修改 RQFII 法规后，境内商业银行、保险公司等中国香港子公司或注册地及主要经营地在中国香港地区的金融机构将可以参与试点。第二，放宽投资范围限制。RQFII 试点初期只能发行债券类产品或 A 股 ETF 产品，虽然有利于控制风险，但难以满足投资者的差异化需求。修改后的法规放宽了对 RQFII 的资产配置限制，允许机构根据市场情况自主决定产品类型。此外，修订的法规明确了 RQFII 投资范围和持股比例等相关要求，简化了申请文件，便利试点机构的投资运作。

针对前期人民币合格境外机构投资者境内证券投资试点过程中出现的问题，为规范该项业务，国家外汇管理局于 2013 年 3 月 21 日，发布了《关于人民币合格境外机构投资者境内证券投资试点有关问题的通知》。通知中对投资额度规定，国家外汇管理局对人民币合格投资者发起设立开放式基金投资额度实行余额管理，开放式基金累计净汇入的人民币资金不得超过经批准的投资额度；除开放式基金外，人民币合格投资者其他产品或资金的投资额度按发生额管理，即累计汇入资金不得超过经国家外汇管理局批准的投资额度。对产品的申购和赎回，人民币合格投资者发起设立开放式基金的，可由托管人根据申购或赎回情况，每日为其办理相应人民币汇入、汇出或购汇汇出境外的手续；除开放式基金外的产品和资金，投资本金锁定期满后可由托管人按月为其办理人民币资金汇出或购汇汇出。

目前，RQFII 投资额度合计审批 1 575 亿元人民币，其中，基金系机构获批投资额度 1 101.5 亿元人民币，证券系机构获批投资额度 276.5 亿元①人民币，其他机构获批投资额度 197.0 亿元人民币（见表 2–8）。

表 2－8　证券公司获得 RQFII 投资额度一览（截至 2013 年 12 月 31 日）

机构名称	投资额度获批时间	获批额度（亿元人民币）
申银万国（香港）有限公司	2011 年 12 月 30 日	9.0
	2013 年 6 月 24 日	10.0
	2013 年 12 月 24 日	5.0
	小计	24.0
安信国际金融控股有限公司	2011 年 12 月 30 日	9.0
	2013 年 5 月 30 日	5.0
	小计	14.0
中国国际金融（香港）有限公司	2012 年 1 月 2 日	9.0
	2013 年 6 月 24 日	8.0
	小计	17.0
国信证券（香港）金融控股有限公司	2012 年 1 月 2 日	9.0
	2013 年 6 月 24 日	8.0
	小计	17.0
光大证券金融控股有限公司	2012 年 1 月 2 日	9.0
	2013 年 5 月 30 日	8.0
	2013 年 7 月 26 日	10.0
	小计	27.0
华泰金融控股（香港）有限公司	2012 年 1 月 2 日	5.0
	2013 年 1 月 24 日	6.5
	2013 年 5 月 30 日	8.0
	小计	19.5
国泰君安金融控股有限公司	2012 年 1 月 2 日	9.0
	2013 年 7 月 26 日	16.0
	2013 年 9 月 26 日	8.0
	小计	33.0
海通国际控股有限公司	2012 年 1 月 2 日	9.0
	2013 年 5 月 30 日	20.0
	2013 年 6 月 24 日	10.0
	2013 年 7 月 26 日	10.0
	2013 年 12 月 24 日	8.0
	小计	57.0

① 根据国家外汇管理局的统一口径，该数据不包括兴证（香港）、东方金融控股（香港）和中信建投（国际）的数据。

续表

机构名称	投资额度获批时间	获批额度（亿元人民币）
广发控股（香港）有限公司	2012 年 1 月 2 日	9.0
	2013 年 5 月 30 日	8.0
	小计	17.0
招商证券国际有限公司	2012 年 1 月 2 日	9.0
	2013 年 7 月 26 日	8.0
	小计	17.0
中信证券国际有限公司	2012 年 1 月 2 日	9.0
国元证券（香港）有限公司	2012 年 1 月 2 日	5.0
	2013 年 5 月 30 日	5.0
	2013 年 9 月 26 日	5.0
	小计	15.0
中投证券（香港）金融控股有限公司	2013 年 7 月 26 日	8.0
长江证券控股（香港）有限公司	2013 年 11 月 27 日	2.0
兴证（香港）金融控股有限公司	2013 年 8 月 28 日	5.0
东方金融控股（香港）有限公司	2013 年 10 月 30 日	5.0
中信建投（国际）金融控股有限公司	2013 年 12 月 24 日	8.0
合　计		294.5

资料来源：国家外汇管理局。

RQFII 试点规模的增长，扩大了中资证券公司的盈利基础，成为资产管理业务板块中的重要组成部分。由于发行 RQFII 产品可以获得稳定的管理费收入，在中资证券公司创业初期意义重大。

（四）QFII 投资顾问业务

证券公司可以利用其对本土资本市场的深入了解向合格的境外投资者（QFII）提供投资咨询服务。通过投资顾问业务，中资证券公司与海外投资机构会加强了解，促进深入的合作，进入海外资本市场。

在 QFII 快速扩容的背景下，担任 QFII 的投资顾问成为投入成本低、回报丰厚的业务。QFII 投资人以海外基金会、养老金、主权基金等机构为主，黏性较强，适合以专户的形式进行长期投资。此类投资人更多实施配置式管理，不易出现单一客户短期大量申赎的投资行为。

充当 QFII 的投资顾问能够发挥证券公司的投资研究优势。虽然目前该项业务的规模较小，但基于 QFII 的发展前景，证券公司正在布局。

（五）QFII 业务

2013 年，中国证监会共批复合格境外机构投资者 45 家。自 2003 年引入 QFII 制度以来，截至 2013 年底，中国证监会累计批复 251 家境外合格机构投资者。前期获得该资格的多为外资金融机构，2012 年中资证券公司开始申请并获得 QFII 资格。截至 2013

年底，共有7家中资证券公司获得QFII资格（见表2-9）。其中，国泰君安等5家证券公司于2013年获批。

表2-9　　中资证券公司QFII资格名录

机构名称	国家（地区）	资格批准时间
海通资产管理（香港）有限公司	中国香港	2012年9月20日
中信证券国际投资管理（香港）有限公司	中国香港	2012年12月11日
国泰君安资产管理（亚洲）有限公司	中国香港	2013年2月21日
招商证券资产管理（香港）有限公司	中国香港	2013年2月22日
中国国际金融香港资产管理有限公司	中国香港	2013年5月16日
广发国际资产管理有限公司	中国香港	2013年9月26日
国信证券（香港）资产管理有限公司	中国香港	2013年9月29日

资料来源：中国证监会。

2013年国家外汇管理局净投放QFII投资额度105.53亿美元。其中，中资证券公司获批投资额度为4亿美元。截至2013年底，累计批准投资额度497.01亿美元。其中，中资证券公司累计获批额度为5亿美元（见表2-10）。

表2-10　　中资证券公司QFII投资额度

机构名称	批准时间	批准额度（亿美元）
海通资产管理（香港）有限公司	2012年11月21日	1.00
中信证券国际投资管理（香港）有限公司	2013年2月28日	1.00
招商证券资产管理（香港）有限公司	2013年3月28日	1.00
国泰君安资产管理（亚洲）有限公司	2013年3月28日	1.00
中国国际金融香港资产管理有限公司	2013年7月26日	1.00

资料来源：国家外汇管理局。

三、经纪业务

中资证券公司的国际市场经纪业务目前仍集中于中国香港市场。在经历了2012年的大幅攀升后，中国香港市场恒生指数处于震荡整理中，2013年仅上涨2%。但是，中国香港市场整体表现好于A股，从而促进了交投的活跃和证券公司经纪业务佣金收入的稳定。

由于没有公开信息，我们未能获取到各家证券公司在中国香港市场的佣金收入，但通过港交所的另一项统计数据，可以对目前中资证券公司在中国香港市场上的经纪业务水平做一估算。

我们可以通过港交所市场参与者的市场占有率推测经纪业务收入。据港交所统计，截至2013年12月31日，中国香港目前共有504名市场参与者（提供证券交易服务的机构）。港交所每年根据市场占有率将这些交易参与者，划分为3组：交易额居前14位为A组证券公司；第15至65位为B组；65位以后的参与者归为C组。

2012年，A类证券公司交易额占比为54.5%，B类证券公司交易额占比为33.8%，C类证券公司交易额占比为11.7%。目前在中国香港的中资证券公司，除中银国际位列A

组外，其余大部分中资证券公司都位列 B 组，成为中型证券公司，C 组则主要是中国香港本地的小型证券公司。随着中资证券公司经纪业务的快速拓展，中国香港本地证券公司的经纪业务相应萎缩。

四、中国证券公司的国际网络拓展

2013 年，中资证券公司的国际网络拓展步伐加快。中国香港市场往往是中资证券公司国际化经营的第一站。多数中资证券公司投入资源，继续巩固在中国香港市场的存在。同时，一部分证券公司将触角伸向中国香港以外的成熟市场和新兴市场。在美国和英国等成熟市场，少数实力较强的中资证券公司正在搭建交易通道，而不以设立分支机构为诉求。东南亚市场成为年内中资证券公司国际业务拓展的重点区域。海通、中信在内的多家证券公司纷纷加强东南亚业务的发展。中资证券公司拓展东南亚市场，是中国证券公司国际化“梯度推进式”拓展的重要一步。中资证券公司往往把中国香港作为国际化的起点，接下来拓展亚洲地区市场。亚洲地区市场成为国际化第二站，主要原因是中国与亚洲地区其他国家具有共同文化基础、深厚的历史渊源和密切的经贸关系。在亚洲地区拓展业务的成本相对较小。在亚洲地区市场积累的基础上，下一步再逐渐拓展到欧美地区。2013 年国内证券公司国际网络拓展摘要见表 2-11。

表 2-11　　2013 年国内证券公司国际网络拓展摘要

机构名称	事　件	描　　述
中信证券	并购里昂证券收官	7 月 31 日，中信证券公告称，以约 8.42 亿美元净对价完成里昂证券 80.1% 的股权收购。加上此前收购的 19.9% 股权，中信证券通过其全资子公司中信证券国际全资拥有里昂证券。在获得相关国家和地区的批准后，中信证券通过里昂证券网络，业务将覆盖美国、英国、日本、澳洲、新加坡、印度、韩国、菲律宾、马来西亚、印度尼西亚和泰国等海外市场
	与俄罗斯投行战略合作	6 月 21 日，中信证券与俄罗斯外贸银行资本公司（VTB Capital）签署合作备忘录，将就中俄两国的跨境投资银行业务展开合作，包括跨境并购、投资及资本市场、资产管理、私募股权投资、研究业务和外汇交易等
	效仿高盛，规划国际化路径	据路透社 3 月的报道，中信证券董事长王东明效仿高盛的业务模式对公司进行改造，致力于加快发展资产管理和复杂衍生品工具交易等业务，同时也培育海外业务
	境外发行 8 亿美元债券	4 月 26 日，中信证券表示，已通过旗下附属公司在全球美元市场完成 8 亿美元债券发行，超额认购超过 4 倍，发行利率最终确定在 2.55%，票面利率 2.50%。这也是中国证券公司在境外发行的第一只美元债券
海通证券	拓展新加坡业务，着眼国际投行网络	8 月 22 日，海通国际副主席及总裁林涌首次公开披露，海通国际已在新加坡筹建分公司，已落实办公地点和人手调配，并向新加坡金管局提交证券及期货交易 CMS 申请，预计年底前全面开始运营
	在港增聘投行人员	2013 年初，海通证券中国香港子公司海通国际执行董事林涌接受路透采访时表示，预期中国证监会将会放宽 IPO 规定，因此，预期会有更多中小企业倾向在中国香港上市。在 2013 年，该公司会适度部署及调整，以因应即将出现的机遇。这包括在债券及股票资本市场招聘更多投行人员，公司正邀请有才能者加入

续表

机构名称	事　件	描　　　述
海通证券	发行美元债券	10 月 30 日，海通证券间接全资附属公司 Haitong International Finance Holdings Limited 发行 900 000 000 美元于 2018 年到期利率 3.95% 的信用增强债券
	收购恒信金融	9 月 25 日，海通证券的全资子公司海通国际控股和 UT Capital Holdings 签订了一份股份买卖协议，海通国际控股已同意将依据该协议相关条款和条件向 UT Capital Holdings 收购恒信金融集团 100% 的股份
广发证券	收购法国外贸银行旗下商品交易部门	7 月 26 日，广发证券公告称，其全资孙公司广发期货（香港）公司成完成向法国外贸银行（Natixis）收购其全资持有的英国 NCM 期货公司（Natixis Commodity Markets Limited），从而使广发期货得以拥有英国主要期货交易所的会员结算资格。7 月 23 日，广发期货香港根据购买协议支付 3 614.2122 万美元初步对价，获得 NCM 期货公司 100% 股权
	成纽交所旗下经纪商	2 月 4 日，纽约泛欧交易所集团旗下全球商用技术部门宣布，光大证券和广发证券成为其领先的、并以 FIX 为管理基础的交易网络的经纪商
招商证券	赴英国设公司，主打商品期货	中国香港媒体《南华早报》12 月 11 日的报道称，招商证券最近在英国设立全资分公司——中国招商证券（英国）公司，以拓展全球资本和大宗商业市场，趁西方对手渐渐退出之时，专攻高收益高风险的衍生产品交易
	成芝加哥商交所首家中国券商清算会员	10 月 31 日，招商证券透露，公司通过旗下的招商期货（香港）有限公司获得芝加哥商业交易所集团（包括旗下的芝加哥商品交易所 CME、芝加哥期货交易所 CBOT、纽约商品交易所 COMEX，及纽约商业交易所 NYMEX）的首家中国大陆证券公司清算会员资格
西南证券	获准在香港设立投资公司	西南证券 10 月 9 日公告，近日，收到中国证监会批复，核准公司以自有资金出资，在香港特别行政区设立西证国际投资有限责任公司，注册资本为港币 2 000 万元。据此前公告，香港子公司将在投行、经纪、资产管理、财富管理等核心业务层面与内地业务平台形成协同效应
太平洋证券	成立老挝合资公司	太平洋证券 7 月 30 日公告，其与老挝农业促进银行、老挝信息产业有限公司在老挝万象市合资设立的证券公司，已取得相关部门颁发的证照，合资证券公司已正式设立。其中老挝农业促进银行占 41%，老挝信息产业有限公司占 20%，太平洋出资 390 亿基普（折合人民币约 3120 万元），占 39%
国金证券	收购香港粤海证券	5 月 16 日，国金证券公告称，其拟购香港粤海证券有限公司 99.9999967% 的股权和粤海融资有限公司 99.9999889% 的股权，标的全部权益的预估评估值为 1.6 至 2.0 亿港元，本次交易金额预计不超 2 亿港元。粤海证券是香港最早从事金融证券业务的中资企业之一
平安集团	平安旗下香港证券公司获香港 IPO 承销牌照	5 月 2 日报道称，中国平安总经理任汇川表示，香港子公司已获准在香港担任 IPO 承销商，正在就潜在的上市交易开展工作。中国平安在收购香港券商 Cathay Asia Investments 后成立了香港证券子公司平安资本（香港）有限公司。香港证监会网站显示，该证券子公司于 2 月份获得了其所颁发的保荐人牌照
中信建投证券	中信建投获香港 IPO 承销牌照	4 月 8 日，中信建投（国际）融资获得香港证监会“就机构融资提供意见”（第 6 类）牌照，并加入保荐人名单
	中信建投（国际）在香港开业	6 月 17 日，中信建投（国际）金融控股有限公司宣布正式于香港开业，其以全方位投资银行为发展目标

续表

机构名称	事 件	描 述
中银国际	与俄罗斯天然气工业银行合作	9月9日，中银国际与俄罗斯天然气工业银行科签署了战略合作协议，双方将在投资银行、资本市场与证券交易、结构及杠杆融资、经纪服务、资产管理、直接投资、私人银行等业务领域展开合作
齐鲁证券	与富邦证券设立合资公司	根据2月4日公告，齐鲁证券子公司齐鲁国际与富邦证券投资信托公司合资设立资产管理公司
中投证券	获得投行牌照	中投证券（香港）金融控股公司于2013年7月19日正式获香港证监会批准的投资银行牌照和保荐人资格，可以从事香港证监会第六类受规管活动（就机构融资提供意见）
国泰君安	梳理国际化发展策略	2013年，国泰君安按照“以我为主、循序渐进、安全可控”的原则，以内涵式增长带动外延式扩张的国际化发展策略日渐清晰，注重投入产出的ROE指标
	启动在纽约设立代表机构的工作	启动了在纽约设立代表机构的筹备工作
	推动人员素质国际化，加大香港投行和资管人才引进	加强与海外人才和业务交流，培育国际化经营观念，引进先进管理、产品研发和风控技术
	加强业务内涵国际化	国泰君安正在整合多方位融资、资产管理、经纪、财富管理业务，着力为本土高净值客户提供全球金融市场的综合金融服务
	加强内地香港业务整合	国泰君安正在优化国际业务组织架构和运行机制，建立两地信息共享、业务合作和利益分配联动机制
	积极寻找股权合作和并购目标	把握合适时机，通过股权合作、境外收购等方式，寻找境外战略合作伙伴，扩大国际平台

资料来源：新闻媒体网站，中金公司收集整理。

2013 年中国证券公司国际化业务面临的问题及 2014 年前景展望

中国证券市场目前已进入了全新的发展阶段，正朝着市场化、国际化的方向发展，市场规模和机构投资者队伍进一步扩大，市场结构与体系进一步完善，金融创新日益活跃，证券市场在国民经济中的地位和作用进一步提升。伴随着中国证券市场的规范和发展，中国证券公司在国际化过程中正面临着难得的发展机遇，但同时也面临着巨大的挑战。

第一节　2013 年中国证券公司国际化业务面临的问题

一、全球化、国际化的人才相对较为缺乏

证券业是一个智力密集型行业，中外证券公司的竞争归根结底也是人才的竞争。国外金融机构大多历史悠久，在长期的、严峻的市场竞争中历经考验，其人才的国际化专业素养较高，同时这些国际化金融机构给予人才的薪酬水平也较国内更高。国内证券公司在国际化过程中普遍受到人才短缺的困境。要想真正留住国际化的人才，国内证券公司在管理制度、公司治理等方面需要与国际接轨，为人才提供一个良好的工作平台和环境，该方面的改进需要不短的时间。

二、核心竞争能力不够明确

核心竞争力是证券公司生存的基本依靠和发展的深层动力，从全球范围内投资银行所提供的服务看，即使是以综合服务为主的大型证券公司在业务发展上也各有特色，如

美林公司善于组织项目融资、产权交易，乐于充当敌意收购方的财务顾问；高盛则一般担当被收购方财务顾问；所罗门兄弟公司擅长于商业票据发行和政府债券交易，其经纪业务以机构投资者为主。

相比之下，缺乏经营特色、经营业务趋同则是国内证券公司在国际业务中的通病。比如，虽然绝大多数中资证券公司已取得香港证监会的全业务牌照，但很多中资证券公司依然没有找到适合自己的盈利模式，大部分中资证券公司在业务开拓上缺乏自己的特色，同质化严重。最近几年，内地证券公司挺进中国香港普遍是用“经纪业务开道”，而且开发客户的重心放在内地，先从内地A股客户中挖掘潜在的港股投资者。为了弥补中国香港缺乏网点或网点少的不足，中资证券公司们普遍选择了建立网上交易平台，研究服务上则普遍放在熟悉的中资股上。银行系证券公司则普遍选择主攻投行业务，依托内地母公司强大的客户优势，大力发掘有上市需求的内地企业，为其提供上市融资及配售服务。但随着这样做的中资证券公司越来越多，不仅业绩增长难以为继，“佣金战”也随之而来。此外，业务体系不健全、过度依赖某一项业务也容易导致很多中国香港中资证券公司的风险抵抗力差。

三、业务范围较为狭窄

目前，国内证券公司开展国际业务从水平看仍属初级阶段。从海外机构设置看，一是在海外设立机构的证券公司只占证券公司的极小部分。二是在海外设立的机构数量少。三是布点地域窄，目前主要集中于香港特区和新加坡。对于海外上市股票承销业务以及发债融资业务，由于国内证券公司缺乏分销、缺少经验、缺乏人才以及实力不济，大都被外国公司所垄断。同时，由于目前我国的证券公司尚缺乏开展国际业务的整体规划，所开展的国际业务主要是资金的单项交流、项目融资和企业的海外上市等，业务开展处于相对被动状态和探索性阶段。

四、投行业务单一

中资证券公司的国际投行业务较为单一，主要集中于IPO。投行业务单一相应带来收入波动大、客户黏性低等问题。在IPO资源有限的背景下，面临中外资投行的竞争，投行的收入难以大幅度提升，所以应在巩固现有IPO项目的基础上，拓展投行业务的广度和深度，而多元化道路应该成为中资证券公司未来发展的方向。

多元化道路的发展空间广阔。具体而言，可大力发展债券业务、后续融资业务、结构性投融资和并购业务。发债包括美元债和点心债；而后续融资业务是投行业务的延伸，内地企业在港建立IPO融资平台后，还会有后续的配股、供股、增发、定向增发，中资投行应该把握住其中的机会。

港交所数据显示，在中国香港市场每年整体的融资额中，后续再融资额远超IPO融资额，未来可以积极开拓；此外结构性投融资也是发展重点，企业上市后大股东的股票质押融资、过桥融资都是中资证券公司未来可以展开的业务范围，在控制好风险的前提下去实现多元化业务发展。

五、客户较多来自内地

海外中资证券公司的多数客户来自中国内地。这些客户的资产受中国经济和政策的影响较大，对中国经济和政策的依赖性较强，一旦中国的经济或者政策出现较大的变化，就会对证券公司的国际业务产生重大影响。此外，人民币离自由兑换还有很长的路要走，境内居民的境外证券投资受到严格的政策监管，境内境外业务难以实现联动优势。客户资源较多来自内地使得海外中资证券公司的客户品质、客户来源受到一定的抑制。

六、风险控制能力有待加强

一流的业务创新能力必须有一流的风险管理能力相匹配，随着中国证券业的创新进程不断深入，风险管理能力已成为决定证券公司能走多远的关键因素，各类风险的量化管理、程式化交易风险、销售适当性管理、投资者利益保护等方面尤其需要特别关注。国内证券公司需要在风险管理体系的组织架构、人员配备、制度流程、资讯系统等方面进一步加大投入，努力找到创新与风险管理的动态平衡。而国际投行大多已经建立了一整套非常严密、成熟的风险管理制度，有着丰富的市场经验、成熟的风控文化、高素质的风控人才以及强大的信息技术系统。与国际投行相比，我国证券公司在国际化业务中的风险能力有待进一步加强。

第二节　2014年中国证券公司国际化业务前景展望

一、国内企业实施“走出去”战略带来大量业务机会

当前，经济全球化更加双向和多元，国际经济资源深层次、多领域、快速度的重新配置和组合为中国企业的国际化战略提供了难得的机遇。受全球金融危机和欧债危机的影响，欧美发达经济体受挫，急需外部投资来提升实体经济，改善就业和财政收入。同时，中国经济在全球经济中地位的不断提升，是全球重要的投资方。中国企业走向全球的需求不断增加，随着海外业务的不断拓展，国内企业在海外的资本活动需求越来越多，如海外上市、并购、发行债券等多种投行业务需求，则为国内证券公司的国际化业务拓展和经验积累提供了大好机遇。

二、存在大量与国际投行合作的机会

中国拥有全世界最具潜力的消费市场，并为全球投资者提供最为优厚的投资回报率，近来已经有越来越多的国际公司开始进入中国。基于中国证券公司对中国市场的了解，虽然国内证券公司与高盛等国际投行在品牌和业务经验方面差距不小，但与国内证

券公司合作仍是这些国际公司的最佳选择。未来随着中国证券公司经验的积累，其业务水准将得到越来越多公司的认可，促成国际投行与中国证券公司的合作。

三、有助于国内证券公司增强国际竞争力

开展国际业务、与国际投行竞争的过程将有助于加强国内证券公司的竞争力和风险管理能力，有利于后者更好地借鉴和掌握国际金融业先进的经营方式和风险管理经验，及时了解和掌握国际金融业的发展情况和金融创新情况，加快我国金融创新的步伐，提供国内证券公司走向国际资本市场的有效途径，增强国内证券公司的综合竞争力。

四、国内居民财富全球化配置带来大量资产管理业务机会

中国经济改革开放的30多年，经济发展进入了快车道，并建立了改革开放和市场化经济体制。中国人的创富激情和潜力得到充分释放，不仅财富迅速积累和增长，更是培养了一批具有远见卓识和社会担当的企业家们。中国企业家不仅成为中国经济奇迹的参与者与贡献者，更成为公民社会建设和社会价值创造的先行者和实践者。作为全球高净值人群增长最快的中国，财富管理行业面临着前所未有的发展机遇。这些高净值客户对投资渠道的需求与普通投资者不同，国内的投资渠道如股票、房地产、保险等对他们而言需求相对有限，海外投资是具有大量开发空间的业务。这部分客户不少也把资产集中在外资银行，正是因为他们接受了外资银行全球资产配置的理念。随着中国证券公司的不断成熟，可以为这部分高端客户提供全球范围内的投资及资产配置建议，发展空间显著。

五、人民币国际化趋势促使海外上市的国内企业回归

人民币实现国际化是大势所趋，未来一段时间内人民币很有希望成为区域性甚至全球性的主要结算货币。随着人民币国际化的实现，国外资本将会大量进入国内资本市场，在海外上市由于监管严格等原因成本较高，在人民币国际化趋势中转向国内融资不失为一种很好的选择。在上市公司资源较有保障的条件下，人民币的国际化能够大大提高国内资本市场上的需求，最终承载起绩优企业回归国内资本市场。

专题报告

专题报告之一：
2013年中国证券公司柜台市场及区域性股权市场发展综述

2013年中国证券公司柜台市场发展综述

我国资本市场经过20多年的风雨历程，目前多层次资本市场结构已初现雏形。场外市场作为多层次资本市场体系的重要组成部分，在完善资本市场功能方面能够起到关键性的作用。加快发展场外市场对于满足不同证券的流通要求和中小企业的融资需求，实现经济发展方式转变和国民经济结构优化调整具有十分重要的现实意义。

为落实中国共产党第十八次全国代表大会关于“加快发展多层次资本市场”和“推进金融创新”的精神，根据中国证监会统一安排，遵循“限定私募、先行起步”原则，2012年12月21日，中国证券业协会发布了《证券公司柜台交易业务规范》，正式启动柜台市场试点工作。截至2013年12月底，共有15家证券公司开展了柜台市场试点。2012年12月21日，中国证券业协会公布首批参与试点的证券公司，有海通证券、国泰君安、国信证券、申银万国、中信建投、广发证券、兴业证券7家。2013年2月5日，中国证券业协会公布了第二批通过证券公司柜台交易业务实施方案专业评价的证券公司名单，这8家证券公司为招商证券、中信证券、银河证券、中金公司、山西证券、中银国际、长江证券和齐鲁证券。

我国柜台市场是指由试点证券公司按照《证券公司柜台交易业务规范》的相关要求，为交易私募产品自主建立的场外交易市场及为其提供互联互通服务的机构间私募产品报价与服务系统。证券公司柜台市场的产品包括经国家有关部门或其授权机构批准、备案或认可的在集中交易场所之外发行或销售的基础金融产品和金融衍生产品。

作为一项创新业务，证券公司柜台市场的产品推出遵循先易后难的原则，在柜台市场建设初期，首先开发本公司客户资管理财产品、公司自主设计产品，取得一定的运营管理经验后，再逐步扩大至代销证券公司柜台市场研究的金融产品及其相关的衍生产品和其他经国家有关部门或其授权机构批准或备案的非公开发行的基础金融产品和金融衍生产品。

第一节　发展证券公司柜台市场对于完善多层次资本市场的意义

证券公司柜台市场的推出丰富了投资者非标准化投资品种，满足投资者的个性化资产配置和综合财富管理需求，有助于证券公司为客户提供更专业和全面的服务。同时，柜台市场的建设也有利于证券公司交易、托管结算、支付、融资和投资五大基础功能的再造和整合，会进一步提升证券公司核心竞争力。

一、柜台市场是多层次资本市场的坚实基础

当前我国资本市场面临“资金多投资难、企业多融资难”的困惑，作为多层次资本市场的基础板块，柜台市场可以在资金融通、信息传递、市场定价等方面发挥独特作用，并能促进整体市场组织、制度、产品和功能的多层次创新，提高金融资源配置效率，实现资本市场与实体经济多元化融资需求之间的良性对接。

二、柜台市场发展有利于满足投资者多元化的投资需求

近年来，证券公司探索开展理财产品、代销的金融产品及其衍生品的柜台市场业务，为投资者提供全面的投融资服务，实现产品配置下的财富管理发展，让更多层次的投资者参与其中，实现多层次资本市场与多元化投资者的良性对接。

我国证券市场经过20余年的发展，标准化基础金融产品的供给已经具有相当规模，基本上可以满足客户需求，标准化的衍生金融产品的供给也在不断扩大，并且在近些年呈现出加速的趋势，这些为柜台市场产品的发展提供了良好的条件。在柜台市场发展的初期，证券公司应注重挖掘客户的个性化需求，这方面在过去由于体制的原因被忽视，而标准化的金融产品不能满足的客户需求正是柜台市场需要去满足的。

三、柜台市场为证券公司功能的发挥创造了条件

柜台市场能够提供更多的非标准化投资工具，丰富投资者的选择，满足投资者个性化的资产配置和综合财富管理需求，有助于证券公司更专业、更灵活、更贴心地服务于客户。

证券公司建立柜台市场，探索将理财产品、代销的金融产品及其衍生产品等引入柜台市场，这将有利于引导产品创新、投资创新、服务创新，探索新的盈利增长模式，取得长期健康的发展。

通过柜台市场，证券公司可以发挥风险识别与风险定价能力，将自主创设产品、代销产品或者各类组合产品销售给自己的客户。当客户需要转让时，证券公司也可以通过柜台市场为产品提供流动性。

柜台市场是服务证券公司金融创新的平台，给证券公司业务发展提供了足够空间，证券公司也可以依托柜台市场建设，积极探索并推进证券公司交易、托管结算、支付、融资和投资五大基础功能的再造和整合。如果证券公司真的利用好这个平台，那么未来的证券公司可以发展为一个“金融超市”，证券公司未来的发展前景非常广阔。

第二节　证券公司柜台市场的开展情况

2013 年，我国柜台市场处于培育期，发展的初始阶段，总体来看，试点工作平稳推进。

一、试点证券公司制度建设、管理架构与系统建设情况

截至 2013 年 12 月底，15 家证券公司已通过专业评价且完成备案并开展试点工作，这 15 家证券公司是：海通证券、申银万国证券、国泰君安证券、广发证券、国信证券、中信建投证券、兴业证券、中信证券、银河证券、中银国际证券、招商证券、齐鲁证券、山西证券、长江证券、中金公司。

（一）证券公司柜台市场制度建设进展顺利

2013 年，中国证券业协会发布了《中国证券市场金融衍生品柜台交易主协议及其补充协议》、《证券公司金融衍生品柜台交易业务规范》、《证券公司金融衍生品柜台交易风险管理指引》、《证券公司私募产品备案管理办法》、《证券公司私募产品备案管理指引》、《证券公司创新业务（产品）专业评价工作指引》、《证券公司金融衍生品备案指引（试行）》、《发布证券公司私募产品代码管理办法（试行）》，建立了规范、统一的柜台市场交易法律框架及证券公司内部管理要求。

结合《证券公司柜台交易业务规范》，15 家试点证券公司根据管理及业务开展需要，建立了相对健全的柜台市场制度体系，涵盖业务管理、产品管理、交易管理、登记结算、合规管理、风险管理、投资者适当性、反洗钱等，基本能够保证柜台市场平稳运行。与此同时，结合柜台市场发展情况，各试点证券公司也在同步细化、完善柜台市场业务流程及业务规则。

（二）试点证券公司柜台市场内部管理构架基本成型

为推进柜台市场发展并做好管理工作，15 家试点证券公司不断加强学习和研究，积极探索适合本公司的柜台市场业务和管理模式。在充实人才队伍的基础上，各试点证券公司建立了柜台市场内部管理体系，大多由公司主要负责人牵头负责柜台市场工作。在具体落实方面，海通证券等 8 家公司成立了柜台市场管理部或由场外市场部牵头柜台市场工作；银河证券等 4 家公司指定经纪业务部等其他部门牵头柜台市场工作；中信证券

等 3 家公司设立了柜台市场委员会，负责柜台市场的总体工作部署及协调，并由相关部门按分工具体开展工作。

（三）大部分试点证券公司柜台市场系统已上线运行

为推进柜台市场建设，实现柜台市场电子化、系统化运行管理，大部分试点证券公司已完成柜台市场系统一期建设工作。除中金公司外（目前仅开展了衍生品一对一交易），其他 14 家公司柜台市场系统一期建设已基本完成并上线运行，能够支撑柜台市场业务运转。大部分公司本着集约开发、充分利用现有系统并有机整合的原则，在不影响现有系统运行的基础上增加了柜台市场相关功能。同时，也有少数公司全新开发了专门适用于柜台市场的系统。在建设方式上，广发证券采用自主建设方式，其他公司采用自主建设加外购的方式。

（四）投资者适当性管理工作有效开展

柜台市场限定于私募市场，产品差异较为明显，各试点证券公司高度重视投资者适当性管理工作，在建设方案、业务规则和具体业务中都强化了投资者适当性管理工作，均按照《证券公司柜台交易业务规范》及《证券公司投资者适当性制度指引》建立了适合柜台市场业务的适当性管理制度，根据产品特性设定投资者准入门槛，并在试点过程中严格执行。截至目前，尚未发现试点证券公司存在柜台市场投资者适当性管理工作不当的情况或收到投资者投诉，投资者适当性管理工作有效开展。

二、证券公司柜台市场的客户及产品结构

（一）投资者账户开立情况

截至 2013 年 12 月底，投资者累计开立 98 385 个柜台产品账户，其中机构开户 880 户，个人开户 97 505 户。从账户数量来看，海通证券最多，为 65 457 户；广发证券次之，为 26 443 户；兴业证券和长江证券最少，分别为 10 户和 2 户；中金公司、招商证券和长江证券全为机构客户。

（二）已上柜产品运行情况

截至 2014 年 12 月底，共有 13 家试点证券公司的 903 只产品通过柜台市场交易，包括 163 只资管产品、4 只其他产品（海通证券“一海通财”理财产品）、3 只代销产品、730 笔衍生品交易（包括 729 笔互换和 1 笔场外期权）、3 笔股票协议逆回购。总的来看，柜台市场交易的产品以资管计划和衍生品交易为主。

从权益类收益互换看，共有中信证券、中金公司、招商证券、广发证券、银河证券、国泰君安证券、海通证券 7 家公司开展了业务。截至 2013 年 12 月底，7 家公司 2013 年度累计开展业务 729 笔，累计名义本金 155.62 亿元。其中，中信证券为 471 笔，累计名义本金 65.39 亿元；中金公司 72 笔，累计名义本金 54.33 亿元；广发证券 40 笔，累计名义本金 15.24 亿元；招商证券为 116 笔，累计名义本金 15.06 亿元；银河证券 27

笔，累计名义本金1.21亿元。目前互换业务以融资类和期权类为主，多是以融资为目的或在互换的壳下进行期权交易。另一方面，目前有公司正打破传统的以合约为单位的交易模式，探索"账户模式"下的互换交易，即授予客户一定的互换额度，客户可在此额度下进行频繁的互换交易，不再单独协商签订每份互换合同。

从场外期权看，截至 2013 年 12 月底，仅国信证券开展了一笔沪深 300 指数看涨期权业务。

从股票协议逆回购看，截至 2013 年 12 月底，仅国信证券开展了 3 笔交易，融出资金 12.50 亿元，利率介于 8.5%至 9%之间，抵押品价值共计 26.40 亿元。

第三节　证券公司柜台市场业务的主要特点

目前我国证券公司柜台市场业务刚刚起步，处于市场培育期，基本目标是培育柜台市场客户，开发能够满足客户较为迫切的个性化需求的柜台市场产品，搭建柜台市场的运营平台，使柜台市场在合规开展、风险可控的基础上平稳起步。业务具体特点表现为：

一、证券公司柜台市场发展初期以固定收益类产品为主

我国证券市场的交易品种以在集中交易场所交易的标准化产品为主流，而适合在柜台市场交易的非标准化和相对小众化的产品凤毛麟角，因此产品是培育期的核心。目前，柜台市场产品分为两类：一类是公司自有的私募产品，包括私募债券、资管产品等已有、自有产品；另一类是公司之外其他金融机构发行的或将要发行的产品，如市场现有的私募产品，包括信托产品、理财产品等。

二、证券公司柜台市场发展初期参与群体以中小投资者为主

虽然从发达资本市场的情况来看，柜台市场的主要参与群体是机构投资者，但针对我国目前证券市场的主要参与群体是中小投资者的现状，我国发展柜台市场初期的产品还是优先以满足中小投资者投资需求为目标。

长期以来，我国广大中小投资者以风险较大的权益类产品为主要投资工具，而固定收益类投资工具的风险收益特征其实更适合中小投资者，固定收益类产品又恰恰是适合柜台市场的品种。因此，在柜台市场发展的初期，固定收益类产品应成为柜台市场中的主要交易品种。

三、各证券公司柜台市场业务及运营支持平台处于基础建设阶段

信息技术平台建设、结算管理、财务管理和业务流程管理等是发展柜台市场的基础。在柜台市场发展的初期，证券公司致力于中后台制度体系和管理流程的探索和初步建设。

四、管理风险是培育期不可忽视的工作

风险管理是金融的核心之一。在柜台市场发展的初期，一方面，柜台市场中的产品为客户提供管理风险的工具，如场外金融衍生品可满足客户的对冲需求；另一方面，证券公司自身对柜台市场的风险管理也是不可忽视的工作，需要以谨慎的态度进行深入研究，保证新业务的风险可控。

第四节　证券公司柜台市场面临的问题

一、产品创设问题

证券公司柜台市场定位为私募市场，在柜台市场上运行的产品为私募产品。证券公司在柜台市场开展业务，可充分利用私募产品或服务的灵活性，及时有效地为客户提供一对一、一对多的非标准化产品和服务，满足客户个性化、多样化的投融资需求。从境外柜台市场发展经验来看，证券公司具有高度自主的产品创设权，能够灵活、及时、有效地满足客户及市场需要。

我国资本市场发展20多年以来，基本以公募业务为中心，相关制度也以公募为基础制定，未考虑私募市场及产品的特点，将公募市场的制度规范直接套用在私募市场则可能出现水土不服的情况，如私募产品创设、监管要求等不明晰。前期有公司结合市场需要创设了处于灰色地带的产品，但因产品创设程序不合规被监管机构采取监管措施。为解决灰色地带产品创设合规性问题，按照机构部和协会明确的工作机制，证券公司创设现有规定不明确的产品时应按产品大类事先向协会申请专业评价，协会收到申请后，对于首次创新事项应当在组织专业评价后书面征求监管机构意见，获无异议回复后，协会方通知证券公司专业评价结果。

在实际工作中，由于监管机构对首次创新事项回复时间不确定，且对创新事项监管要求不明确，该类专业评价时间周期通常较长，证券公司对评价结果也难以预期。这种产品创设机制限制了柜台市场产品创设的时效性和灵活性。产品创设缺乏明确的法律依据也使很多证券公司出于规避合规风险的考虑，不敢自主创设发行产品，限制了私募产品的创设范围和证券公司的创新意愿，导致柜台市场产品单一，与客户个性化、多样化的需求不匹配。

二、交易问题

（一）柜台市场做市业务问题

从境外经验看，做市交易是柜台市场的主要交易方式，对活跃柜台市场、提高产品

流动性、促进产品价格形成都具有积极作用。在柜台市场试点启动时，已明确柜台市场可采用做市交易方式，但由于受到以公募为基础制定的其他法规的限制，至今柜台市场做市交易难以开展。

（二）私募债券统一登记问题

私募债券是较为适合在柜台市场发行、转让的私募产品之一，但目前沪深交易所《中小企业私募债券业务试点办法》均规定，“私募债券发行后，发行人应在中国证券登记结算有限责任公司办理登记”。同时，中国证券登记结算有限责任公司（以下简称“中登公司”）目前对于其登记的私募债券尚不能根据证券公司柜台市场交易情况进行持有人变更登记，导致在中登公司登记的私募债券难以通过柜台市场转让。

（三）证券公司自有资金与三方存管客户资金划转问题

试点证券公司与客户进行交易必将涉及自有资金与客户资金结算划转的问题，但《客户交易结算资金管理办法》第16条规定，“客户交易结算资金只能在客户交易结算资金专用存款账户和清算备付金账户之间划转，但客户提款、证券公司将收取客户的费用转入自有资金专用存款账户等业务除外”。该规定限制了自有资金与客户资金之间进行因交易而产生的划转。目前，实现客户资金与证券公司自有资金划转的唯一通道是通过在中登公司开立的清算备付金账户以佣金划转方式实现，但因划转动因不同，也存在合规性问题。

（四）融资渠道问题

资本中介业务是柜台市场开展的主要业务，与传统业务相比，具有资本消耗大的特点。目前，证券公司融资渠道有限且成本不低，资本中介业务的发展受到资本不足的限制，影响了柜台市场的发展壮大。试点证券公司迫切希望能有效解决证券公司融资制约的《证券公司债务融资工具管理暂行规定》等相关办法尽早发布实施，以破解证券公司自主融资渠道缺乏、融资成本高的难题，并在一定程度上缓解大市场与小行业的矛盾，促进行业发展壮大。

（五）个人不能参与衍生品交易问题

在国外成熟市场，银行等专业机构和符合条件的高净值客户都是衍生品交易的参与者，其中机构客户主要开展与利率、汇率、大宗商品相关的衍生品交易，个人客户主要参与收益凭证等结构化产品交易。目前，《证券公司金融衍生品柜台交易业务规范》规定“金融衍生品柜台交易对手方必须为机构”，虽然其出发点是避免个人因参与衍生品业务而承受较高风险，但对于证券公司开展衍生品业务来说，该规定却与市场需求存在一定背离：一是理想的机构客户需求不足。目前我国证券公司在利率、汇率和大宗商品交易等方面参与较少，加之利率市场化尚未完成、社会融资基本以固定利率为主，银行等金融机构现阶段大量参与柜台市场交易的需求不强，致使柜台市场的专业投资者数量偏少，交易需求不足。二是高净值个人客户参与结构化产品交易的需求难以满足。我国资本市场以个人投资者参与为主，近年来，随着个人财富的增长和对资本市场认识的提高，一批具有一定风险判断和承受能力的高净值个人客户应运而生，也催生了其对于衍生品的交易需求，如期权、远期交易等。目前，禁止个人投资者参与衍生品交易将抑制客户需求，可能导致该类客户到其他行业甚至转入地下交易，同时也不利于证券公司柜台市场的发展。

三、市场互联互通问题

目前，我国柜台市场刚刚起步，各市场之间呈现相互独立的状况：一是各柜台市场之间无法进行产品交易，风险易在试点证券公司聚集；二是非试点证券公司无法开展柜台市场业务；三是证券行业场外市场与银行间市场等其他市场尚未对接。与国外成熟柜台市场相比，我国机构间市场尚未形成。

前期，中国证券业协会和市场监测中心组织建设了报价系统，实现了15家试点证券公司柜台市场信息的集中展示及部分非试点证券公司私募产品信息展示，但由于不具备交易功能，柜台市场之间实质性的互联互通尚未实现，无法为非试点证券公司开展柜台市场业务提供支持。

四、规则体系问题

柜台市场在我国属于新生事物，现有的以公募为基础的法律法规难以支撑柜台市场发展的需要。除《证券公司金融衍生品柜台交易业务规范》等现有自律规则外，与柜台市场相关的做市、登记结算、抵押品管理等业务细则尚未出台，不利于柜台市场业务开展。例如，因缺乏柜台市场管理办法和做市交易等具体业务规则，产品范围、能否开展做市交易、如何登记结算等都缺乏依据，证券公司只能摸着石头过河，但又怕摸到雷，致使柜台市场发展停滞不前。

五、私募市场基础配套设施问题

公募市场经过20多年的发展已经建立了一套完备、符合公募特点的基础设施，包括增信评级、登记结算、信息披露等，保障了公募市场的有效运转并降低了市场运行总体成本。柜台市场定位于私募市场，其发展离不开与之配套、灵活多元的私募市场基础设施，如适应私募特性的增信评级机构、市场账户体系、登记托管体系、私募市场支付结算平台、证券业与银行业金融衍生品桥梁协议，以及有效运转的监测监管机制等。

2013年中国区域性股权市场发展综述

2013年，区域性股权市场是场外市场建设最具活力的一个部分，不仅区域股权交易中心及在此挂牌的非上市公司数量大幅增加，在融资产品创新和信息披露制度建设方面同样取得显著进展。《关于规范证券公司参与区域性股权交易市场的指导意见（试行）》出台后，各地区域性股权交易市场的前景出现曙光，各地股权市场建设速度明显加快，又掀起一轮建设热潮，许多地方都在筹建或提出相应建设规划。区域性股权交易市场今后有望成为资本市场的又一大热点。

第一节　区域性股权市场的发展现状及特点

2008年以来掀起的区域性股权市场形成浪潮起源于“中央支持+区域经济改革+金融创新”。2008年9月，天津股权交易所的成立是此次浪潮开始的标志性起点。2006年，国务院关于《推进滨海新区开发开放有关问题的意见》提出鼓励天津滨海新区进行金融改革和创新，明确在金融企业、金融业务、金融市场和金融开放等方面的重大改革原则上可以安排在天津滨海新区先行先试。2008年9月，经天津市政府批准，天津股权交易所（以下简称“天交所”）正式设立，在天津滨海新区注册营业，为公司制交易所。天交所的成立激发了全国各省市建立本地区域性股权市场的积极性。之后几年中，重庆股份转让中心、齐鲁股权托管交易中心、上海股权托管交易中心和深圳前海股权交易中心陆续成立。

一、区域性股权市场现状

（一）区域性股权市场已正式纳入我国多层次资本市场体系

目前，区域性股权市场已正式纳入我国多层次资本市场体系。区域性股权市场自形成以来，最初只是处于地方自发发展状态，从较早期的湖北股权托管中心到2008年的天交所，直到2012年8月，中国证监会才正式明确区域性股权市场是我国多层次资本市场的重要组成部分，将区域性股权市场纳入我国多层次资本市场体系。中国证监会在2012年8月份出台的《关于规范证券公司参与区域性股权交易市场的指导意见（试行）》中明确：区域性股权交易市场是多层次资本市场的重要组成部分，对于促进企业特别是中小微企业股权交易和融资，鼓励科技创新和激活民间资本，加强对实体经济薄弱环节的支持，具有不可替代的作用。这是中国证监会首次明确定义区域性股权市场为多层次资本市场的重要组成部分，未来区域性股权市场将与中小板、创业板甚至主板对接。

（二）建立了多层次资本市场的制度基础

2012年8月底，《关于规范证券公司参与区域性股权交易市场的指导意见（试行）》明确了区域市场的定位，规定证券公司以两种方式参与：一是以区域性股权交易市场会员的身份开展相关业务；二是在会员基础上，可入股区域性股权交易市场。

（三）证券公司参与区域性股权市场

《关于规范证券公司参与区域性股权交易市场的指导意见（试行）》还规定，证券公司可按照规定方式参与区域性股权市场，目前已成立的区域性股权市场中证券公司和交易所出资的分别达到15家和13家，具备交易所和证券公司共同出资背景的则有10家，其中深交所参股了9家区域性股权市场，中信证券和国信证券各参股了3家股权市场。

（四）全国区域股权市场初具规模

截至2013年底，根据已公开的信息统计，全国共有31家区域股权中心（含筹备中的5家区域股权中心），挂牌企业共计6 855家，覆盖资产1 378.25亿元，收入921.14亿元。从区域覆盖来看，天津股权交易所和上海股权托管交易中心分别覆盖了29个和16个省市；从行业覆盖来看，工业、信息技术、消费、材料和医疗保健是挂牌企业最多的5个行业；从挂牌企业规模来看，多以资产规模1 000万元至1亿元之间的小微企业为主，其中：

浙江股权交易中心成立于2012年10月，截至2013年底，共有挂牌企业634家，私募债备案企业27家，会员195个，投资者超过7 000名，总市值近200亿元，全年完成股权质押融资36笔，融资11.44亿元。

齐鲁股权中心成立于2010年12月，截至2013年底挂牌企业291家，市值239亿元，托管和信息展示企业1 977家，市场中介机构224家，投资机构150家，备案5只私募债实现1.05亿元融资，46家公司通过股权质押实现融资8.9亿元，落实挂牌企业贷款超过80亿元。

天津股权交易所成立于2008年9月，截至2013年底，累计挂牌企业412家，备案私募债 7 只，注册报价商 99 家，注册投资者超过 18 393 人，总市值 347.51 亿元，累计融资 58.9 亿元，月均成交额 1 485 万元，同比增长 42.93%。

重庆股份转让中心成立于 2009 年 12 月，截至 2013 年底，挂牌企业 109 家，会员单位 336 家，累计交易额 63.31 亿元，定向增发融资 6.77 亿元，股权质押贷款融资超过 82 亿元。

我国部分区域性股权市场概览见表 2–1。

表 2－1　我国部分区域性股权市场概览

区域股权交易市场	成立时间	挂牌公司数量（家）	总市值（亿元）
湖北省股权托管中心	2003 年 6 月	634	200
天津股权交易所	2008 年 9 月	412	347.51
重庆股份转让中心	2009 年 7 月	107	120
齐鲁股权托管交易中心	2010 年 12 月	291	239
湖南股权交易所	2010 年 12 月	133	—
吉林股权交易所	2011 年 6 月	4	—
福建海峡股权交易中心	2011 年 11 月	302	—
武汉股权托管交易中心	2011 年 11 月	160	—
上海股权托管交易中心	2012 年 2 月	119	—
广州股权交易中心	2012 年 8 月	536	—
浙江股权交易中心	2012 年 9 月	634	230
石家庄股权交易所	2013 年 1 月	44	—
新疆股权交易中心	2013 年 1 月	253	62.87
大连股权交易中心	2013 年 2 月	11	—
辽宁股权交易中心	2013 年 4 月	51	—
深圳前海股权交易中心	2013 年 5 月	2 736	—
广东金融高新区股权交易中心	2013 年 7 月	3	—
北京股权交易中心	2013 年 12 月	37	—
成都股权交易中心	2013 年 12 月	179	—

资料来源：各家区域股权交易所或交易中心网站（截至 2013 年 12 月 31 日）。

二、区域性股权市场发展特点

区域性股权市场建设在 2013 年步入快车道，呈现出两个主要特征：

首先，部分区域性股权交易市场开始对市场内部做分层处理，如浙江股权交易中心、上海股权托管交易中心、齐鲁股权托管交易中心和重庆股份转让中心等。其中，上海股权托管交易中心在 8 月 7 日启动中小企业股权报价系统（Q 板），这与中小企业股份转让系统（E 板）形成“一市两板”格局，前者与新三板展开错位竞争并向投资者提供 7×24 小时股权转让报价服务，截至 2013 年底 Q 板挂牌企业实现股权和债券融资近 2 亿元。浙江股权交易中心也在10月18日推出门槛更低的创新板，首批挂牌企业475家，总股本107亿元。重庆股份转让中心和齐鲁股权托管交易中心则选择划分为三个层次，根据财务资质和信息披露要求的差异，前者包括优先市场、标准市场和新兴市场，后者则包括孵化板、普通板和展示板。

其次，灵活和多样化的融资产品创新成为区域性股权市场吸引挂牌公司的重要原因。一方面，几乎所有的区域性股权市场都同时提供股权融资和债权融资，其中股权融资除定向增发外，股权质押融资成为最主要的手段，2013年，浙江股权交易中心和齐鲁股权托管交易中心的股权质押融资额就超过20亿元。私募债则是区域性股权市场另一类常见的融资方式，包括天津、齐鲁、浙江、重庆和前海等区域性股权市场均已有私募债产品备案发行，其中也不乏各类具有创新意义的私募债产品，例如，浙江股权交易中心于7月成功发行了国内首批小贷公司定向债，齐鲁股权托管交易中心的“13新农债”是第一只区域性股权市场发行的集合私募债，前海股权交易中心则推出“信合”和“天合”两个系列的私募债产品。此外，部分区域性股权市场还在积极探索其他金融产品创新，诸如优先股融资（浙江）、理财和信托产品交易（齐鲁）、私募基金（重庆、上海）、并购重组和衍生品（上海、前海）等。

第二节　区域性股权市场发展过程中存在的主要问题

一、各区域性股权市场发展水平参差不齐

目前，各区域股权交易所的发展程度差异较大，其原因是多方面的：一是运作时间不长，经验不丰富，从制度到管理等诸多方面还处于探索阶段；二是与发起人和大股东本身的资本市场素质相关。如果区域性股权市场的大股东熟悉资本市场的运作、拥有丰富的企业资源、了解企业的资本需求，这样的区域市场往往呈现良好的发展起始状态；三是与所在区域经济发展的成熟度和当地资本市场发展程度相关，如在经济比较发达、资本运作意识较强区域的天津股权交易所和前海股权交易中心已成为区域性股权市场中的翘楚。

二、同一经济区域内多家交易市场并存

区域性股权市场的建设存在一窝蜂的状态，短短两三年间就涌现出十多家区域股权交易中心，而预计正在筹备建设的市场还很多。相关政策并未有明确的限制性规定，激发了各省市股权交易中心建设热情，导致一个经济区域内同时出现多家区域性股权市场的局面。例如，在东三省，目前就有辽宁股权交易中心、大连股权交易中心和吉林股权交易中心三家；长三角经济区也存在多家区域股交易中心并存的现象（见表2-2）。如果同一大经济区域内多家交易中心并存，固然会因竞争而促进区域股权交易

市场的发展，也可能导致资源的浪费，尤其是一些不具备条件的地区也在筹备建设股权交易中心。

表 2-2　　我国几大主要经济区域的股权交易市场情况

经济区域	区域股权交易市场	全国性金融交易市场
东北经济区	辽宁股权交易中心、大连股权交易中心、吉林股权交易所	
环渤海湾经济区域	天津股权交易所、齐鲁股权托管交易中心	全国中小企业股权转让系统
长三角经济区域	上海股权托管交易中心、浙江股权交易中心、江苏股权交易中心（筹）	上交所
泛珠三角经济区域（包括海峡西岸经济区等）	前海股权交易中心、广州股权交易中心	深交所
中部经济区域	武汉股权交易中心、湖南股权交易所、安徽股权交易中心	
西部经济区域（包括成渝经济区等）	重庆股份转让中心、新疆股权交易中心、贵州股权托管交易中心	

资料来源：各家区域股权交易所或交易中心网站。

三、融资能力更有待提升

虽然目前不少股权交易中心尝试多种融资方式，除最主要的股权融资方式外，还包括发行私募债券、向银行获取授信贷款、协助挂牌企业以股权质押方式获得银行贷款。但由于还没有建立良好的私募市场的发行制度，区域性股权市场的融资方式与融资仍在探索中。只有在融资方式上不断创新，才能将区域性股权市场打造成真正意义的私募股权、债权融资平台。

四、现有企业挂牌交易制度的有效性还有待探讨与实践检验

概括来看，现有区域股权交易挂牌制度已出现两类模式：一是前海股权交易中心独特的“十无”模式；二是常规的“机构推荐+审核”模式。前者是指无行政审批、无登记托管费用、无原有企业形态的改变、无行业限制、无强制性信息披露、无一级或二级市场严格划分、无批量发行的限制、无交易时间限制、无上市阻隔、无期限的培训咨询（见表 2-3）。据称，由于不需要强制披露信息，也不需要财经公关，融资成本大约只相当于交易所市场的 1/10，这也是前海股权交易中心挂牌企业数量最多、增速最快的重要原因之一。前海股权交易所也是目前唯一一家没有会员机构的市场，各服务机构及投资者机构多以合作伙伴的方式参与业务。后者的模式为：先由股权交易中心的会员推荐，然后由交易中心组织审核，审核通过后即可挂牌交易。至于哪种模式更适合，还有待进一步的实践检验与探讨。

表2-3　　前海股权交易中心独特的“十无”模式

区域股权交易所	两类模式	现有实践效果
前海股权交易中心 独特的“十无”模式 （备案制）	1. 无行政审批 2. 无登记托管费用 3. 无原有企业形态的改变 4. 无行业限制 5. 无强制性信息披露 6. 无一级或二级市场严格划分 7. 无批量发行的限制 8. 无交易时间限制 9. 无上市阻隔 10. 无期限的培训咨询	2013年5月30日正式开业。较具爆发力，挂牌企业数量快速增加。已成功首发“梧桐私募债·增信1号”，规模1亿元 后续效果有待实践检验
多数股权交易中心的模式 （审核制）	“推荐+审核”、有固定的交易时间、无行业限制、要求信息披露等	常规式发展

资料来源：财经网，金融频道 http：//finance. caixin. com/2013-03-11/100500024. html。

五、应加强统一监管制度，提高监管能力

由于区域性场外市场数量较多，分布在全国各地，各地分散管理、自行监管，必然存在监管能力偏弱的问题。从属性上看，其属于虚拟资本市场，若监管不及时跟进，也会出现类似于场内交易市场的信息披露、交易公平性等诸多资本市场中的常见问题。若按照“一省一场”的原则，区域性股权市场将达数十家，分散由各省政府管理，如何有效监管并防范风险就成了一个重要的问题。

美国场外市场发展状况及对我国的启示

第一节 美国场外交易市场介绍

美国资本市场是目前各国资本市场中最完善的，经过200多年的发展，现在已经形成了一个层次复杂多样、全方位的发达的资本市场体系，其场外市场是资本市场中一个不可缺少的重要组成部分。从最初的18世纪末无场所小规模的不规范交易至今，美国的场外交易市场基本经历了四个阶段：萌芽阶段、分散发展阶段、规范发展阶段及多层次发展阶段。

一、美国场外交易市场现状

美国的场外市场由多个层次的报价系统构成，自高到低分别为全国证券交易商协会自动报价系统（纳斯达克，NASDAQ）、场外交易市场公告板（OTCBB）、粉单市场（Qink Sheets）、交易所上市股票场外大宗交易市场（含第三市场、第四市场）和地方性场外交易市场，其中以前三者为场外交易市场的主体，因此，本部分只对前三个市场进行介绍。

（一）全国证券交易商协会自动报价系统（NASDAQ市场）

全国证券交易商协会自动报价系统（NASDAQ市场）是美国三大证券市场之一，目前包含24个子市场，5个集中托管机构和3个清算机构。该体系最具规模的市场是纳斯达克股票市场，可以划分成三个层次：NASDAQ全球精选市场、NASDAQ全球市场和NASDAQ资本市场。NASDAQ全球精选市场是最高端的市场板块，对上市公司的财务指标要求目前最高。全国市场对上市公司的财务指标和流动性要求次于全球精选市场，而小型资本市场主要由新兴和成长型公司组成，为中小企业提供融资的机会，对财务及流动性要求在三个市场中最低。

在NASDAQ挂牌交易的公司大多为美国甚至全球范围内的高新科技企业，因此其市场指数成为全球参考的高新技术领先指标。纳斯达克通过计算机网络等先进通信技术使其交易电子平台扩充到世界范围，其影响力远远超越了美国的场内交易市场，从 2006 年以来，该市场中上市公司的交易量明显增加，平均股票交易量在 2008 年就已经超过了场内交易所（NYSE，纽约证券交易所）的交易规模①。

（二）场外交易市场公告板（OTCBB）

场外交易市场公告板（简称，OTCBB）成立于 1990 年。该市场主要给不能达到在三大全国市场，即纽约证券交易所、美国证券交易所和 NASDAQ 挂牌上市要求的公司所发行的股票提供实时报价、成交价格和成交量等服务。与纳斯达克不同的是，该市场仅仅提供报价服务，报价的公司不在该市场进行发行融资，也不具备交易平台，市场仅是一种报价的媒介。公司获得该市场报价服务的条件比 NASDAQ 市场要宽松便捷，主要体现在上市条件宽松、无发行上市费用、公司持续挂牌无条件限制、上市审查时间短等方面的优势。同时，OTCBB 没有对市场行为监督的责任，这些特点使得中小企业更青睐 OTCBB 市场。截至 2012 年度，在 OTCBB 报价的证券共有 2 047 种，年交易量达到 1 393.17 亿股，年交易金额达 132.96 亿美元（见表 3–1）。

表 3－1 OTCBB 市场运行情况

年度	挂牌证券总数（只）	总成交量（股）	总成交金额（美元）	做市商数（家）
2012	2 047	139 316 672 681	13 295 767 536	90
2011	2 456	203 314 117 622	20 051 860 152	106
2010	3 136	364 454 891 644	19 716 810 081	131
2009	3 535	405 549 335 427	16 318 518 536	160
2008	3 694	297 820 739 753	18 313 848 732	199
2007	3 516	437 540 629 315	43 083 756 249	216
2006	3 328	640 960 186 993	50 619 602 362	222
2005	3 283	421 925 720 903	46 822 167 465	223

资料来源：www. otcbb. com。

（三）粉单市场（Pink Sheets）

粉单市场处于美国场外交易市场的底层，最早的形式是将报价信息定期印制成刊物进行发放。随着科技的发展，该市场目前主要以计算机网络为基础。粉单市场本质上是为所有 OTC 股票提供电子报价的系统，为那些选择不在交易所或 NASDAQ 挂牌上市，或者不满足挂牌上市条件的股票提供交易流通的报价服务。市场中的“未上市证券”分为三类：第一，因不符合上市要求从交易所或者 NASDAQ 股票市场中退市的证券；第二，为避免成为“报告公司”②而从 OTCBB 退到粉单市场的证券；第三，其他的有做市

① 周小柯：《美国场外交易市场的发展》，《中国场外交易市场发展报告 2009~2010》，社会科学文献出版社 2009 年版。

② 为进一步提高 OTCBB 市场的透明度和减少市场欺诈行为，1999 年，美国证监会通过了《OTCBB 资格规则》，要求在 OTCBB 报价交易的公司向美国证监会注册成为“报告公司”，并按照 1934 年《证券交易法》要求定期向 SEC 或有关银行保险监管机构提交财务报告，对逾期不报送财务报告的公司给予 30 天的宽限期，30 天后将被 OTCBB 除名；对已经在报价的公司则给予 6~12 个月的期限来满足此要求。

商愿意为其报价的证券。

粉单市场也分为三个层次：OTCQX 风险投资市场、OTCQB 优选市场和 OTCpink 公开市场。其中的 OTCQX 是粉单市场中的最高级别的平台，在该市场交易的股票需要及时披露更新信息，并达到一定的财务标准。希望获得更多投资者的企业一般会通过该市场的有效质量控制平台将透明的企业信息、交易数据等提供给投资人，在获得更多的关注后，可以吸引优秀的做市商成功进入交易市场。OTCQB 市场是第二层次，在 OTCQB 上交易的股票需要向美国证监会披露最新的信息。在 OTCpink 市场交易的股票需要披露的信息最少，时效性也较低，因此该市场为粉单市场中最低的一层。截至 2013 年 8 月 20 日，共有近万种证券在粉单市场进行报价，总股数 340 666.09 万股，总市值达到 62 187.51 万美元。

美国具有全球最完备的场外市场，许多知名企业选择在场外市场挂牌交易，如苹果、微软，我国的搜狐等十几家企业选择在纳斯达克进行挂牌交易。事实证明，美国这种完善的场外交易市场为规模不同、资金需求不同的企业提供了不同的融资和交易渠道，也提供了完善的信息披露平台。美国各种企业，尤其是中小规模的企业通过场外市场获得适合的投融资渠道，同时，在市场上挂牌也使得企业的综合治理水平提升，知名度也有所提高，促进各类企业的规范发展。因此，美国的场外交易市场是资本市场支持实体经济的最好的市场代表。

二、美国场外交易市场制度分析

（一）市场准入制度

美国不同层次的场外交易市场对企业入市的要求也不相同。NASDAQ 市场的入市条件最高，针对 NASDAQ 下三个不同层次的市场，对入市要求也是从高到低。关于几个市场对财务指标和流动性方面的入市标准简单汇总见表 3-2。

表 3-2　美国场外交易市场对财务指标和流动性的要求

分类	指标	NASDAQ 全球精选市场	NASDAQ 全球市场	NASDAQ 资本市场	OTCBB 市场	粉单市场
财务标准（满足任一条）	税前利润	最近 3 年连续盈利并累计≥1 100 万美元，最近 2 年每年≥220 万美元	100 万美元，股东权益 1 500 万美元	最近 1 年 75 万美元，股东权益 400 万美元，公众股市值 500 万美元	—	—
	股东权益	—	3 000	500 万美元，公众股市值 1 500 万美元，实际经营历史 2 年	—	—
	挂牌市值（万美元）	—	7 500	5 000 万美元，股东权益 400 万美元，公众股市值 1 500万美元	—	—
	总资产和总收入（万美元）	—	7 500	—	—	—

续表

分类	指标	NASDAQ 全球精选市场	NASDAQ 全球市场	NASDAQ 资本市场	OTCBB 市场	粉单市场
财务标准（满足任一条）	总市值和资产	总市值达到 1.6 亿美元，总资产达到 8 000 万美元，股东权益达到 5 500 万美元	—	—	—	—
	总市值和收入	最近 12 个月总市值≥8 500 万美元，最近 1 年收入9 000 万美元	—	—	—	—
	总市值和收入、现金流量	最近 12 个月总市值≥5 500 万美元，最近 1 年收入≥1.1 亿美元，最近 3 年现金连续净流入并累计≥2 750 万美元	—	—	—	—
流动性指标（全满足）	股东人数	整股股东 450 人，或全部股东 2 200 人	整股股东 400 人	整股股东 300 人	80 人	40 人
	流通股数（股）	1 250 000	1 100 000	1 000 000	—	—
	公众股市值（万美元）	4 500	1 800	—	—	—
	做市商（个）	—	—	3	3	1
	报买价（美元/股）	4	4	4	—	—

（二）交易制度

对于完善的资本市场，交易制度由价格形成机制决定，价格形成的方式决定证券交易制度有以下四种形式①：一对一议价、竞价制度、做市商制度和混合交易制度。一对一议价是交易双方自行寻找对手方后进行面对面的议价，该种方式交易成本最高。竞价制度通常为场内交易所普遍使用的交易制度，如我国上海、深圳证券交易所采用的都是集合竞价制度。美国场外市场如 NASDAQ 市场、OTCBB 市场和粉单市场采取的交易制度是做市商制度，该制度在很大程度上提高了市场的流动性。

（三）监管制度

美国场外市场监管的主要方式是国家统一指导下的自律监管模式，即以自律管理为主，国家的统一管理为辅。美国金融业监管局（The Financial Industry Regulatory Authority，FINRA）由美国国会授权对场外交易市场进行监管，其根本作用是管理证券交易所的场外市场交易行为和投资银行的运营，维护市场秩序，加强市场诚信建设，保

① 周小柯：《美国场外交易市场的发展》，《中国场外交易市场发展报告（2009~2010 年）》，社会科学文献出版社 2009 年版。

护投资者。目前，金融业监管局监管对象已经包括 5 100 家经纪公司、17.3 万家分公司和 66.5 万名注册证券代表。

美国的场外市场监管原则是不同层次的市场，使用不同的监管标准，但共同的特点是在场外市场上的交易行为和证券商在市场上的行为都受到美国证券交易委员会（SEC）、美国金融业监管局（FINRA）的监督。挂牌交易的公司违规或者投诉，直接由 SEC 受理；证券经纪商或其他投资者的投诉向 FINRA 反映。因此，监管范围可以覆盖到所有场外市场。由此可见，美国对场外市场的监管主要是建立在对证券交易商交易行为监管的基础上的。金融业监管局本质是对做市商行为的监管，对未加入的证券商只要从事场外交易也同样具有监督权。

美国具有全球最完善的监管制度和系统，这也保证了其场内、场外交易市场的健康稳定发展。总结来说，首先，美国场外市场监管制度主要体现在信息披露、统一的清算机构和对投资者的保护方面。美国场外交易市场有严格的信息披露要求，逐步建立了场外交易市场的会计认证、评价和披露标准，极大地提高了市场透明度，使市场参与者获得了更充分有效的信息，同时，还制定了针对不同层次市场的信息披露标准。例如，在 OTCBB 市场上，各个证券公司必须通过自动确认交易服务系统在成交 90 秒内披露国内外股票柜台市场的交易信息。为进一步促进市场信息的及时公开，1999 年 1 月 4 日，美国证券交易委员会通过了《OTCBB 监管规则》，在 OTCBB 报价的金融品种需要向 SEC 及有关金融保险监管机构报告当前的财务状况，而粉单市场只要在每天交易结束时公布挂牌公司的报价，并不需要进行财务信息披露。

其次，美国的场外交易市场建立了统一的中央清算机构，以便向市场参与者公开交易量、交易价格等信息，提高市场透明度。

最后，投资者保护历来是美国关注的重点，场外交易市场也对保护投资者做了明确的规定，主要体现在两大方面：第一，向投资者进行充分的风险提示，在场外市场中，由于小型企业的经营风险相对较大，对该类公司的股票进行投资具有很大的潜在风险，尤其对持有资金较少的自然人投资者来说，投资于小型股票市场的风险可能会与其风险承受能力并不匹配。因此，根据美国制定的场外交易市场的投资者保护要求，证券交易商必须要向交易对手，特别是自然人投资者，进行风险提示及必要的投资者教育。第二，禁止欺诈投资者，美国证券交易委员会禁止证券经纪商为了自身利益而欺诈投资者，明确规定证券经纪商和交易商在交易前必须向客户提供书面文件，并要求对客户接受有关文件约定的内容进行留痕，否则均被视为非法。另外，在 OTCBB 市场，证券经纪商应当至少向 3 个做市商询价，当少于 3 个做市商时，券商需对全部做市商进行询价。券商一旦报出某种证券的买卖价格，就有义务按此价格成交。

（四）转板机制

美国场外市场与交易所市场，场外市场不同层次之间可以有条件的转板，主要分为“升板”和“降板”两大部分。“升板”是指，只要满足上一层次市场的入市标准或报价条件，就可以进入高一层级的市场交易。例如，在 OTCBB 市场上挂牌的企业，只要达到以下任何一个标准都可以申请进入 NASDAQ 市场：（1）净资产达到 400 万美元；(2) 年税后利润超过 75 万美元；（3）市值超过 5 000 万美元，同时股东人数在 300 人以上，每股股价高于 4 美元。2011 年 10 月到 2012 年 10 月，OTCBB 市场上有 32 只股票升板，其中 26 只进入 NASDAQ 市场，6 只进入了纽约证券交易所[①]。“降板”是指，从 NASDAQ 市场退市，转到 OTCBB 市场或者粉单市场，或者从 OTCBB 市场退到粉单市场进行交易。

第二节　美国场外交易市场发展经验对我国的启示

通过对美国场外市场发展、市场制度进行介绍，可以看出，一个完善的场外交易市场对当地的中小企业发展起到了扶持的积极作用，对经济发展也是至关重要的。

第一，完善的场外交易市场体系具有多个层次，如美国场外市场主要由 NASDAQ 市场、OTCBB 市场和粉单市场三个层次组成。多层次的市场为不同规模的中小企业提供了融资等金融服务，提高了资本市场的流动性。不同层次市场的准入条件是逐渐放松的，通常为了支持中小企业顺利通过初创期，成熟的场外交易市场其挂牌的标准和条件要比场内交易所的要求低，并且对市场中企业的监管要求也是按照层级的递减而逐渐宽松。例如，信息披露内容会随着市场层次的降低而减少。

第二，场外市场有完善的法律法规机制，美国政府对场外交易市场都有明确的法律定位，并建立了完善的法律法规制度，保证市场的健康发展。总结三个场外市场体系，三个国家和地区对场外市场的定位、参与主体等都进行了明确的描述，并以法律的形式对市场制度、运作的规则，以及监管部门和监管的范围进行确立，保证监管的效率，并保障了市场的顺利运行。

第三，场外交易市场采用了做市商交易制度，做市商交易制度下，投资者与做市商进行交易，所有客户的委托都通过做市商的账户进行买卖，做市商同时报出一只股票的买价和卖价，投资者以做市商报的卖出价格作为买价，以做市商的买入价格卖出股票。做市商利用手中的证券存货根据投资者的要求买卖股票，满足投资者的投资需求，并在股票交易不活跃的时候，变化报出买入和卖出价格，提高交易活跃度，维持市场的流动性。

做市商也存在着纯粹做市商和混合做市商不同的交易制度，一般而言，市场发展的初期或者低一层次的市场会选择纯粹的做市商交易制度，而市场进入成熟阶段或高层次的市场，多选择混合交易制度，即竞价交易制度与做市商交易制度相融合的混合交易制度。例如，美国的 NASDAQ 市场采用的是混合交易制度，OTCBB 和粉单市场则使用的

① 资料来源：“2011 年 10 月至 2012 年 10 月 otcbb 升板公司一览”，Otcbb 中国资讯网 www.otcbb.com.cn，2012 年 10 月 23 日。

是纯粹做市商制度。

第四，在不同层次的市场间建立了完善的转板制度，企业能够在不同市场之间自由流动。一般转板制度分为“升板”和“降板”：“升板”是指当低一层次市场中的企业经营达到高一层次市场的准入条件时，可以进入高层次市场交易，如美国的OTCBB市场，在财务指标或者市值等达到一定标准时即可进入NASDAQ市场；“降板”是指高层次市场的企业因各种原因不再符合上市条件，而降到下一层次市场。转板将场内和场外市场有效地联通，使得场外市场很好融入资本市场中，有利于扶持优质企业，淘汰落后企业，提高整个资本市场效率。

2014 年中国柜台市场及区域性股权市场前景展望

第一节　柜台市场前景展望

一、扩大柜台产品范围，丰富柜台市场产品类型，满足投资者的个性化资产配置和综合财富管理需求

柜台市场旨在满足客户多元化的投融资需求，从长期来看，柜台市场的品种包含股权、债券、证券公司理财、基金等各类型金融产品，种类繁多、品种齐全，能够极大增强资本市场的活力，提高金融资源配置效率，有利于我国多层次资本市场建设。

从成熟市场发展经验来看，各国都有十分发达的柜台市场，国际一流投行的主要业务也大都集中在销售交易业务领域，而中国证券公司长期以来产品单一，缺乏服务手段，其重要原因之一在于柜台市场没有发展起来，不能满足客户多元化的投资需求。中国要打造国际一流投行，必须重视基础功能的再造和整合，发展证券公司的柜台市场，满足投资者财富管理需要，为合格投资者提供更为个性化的金融服务。

二、鼓励证券公司开发金融衍生品，大力发展资本中介业务

国外成熟经验表明，发展场外市场业务，必须把证券公司资本中介业务做起来。资本中介业务就是券商以股票、利率、汇率、大宗商品等基础资产为核心，满足客户为了避免基础资产价格波动、提高产品流动性的需求，规避市场风险和信用风险，在柜台上为其提供相应的产品与服务。这种产品与服务是非标准化的，它是证券公司核心附加值之所在，是其他金融机构无法提供的，通过资本中介业务，证券公司的基本功能得以解冻、复活和强化。

三、推动柜台市场做市交易

从成熟场外市场发展经验来看，做市商制度的引入是提高市场参与者积极性、增加机构收入的主要手段。证券公司担任做市商角色，一方面可以加大市场流动性，提高证券公司参与柜台市场的积极性；另一方面可以完善证券公司功能，有利于证券公司的差异化发展。目前，已明确柜台市场可进行做市商试点，下一步建议尽快推动试点工作，并从两个方面加强做市商管理：一是采取实时监测与事后监管相结合的模式，对做市商报价及更新、内幕交易和虚假信息等进行监督；二是对做市商信息披露的内容、时间和方式做出明确规定，降低做市商操纵市场的风险。

四、完善机构间私募服务与报价系统功能，建立机构间市场，促进柜台市场的互联互通

随着机构间私募服务与报价系统建设功能的完善，实现交易、登记、支付等功能，促进柜台市场互联互通，并为非试点证券公司提供共用柜台市场交易系统，以提高证券公司之间的客户资源共享率，拓宽业务边界，提高柜台市场产品的流动性，同时，以报价系统为基础，引入银行、保险、信托等专业机构，建立机构间市场，促进机构间风险定价、交易和对冲，实现私募市场互联互通，避免风险过度集中。

第二节　区域性股权市场前景展望

一、推动区域性市场联网运行

从本质上看，现在的区域股权交易市场还不是真正意义上的区域市场，只是各省份在所辖的行政区域都建一个市场，呈“诸侯割据”状，尽管中国证监会及地方政府并不支持区域性股权市场企业异地挂牌，但随着参与主体多元化及企业融资需求多元化，政策将逐渐让步于市场规律，区域性扩张将成为重要趋势，打破各地股权交易市场分割的格局，给投资者提供便捷的信息渠道，为此须建立“统一互联、分散做市”的市场架构，尽快制定标准，实施技术系统建设，实现市场间的信息共享，充分发挥各区域市场的信息、资源、人才的集聚作用，使参与者拥有一个可以浏览全国所有挂牌企业信息的互联市场，这样才能放大企业的广告效应，一种向社会，向 PE 融资的广告效应，这才是区域市场的出路——为进场企业提供便捷服务及融资渠道。

二、加速与资本市场的有效对接

根据国外成熟市场的经验，我国区域性股权市场将经历全面开花阶段（小而分散）、并购阶段（强并弱或同类合并）、若干家真正意义上的大型区域股权交易市场三个阶段，然后与全国性股权交易市场、交易所市场等更高层次的资本市场成功对接。虽然区域性

股权市场已正式纳入我国多层次资本市场体系，但是如何与更高一层次的市场进行有效对接还需要细化和切合实际的顶层设计。

三、引入适度竞争机制

随着参与主体多元化及企业融资需求多元化，发展势头好的股权交易市场将更具吸引力，区域扩张将成为必然选择。为此，应逐步放开区域限制，允许企业异地挂牌；允许各区域性股权交易市场之间联合和并购，促进要素集聚，促使做大做强。

四、完善的监管制度

制度建设及监管制度与监管能力的优劣与强弱是区域性股权市场能否健康持续发展的重要保障。目前，各区域性股权市场都有自身的一些制度，也在完善当中，监管部门将在宏观上加强监管指导，制定统一的业务规则及监管标准，建立监管部门与地方金融主管机构之间的联席会议机制，共同规范区域性股权交易市场发展。

五、证券公司深度参与区域市场，交易机制有待突破

为推动区域性股权交易市场健康发展，更好地为企业提供股权交易和融资服务，繁荣地方实体经济，防范金融风险，证券公司将更多地参与区域性股权交易市场，不仅可以通过投资入股拓宽盈利来源，更重要的是借此实现业务拓展。在承销和保荐业务上，证券公司可为非上市公司提供与挂牌推荐、定向股权融资、私募债券融资等相关服务，并有望延续至未来IPO的保荐承销；在资产管理业务方面，证券公司可发行以区域性市场挂牌的股权或私募债券为投资目标的股权投资基金或资产管理产品；在证券经纪及顾问服务方面，证券公司可为企业和投资者提供代理买卖或财务咨询服务。

专题报告之二：2013 年中国证券公司固定收益业务发展综述

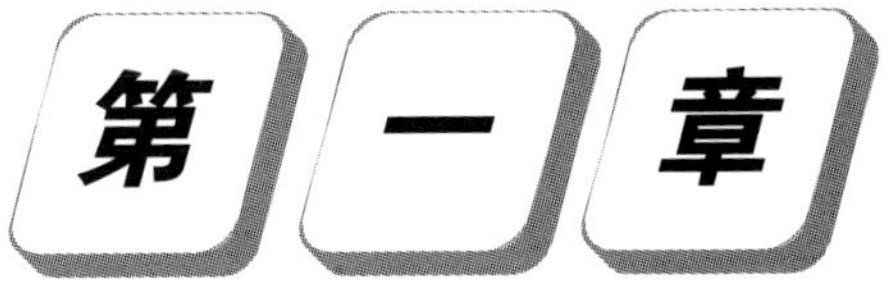

2013 年中国证券公司固定收益业务发展的总体情况

固定收益证券主要指持有人可以在特定的时间内取得固定的收益并预先知道取得收益数量和时间的证券产品，主要可以分为信用产品、利率产品（包括货币市场工具）、资产支持工具（按揭抵押证券、贷款产品等）等。

证券公司固定收益业务包括一、二级市场的承销、销售、自营交易、资本中介等业务类型。

固定收益承销业务是指债券及结构化融资产品的构建、承销和财务顾问服务，客户类型涵盖了政府支持机构、金融机构、上市公司、非上市公司、地方融资平台企业等，产品范围包括企业债、公司债、非金融企业债务融资工具、金融债和多元化的结构性融资产品等。

固定收益销售业务是以客户为导向，担任代理以收取手续费及佣金收入的业务。目前，证券公司向客户销售各类固定收益产品，包括国债、央行票据、金融债、企业债、公司债、短期融资券、中期票据、私募债、资产证券化产品等，客户类型涵盖了银行、信用社、保险、基金、信托、证券公司、财务公司和企业等市场参与机构。

固定收益交易业务是以投资回报为导向进行的投资业务。证券公司使用自营资金，主动承担相应市场、信用风险，获取固定收益产品的资本利得、票息等收入。目前，证券公司可以交易的固定收益产品类型包括国债、央票、金融债、企业债、公司债、短期融资券、中期票据、私募债、资产证券化产品、可转债等，交易方式包括现券、债券远期、回购等，部分证券公司已经开展利率互换等衍生产品业务。

固定收益资本中介业务是以客户为导向，利用资本优势促使客户交易或向市场提供流动资金的业务。证券公司依托客户网络和产品设计能力，利用公司资产负债表通过产品设计和开发，为客户提供固定收益类交易做市、风险管理、财富管理、投资顾问等服务，满足客户各类投融资需求。

在我国目前的市场状况下，固定收益业务主要表现为债券一级市场的承销与销售业务、债券二级市场的交易业务、固定收益证券衍生品业务。同时，考虑到国外证券公司固定收益证券（FICC）业务的迅速发展及在我国的发展潜力，本章简要阐述了 FICC 业务的发展回顾与展望。

第一节　2013 年中国证券公司债券一级市场发展情况

一、债券一级市场总体发展回顾

(一) 债券发行规模小幅增加

2013 年，债券发行规模继续增加，全年累计发行各类债券（含央票）8.47 万亿元，较 2012 年增加 0.75 万亿元，同比增长 9.77%。截至 2013 年末，国内各类债券余额约 30 万亿元，同比增长 12.30%（见图 1-1）。

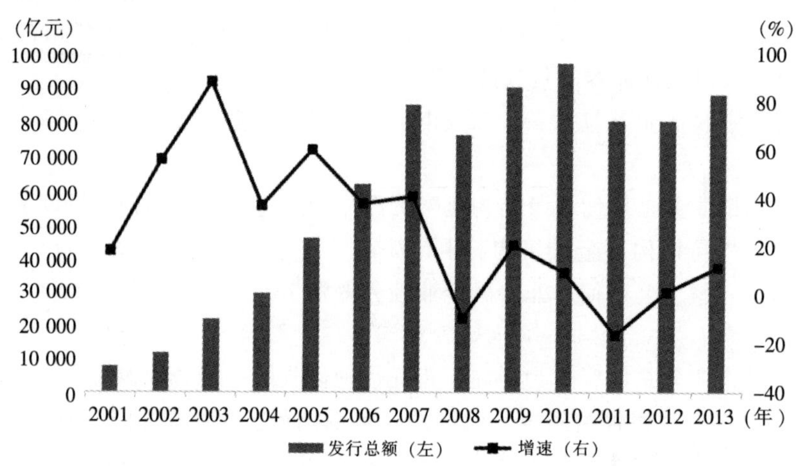

图 1-1　2001~2013 年中国债券市场发行总额及同比增速

资料来源：Wind 资讯。

2013 年，金融债、短期融资券和国债在发行规模中占据主要地位，三者发行量合计约占发行总量的 70.59%；可转债、地方政府债、短期融资券同比增长最快，增速分别为 233.11%、40%、29.06%（见表 1-1）。

表 1－1　2013 年各券种累计发行额及占比、增速

券种	发行额（亿元）	金额比重（%）	同比增速（%）
国债	16 944. 01	19. 99	17. 98
地方政府债	3 500. 00	4. 13	40. 00
央行票据	5 362. 00	6. 33	N. A
金融债	23 835. 68	28. 13	－8. 18
企业债	4 752. 30	5. 61	－26. 88
公司债	1 693. 33	2. 00	－35. 45
中期票据	6 978. 59	8. 23	－18. 47

续表

券种	发行额（亿元）	金额比重（%）	同比增速（%）
短期融资券	19 040.70	22.47	29.06
政府支持机构债	1 500.00	1.77	0.00
资产支持证券	256.70	0.30	-8.78
可转债	544.81	0.64	233.11
同业存单	340.00	0.40	N.A
合　计	84 748.12	100.00	9.77

资料来源：Wind资讯。

从新发债券的期限结构来看，0~3年短期品种、3~10年中长期品种和10年以上长期品种发行量占比分别为53.10%、43.36%和3.54%（见表1-2）。

表1-2　2013年各期限债券累计发行量及占比、增速

类别	发行总额（亿元）	金额比重（%）	同比增速（%）
1年以内	26 435.04	31.19%	36.34%
1~3年	18 566.22	21.91%	74.66%
3~5年	15 680.75	18.50%	-10.68%
5~7年	13 276.21	15.67%	-8.31%
7~10年	7 791.10	9.19%	-22.73%
10年以上	2 998.80	3.54%	-40.77%
合　计	84 748.12	100.00%	9.77%

资料来源：Wind资讯。

（二）债券市场余额稳步扩大

根据中央国债登记结算有限责任公司（中债登）数据，截至2013年12月末，债券市场总托管量25.91万亿元，较2012年末增长9.07%（见表1-3、表1-4、表1-5）。

表1-3　2001~2013年各市场债券托管量　（单位：万亿元）

年度	总计	银行间	交易所	柜台	其他
2013	259 113.26	242 868.27	8 855.82	4 892.32	2 496.85
2012	237 569.11	224 847.12	4 602.59	3 071.46	5 047.94
2011	213 575.97	202 168.02	3 502.75	2 287.99	5 617.22
2010	201 747.96	188 791.50	2 878.50	1 716.87	8 361.08
2009	175 294.70	159 806.72	2 818.87	1 358.03	11 311.09
2008	151 102.26	139 002.54	3 008.73	950.84	8 140.15
2007	123 338.56	111 367.12	3 236.87	393.43	8 341.14
2006	92 452.08	68 307.56	3 542.23	513.99	20 088.29
2005	72 592.07	66 505.00	3 879.74	495.42	1 711.91
2004	51 625.16	45 326.44	4 364.28	514.90	1 419.53
2003	37 118.09	32 436.51	3 569.50	36.69	1 075.39
2002	28 332.57	24 680.66	2 722.10	26.81	903.00
2001	19 727.91	18 931.81	0.00	0.00	796.10

资料来源：中国债券信息网。

表 1-4　　2001~2013 年各市场债券托管量增速　　（单位:%）

年度	总计	银行间	交易所	柜台	其他
2013	9.07	8.01	92.41	59.28	-50.54
2012	11.23	11.22	31.40	34.24	-10.13
2011	5.86	7.09	21.69	33.27	-32.82
2010	15.09	18.14	2.12	26.42	-26.08
2009	16.01	14.97	-6.31	42.82	38.95
2008	22.51	24.81	-7.05	141.68	-2.41
2007	33.41	63.04	-8.62	-23.46	-58.48
2006	27.36	2.71	-8.70	3.75	1073.44
2005	40.61	46.72	-11.10	-3.78	20.60
2004	39.08	39.74	22.27	1 303.40	32.00
2003	31.01	31.42	31.13	36.84	19.09
2002	43.62	30.37	N.A	N.A	13.43
2001	17.81	17.75	N.A	N.A	19.07

资料来源：中国债券信息网。

表 1-5　　2013 年末各券种债券余额及占比、增速

券种	托管量（亿元）	托管量占比（%）	同比增速（%）
政府债券	91 780.65	35.42	13.68
央行票据	5 521.72	2.13	-58.91
政策性银行债	88 719.58	34.24	12.90
政府支持机构债券	9 800.00	3.78	18.79
商业银行债券	12 938.00	4.99	2.26
资本工具	15.00	0.01	N.A
非银行金融机构债券	362.00	0.14	-2.95
企业债券	23 358.65	9.01	21.02
资产支持证券	171.39	0.07	124.68
中期票据	26 323.40	10.16	9.81
集合票据	91.57	0.04	-36.86
外国债券	31.30	0.01	-21.75
合　计	259 113.26	100.00	9.07

资料来源：中国债券信息网。

(三) 债券发行成本有所上升

2013 年上半年债券发行利率平稳，但下半年以来，债券投资需求减弱，发行利率不断走高，发行成本有所上升。

国债、政策性金融债各期限招标利率均于 11 月达到历史高点，部分期次政策性金融债由于发行利率过高而推迟发行（见图 1-2）。

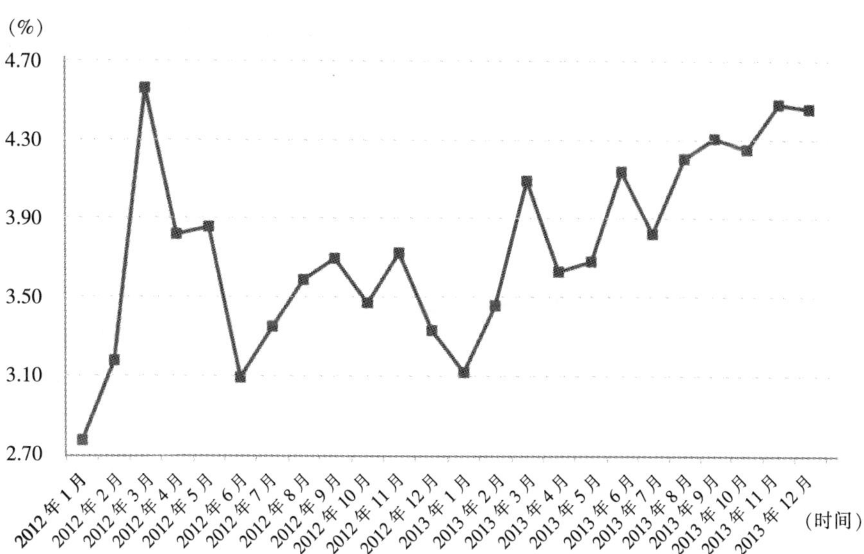

图 1-2　2012~2013 年国债招投标利率走势

资料来源：Wind 资讯。

信用类债券发行成本也呈明显上升趋势。以主体评级为 AAA 级的 5 年期中期票据发行利率为例，前半年发行利率较为稳定，基本保持在 4.5%至 5%的区间范围内，但下半年以来发行利率节节攀升，至 11 月已超过 6%，最高达 6.4%，较年初最低水平的 4.84%上升 156BP。2013 年主体评级 AAA 的 5 年期中期票据平均发行利率 5.08%，较 2012 年的 4.78%上升 30BP。

发行利率走高有以下几点原因：

第一，货币政策中性偏紧，银行间债券市场资金面较为紧张，尤其在 6 月份出现货

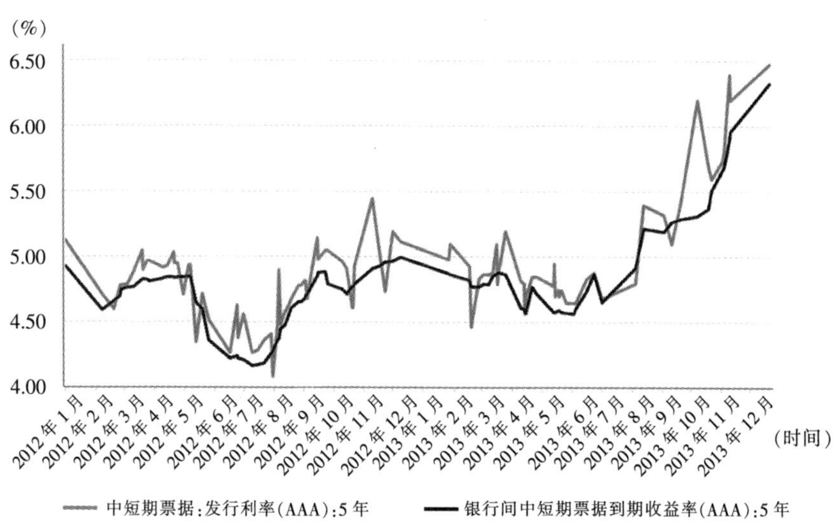

图 1-3　2012~2013 年 5 年期中期票据发行利率和中债银行间 5 年期中短期票据收益率曲线走势

资料来源：Wind 资讯。

币市场利率异常大幅波动之后，市场流动性预期极其谨慎，使得债券投资需求减弱，利率上行。

第二，商业银行在资本管理、流动性管理等监管考核压力之下，越来越多地走向表外业务以缓解表内压力，这使得货币乘数扩大带来资金借贷市场的高度繁荣，而随着2013年理财和同业业务的监管，表外业务收紧，高速扩张的货币供应失去了源头，带来了资金面的紧张和收益率的上行。

第三，利率市场化推进的过程中，商业银行资金成本逐渐提高，为维持原有的利差空间，商业银行对债券投资的期望回报率有所抬升，而作为债券市场投资主体，商业银行拥有债券市场的定价权，这带来了债券市场利率中枢的整体抬升。

（四）债券发行方式不断创新

2013年，债券发行方式不断创新，主要表现在以下几个方面：

第一，2013年10月及12月相继发行了首单永续企业债及永续中票，其中“13武汉地铁”可续期债发行规模为23亿元，首个计息周期票面利率为8.5%，接近上限定价，以每5个计息年度为一个周期，约定发行人赎回时到期。

第二，2013年12月银行间债券市场推出了同业存单，截至2013年12月31日，共发行10只同业存单，发行规模340亿元，包括国家开发银行、工商银行等在内的10家银行成为首批试点机构。该创新品种的推出有利于进一步引导、规范同业存款等线下业务，使机构之间的利率市场机制进一步完善，且丰富了金融机构的市场化负债产品。

第三，2013年10月10日~15日，2013年记账式附息（20期）国债在上交所交易系统开展国债预发行交易，这是我国第一只进行预发行交易的债券，提高了国债发行定价效率。

第四，2013年12月18日发行的国电电力除了首只永续中票的角色外，其采取的基准利率也是一大亮点，首次以中债银行间固定利率国债收益率曲线为基准，约定当期的基准利率为簿记建档日及重置票面利率日前5个工作日的5年期国债收益率算术平均值。该创新是对“健全反映市场供求关系的国债收益率曲线”的实质性推进。

第五，2013年12月27日，首批120亿元国开行金融债券在上海证券交易所成功发行，金融债券跨市场发行，进一步促进了场内和场外市场互联互通。

第六，2013年以来，已有6家金融机构发起发行信贷资产证券化产品157.81亿元，其中，11月18日国家开发银行发行了80亿元“2013年第一期开元铁路专项信贷资产支持证券”；12月31日，中国人民银行会同中国银监会发布《中国人民银行公告[2013]第21号》，明确发起机构可以按照有关要求灵活确定风险自留的具体方式，以进一步提高商业银行参与资产证券化扩大试点的积极性。

（五）银行依然是债券发行的绝对主力

2013年，债券一级承销业务仍以银行为主力，承销额占总承销额的比重达71.67%；

证券公司承销额比重较 2012 年有所下降，占比仅 28.13%。债券承销排名前 20 位的机构中，证券公司仅占 6 席，分别为中信证券、国开证券、中信建投、中金公司、海通证券和国泰君安，其债券承销额依次为 1 576.77 亿元、755.50 亿元、714.38 亿元、666.92 亿元、652.20 亿元、585.75 亿元（见表 1–6）。

表 1 –6　　2013 年债券承销机构排名前 20 位

排名	机构名称	总承销金额（亿元）	市场份额（%）	数量（只）	平均承销额（亿元）
1	建设银行	3 487.87	8.56	303	11.51
2	工商银行	2 861.45	7.02	234	12.23
3	兴业银行	2 527.45	6.20	281	8.99
4	农业银行	2 477.42	6.08	191	12.97
5	国家开发银行	2 330.72	5.72	224	10.41
6	中国银行	2 133.06	5.24	214	9.97
7	中信银行	2 092.04	5.14	243	8.61
8	光大银行	1 875.10	4.60	195	9.62
9	中信证券	1 576.77	3.87	118	13.36
10	招商银行	1 484.17	3.64	200	7.42
11	浦东发展银行	1 472.66	3.61	178	8.27
12	交通银行	1 419.11	3.48	135	10.51
13	民生银行	1 173.90	2.88	149	7.88
14	北京银行	1 059.00	2.60	117	9.05
15	国开证券	755.50	1.85	56	13.49
16	中信建投	714.38	1.75	52	13.74
17	中金公司	666.92	1.64	44	15.16
18	海通证券	652.20	1.60	28	23.29
19	国泰君安	585.75	1.44	48	12.20
20	华夏银行	535.20	1.31	76	7.04

资料来源：Wind 资讯。

二、证券公司债券一级市场发展回顾

(一) 证券公司债券主承销额显著下降

2013 年，证券公司主承销额出现明显下降，79 家证券公司共主承销发行 1 062 只债券，总承销额 11 464.87 亿元，同比下降 26.73%，平均承销额 10.80 亿元，同比下降 24.37%。

证券公司主承销券种以企业债、公司债、金融债为主。其中，企业债发行 423 只，总承销额 4 709.8 亿元，同比下降 27.53%；公司债发行 390 只，总承销额 1 696.03 亿元，同比下降 35.35%；金融债发行 55 只，总承销额 2 012.25 亿元，同比下降 48.35%（见表 1–7 和表 1–8）。

表1-7　　2003~2013年证券公司债券主承销额及增速变化

年度	主承销金额（亿元）	同比增长（%）	平均主承销金额（亿元）	同比增长（%）
2013	11 464.87	-26.73	10.80	-24.37
2012	15 647.84	69.95	14.28	-31.77
2011	9 207.06	39.16	20.93	-2.24
2010	6 616.13	-22.09	21.41	-3.95
2009	8 492.07	82.71	22.29	-6.97
2008	4 647.96	67.17	23.96	30.15
2007	2 780.41	75.86	18.41	12.94
2006	1 581.04	123.22	16.30	-17.17
2005	708.30	9.22	19.68	-2.91
2004	648.53	41.34	20.27	32.57
2003	458.83	N. A	15.29	N. A

资料来源：Wind资讯。

表1-8　　2003~2013年证券公司企业债、公司债和金融债主承销额及增速变化

年度	企业债主承销金额（亿元）	同比增长（%）	公司债主承销金额（亿元）	同比增长（%）	金融债主承销金额（亿元）	同比增长（%）
2013	4 709.80	-27.53	1 696.03	-35.35	2 012.25	-48.35
2012	6 499.31	168.18	2 623.31	103.17	3 895.80	14.86
2011	2 423.48	-8.46	1 291.20	152.43	3 391.83	253.76
2010	2 647.53	-16.57	511.50	-30.40	958.80	-66.15
2009	3 173.50	106.62	734.90	155.17	2 832.90	238.46
2008	1 535.90	53.88	288.00	157.14	837.00	737.00
2007	998.10	74.19	112.00	N. A	100.00	-73.68
2006	573.00	6.60			380.00	280.00
2005	537.50	124.43			100.00	-33.33
2004	239.50	14.96			150.00	200.00
2003	208.33	N. A			50.00	N. A

资料来源：Wind资讯。

1. 证券公司短期融资券和中期票据（短融中票）承销额小幅增长。自2012年11月底以来，国泰君安、招商证券、光大证券、中信建投、广发证券、东方证券、海通证券、华泰证券、银河证券、国信证券10家证券公司获得资格参与短融、中票等非金融企业债务融资工具的主承销业务。在此之前，中金公司与中信证券已具有短融、中票的主承销资格。

2013年，证券公司短融、中票承销额为803.65亿元，同比增长7.1%；发行数量为88只，同比增长47.7%；平均承销额为9.13亿元，同比下滑27%（见表1-9）。

表 1－9　　2013 年证券公司短融、中票一级承销业务

机构名称	承销金额（亿元）	市场份额（%）	数量（只）
中信证券	390.65	48.61	47
中金公司	189.25	23.55	19
国泰君安	120.00	14.93	8
海通证券	50.00	6.22	3
第一创业摩根大通	26.00	3.24	4
中信建投	11.75	1.46	4
华泰证券	10.00	1.24	1
银河证券	3.50	0.44	1
光大证券	2.50	0.31	1
总　计	803.65	100	88

资料来源：Wind 资讯。

2. 证券公司公司债承销额大幅下滑。2013 年，64 家证券公司总计发行了 344 只公司债，承销额 1 619.79 亿元，平均承销额 4.71 亿元。与 2012 年相比，发行数量上升了 8.5%，承销额和平均承销额同比下滑了 38.3%和 43.1%，其中排名前 10 位的证券公司参与市场份额合计达 61.03%。

2013 年，受债券市场监管加强和银行间债券市场资金面紧张的影响，一级市场收益率不断飙高，企业直接融资成本不断上升，企业发债积极性受到影响，同时伴随着二级市场交易量萎缩，非标产品收益率企高，挤占了市场流动性，投资机构对于债券的投资热情降低，公司债发行总额出现明显下滑（见表 1–10）。

表 1－10　　2013 年证券公司公司债一级承销业务排名前 20 位

序号	机构名称	承销金额（亿元）	市场份额（%）	数量（只）
1	中信证券	253.87	14.99	34
2	中金公司	165.50	9.78	8
3	广发证券	115.69	6.83	17
4	瑞银证券	113.33	6.69	10
5	国泰君安	78.72	4.65	16
6	中银国际	69.97	4.13	8
7	银河证券	66.67	3.94	1
8	平安证券	64.50	3.81	14
9	安信证券	56.60	3.34	5
10	国信证券	48.53	2.87	22
11	光大证券	47.50	2.81	13
12	华泰联合证券	41.91	2.48	8
13	摩根士丹利华鑫证券	37.50	2.21	4
14	兴业证券	31.50	1.86	9
15	申银万国	31.00	1.83	4

续表

序号	机构名称	承销金额（亿元）	市场份额（%）	数量（只）
16	华林证券	26.90	1.59	2
17	德邦证券	26.50	1.57	4
18	招商证券	25.00	1.48	6
19	浙商证券	22.70	1.34	12
20	中原证券	22.50	1.33	1

资料来源：Wind 资讯。

(二) 证券公司债券一级市场集中度较高

2013 年，排名前 10 位的证券公司合计承销额 6 338.97 亿元，市场份额合计 55.32%，市场集中度仍然较高（见表 1–11 和表 1–12）。

表 1 –11　　2003 ~2013 年证券公司债券主承销额排名前 10 位市场份额

年度	排名前 10 位承销金额（亿元）	排名前 10 位市场份额（%）
2013	6 338.97	55.32
2012	9 718.30	62.11
2011	6 255.31	67.94
2010	4 476.43	67.66
2009	6 201.03	73.02
2008	3 770.70	81.13
2007	2 347.47	84.43
2006	1 397.83	88.41
2005	653.30	92.23
2004	613.90	94.66
2003	389.33	84.85

资料来源：Wind 资讯。

表 1 –12　　2013 年证券公司债券主承销业务排名前 20 位

排名	机构名称	总承销金额（亿元）	市场份额（%）	数量（只）	平均承销金额（亿元）
1	中信证券	1 576.77	13.76	118	13.36
2	国开证券	755.50	6.59	56	13.49
3	中信建投	714.38	6.23	52	13.74
4	中金公司	666.92	5.82	44	15.16
5	海通证券	652.20	5.69	28	23.29
6	国泰君安	585.75	5.11	48	12.20
7	国信证券	369.27	3.22	54	6.84
8	瑞银证券	368.67	3.22	17	21.69
9	招商证券	335.00	2.92	14	23.93
10	广发证券	314.52	2.74	28	11.23
11	华泰联合	314.41	2.74	20	15.72

续表

排名	机构名称	总承销金额（亿元）	市场份额（%）	数量（只）	平均承销金额（亿元）
12	银河证券	309.17	2.70	19	16.27
13	宏源证券	283.23	2.47	28	10.12
14	摩根士丹利华鑫证券	253.83	2.22	15	16.92
15	平安证券	237.83	2.08	33	7.21
16	申银万国	223.33	1.95	11	20.30
17	中银国际	222.80	1.94	18	12.38
18	瑞信方正	191.00	1.67	9	21.22
19	兴业证券	188.50	1.65	25	7.54
20	齐鲁证券	158.60	1.38	22	7.21

资料来源：Wind 资讯。

第二节　2013 年中国证券公司债券二级市场发展情况

一、债券二级市场总体发展回顾

（一）债券指数先扬后抑

2013 年，受监管层对债券市场“代持养券”行为的整顿和银行间债券市场资金面紧张的影响，中债指数整体大幅下跌，全年呈现上半年平稳上升、下半年大幅下降的走势。截至 2013 年 12 月末，中债综合净价指数为 96.07 点，较 2012 年 12 月末的 100.76 点下降 4.65%，中债综合财富指数为 145.89 点，较 2012 年 12 月末的 146.58 点下降 0.47%，均创 2002 年以来的年度最大跌幅（见图 1–4 和图 1–5）。

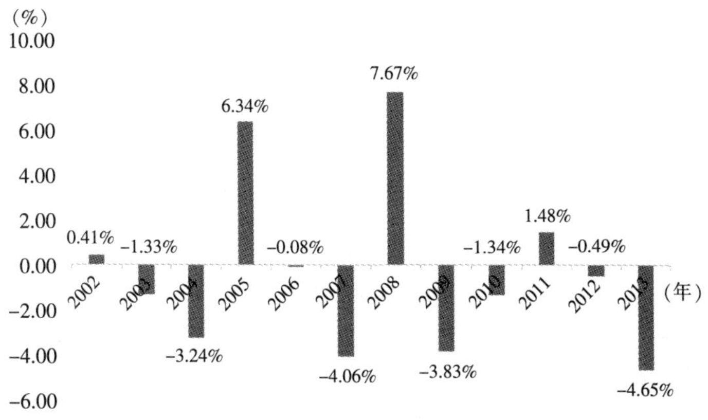

图 1–4　2002~2013 年中债综合净价指数年度涨跌幅

资料来源：中国债券信息网，Wind 资讯。

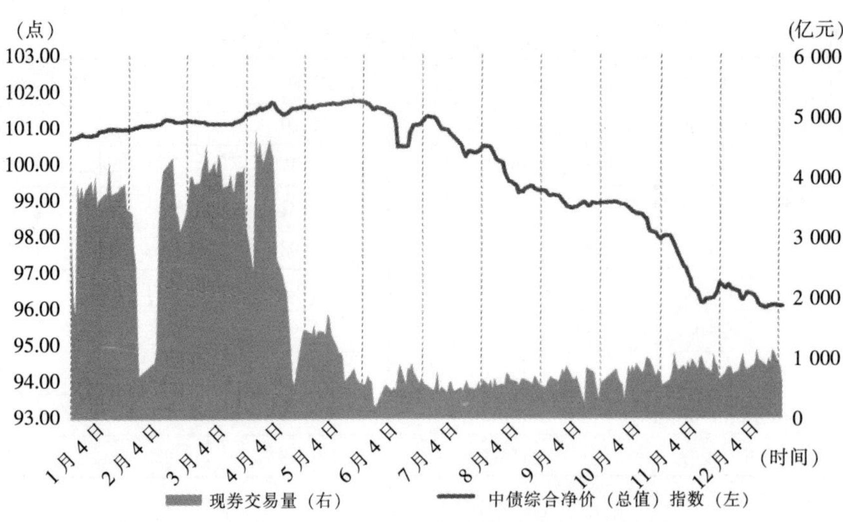

图 1–5　2013 年中债综合净价指数走势和现券交易量变化

资料来源：中国债券信息网，Wind 资讯。

(二) 债券收益率先抑后扬

以银行间 10 年期国债收益率变化为例：第一季度收益率基本在 3.6%附近波动；3 月 25 日行情出现明显下行，延续到 5 月下旬收尾；“6·20”事件后，收益率失控性飙升，整体出现波动性上升行情，11 月 20 日收益率达到 4.72%，创 9 年来收益率高点；12 月收益率稳定在 4.5%~4.7%区间（见图 1–6）。

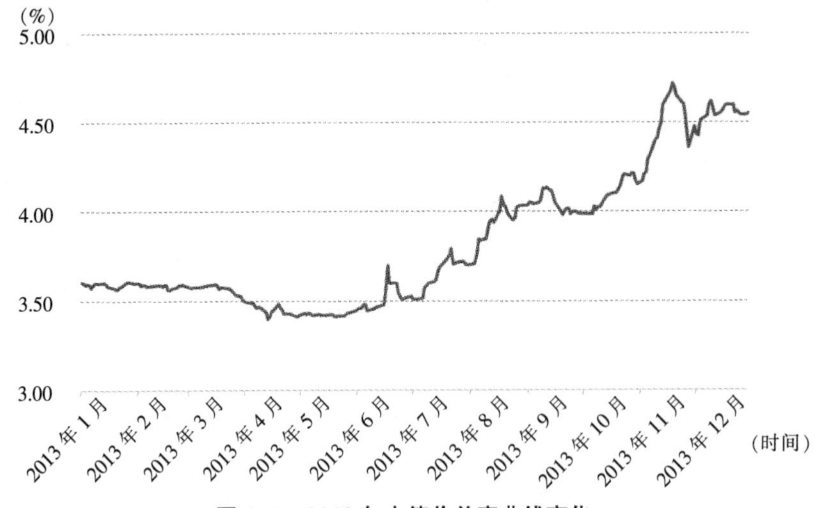

图 1–6　2013 年中债收益率曲线变化

资料来源：Wind 资讯。

(三) 债市现券交投活跃度明显降低，回购交易量大幅增加

2013 年，债券市场交投活跃度明显降低，全年现券和回购交易结算量为 262.67 万亿元，同比增长 3.85%，较 2012 年的增速下降了 34.23 个百分点。其中，银行间市场和交易所的现券交易出现明显下降，全年结算量 41.43 万亿元，同比下降 44.30%；回购交易保持活跃，全年结算量 221.24 万亿元，同比增长 23.91%（见表 1–13）。

表 1-13　　2001～2013 年债券市场交易规模

年度	现券		回购		总成交额	
	金额（万亿元）	增速（%）	金额（万亿元）	增速（%）	金额（万亿元）	增速（%）
2013	41.43	-44.30	221.24	23.91	262.67	3.85
2012	74.38	17.59	178.55	48.89	252.94	38.08
2011	63.26	-0.62	119.93	27.29	183.18	16.04
2010	63.65	35.74	94.22	27.61	157.86	30.77
2009	46.89	26.61	73.83	21.90	120.72	23.69
2008	37.03	137.13	60.56	29.81	97.60	56.72
2007	15.62	52.60	46.66	65.32	62.27	61.94
2006	10.23	64.47	28.22	53.20	38.46	56.04
2005	6.22	120.08	18.42	28.33	24.64	43.43
2004	2.83	-22.80	14.35	-16.29	17.18	-17.43
2003	3.66	183.14	17.15	36.81	20.81	50.50
2002	1.29	145.06	12.53	125.10	13.83	126.83
2001	0.53	10.11	5.57	83.45	6.10	73.45

资料来源：Wind 资讯。

从债券市场总成交量结构来看，2013 年现券交易量比重 15.77%，回购交易量比重 84.23%，两比重分别持续 2010 年以来的降势和升势（见表 1-14）。

表 1-14　　2001～2013 年债券市场交易量结构

年度	现券比重（%）	回购比重（%）
2013	15.77	84.23
2012	29.41	70.59
2011	34.53	65.47
2010	40.32	59.68
2009	38.84	61.16
2008	37.95	62.05
2007	25.08	74.92
2006	26.61	73.39
2005	25.25	74.75
2004	16.45	83.55
2003	17.60	82.40
2002	9.35	90.65
2001	8.66	91.34

资料来源：Wind 资讯。

从现券交易的成交品种来看，金融债、中期票据、企业债、国债、短期融资券 5 个品种是主要的交易品种，占比分别为 30.6%、20.0%、16.9%、13.4%、12.3%，较 2012 年占比均有所提升，但交易量相比 2012 年均出现大幅下滑，降幅分别为 42.71%、39.58%、18.31%、39.55%、41.09%（见表 1-15 和表 1-16）。

表 1 – 15　　2001 ~2013 年债券市场现券交易品种构成　　（单位:%）

券种	2013年	2012年	2011年	2010年	2009年	2008年	2007年	2006年	2005年	2004年	2003年	2002年	2001年
国债	13.4	12.4	13.5	11.9	8.6	9.9	13.9	13.0	20.9	29.0	37.0	86.2	94.4
地方政府债	0.6	2.8	1.0	0.3	0.2								
央票	2.5	10.9	18.7	27.2	29.8	60.9	55.1	40.7	45.7	38.4	24.4		
金融债	30.6	29.8	30.2	34.1	38.1	19.0	20.3	31.4	28.1	29.8	35.9	12.7	3.5
企业债	16.9	11.5	7.8	6.3	4.3	1.5	2.6	3.8	0.3	0.4	0.9	0.5	0.5
公司债	0.6	0.2	0.1	0.1	0.1	0.1							
中期票据	20.0	18.4	19.4	13.3	12.7	1.6							
短期融资券	12.3	11.7	8.1	6.1	5.4	6.3	7.5	10.4	4.1				
国际机构债	0.1	0.0	0.0				0.0	0.1	0.0				
政府支持机构债	1.7	2.0	0.7	0.5	0.6	0.3	0.2	0.3	0.1	0.0	0.0	0.1	0.5
资产支持债券					0.0								
可转债	1.2	0.3	0.3	0.2	0.1	0.1	0.3	0.3	0.8	2.4	1.8	0.6	1.1
可分离债	0.1	0.1	0.1	0.1	0.1	0.3	0.1	0.1					
合　计	100	100	100	100		100	100	100		100	100	100	100

资料来源：Wind 资讯。

表 1 – 16　　2012 ~2013 年债券市场现券交易品种成交额及增速

券种	2013 年		2012 年	
	现券交易量（亿元）	增速（%）	现券交易量（亿元）	增速（%）
国债	55 582.77	-39.55	91 947.07	7.32
地方政府债	2 312.36	-88.88	20 785.95	216.87
央票	10 532.04	-86.96	80 763.17	-31.55
金融债	126 928.04	-42.71	221 568.86	15.88
企业债	69 877.42	-18.31	85 539.70	73.31
公司债	2 297.13	45.97	1 573.71	157.97
中期票据	82 714.03	-39.58	136 905.08	11.46
短期融资券	51 127.66	-41.09	86 793.79	69.39
国际机构债	262.29	5.84	247.82	3.86
政府支持机构债	7 215.50	-52.46	15 178.87	252.48
资产支持债券	17.42	278.51	4.60	100.87
可转债	4 885.98	130.58	2 118.97	0.23
可分离债	536.33	36.29	393.51	-7.64
合　计	414 288.97	-44.30	743 821.09	17.59

资料来源：Wind 资讯。

债券二级市场现券交易结算量大幅萎缩和活跃度大幅降低，主要影响因素在于：

第一，债券市场监管升级和规范力度进一步加强，严重冲击银行间债券市场。2013年初，中国银监会“8 号文”出台，全面展开对“影子银行”的重拳治理，控制商业银行非标债权资产业务的增长；进入第2季度，“代持养券”等灰色利益链问题引发银行间监管迅速升级，央行、中国证监会、中债登、上海清算所（上清所）、中国银行间市场交易商协会（交易商协会）、中央结算公司等监管机构相继发布相关政策，全面整顿债券代持行为，导致债券市场交易量持续大幅萎缩，尤其是市场整顿初期。交易商协会数据显示，3月、4月、5月，银行间市场债券现券交易量分别为7.6万亿元、6.29万亿元、2.36万亿元，4月、5月环比下降幅度分别为17%、63%，其中5月同比下降63%。

第二，多种因素叠加，导致银行间市场资金面紧张贯穿全年债市。2013年，金融机构超额准备金率不断走低，资金总量供给不足；大型商业银行存量大幅下降，资金结构出现失衡；多种监管政策影响下，市场资金需求集中放大；央行中立策略改变市场预期，放大了流动性紧张的程度等因素，导致银行资金面尤为紧张。Wind数据显示，2013年初到5月中旬，资金面总体平稳，债市尽管受到监管因素及宏观经济的影响，但依然出现明显的行情；6~9月，收益率因资金面紧张震荡上行，同期全球流动性也不利于债市行情；10月以后，央行维持资金面紧平衡的态度更加明确，带来债券市场恐慌性下跌。

1. 银行间债券市场现券交易量小幅萎缩，回购交易量略有增加。2013年，银行间债券市场成交额达199.35万亿元，同比下降9.96%。其中，现券40.42万亿元，同比下降45.23%；回购158.93万亿元，同比增长7.68%（见表1-17）。

表1-17　2001~2013年银行间债券市场交易量及增速

年度	银行间债券市场		其中：现券交易		其中：回购交易	
	金额（万亿元）	增速（%）	金额（万亿元）	增速（%）	金额（万亿元）	增速（%）
2013	199.35	-9.96	40.42	-45.23	158.93	7.68
2012	221.39	26.55	73.79	17.53	147.60	31.61
2011	174.94	10.67	62.79	-0.78	112.15	18.31
2010	158.07	32.70	63.28	35.95	94.79	30.62
2009	119.12	23.23	46.55	26.95	72.57	20.96
2008	96.67	56.60	36.67	137.54	60.00	29.62
2007	61.73	65.04	15.44	53.65	46.29	69.23
2006	37.40	70.72	10.05	72.29	27.35	70.12
2005	21.91	79.34	5.83	159.71	16.08	61.33
2004	12.22	-18.38	2.25	-24.83	9.97	-16.79
2003	14.97	41.08	2.99	628.72	11.98	17.44
2002	10.61	161.28	0.41	883.62	10.20	153.68
2001	4.06	149.92	0.04	-22.99	4.02	155.88

资料来源：中国债券信息网，Wind资讯。

从银行间债券市场交易量结构来看，2013年银行间市场成交额在现券交易总规模中占比达97.56%，在回购交易总规模中占比达71.49%（见表1-18）。

表 1－18　　2001～2013 年银行间债券市场现券和回购交易量结构

年度	现券比重（%）	回购比重（%）
2013	97.56	71.49
2012	99.21	79.36
2011	99.26	82.95
2010	99.43	92.97
2009	99.27	95.19
2008	99.01	95.99
2007	98.84	96.01
2006	98.16	94.22
2005	94.6	86.47
2004	87.1	67.53
2003	81.55	67.72
2002	31.69	80.52
2001	7.89	72.21

资料来源：中国债券信息网，Wind 资讯。

从现券交易品种看，2013 年银行间债券市场现券成交排名前 3 位的券种为政策性银行债、中期票据和企业债券，成交占比分别为 35.4%、23.1%、18.8%。与 2012 年相比，央行票据成交占比由 11.73%进一步下降到 2.87%，下降了 8.86 个百分点；企业债成交占比则由 12.63%提升到 18.77%，上升了 6.14 个百分点（见表 1–19）。

表 1－19　　2001～2013 年银行间债券市场各券种交易量结构　　（单位：%）

项目	2013年	2012年	2011年	2010年	2009年	2008年	2007年	2006年	2005年	2004年	2003年	2002年	2001年
政府债券	15.7	15.9	13.7	11.6	8.5	8.9	12.9	11.5	17.2	18.9	25.9	62.6	57.9
央行票据	2.9	11.7	18.4	26.6	29.8	61.6	55.5	41.8	48.4	40.7	29.9	0.0	0.0
政策性银行债	35.4	32.1	29.2	32.7	36.4	18.1	18.0	24.5	25.8	40.0	43.7	36.4	42.1
政府支持机构债券	3.3	4.0	0.0	0.1									
商业银行债券	0.8	1.1	1.0	0.9	1.0	0.7	2.4	6.4	3.8	0.1			
非银行金融机构债券	0.0	0.0	0.1	0.0	0.0	0.0	0.1	0.1	0.0	0.3	0.5	1.1	
企业债券	18.8	12.6	8.3	6.8	5.1	1.8	3.0	4.4	0.2				
短期融资券		1.5	7.7	6.6	5.8	7.1	8.1	11.2	4.4				
资产支持证券		0.0			0.0	0.0	0.0	0.0					
中期票据	23.1	21.0	21.1	14.6	13.4	1.8							
集合票据	0.0	0.1	0.1	0.0									
外国债券	0.1	0.0	0.0				0.0	0.1	0.0				

资料来源：中国债券信息网。

从机构买卖现券情况看，2013 年银行间债券市场现券买入量与卖出量前 3 位的机构类型均为城市商业银行、证券公司和农村商业银行，三类机构买入量占银行间债券市场现券总买入量的 53.32%，卖出量占银行间债券市场现券交易总量的 55.11%（见表 1–20）。

表 1 －20　　2013 年银行间债券市场各机构现券买卖成交量结构

机构	现券买入量（亿元）	现券买入占比（%）	现券卖出量（亿元）	现券卖出占比（%）
城市商业银行	82 089	22.20	85 990	23.26
证券公司	75 429	20.40	76 951	20.81
全国性商业银行	65 039	17.59	65 103	17.61
外资银行	39 950	10.81	39 451	10.67
农村商业银行	39 631	10.72	40 817	11.04
基金类	38 236	10.34	34 657	9.37
信用社	9 618	2.60	10 326	2.79
特殊结算成员	8 055	2.18	7 880	2.13
农村合作银行	5 860	1.58	5 872	1.59
其他	3 083	0.83	563	0.15
保险机构	1 772	0.48	1 090	0.29
非银行金融机构	549	0.15	607	0.16
其他商业银行	282	0.08	301	0.08
非金融机构	86	0.02	92	0.02
村镇银行	54	0.01	34	0.01
合计	369 734	100.00	369 734	100.00

资料来源：中国债券信息网。

从回购交易情况看，银行间债券市场质押式回购和买断式回购共计成交 158.93 万亿元，同比增长 7.68%，增速较 2012 年下降了 23.93 个百分点，为 2005 年以来的最低增幅。其中，质押式回购累计成交 152.86 万亿元，同比增长 7.16%；买断式回购累计成交 6.07 万亿元，同比增长 22.71%（见表 2–21）。

表 1 －21　　2001 ~2013 年银行间债券市场回购交易量及增速

年度	回购交易		其中：质押式回购		其中：买断式回购	
	金额（万亿元）	增速（%）	金额（万亿元）	增速（%）	金额（万亿元）	增速（%）
2013	158.93	7.68	152.86	7.16	6.07	22.71
2012	147.60	31.61	142.65	30.58	4.95	70.31
2011	112.15	18.31	109.24	19.05	2.90	-4.08
2010	94.79	30.62	91.76	31.15	3.03	16.39
2009	72.57	20.96	69.97	20.15	2.60	48.03
2008	60.00	29.62	58.24	27.82	1.76	142.00
2007	46.29	69.23	45.56	68.38	0.73	148.33
2006	27.35	70.12	27.06	70.63	0.29	33.26
2005	16.08	61.33	15.86	61.19	0.22	72.33
2004	9.97	-16.79	9.84	-17.85	0.13	
2003	11.98	17.44	11.98	17.44		
2002	10.20	153.68	10.20	153.68		
2001	4.02	155.88	4.02	155.88		

资源来源：中国债券信息网。

在回购交易标的券种方面，以政府债券、央行票据、政策性银行债和政府支持机构债券为标的券种的质押式回购交易合计占比 83.78%，以公司信用类债券为标的券种的质押回购交易合计占比 16.19%；买断式回购中，以政府债券、政策性银行债和政府支持机构债券为标的券种的交易占比 54.24%，以公司信用类债券为标的券种的交易占比 45.74%（见表 1–22）。

表 1 –22　　2013 年银行间债券回购市场券种交易量及占比

券种	质押式回购交易		买断式回购交易	
	金额（亿元）	占比（%）	金额（亿元）	占比（%）
政府债券	602 600	39.42	5 757	9.48
记账式国债	587 500	38.43	5 579	9.19
地方政府债	15 100	0.99	178	0.29
央行票据	63 933	4.18	152	0.25
政策性银行债	571 206	37.37	24 791	40.84
国家开发银行	379 687	24.84	17 207	28.34
中国进出口银行	82 677	5.41	3 489	5.75
中国农业发展银行	108 842	7.12	4 095	6.75
政府支持机构债券	42 890	2.81	2 225	3.67
商业银行债券	26 038	1.70	711	1.17
资本工具	8	0.00	0	0.00
非银行金融机构债券	573	0.04	14	0.02
企业债券	100 515	6.58	14 842	24.45
资产支持证券	2	0.00	0	0.00
中期票据	120 404	7.88	12 201	20.10
集合票据	391	0.03	13	0.02
合　计	1 528 560	100.00	60 705	100.00

资料来源：中国债券信息网。

从回购交易的净融资方向来看，资金净融入方前三位分别是城市商业银行、农村商业银行和信用社，合计占到净融入总额的 73.58%；资金净融出方前三位分别是全国性商业银行，特殊结算成员（包括财政部、中国人民银行、政策性银行、交易所、中央国债公司和中证登公司等机构）和农村合作银行，合计占到净融出总额的 99.43%（见表 1–23）。

表 1 –23　　2013 年银行间债券回购市场机构融资情况　　（单位：亿元）

机构名称	净融资	正回购	逆回购
城市商业银行	212 002	453 904	241 902
农村商业银行	93 816	196 944	103 128
信用社	88 781	154 587	65 806
证券公司	69 963	73 482	3 519
保险机构	33 537	67 625	34 088
基金类	32 869	132 487	99 618
外资银行	5 205	26 482	21 277

续表

机构名称	净融资	正回购	逆回购
村镇银行	148	169	22
非金融机构	-322	918	1 240
其他商业银行	-1 237	706	1 943
非银行金融机构	-1 492	12 684	14 176
农村合作银行	-10 863	18 026	28 889
特殊结算成员	-256 213	3 191	259 405
全国性商业银行	-266 196	387 353	653 549

资料来源：中国债券信息网。

2. 交易所债券市场现券和回购交易量均大幅增长。2013年，交易所市场走势反向银行间市场走势，全年成交额64.08万亿元，同比增长71.15%。其中，现券交易成交额1.01万亿元，同比增长71.37%；回购成交金额为63.07万亿元，同比增长71.14%（见表1-24）。

表1-24 2001~2013年交易所债券市场交易量及增速

年度	交易所债券市场		其中：现券交易		其中：回购交易	
	金额（万亿元）	增速（%）	金额（万亿元）	增速（%）	金额（万亿元）	增速（%）
2013	64.08	71.15	1.01	71.37	63.07	71.14
2012	37.44	79.01	0.59	25.30	36.85	80.24
2011	20.92	199.30	0.47	28.64	20.45	208.71
2010	6.99	79.49	0.37	6.99	6.62	86.46
2009	3.89	39.10	0.34	-7.31	3.55	46.14
2008	2.80	36.98	0.37	102.50	2.43	30.57
2007	2.04	12.39	0.18	-3.30	1.86	14.19
2006	1.82	-35.70	0.19	-44.01	1.63	-34.58
2005	2.83	-43.73	0.34	-7.88	2.49	-46.53
2004	5.03	-19.09	0.36	-46.01	4.66	-15.80
2003	6.21	86.77	0.68	-23.54	5.54	126.68
2002	3.33	63.56	0.88	81.76	2.44	57.84
2001	2.03	-95.22	0.49	-66.79	1.55	-18.10

资料来源：Wind资讯。

从交易所债券市场交易量结构来看，2013年交易所市场成交额在现券交易总规模中占比达2.44%，在回购交易总规模中占比达28.51%（见表1-25）。

表1-25 2001~2013年交易所债券交易量结构

年度	现券比重（%）	回购比重（%）
2013	2.44	28.51
2012	0.79	20.64
2011	0.74	17.05
2010	0.57	7.03

续表

年度	现券比重（%）	回购比重（%）
2009	0.73	4.81
2008	0.99	4.01
2007	1.16	3.99
2006	1.84	5.78
2005	5.40	13.53
2004	12.90	32.47
2003	18.45	32.28
2002	68.31	19.48
2001	92.11	27.79

资料来源：Wind资讯。

二、证券公司债券二级市场发展回顾

(一) 现券交易量大幅下降

2013年，受债市持续低迷的影响，证券公司在银行间债券市场的现券交易量出现自2004年以来的首次下降，现券交易买入量和卖出量同比分别下降38.47%、38.76%（见表1-26）。

表1-26　2004~2013年证券公司现券交易量及同比增速

年度	现券交易买入量（亿元）	同比增长（%）	现券交易卖出量（亿元）	同比增长（%）
2013	75 429.47	-38.47	76 951.42	-38.76
2012	122 581.11	23.90	125 664.12	22.22
2011	98 937.39	30.27	102 821.14	28.17
2010	75 950.15	105.83	80 220.50	94.21
2009	36 898.95	41.67	41 306.69	38.47
2008	26 045.62	125.66	29 829.85	102.08
2007	11 541.94	36.24	14 761.05	33.16
2006	8 472.02	61.54	11 085.57	67.88
2005	5 244.50	136.51	6 603.16	141.89
2004	2 217.47	-11.84	2 729.79	-0.81

资料来源：中国债券信息网。

(二) 现券交易量市场份额持续上升

2008年以来，证券公司在银行间债券市场的影响力越来越大，其市场份额呈持续上升态势。截至2013年末，参与银行间市场现券交易的证券公司数量达130家，其中有20家证券公司进入现券交割量前100名中，而2012年为16家；现券交割量市场份额合计达20.69%，较2012年同比提升了4.99个百分点（见表1-27~表1-30）。

表1－27　　2001～2013年银行间债券市场证券公司参与数量及占比

年度	证券公司数量（家）	占总投资者数量比（%）	前100名中证券公司数量（家）
2013	130	1.07	20
2012	128	1.15	16
2011	123	1.20	17
2010	123	1.33	20
2009	117	1.41	19
2008	112	1.58	17
2007	107	1.66	14
2006	103	1.57	14
2005	95	1.77	13
2004	87	2.10	17
2003	25	3.07	13
2002	2	0.41	1
2001	2	0.63	1

资料来源：中国债券信息网。

表1－28　　2001～2013年银行间债券市场证券公司现券买卖交易量市场份额

年度	现券交易买入量市场份额（%）	现券交易卖出量市场份额（%）
2013	20.40	20.81
2012	17.30	17.74
2011	14.60	15.17
2010	11.22	11.85
2009	7.55	8.45
2008	6.38	7.31
2007	6.96	8.90
2006	7.75	10.14
2005	8.27	10.42
2004	7.86	9.68
2003	7.96	8.71
2002	0.91	1.11
2001	0.18	0.85

资料来源：中国债券信息网。

表1－29　　2001～2013年现券交易量前100名中证券公司现券交易量及市场份额

年度	证券公司在前100名中的现券交割量（亿元）	占前100名的市场份额（%）
2013	121 802.98	20.69
2012	189 670.89	15.71
2011	160 767.21	13.71
2010	138 405.95	11.41
2009	67 170.03	7.51
2008	45 895.86	6.23

续表

年度	证券公司在前 100 名中的现券交割量（亿元）	占前 100 名的市场份额（%）
2007	23 648.04	7.92
2006	16 852.99	9.13
2005	10 806.96	9.87
2004	4 532.88	9.07
2003	5 022.02	8.37
2002	69.84	0.93
2001	8.70	0.56

资料来源：中国债券信息网。

表 1－30　　2013 年现券交易量前 100 名中证券公司现券交易量及市场份额

序号	证券公司名称	证券公司现券交易量（亿元）	占前 100 名的市场份额（%）
1	中信证券	16 996.18	2.89
2	国泰君安	14 826.16	2.52
3	东方证券	13 092.58	2.22
4	平安证券	12 297.54	2.09
5	第一创业	10 617.74	1.80
6	天风证券	7 300.97	1.24
7	国金证券	6 867.25	1.17
8	光大证券	4 661.38	0.79
9	中信建投	4 465.44	0.76
10	中山证券	3 985.25	0.68
11	中金公司	3 966.42	0.67
12	东海证券	3 304.32	0.56
13	广发证券	3 256.36	0.55
14	江海证券	3 087.62	0.53
15	民生证券	2 465.71	0.42
16	联讯证券	2 445.26	0.42
17	宏源证券	2 367.31	0.40
18	南京证券	2 099.72	0.36
19	西藏同信	1 889.77	0.32
20	五矿证券	1 809.99	0.31

资料来源：中国债券信息网。

（三）主要标的券种以政策性金融债、中票等四类为主

证券公司在银行间债券市场交易的主要券种包括政策性金融债、中期票据、国债、企业债、商业银行债等，2013 年该 5 类券种的债券净认购额依次为 828.80 亿元、697.65 亿元、686.86 亿元、620.66 亿元、7.10 亿元，占净认购总额的比重依次为 4.15%、15.75%、5.14%、13.02%、0.64%。其中，政策性金融债近七成为国开行债，近两成为农发行债；商业银行债主要以普通债为主，次级债少量参与（见表 1–31）。

表 1 –31　　2013 年证券公司主要券种净认购额、期末存量及占比

项目	国债	政策性金融债	企业债	中期票据	商业银行债
债券净认购额（亿元）	686.86	828.80	620.66	697.65	7.10
占同类券种总量比（%）	5.14	4.15	13.02	15.75	0.64
期末券种持有量（亿元）	71.39	180.31	692.22	538.26	20.829
占同类券种总量比（%）	0.09	0.20	2.96	2.04	0.16

资料来源：中国债券信息网。

第三节　2013年中国证券公司固定收益衍生品业务发展情况

固定收益衍生品可有效实现对固定收益产品进行风险管理，按照衍生品标的物和衍生品的关系，分为基础衍生品和高级衍生品。基础衍生品都是以基础资产为标的的衍生品(包括利率互换和期货等)，高级衍生品主要指将基础资产抽象化或以衍生品为基础的衍生品，比如将多种市场因子模型化之后的因子作为标的物的信用违约掉期或担保债务凭证。目前国内市场应用较多的固定收益衍生品主要是利率互换和国债期货两类基础衍生品。

一、利率互换业务总体发展回顾

(一) 利率互换业务发展概况

利率互换是指以约定的名义本金为基础，一方将该本金以某种利率类型计算的利息收入（支出）现金流与对方的以另一种利率类型计算的利息收入（支出）现金流相交换的交易。目前交易最多的是基于 7 天质押式定盘回购利率或 3 个月上海银行间同业拆借利率（Shibor 3M）的浮动利率和约定期限的固定利率之间的互换，还包括定期存款利率、贷款利率等基准利率。

利率互换具有杠杆率高（目前交易机构之间采取授信形式，几乎不需要保证金）、期限灵活、双向交易的特点，可有效进行利率风险管理，降低金融机构和企业的融资利率，对冲利率波动风险，可有效调整资产负债结构，解决银行的资产负债期限匹配，可有效实现浮息债和固息债之间的转化，提高收益空间等。

截止到 2012 年底，全球 OTC 市场共有 632 万亿美元的衍生品合约，其中利率衍生品有 489 万亿美元，而在利率衍生品中共有 370 万亿美元的利率互换合约，占据全部衍生品合约的 58.5%。利率互换是全球范围内广泛应用的利率风险和汇率风险管理工具，也是资产管理的重要产品（见图 1–7）。

国内利率互换业务从 2006 年开始，经历 7 年多的发展，已从 245 亿元名义本金发展到目前 2.7 万亿元的规模，备案机构已经增加到 100 家左右（见图 1–8）。

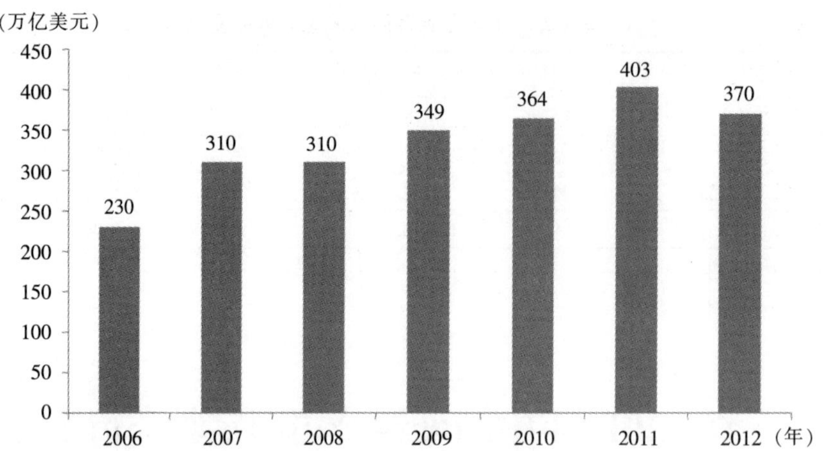

图 1-7　国际主要 OTC 市场利率互换（IRS）存量余额（名义本金）

资料来源：国际清算银行年报。

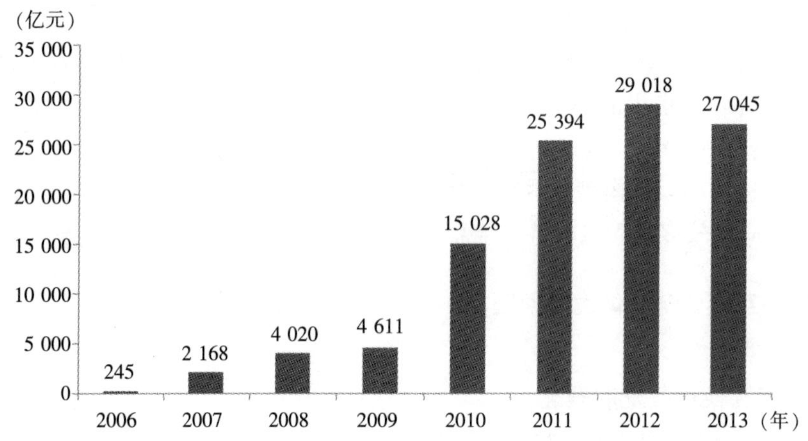

图 1-8　国内 IRS 名义本金交易总额

资料来源：Wind 资讯。

2013 年利率互换市场主要出现三点变化：证券公司投资者增加；资金利率创新高，曲线出现极值风险；利率市场化导致 1 年定存基准失效，而 Shibor 更加接近市场拆借利率。

从交易的总量来看，截止到 2013 年底，全部品种的名义本金交易量为 27 045 亿元，而 2012 年同期的交易量为 29 018 亿元，减少了 1 973 亿元，主要原因是 2013 年 O/N Shibor 交易量大幅下降，其次是利率市场化将逐渐放开存款上限的限制，允许存款自由浮动，因此 1 年期定存的基准失效，以此为基准的利率互换成交量下降。作为市场主流的基于 7 天定盘回购利率（FR007）的利率互换交易量则稳定增长，这一方面与央行更加频繁地以 7 天逆回购的公开市场操作有关，另一方面与其波动性较为适中也有较强关系。

此外，2013 年利率市场化的另一项产品 NCD 的推出，使得原先仅仅具有象征性的 Shibor 3M 报价更加贴近线下拆借利率，推升基于 Shibor 3M 的互换的报价水平，拉开其与基于 FR007 互换的差距（见表 1-32 和图 1-9）。

表1-32　　2006~2013年利率互换名义本金交易量　　（单位：亿元）

年度	FR007	O/N SHIBOR	Shibor3M	1年定存	1年贷款	其他	总计
2013	17 600	5 738	3 329	177	157	44	27 045
2012	13 154	11 308	3 205	955	278	118	29 018
2011	13 230	7 584	3 793	767	3	18	25 394
2010	8 174	3 531	2 544	748	26	6	15 028
2009	3 242	768	520	69	1	11	4 611
2008	2 954	339	556	167	0	4	4 020
2007	1 714	57	225	162	0	11	2 168
2006	173	0	0	71	0	0	245

资料来源：Wind资讯。

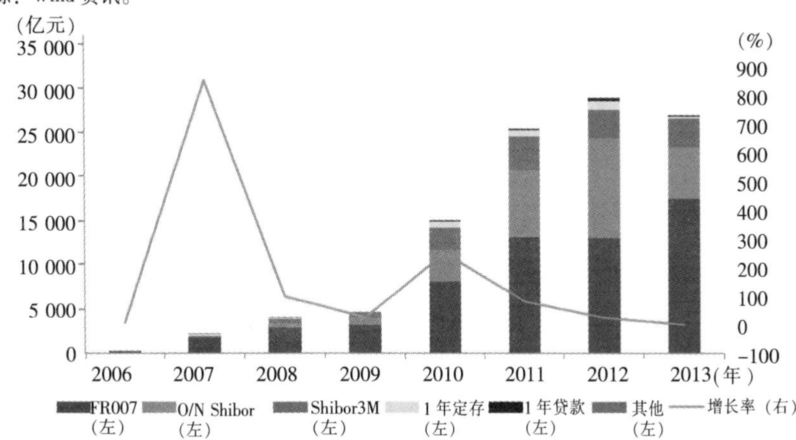

图1-9　2006~2013年利率互换交易名义本金及增长率

资料来源：Wind资讯。

从利率走势看，在“钱荒”的6月，基于FR007的曲线亦出现严重倒挂，导致大批机构亏损，并纷纷止损。随着利率市场化脚步加进和央行紧平衡态度变动，带动5Y FR007和Shibor3M基准的互换均创历史新高（5.43%和5.95%）。随着未来利率市场化的推进，利率中枢的上移及Shibor3M曲线更加贴近线下市场，未来利率互换的曲线将进一步抬升，FR007和Shibor3M基准的利率互换之间的利差将逐步增大（见图1-10和图1-11）。

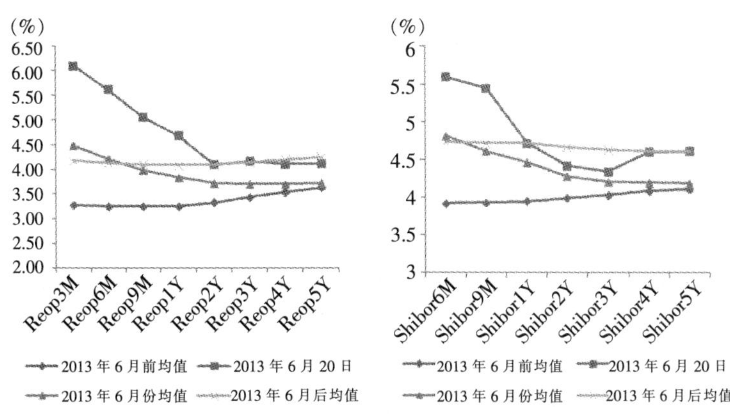

图1-10　2013年利率互换曲线结构

资料来源：Bloomberg。

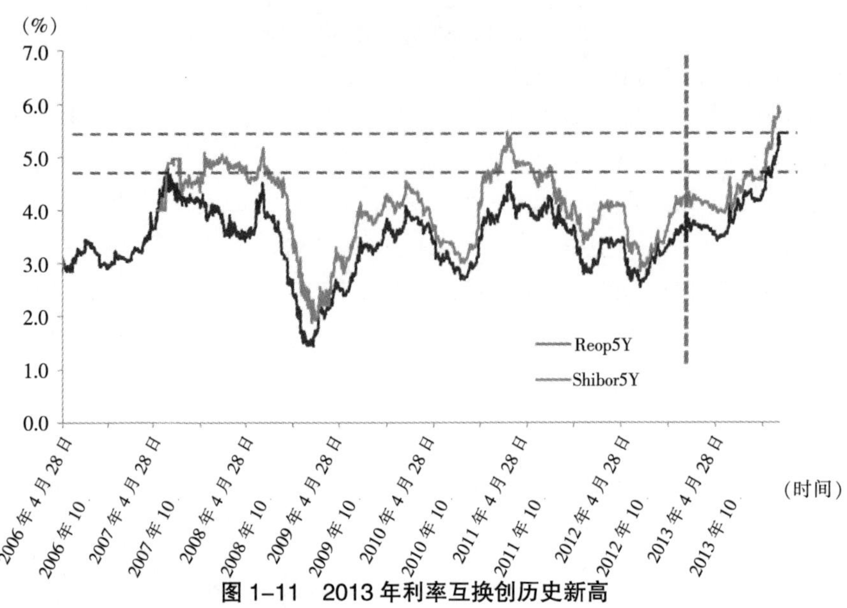

图 1-11　2013 年利率互换创历史新高

资料来源：Bloomberg。

(二) 证券公司利率互换业务发展回顾

利率互换业务于 2006 年推出，2012 年 11 月中国证监会颁布了《关于修改〈关于证券公司证券自营业务投资范围及有关事项的规定〉的决定》，规定“具备证券自营业务资格的证券公司可以从事金融衍生产品交易”，取消了证券公司只能以对冲风险为目的参与金融衍生品交易的限制。2013 年，很多证券公司开始寻求新的业务模式，而申请利率互换作为风险管理工具和创新业务模式成为一项举措之一。从 2012 年底到 2013 年底，大约有 15 家证券公司申请获得利率互换交易和本币系统成交确认功能的资格，利率互换市场改变了以往几乎由银行机构垄断的局面，使得整体市场的交投更为多样化。截至 2013 年底，可在本币前台系统进行确认交易的有 77 家机构，其中包括 50 家银行、26 家证券公司和 1 家保险公司；中资机构 51 家，外资机构 26 家。目前市场活跃的机构主要是外资银行和部分中资银行及小部分证券公司。

二、国债期货业务总体发展回顾

(一) 国债期货业务发展概况

国债期货是以国债为标的进行的现时成交、未来交割的远期交易，与一般远期交易的差异主要在于其采用标准合约、集中场内交易的方法。国债期货具有杠杆率高（一般月份合约 3%保证金）、多空双向操作、流动性高、信息反应快、跨交易所和银行间两个市场等优势，能有效对冲债券组合的利率风险，调整资产组合的久期，起到价格发现的作用。

1976 年，美国芝加哥商品交易所推出第一个国债期货合约，之后国债期货得到飞速的发展。我国早在 1992 年已经开始国债期货的交易，但是宏观经济不稳定、现券存量不足、制度设计的缺陷等导致市场大幅波动，国债期货交易在 1995 年被迫叫停。时隔 17 年，国债期货于 2013 年 9 月 6 日重新回归市场，为利率市场化增添有效的利率风险管理工具。

(二) 证券公司国债期货业务发展回顾

目前我国的国债期货投资者主要为证券公司，所以国债期货的发展概括也代表了证券公司国债期货业务的发展轨迹。

截至 2013 年底，5 年期国债期货共成交 32.88 万手（每手面值 100 万元），平均每日成交 4 326 手，日均持仓量为 3 737 手。与银行间 4~7 年平均成交量相当，且与最便宜可交割券 7 年的国债的走势一致，能有效对冲利率风险。未来随着银行机构的进入，市场将越来越活跃，价格发现机制必将更加完善（见图 1–12）。

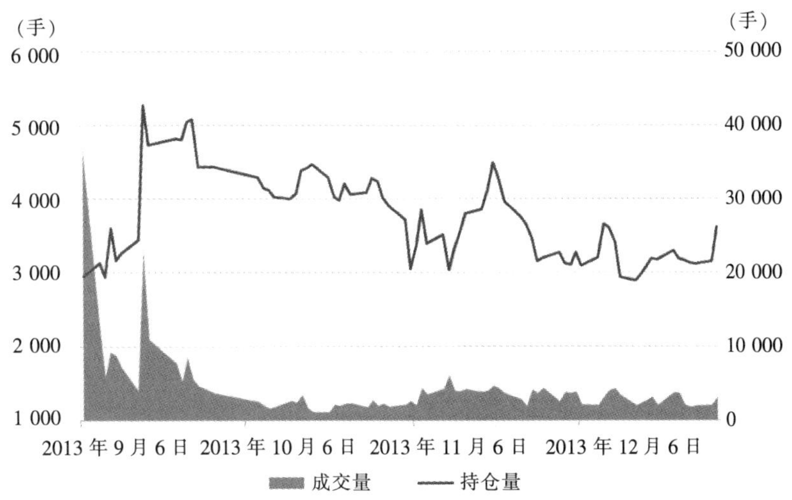

图 1–12 国债期货上市持仓量和成交量走势

资料来源：Wind 资讯。

从期现关系看，国债期货与现货走势相关性极强，能有效对冲 2013 年下半年来债券收益率大幅上调带来的风险，充分发挥其作为利率风险管理工具的作用，也体现了其价格发现的作用（见图 1–13）。

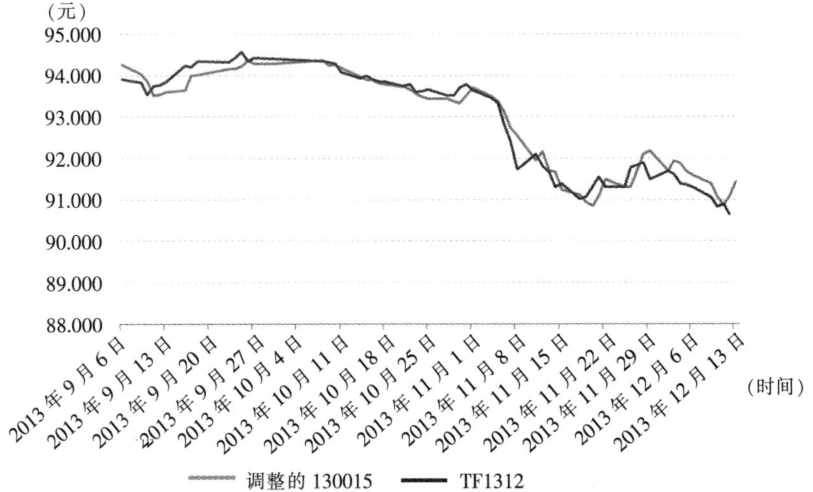

图 1–13 国债期货上市以来 TF1312 合约与 7 年期现券 130015 价格走势

资料来源：Wind 资讯。

从整体波动看，一般月份国债期货的日内波动与现券相差不多，如TF1312合约，12月之前平均日内波动幅度为0.32元（约合5bp），标准偏差为0.2元（约合3bp）；交割月的流动性低，波动性较大。但是，目前市场参与者仅包括证券公司、基金、私募和个人投资者，持有国债80%的银行尚未进场，因此，目前国债期货市场深度不够。经常在市场大幅波动的时候，出现期货波动大于现货的现象，比如11月8日最大波动幅度为1.08元，约合18bp（最低值成交少，若按照开盘和收盘价算亦有8.5bp），而现货波动为4~5bp（见图1-14）。

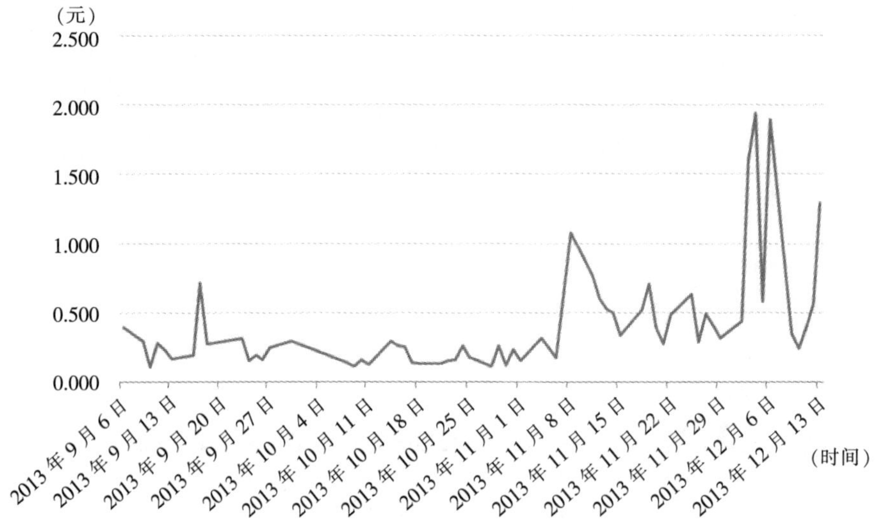

图1-14 国债期货TF1312日内波动走势图

资料来源：Wind资讯。

第四节 2013年中国证券公司FICC业务发展情况

FICC业务，即固定收益、货币及商品业务（Fixed income，Currency and Commodities）。FICC业务涉及的产品范围相当广泛，包括基础性债务工具（如债券、货币市场工具）、结构型债务工具（按揭抵押证券等）、利率与信用衍生产品、货币、商品及其他产品等。

在前三节，我们已就固定收益业务（Fixed income）发展的总体情况进行阐述，因此在本节我们重点分析货币及商品业务（Currency and Commodities）。

一、我国证券公司FICC中的外汇业务基本空白

目前，我国外汇市场从根本上说是银行间外汇市场。根据《非银行金融机构经营外汇业务范围》，证券公司可经营以下全部或部分外汇业务：发行或代理发行外币有价证券；买卖或代理买卖外币有价证券；外汇同业拆借；外汇证券投资；委托外汇资产管

理；外币有价证券抵押外汇融资；外汇担保；资信调查、咨询、鉴证业务。

根据上述经营范围，国内证券公司不能在国际外汇市场上进行自营或者代客外汇买卖，而且国内外汇业务的参与主体都有严格的许可管制。据国家外汇管理局公布的资料显示，全国具有外汇经营资格的证券公司有近 100 家，但绝大多数都是“外币有价证券经纪业务”（即 B 股经纪），其中具备“外币有价证券承销业务”资格的约 30 家，另有约 10 家获得 QDII 业务资格，从而具备了开展所谓的“外汇”资产管理业务的资格。

国内外汇市场是银行占据绝对主导地位的场内市场，目前外汇市场有 370 多家人民币外汇即期会员，其中没有一家是证券公司。此外，银行衍生产品市场准入和做市商准入机制更是建立在即期会员资格基础之上的，证券公司尚不能开展此项业务。

综合上述，对比国际投行，国内证券公司在 FICC 中的外汇业务基本空白。

二、我国证券公司 FICC 中的大宗商品业务刚刚起步

我国的大宗商品市场主要由现货市场和期货市场构成。由于缺少明确的政策规定，目前国内证券公司还不能直接参与商品现货市场，而国内证券公司参与商品期货仍然处于起步阶段，且主要通过两种模式间接参与：一是收购和控股期货公司，参与商品期货的经纪与自营业务；二是 IB 模式，即证券公司通过为期货公司推荐客户赚取经纪佣金。这两种方式均是以期货公司为主导的模式，证券公司的参与程度及所获取的收入较为有限。

由于证券公司、基金管理公司等特殊单位客户与期货市场现有的个人和一般单位客户在开户环节、实名制验证、交易编码管理等方面存在较大差异，为适应特殊单位客户参与商品期货交易的需要，中国证监会 2012 年 2 月 2 日修订了《期货市场客户开户管理规定》，并授权监控中心负责制定特殊单位客户开户管理的业务操作规则。2012 年 5 月初，中国期货保证金监控中心发布《特殊单位客户统一开户业务操作指引（暂行）》，期货公司可以为证券公司、基金公司等机构，向交易所申请交易编码，这意味着金融机构开立商品期货账户已经有了法律依据。

三、我国部分证券公司 FICC 业务进展情况

2013 年，国内证券公司仅有少数几家取得大宗商品和外汇业务牌照，据调查统计，目前的业务进度如下：

券商 A：该公司衍生品交易部已开始进行黄金现货合约自营交易，同时申请了上海期货交易所交易编码。

券商 B：该公司大宗商品业务刚刚开展，初期交易品种以铜为主。目前，该公司大宗商品业务刚刚启动，规模数量很小，市场占有率较低，不足 1%。

券商 C：大宗商品方面，该公司计划开展大宗商品自营和代客交易，目前主要推进的业务是黄金 T+D 自营及大宗商品背靠背代客业务。上述业务在等待中国证监会批准。

券商 D：该公司董事会已经同意公司自营业务参与商品期货交易。该公司目前已制定了相关的业务制度并获得了国内三家商品期货交易所的交易编码。以上相关情况已向

所在地证监局进行报备。

券商E：取得了上海证券交易所黄金ETF流动性提供服务商资格，开展黄金ETF做市业务；取得了上海期货交易所黄金自营业务交易编码，开展黄金期货投资业务；拟申请上海黄金交易所的自营会员资格。在上海证券交易所上市的华安黄金ETF及在深圳证券交易所上市的易方达黄金ETF提供流动性服务业务；总投入资金超过2 000万元人民币；市场占有率66.6%。

2013年中国证券公司固定收益业务面临的问题和发展建议

第一节　债券市场业务面临的问题和发展建议

一、证券公司债券一、二级市场业务面临的主要问题

（一）债券交易场所分割，多头监管，体制不一，投资者结构失衡

我国债券市场包括银行间市场、证券交易所市场和商业银行柜台交易市场。目前，中国人民银行负责银行间债券市场和商业银行柜台交易的监管，中国证监会负责交易所债券市场的监管。债券交易场所相互分割、多头监管和体制不一，限制了债券市场互通互联和市场要素自由流动，极大地制约了套利活动的开展，抑制了债券市场的活跃性和流动性。

银行间和交易所发展不均衡，目前商业银行仍是债券市场的最主要投资主体，虽其持有债券比例在逐步降低，但存量仍超过60%，这使得商业银行既是承销主体又是持债主体，即不利于根据信用利差进行市场化定价，也弱化了企业资信评级制度、持续信息披露制度等市场化风险管理手段。

（二）债券转托管市场分散，转托管效率低下

目前我国主要的债券登记托管结算机关包括中债登、上清所和中国证券登记结算公司（中证登），前两者体现典型的场外市场登记托管特点，而中证登承载场内市场的登记托管任务。此外，还有区域性股权交易中心等其他类型的场外市场。

债券市场的分散托管导致债券转托管效率低下，市场互联互通受到抑制。目前，企业债从银行间向交易所方面转出仍需手工填写申报单，且不能通过“传真（或扫描件）+密押”的方式完成，需要通过快递，不确定性强，不能实现T+1操作；而且企业债交

易上市时间离发行时间较长，有时甚至长达 2~3 个月，影响跨市场交易及一级市场投资者的交易，机会成本较高。另外，国债及企业债在付息或到期前 6~11 个工作日暂停转托管，跨市场转托管的截止时点为下午 2 点，也会影响到投资者的交易行为，导致国债期货和现货之间的套利存在缺陷，对交易及结算影响较大。

(三) 做市商机制不完善，流动性提供不足

在成熟的债券市场，比如美国，几乎所有的政府债券和绝大部分公司债券都集中在场外柜台交易市场进行交易，而交易所较为严格的监管制度、较高的准入条件和交易费用等都限制了债券的场内流通。美国等市场的交易商制度是其市场高流动性的重要保证。成熟的场外债券二级市场一般分为做市交易商间市场、做市交易商和客户间市场，债券投资者的交易都通过做市交易商来完成。做市交易商的债券报价有效地提高了价格的透明度，市场其他成员在进行任何相关券种的交易时都会参考做市商的报价。

目前，中国市场所有债券投资者（包括银行、保险、证券公司、基金、私募和其他各类丙类户等）基本上是以同样的角色参与二级交易市场，既是做市商，又是投资者，全体成员处在一个扁平的交易平台上，任意双方的一对一交易原则上可以完全封闭地进行，不需要任何第三方介入，交易价格原则上也没有约束。这种市场结构不利于做市商制度流动性提供者、价格形成机制的发挥，也为利益输送提供了可能。

(四) 证券公司在债券市场的份额依然偏低

与银行相比，证券公司在债券市场的份额依然偏低，2013 年商业银行在债券市场承销规模达 29 194.58 亿元，证券公司承销 11 464.87 亿元，不及银行的四成；证券公司债券托管 1 586.77 亿元，仅为银行的 1%左右。

(五) 证券公司参与债券市场回购业务的规模受到限制

证券公司参与市场的力度受到政策限制。《证券公司风险控制指标管理办法》规定“自营固定收益类证券的合计额不得超过净资本的 500%”，《证券公司进入银行间同业市场管理规定》限制“拆入、拆出资金余额不得超过实收资本金的 80%，债券回购资金余额不得超过实收资本金的 80%”。5 倍杠杆和双 80%实收资本的条件限制约束了证券公司债券回购规模，限制了证券公司对市场的引导作用和影响力，同时也限制了证券公司负债业务的发展。

(六) 证券公司银行间债市结算代理业务资格受到限制

《关于开办债券结算代理业务有关问题的通知》明确规定证券公司不能从事代理结算业务，弱化了证券公司代理结算作为银行间债券市场传导中介的职能，既不利于满足交易所、银行间两大债券市场联动性及市场创新的需求，又限制了证券公司在债券业务领域影响力的提升等。

(七) 证券公司参与非金融企业债务融资工具偏向评级

目前，证券公司主承销非金融企业债务融资工具必须是AA及以上级别，此项规定偏向评级，没全面考虑证券公司在固定收益承销、销售领域的能力及影响力，导致参与机构少，不利于证券公司整体在债券承销业务上发挥更大的影响力。

(八) 证券公司资产管理产品暂停银行间债券市场开户

2013年4月25日，随着债市整顿风暴升级，中债登暂停了证券公司资产管理产品、信托账户、基金专户在银行间债券市场开户，同时人民银行也暂停受理报备。证券公司资产管理业务受此影响非常大，直接冲击集合理财和定向理财的债券类产品。

二、证券公司债券一、二级市场业务发展建议

(一) 进一步健全反映市场供求关系的国债收益率曲线

党的十八届三中全会《中共中央关于全面深化改革若干重大问题的决定》首次明确提出要“健全反映市场供求关系的国债收益率曲线”，这无疑将我国债券市场提升到一个前所未有的新高度。

从目前的情况来看，我国国债收益率曲线已初步形成。国债收益率曲线是固定收益市场的重要基准曲线，反映无风险收益率在各期限的分布。因此，大多数国家都将国债收益率曲线作为零风险收益率曲线，并将其作为金融市场的基础性定价工具之一。国际上衡量一个国家债券市场成熟与否的主要标志之一就在于其是否形成了完整有效的国债收益率曲线。

健全国债收益率曲线是推进人民币和债券市场国际化，发挥金融影响力的重要手段，一方面，有利于提高市场参与主体的多元性，提升包括国债在内的各个子市场的流动性，降低交易成本，实现债市的统一，提高交易定价效率；另一方面，有利于完善目前债券做市商、承销商、结算代理人、同业经纪人和公开市场一级交易商等制度，进一步提高债券市场的开放程度。

(二) 促进债券转托管市场互通互联

债券市场的分散托管导致企业债跨市场转托管效率低下、跨市交易的机会成本高、交易所发行上市时间长，以及国债及企业债暂停转托管的时间长。建议尽快实现企业债跨市场转托管的电子化操作，缩短交易所企业债从发行到上市的时间，缩短国债及企业债在付息或到期前暂停转托管的时间，考虑适度延长跨市场转托管的申报截止时间，从而提高债券转托管效率，促进转托管市场互通互联，提高债券市场流动性。

(三) 加快债券市场产品创新

2014年债券产品创新将继续加快。目前，中国证监会正在研究修改原来的公司债试点办法，公司债发行主体有望扩大试点，公司债的发行审批方式也将面临调整，可交换

公司债券可能推出，这将是2014年债券市场又一重大产品创新举措。上交所亦对现有回购机制作进一步优化，将抓紧推出债券协议回购业务，此举将有助于平抑目前回购利率大幅波动的现状，便于市场机构进行流动性管理。不过，在债券创新产品加快推出的同时，质押式报价回购业务等受到货币基金和新股发行的冲击也愈发明显，为了应对该冲击，业界已呼吁由部分证券公司试点信用报价回购业务。

(四) 提高自营固定收益类证券与净资本的比例，取消80%实收资本限制

证券公司参与债券市场回购业务受到净资本5倍杠杆比例和80%实收资本的条件限制，建议将杠杆比例提升至10倍，取消“拆入、拆出资金余额不得超过实收资本金的80%，债券回购资金余额不得超过实收资本金的80%”的限制，这有利于扩大证券公司债券回购规模，提升市场的流动性，丰富市场的层次，有利于证券公司负债业务的发展。

(五) 允许证券公司债券结算代理业务

央行《关于开办债券结算代理业务有关问题的通知》规定 “债券结算代理系指吸收公众存款的金融机构法人受市场其他参与者的委托，为其办理债券结算等业务的行为”，明确证券公司不能从事代理结算业务，阻碍了为做市商业务提供后台管理支持，无法发挥做市商的托管、清算和市场组织功能。

证券公司从事债券结算代理业务，一是可以制定非标准化产品以更好地满足客户需求；二是可以更加有效地进行交易结算；三是可以更加有效地进行客户保证金管理；四是可以更加专业地发挥估值与风险管理作用；五是可以充分发挥证券公司做市功能，提高市场流动性。

(六) 放宽证券公司参与非金融企业债券融资工具主承销业务资格

根据目前的相关规定，只有AA及以上级别的证券公司才能承做非金融企业债务融资工具主承销业务。建议建立主承销商分层机制，首先考虑证券公司应该具备较强的银行间债券市场承销与交易能力，其次结合分类评级授予资格，扩大到BBB级别。

(七) 重启证券公司资产管理产品银行间债券市场开户

目前，证券公司资产管理产品仍不能在银行间债券市场开户，限制了证券公司为老百姓提供财富管理服务的能力，建议重启证券公司资产管理业务进入银行间债券市场。

(八) 健全证券公司内部控制机制

2013年，监管层整顿债券“代持养券”进行利益输送的违法违规行为，由于证券公司是市场的主要融资方，此次整顿对证券公司的冲击特别大，证券公司的融资渠道也受到严重影响。为了更好地发展，证券公司可以进一步完善债券投资交易管理机制，例如定价程序、询价留痕、销售交易分离、前中后台分离与制衡等，促使交易行为更加规范，防范违法违规事件发生，在市场上树立更好的形象。

第二节　固定收益衍生品业务面临的问题和发展建议

一、证券公司固定收益衍生品业务面临的主要问题

固定收益衍生品有助于投资者进行风险的转移、对冲，但若管理不当，也将成为风险源，对市场造成冲击。目前，我国发展的固定收益类衍生品均存在参与机构少、流动性不足的问题，无法广泛地在市场上发挥避险和定价的作用。

（一）利率互换市场缺乏广度和深度，交易成本高，交易空间窄

2013年国内2.7万亿元互换市场相对于151万亿元的质押式回购、41万亿元附近的债券交易和35万亿元的同业拆借市场来说显得很小。目前，全球主要市场的利率互换存量规模约有425万亿美元，国内市场成交总额不及全球市场的1%。国内市场深度不够，使得利率互换波动远超资金利率市场，很难承载利率市场化进程中利率风险管理的重任，对于利率的定价作用也被削弱，甚至对利率形成负向反馈。究其原因，主要与目前国内利率互换市场制度导致参与者少、广度不够、彼此达成交易成本高、冲销困难致无效合约额度占比高、实体需求很难引入等有关。

首先，当前利率互换的主要参与者大约有30~40家银行和若干证券公司，而实体中融资需求较为旺盛的小城商行、企业等只能通过做市商或结算代理机构进入这个市场。但是，作为做市商和代理结算的主要机构——银行极少有动力去推进这项业务，而作为中介机构的证券公司有心无力，制度限制其在该项业务上的发展，从而导致目前利率互换市场沦为零和博弈的战斗场。

其次，利率互换采用授信制度，外资银行对于中资的授信极为严格，中资相互之间的授信也要经过冗长的审批，导致很多市场参与者之间交易需要依靠"过桥"机构。由于"桥"资源集中在几家大机构中，交易双方往往需要支付不菲的过桥费用，导致市场交易活跃度大幅下降。

最后，利率互换业务需要占用资本金，对于平仓的合约只能以反向开仓再通过冲销来实现，而目前利率互换冲销频率低（一年4次），冲销有效性差，导致各机构存量无效的合约堆积较多，占用了大量的净资本，影响其继续交易的空间。

（二）国债期货流动性不足，市场波动性大

目前，国债期货流动性不足，导致其波动性有时超越现券，对现券产生助涨助跌效应，有效发挥价格发现和稳定市场的作用受限。此外，现券市场和期货市场的相互割裂也对两者市场的波动传导增加障碍。

国债期货在刚上市的第一个月平均每天交易量近万手，但由于持仓量仅为4 000手

左右，深度不够导致个人投资者逐渐离场。失去了个人投机者，持仓深度 2 000 手的市场很难吸引机构投资者广泛参与其中。其中一大原因是持有国债 80%的银行未能进入这个市场，并且目前缺乏较好的机制鼓励其利用国债期货对持仓国债进行套期保值。

二、证券公司固定收益衍生品业务发展建议

(一) 放宽证券公司代理中介，取消利率互换授信制度

利率互换市场有很大的发展空间，但金融机构的参与受到牌照、授信等方面的制约，应当放开非金融机构仅能通过做市商或结算代理机构进行利率互换交易的限制，允许符合资质的证券公司进入结算代理市场，引入市场真实需求，拓宽并做实利率互换作为利率市场化风险管理的工具；同时授信制度约束了净资本较小的机构难获得大交易商的授信，因此应当取消利率互换相互授信的制度，加快中央对手方机制的设立，降低交易成本，提高冲销频率和效率。

(二) 丰富市场投资者结构，完善国债期货产品线

国债期货流动性不足，难以有效发挥价格发现和稳定市场的作用。第一，应有限度地引入银行机构投资者，在保证持仓量增加的同时，也要避免其对市场带来的冲击。第二，考虑引入做市商制度，盘活市场流动性，但同时注意做市商权利和义务的对等，避免现券做市商的尴尬。第三，加强中小投资者保护，降低投资门槛，只有市场的投资者更加丰富、更有层次，市场才会更稳定健康。第四，完善国债期货产品线，积极推出短期和长期国债期货，满足不同投资者的需求，特别可考虑在短期国债期货中降低个人投资者门槛，增加市场活力。第五，积极推进银行间市场和交易所市场的互联互通，降低信息传导的阻碍。

第三节　FICC 业务面临的问题和发展建议

一、证券公司 FICC 业务面临的主要问题

国内证券公司 FICC 业务未得到大力发展，主要原因是基础市场不完善、场外交易市场刚刚起步，以及监管方面的限制和证券公司自身的局限等。

(一) 基础市场不完善，FICC 业务产品不足

基础市场的不完善在 FICC 业务供给的源头上大大限制了我国证券公司 FICC 业务的发展。首先，大宗交易基础交易制度并不完善。此外，基础市场的交易媒介也不够发达，例如在交易所债券市场中，证券公司参与银行业主导的银行间债券市场

受限，仅能作为乙类户参与交易，银行间市场托管、结算代理等资格缺失，两类市场相互割裂。

基础市场的不完善、产品的不足限制了国内证券公司对于风险敞口的管理，进而影响了 FICC 业务对客户的服务。

(二) 场外交易市场尚处起步阶段

国外市场大部分的 FICC 产品在 OTC 市场进行交易，而国内证券公司的 OTC 业务才刚刚起步。刚刚起步的国内 OTC 市场在发行产品种类、规模、交易制度等方面都还处在逐渐摸索的阶段，限制较多，与国外发达 OTC 市场在规模、产品种类、交易机制等方面都存在着比较大的差距。作为 FICC 业务中重要媒介的 OTC 市场的缺失制约了国内 FICC 业务的发展。

(三) 监管较严格，限制业务的发展和自主探索

国内证券公司在监管层面所受到的限制制约了 FICC 业务的发展。监管的限制主要存在于三个方面。首先，对于参与产品种类的限制在原本就并不完善的基础市场中再一次缩小了证券公司 FICC 业务的开展范围。其次，对于业务隔离体系的监管，将自营和代理业务的全面分开直接导致国内证券公司 FICC 业务主要停留在自营的层面，做市制度更是完全缺失。最后，对于证券公司风险管理体系的监管，包括对净资本的要求等政策限制了证券公司资产负债表的使用，尤其是在融资方面，自有资金的薄弱也将进一步限制证券公司 FICC 业务的发展。

在现行的监管体制下，国内证券公司凡是涉及资产负债表的业务都被划为自营业务的范畴，这样的体制直接导致产品创设、做市等业务的缺失，限制了 FICC 业务模式的发展，而且按照现行信息隔离墙的相关要求，证券公司通过自有资金与企业、金融机构等发生的资本中介业务或交易业务将无法展开。

作为交易对手方直接与客户进行交易，为客户提供流动性，做市业务是国际投行 FICC 业务的重要组成部分，也是主要的收入来源之一。国内证券公司在固定收益、外汇产品及商品市场上做市业务的缺失，显然是国内 FICC 业务开展不足的重要原因之一。

(四) 证券公司自身的局限

国内证券公司全面开展 FICC 业务面临人才储备缺失、创新能力不足的问题。FICC 业务在产品上的发展将主要集中在各基础市场的衍生产品上，衍生产品的交易具有较高的技术性和复杂性，因此需要专家型人才对各种资产的投资机会进行挖掘和把握，并对各种资产头寸及整体业务的风险进行识别、度量和控制。此外，FICC 业务的一大职能是为客户创设、定制产品及交易策略，对证券公司的创新能力有很高的要求。

目前，证券公司由于市场、政策等方面的限制，业务的开展不足导致了相关方面人才储备的缺失，而经验缺乏同时呈现出创新能力不足的问题。

二、证券公司 FICC 业务发展建议

目前中国已成为全球第二大经济体，在中国金融结构失衡、金融脱媒、利率与汇率市场化、人民币国际化的大背景下，证券公司发展 FICC 业务具有非常迫切的现实需求与重要的战略意义。

从产品范围看，FICC 多样化的业务模式可以为不同类型的客户提供流动性和风险管理的功能，满足客户在利率、汇率、商品市场的多样化投融资需求。从业务区域看，国际投行在全球主要金融市场为全球客户提供全天 24 小时不间断的外汇、利率、信用等产品的做市服务，FICC 业务可以提升商品期货市场的价格发现功能，增强中国在全球商品市场的定价权和话语权，捕捉全球市场的风险套利机会。从服务实体经济看，FICC 业务可以使证券公司成为资本市场的组织者、产品的设计者、流动性的提供者、交易的参与者和对手及风险的管理者，有助于扩大直接融资比例，满足实体经济发展的需要。从金融创新看，由于期货市场的标准产品很难满足大量企业客户在外汇、大宗商品和利率上存在强烈的对冲和风险管理需求，证券公司可以根据客户的不同需求和风险偏好通过 FICC 业务主导金融创新。

（一）培育证券公司 FICC 业务发展的市场环境

为了顺应利率、汇率及信用市场化的发展趋势，满足客户的投资及风险管理需求，监管机构需要加快基础市场的培育发展，推出相应的基础产品。

考虑到企业是 FICC 业务的重要客户群体，也是 FICC 业务需求的重要来源，监管机构可以引导这类客户充分利用资本市场工具，锁定成本收益，同时，大力培养机构投资者，放松机构投资者在投资范围、投资策略等方面的管制。进一步放宽境外养老金、慈善基金、主权基金等长期资金参加 FICC 业务的条件；推动全国基本养老保险基金、住房公积金委托专业机构进行投资管理，实现保值增值；推动金融机构的国际化和对外投资的规模。

（二）放松管制并积极支持证券公司开展 FICC 业务

FICC 业务的一大发展限制源于缺乏制度的指引，包括产品的范围及业务开展的模式。在产品方面，比较突出的是证券公司参与大宗商品期货方面的制度指引尚未出台，监管部门应尽快出台相关的法律法规及操作指引，使证券公司在实际操作过程中具有相应的依据。在业务模式方面，监管层也应该尽快出台证券公司开展 FICC 业务的指引，明确证券公司 FICC 业务的模式和开展措施，为证券公司 FICC 业务的发展提供依据。

FICC 业务的全面开展对证券公司的自有资金要求将进一步提高，建议放松证券公司的净资本要求，增加证券公司资产负债表的使用率，同时拓宽证券公司融资渠道，增强证券公司融资能力。

（三）强化证券公司自身业务能力，重塑业务风险控制体系

国内证券公司应借鉴国外投行的发展经验，以客户需求为导向，坚决围绕客户服务

的中心，循序渐进推进 FICC 业务的发展，避免发展过快，脱离实体经济，背离 FICC 业务客户服务的初衷。

针对国内个人投资者占比高的特色，证券公司需要根据个人投资者的投资偏好和资产情况设计出更多特性简单、投资门槛低、风险较高、收益较为稳定的固定收益类产品，满足个人投资者的需求，也为 FICC 业务带来稳定的客户资源。

FICC 业务的程序复杂，涉及业务比较广，需要重塑 FICC 业务风险控制体系，按风险类型进行管理，对风险进行总体管理，严格控制 FICC 业务风险，使其业务开展与公司净资本规模、风险管理与控制系统、风险管理和内控能力相匹配、相对应。另外，FICC 业务的开展将导致证券公司杠杆率大幅提升，风险加大，应限定杠杆比率上限；同时限定金融衍生工具的投资规模上限，加强对表外业务定期与不定期的稽核。

(四) 放宽证券公司外汇交易和大宗商品业务范围限制

随着中国金融市场的改革开放与发展，利率市场化、人民币完全可自由兑换和国际化进程稳步推进，中国企业与资本“走出去”步伐的不断加快，证券公司业务版图的外延也在持续扩大。证券公司客户对大宗商品价格与汇率风险管理的需求日益增长。参与国内外大宗商品与外汇市场业务成为国内证券公司的现实需求和新的利润增长点，也为丰富和完善证券公司的 FICC 奠定了基础。

1. 放宽外汇交易业务的许可限制和参与门槛。受制于我国外汇管制和外汇业务参与主体的准入限制，目前证券公司外汇做市和交易业务的发展几乎是一片空白。不过，随着我国资本市场的对外开放，中国企业和资本参与国际市场程度的不断加深，我国企业赴海外市场融资和投资，外国政府和企业到我国市场发债等各种跨越国境的资本市场运作，都会产生汇率风险管理需求。因此，证券公司客户对于外汇交易业务的需求将呈现快速增长的态势。

借鉴国际投行经验，在外汇业务开展方面，证券公司可以考虑：第一，加强与人民银行、外汇管理局沟通，扩大外汇业务的范围；第二，在政策允许范围内进入银行间外汇市场，开展即期交易、远期交易、掉期、期权等外汇业务。

2. 赋予证券公司外汇风险管理工具的做市功能。受结售汇额度等外汇管制的限制，我国证券公司外汇资产负债少，因而目前产生的外汇交易及避险需求也较少，除 QFII 和 QDII 涉及的占比不大的业务外，目前市场上的外汇业务主要由银行开展，远期结售汇、远期外汇买卖、掉期和人民币对外汇期权（仅可买入，以及看涨看跌组合业务）等风险管理工具的做市业务也只能由银行进行。银行在为企业提供外汇衍生品的同时，自身也面临着风险对冲和转移问题。

在国际金融市场上，投资银行可以为客户提供各种避险工具服务、进行金融衍生品创新、综合运用各种金融工具实施风险管理、提供市场流动性等。如果逐步赋予证券公司外汇风险管理工具的做市功能，充分发挥证券公司在金融工程及相关衍生品方面的先天优势，不但能为市场提供更多的流动性，加强活跃程度，也能释放银行体系管理外汇的风险。

3. 推动证券公司做大做强大宗商品业务。大宗商品业务是国外投资银行近十年来大力发展的新业务。完整的大宗商品业务通常以风险管理为原则，以增加客户价值为目的。监管部门应允许证券公司进入商品期货电子盘市场，利用商品现货和期货之间的价格变动关系，充分挖掘相关投资套利机会。

大宗商品业务的未来发展机遇主要体现在融资结合贸易的衍生服务、期货做市、OTC 产品开发、与实务贸易相结合四个方面。现阶段，国内证券公司可以考虑从以下几个方面进入大宗商品业务领域：

（1）融资结合贸易的衍生服务。目前，国内银行的大宗商品融资业务存量和风险敞口都很大。在以国企为主体的客户群中，风险以企业贷款为载体实际传导到银行系统，依靠庞大的银行资产来消化。证券公司的期货创新业务可以适时推出以贸易为载体、以期货套期保值为手段的融资产品，以此来降低企业负债、优化报表。

（2）期货做市商。当前国内期货市场缺乏做市服务，远期价格体系难以形成。基差市场处于未发育状态，对现货市场及套保业务缺乏价格发现功能，难以满足客户的风险管理要求。努力发展期货市场做市服务，争取做市业务在行业范围内的先行优势，是 FICC 大宗商品业务发展的一大方向。

（3）OTC 产品开发。通过开展国内 OTC 场外交易，客户可以通过在岸交易直接参与海外市场，在相关市场对冲价格风险，或在不同市场中进行套利。在风险管理方面，客户不需要通过境外子公司或第三方，可直接与国内的主体公司进行保值。

当前可供企业选择的主要 OTC 套期保值工具为远期合约和期权。企业可通过平衡现货市场（采购或销售）和期货市场（OTC 场外交易）来管理价格风险。期权是 OTC 的主要产品之一。

（4）与实物贸易结合。通过结合实物贸易，投行可以开发结构性大宗商品交易。常见的各类结构化大宗商品交易有：融资交易、商品实物交易、监管套利最优化、非常规性衍生品交易等。

综观未来中国固定收益和大宗商品市场的发展，开放市场和业务创新是主基调。证券公司可以抓紧时机发展固定收益及大宗商品业务，帮助投资者和企业更好地管理风险，增加收益。

专题报告之三：2013 年中国金融衍生品市场发展综述

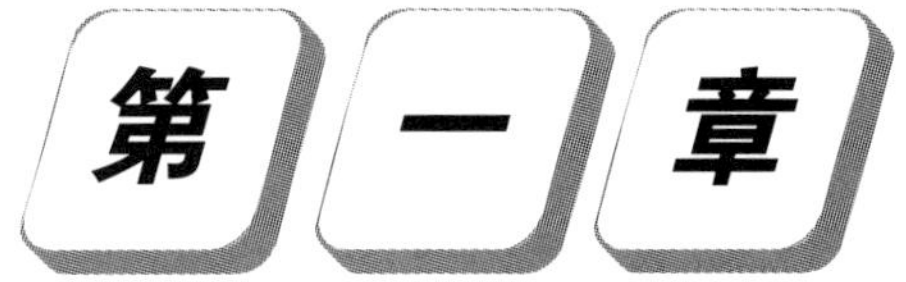

2013 年中国金融衍生品市场发展现状

金融衍生品是金融市场参与者管理风险、获取收益的重要金融工具。自 20 世纪 70 年代兴起以来，金融衍生品市场发展迅速，其交易量远远超过了金融现货市场，在当今世界金融市场体系中居于举足轻重的地位。我国金融衍生品市场从 20 世纪 90 年代推出国债期货以来，经历了 20 年曲折的发展，目前已经开展了包括远期、期货、互换和期权在内的各类业务，很多产品的交易已经步入成熟阶段。这些金融衍生品的发展将极大地推动我国证券市场的发展。

第一节 远 期

2013 年，我国金融远期产品主要包括外汇远期、债券远期和远期利率协议。其中，外汇远期交易是远期交易的主要部分，其成交金额占比达到 99.92%。

一、外汇远期

人民币外汇远期交易是指交易双方以约定的外汇币种、金额、汇率，在约定的未来某一日期交割的外汇对人民币交易。中国外汇交易中心（以下简称“外汇交易中心”）为外汇远期交易提供交易系统。2013 年，我国外汇远期交易呈现三个特点：第一，我国外汇远期交易以美元兑人民币远期交易为主。外汇交易中心数据表明，2013 年我国外汇远期累计成交量为 323.65 亿美元（按美元折算）。其中，美元兑人民币外汇远期交易累计成交量为 310.92 亿美元，占比达到 96.07%。第二，外汇远期合约的月度成交量波动较大。例如，11 月成交量为 133.47 亿美元，相当于全年成交量的 41.24%，此外，12 月、10 月、5 月成交量亦分别达到 46.31 亿美元、35.47 亿美元和 25.83 亿美元，占全年成交量的 14.31%、10.96%和 7.98%（见图 1-1）。第三，外汇远期交易期限分布较分散。在 2013 年的外汇远期交易中，1 天、1 周、1 月、3 月、6 月、9 月、1 年等近似标准期限的外汇远期合约合计成交 188.59 亿美元，占比 58.27%；其他期限的外汇远期合约成交 135.06 亿美元，占比达到 41.73%（见图 1-2、图 1-3）。

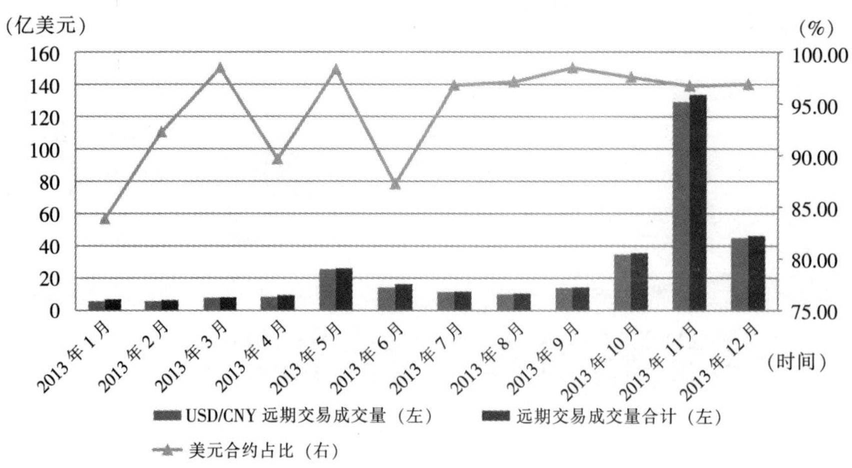

图 1–1　2013 年外汇远期交易月度成交量

资料来源：中国外汇交易中心。

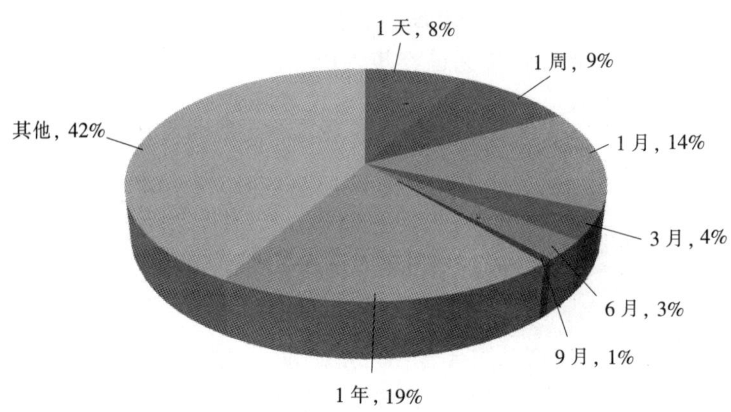

图 1–2　2013 年外汇远期合约期限分布

资料来源：中国外汇交易中心。

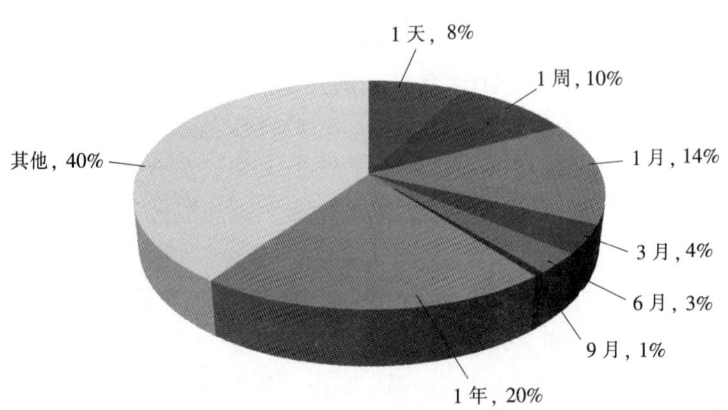

图 1–3　USD/CNY 远期合约期限分布

资料来源：中国外汇交易中心。

二、债券远期

债券远期交易是交易双方约定在未来某一日期，以约定价格和数量买卖标的债券的金融合约，是债券市场规避利率风险的金融衍生工具。全国银行间同业拆借中心数据表明，2013 年仅有 1 月有一笔债券远期交易，成交金额为 1.01 亿元，加权平均利率为 4.28%，标的证券为短期融资券。

三、远期利率协议

全国银行间同业拆借中心数据表明，2013 年仅 8 月有一笔远期利率协议合约，远期期限为 1 月 1 天，合约期限为 3 个月，固定利率为 4.63%，参考利率为上海银行间同业拆放利率（Shibor）3 月期利率，名义本金为 0.5 亿元。

第二节 期　　货

目前，我国金融期货以中国金融期货交易所（以下简称“中金所”）上市的沪深 300 股指期货和国债期货为主。

一、沪深 300 股指期货

2013 年全年，沪深 300 股指期货交投活跃，年成交量和年成交金额均较 2012 年有大幅度的增长。2013 年沪深 300 股指期货年成交量为 19 322.05 万手，比 2012 年增加 83.91%；年成交额达 140.70 万亿元，较 2012 年增长 85.52%；年末持仓余额为 11.95 万手，较上一年增加 8.29%。

月度成交方面，2013 年股指期货月均成交较稳定，每月的成交量与成交金额均高于 2012 年度。总体来看，2013 年 1~8 月成交活跃度高出 2012 年同期较多，成交量平均多出 950.67 万手，成交金额平均多出 68 154.26 亿元，相当于 2012 年同期的 231.57%和 225.48%，而 2013 年 9~12 月相比 2012 年同期则优势较小，成交量平均多出 302.63 万手，成交金额平均多出 25 840.36 亿元，增长幅度仅为 125.61%和 131.91%（见图 1–4）。另外，2013 年 7 月和 8 月的股指期货成交活跃度高于其他月份，其中 7 月的成交量和成交金额分别达到 2 321.2 万手和 15.36 万亿元，分别为 2012 年同期的 261.13%和 237.43%（见图 1–5）。

2013 年股指期货月均持仓量达到 10.20 万手，比 2012 年多 2.37 万手。2013 年前 5 个月保持了 2012 年 10 月以来的高持仓量；5 月持仓量达到最高值，为 12.76 万手；6 月持仓量大幅下降到 7.99 万手；随后几个月的持仓量大致与 2012 年同期相当，且略呈总体上升态势（见图 1–6）。

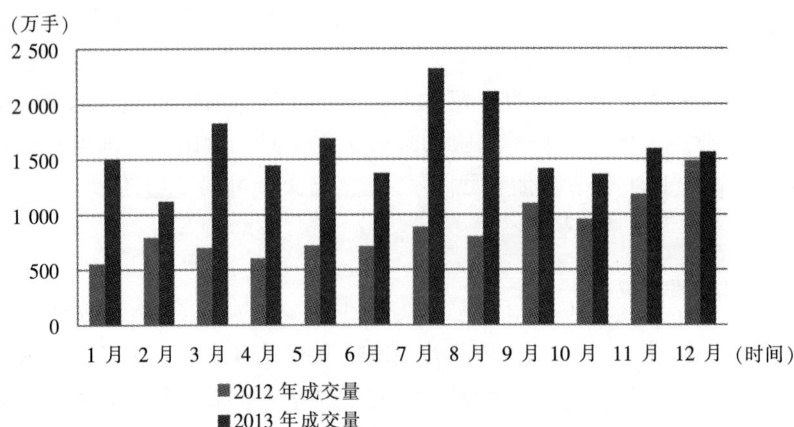

图 1-4　2013 年股指期货月度成交量

资料来源：Wind 资讯。

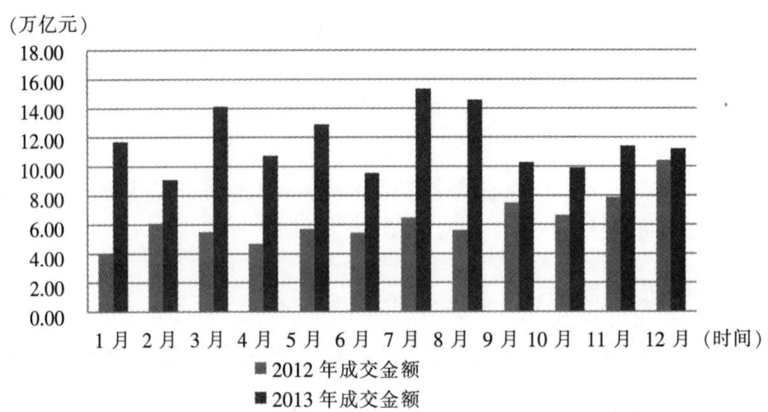

图 1-5　2013 年股指期货月度成交金额

资料来源：Wind 资讯。

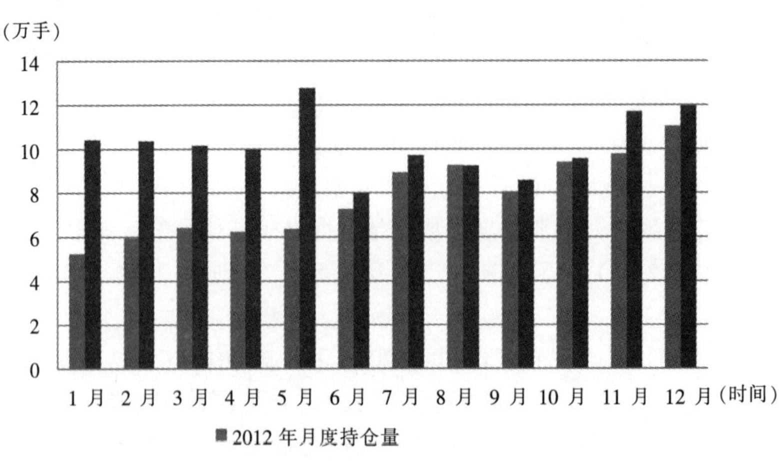

图 1-6　2013 年股指期货月度持仓量

资料来源：Wind 资讯。

期现基差方面，2013 年下半年，股指期货贴水现象几乎成为常态。根据无套利定价原理，股指期货基差由持有现货的资金成本和合约剩余期限决定。负基差现象无法通过套利机制回归其理论定价，反映了目前证券市场融券机制有限，使得做空现货的成本过高，市场参与者无法通过做空现货、买入期货的方式反向套利。基差不能理性回归，使期限套保的投资者蒙受损失，降低了市场效率。

二、国债期货

2013 年是国债期货正式重启元年。国债期货是国债交易双方订立的、约定在未来某一日期以期货价格交收一定数量的国债凭证的标准化契约。2013 年 9 月 6 日，中金所 5 年期国债期货合约上市，国债期货合约标的为面额 100 万元的人民币，票面利率为 3%的 5 年期名义标准国债。首批上市的 3 种国债期货合约为 2013 年 12 月（TF1312）、2014 年 3 月（TF1403）和 2014 年 6 月（TF1406）到期的合约。

国债期货在 2013 年上市以来成交量较小。全年度总成交量为 32.88 万手，年底总持仓量仅 3 631 手。同期，股指期货合约的月均成交量分别为 TF1312、TF1403 和 TF1406 合约月均成交量的 26 倍、30 倍和 128 倍。国债期货合约主要集中于近月合约，9 月、10 月和 11 月，TF1312 的成交量占当月国债期货总成交量的 95.5%、96.9%和 79.9%，持仓量占当月国债期货总持仓量的 92.1%、88.1%和 29.6%（见图 1-7）。

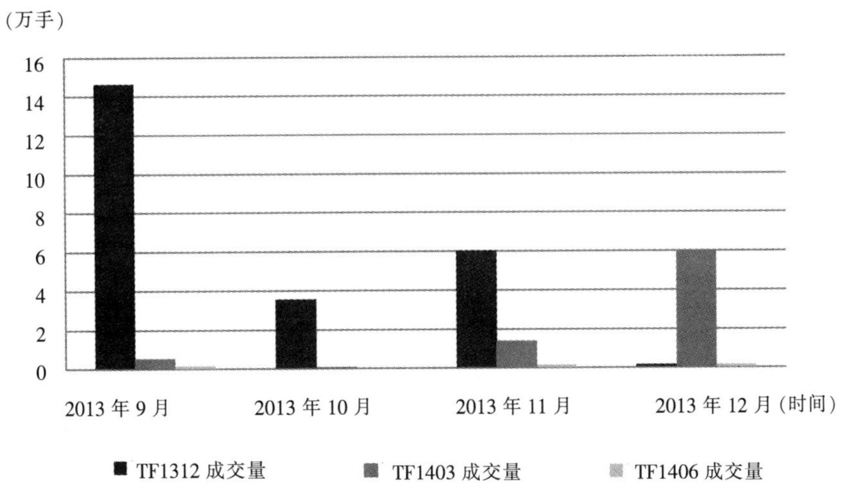

图 1-7 2013 年国债期货合约月度成交量

资料来源：Wind 资讯。

目前，国债期货市场参与者主要是证券公司自营、私募机构和个人投资者，公募基金虽获准入资格但尚未参与，而作为国债现货持有主体的银行和保险的入市方式还未敲定，导致国债期货成交量有限。

第三节 互　换

国内市场上互换交易主要包括人民币利率互换（以下简称“利率互换”）、人民币外汇掉期交易和股票收益互换。

一、利率互换

利率互换是指交易双方以一定名义本金为基础，对按不同利率计算的现金流进行交换的交易。2013 年，参与利率互换交易的机构以全国性商业银行、股份制银行、证券公司为主，共 77 家。全国银行间同业拆借中心数据表明，2013 年，我国利率互换交易累计成交 24 206 笔，名义本金总额 27 102.18 亿元。按名义本金计算，1 年期、7 日期、2年期以及 5 年期合约是交易最为活跃的利率互换品种，分别成交 9 988 笔、844 笔、3 198笔和 4 983笔，名义本金总额分别为 9 613 亿元、4 873 亿元、2 504 亿元和 2 695 亿元。利率互换交易参考利率以 7 天银行间回购定盘利率（Fixing Repo Rate）、Shibor 的隔夜和 3 月期利率为主，分别成交 18 142 亿元、5 679 亿元、2 898 亿元，占全部成交名义本金的 98.6%。利率互换交易的月度分布较为均匀，月均成交 2 017 笔，月均名义本金 2 258.5 亿元（见图 1-8 和图 1-9）。

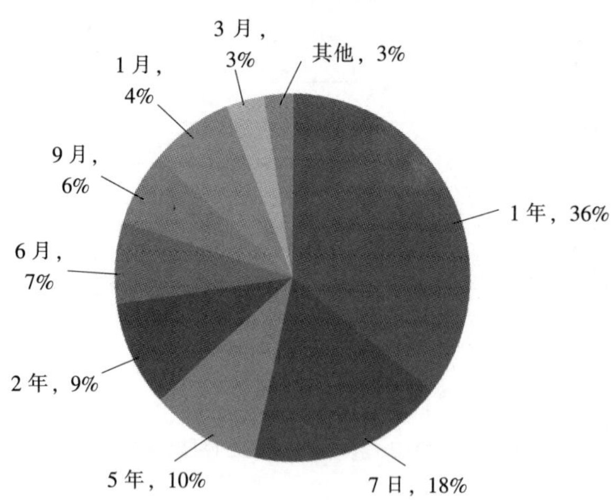

图 1-8　2013 年利率互换名义本金期限分布

资料来源：全国银行间同业拆借中心。

二、人民币外汇掉期

根据全国银行间同业拆借中心数据，2013 年我国人民币外汇掉期合约累计成交 106 014 笔，成交金额 33 990 亿美元。其中，99.8%的掉期合约为美元和人民币掉期交

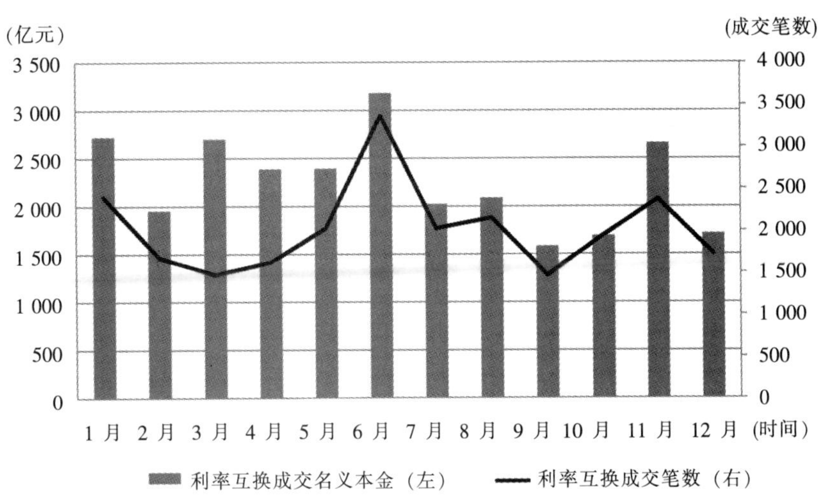

图 1–9　2013 年利率互换交易月度成交量

资料来源：全国银行间同业拆借中心。

易。掉期交易以隔夜掉期交易和即期对远期掉期交易为主，累计成交金额分别为17 735 亿美元和 13 168 亿美元，占人民币外汇掉期交易总成交量的 52.18%和 38.74%。人民币外汇掉期交易月均成交笔数和成交金额较稳定，略呈逐月上升趋势，月均成交8 589 笔，月均成交金额 2 786 亿美元（见图 1–10 和图 1–11）。

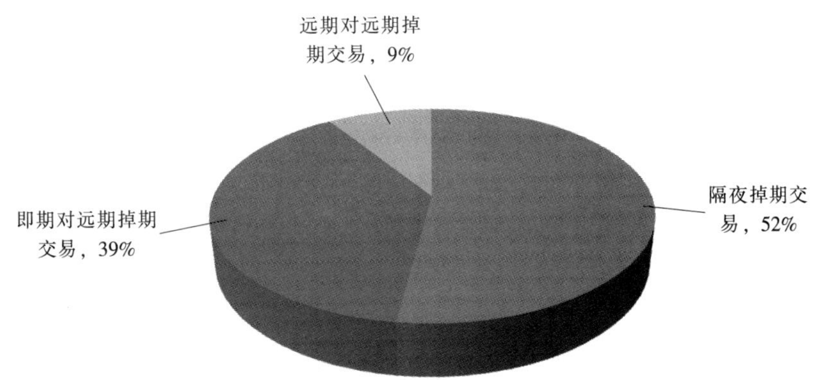

图 1–10　2013 年外汇年掉期交易分类统计

资料来源：全国银行间同业拆借中心。

三、股票收益互换

股票收益互换是指证券公司根据协议，与交易对手方约定在未来某一期限内针对特定股票的浮动收益与固定收益或其他浮动收益进行现金流交换的交易。股票收益互换于2012 年底启动，中信证券、中金公司、银河证券、招商证券、中信建投证券、光大证券6 家证券公司首批获得试点资格。2013 年 3 月，中国证券业协会相继发布《证券公司金

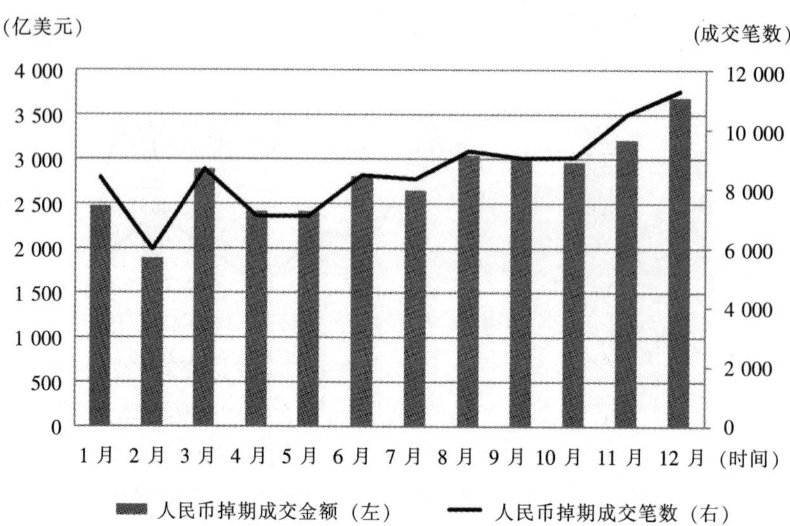

图 1-11　2013 年人民币掉期交易成交金额与成交笔数

资料来源：全国银行间同业拆借中心。

融衍生品柜台交易业务规范》、《证券公司金融衍生品柜台交易风险管理指引》和《中国证券市场金融衍生品交易主协议及其补充协议》，对场外金融衍生品交易制定了行业规范。2013 年 8 月，中证市场监测中心发布《证券公司金融衍生品备案指引》，标志着场外金融衍生品交易已纳入监管。上述制度建设，将推动金融衍生品业务快速发展。

根据中证资本市场监测中心数据，截至 2013 年 12 月底，已有 19 家证券公司的股票收益互换业务方案通过中国证券业协会专业评价并完成备案。12 家证券公司报备金融衍生品初始交易 549 笔，初始名义金额为 167.12 亿元。其中，11 家证券公司报备收益互换产品初始交易 548 笔，初始名义金额为 166.39 亿元；终止交易 346 笔，终止名义金额为 88.11 亿元；名义金额余额为 78.28 亿元。目前，股票收益互换典型的业务模式以证券公司获取固定收益，投资者获得浮动收益，标的证券以沪、深证券交易所 A 股为主。该业务只面向机构投资者开放，个人投资者尚无法参与。

第四节　期　　权

2013 年，我国金融期权业务正式启动。证券公司场外期权业务逐步试点，上海证券交易所（以下简称“上交所”）的个股期权和中金所的沪深 300 指数期权在规则和技术层面已逐渐成熟，并已开展新一轮全真模拟交易。期权是买方（权利方）通过向卖方（义务方）支付一定的费用（权利金），获得在约定时间以约定价格向期权卖方买入或卖出约定数量标的证券的金融衍生品，具有收益非线性、权利和风险不对等特征。根据交易场所的不同，期权分为场外期权和场内期权。场外期权是指在证券公司柜台市场交易的非标准期权合约，合约条款可灵活制定，可满足客户个性化的交易需求，但流动性较差；场内期权是指在交易所市场集中交易的标准化期权合约，合约乘数、行权价格、交割日等由交易所统一规定，流动性较好。

根据中证资本市场发展监测中心数据，截至 2013 年 12 月 31 日，共有 7 家证券公司的场外期权业务方案在中国证券业协会完成备案。国信证券正式推出相关产品，并于同年 8 月完成了柜台市场首单场外期权业务，初始名义金额为 0.73 亿元。

上交所个股期权以上交所上市交易的蓝筹股、ETF 基金作为标的证券，交割方式为现券交割。上交所于 2013 年 12 月 26 日正式启动个股期权全真模拟交易，参与的证券公司以开展融资融券业务证券公司为主。个股期权全真模拟交易的标的证券分别为中国平安、上汽集团、50ETF 和 180ETF，分别包括认购和认沽两种类型，期限为当月、下月和接下来两个季月，每个标的券均对应 40 个交易合约。其中，两 ETF 的合约单位均为 10 000，而中国平安与上汽集团的合约单位分别为 1 000 和 5 000，最小变动单位全部为 0.001 元。根据上交所统计数据，个股期权全真模拟交投活跃，2013 年 4 个交易日日均合约成交 36.51 万张，日均成交合约面值 173.01 亿元，日均未平仓合约为 20.08 万张，日均开仓保证金使用比例为 8.98%。成交活跃合约主要集中于近月平值或轻度虚值期权，认购期权相较认沽期权交易更加活跃。模拟交易价格较理论价格偏离较低，与境外成熟市场比较接近。上交所个股期权引入了做市商制度，包括海通证券等 9 家证券公司先后成为期权做市商。

中金所股指期权以沪深 300 指数为标的证券，交割方式为现券交割，合约乘数为每点 100 元人民币，最小变动价位为 0.1 元，合约到期月份为当月、下月及随后两个季月。中金所已于 2013 年 11 月正式启动股指期权全真模拟交易。

2013 年境内外金融衍生品市场发展现状比较

第一节　远期和互换

根据国际清算银行报告（BIS）公开数据，远期和互换是全球最主要的场外市场金融衍生品，其交易的名义本金总额及总市值（Gross Market Value）占全部场外市场规模的 90%。与国内场外衍生品集中于外汇远期交易不同，国际上场外金融衍生品更加丰富。金融远期产品包括外汇远期、远期利率协议和权益类远期；金融互换产品包括外汇掉期、货币互换、利率互换、权益类互换和信用违约互换。其中，利率类衍生品是最重要的场外衍生品，名义本金总额占全部名义本金的 80%以上且增长迅速，是国际场外衍生品规模增长的主要部分。

第二节　期　　货

国际上，金融期货品种通常包括五大类，分别是个股期货、股指期货、ETF 期货、利率和外汇期货。其中，成交最活跃的是利率期货和股指期货。

我国目前仅有沪深 300 股指期货和 5 年期国债期货两个金融期货品种。2013 年，沪深 300 股指期货成交额达 22.91 万亿美元。中金所已成为亚太地区最大、全球第二大股指期货交易市场。目前，全球最大的股指期货交易所是芝加哥商业交易所集团（CME Group）。该交易所全年股指期货交易额达 46.63 万亿美元，相当于我国股指期货成交额的 203.54%。我国股指期货市场仍具有一定的发展空间。

2013 年 9 月 6 日，我国时隔 18 年重新启动国债期货交易，但交投一直不活跃，全年成交额仅为 502.33 亿美元，而全球前三大利率期货交易市场芝加哥商业交易所集团（CME Group）、欧洲期货交易所（EUREX）和伦敦国际金融期货交易所（NYSE.Liffe Europe），年成交额分别达到 614.27 万亿美元、446.60 万亿美元和 443.35 万亿美元。我国利率期货市场与国际先进水平差距很大，仍具有很大发展空间。

第三节 期 权

金融期权是国外金融市场一个重要的组成部分。目前，国外市场期权类的金融衍生品包括个股期权、股指期权、ETF 期权、利率期权和外汇期权等。

2013 年，全球场内期权成交量达 90.2 亿手，年末总持仓量达 4.76 亿手。其中，个股期权总成交 38.3 亿手，占总成交量的 42.5%；股指期权总成交量 29.2 亿手，占总成交量的 32.4%；ETF 期权总成交 14.5 亿手，占总成交量的 16.1%；利率期权和外汇期权成交量较低，分别为 5.2 亿手和 3 亿手。另外，美洲（主要是美国）的期权成交量占全球总成交量的 62%，相当于亚洲的 2.4 倍，欧洲的 5.3 倍（见图 2–1 和表 2–1）。

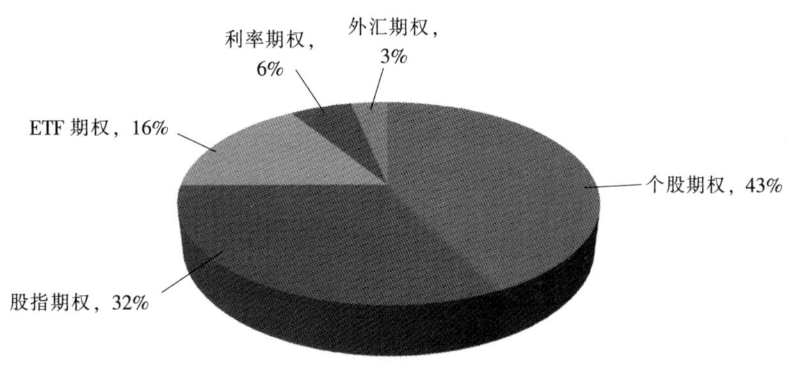

图 2–1 2013 年全球各类期权交易统计

资料来源：World Federation of Exchange，WFE。

表 2–1 2013 年全球金融期权交易统计表（单位：手）

品种	成交量	年末持仓量
个股期权	3 831 332 847	279 702 504
股指期权	2 918 507 163	67 346 465
ETF 期权	1 453 194 700	73 784 723
利率期权	517 116 565	51 110 089
外汇期权	300 958 818	3 695 816
合计	9 021 110 093	475 639 597

2013年中国金融衍生品市场发展中存在的问题及2014年展望

第一节　2013年中国金融衍生品市场面临的问题

一、金融衍生品种类单一，风险对冲选择较少

目前，我国证券市场种类单一，风险管理工具不足。场内金融衍生品仅有股指期货和国债期货两种，但后者成交量很小。股指期货以沪深300指数为标的，缺少中证500指数等品种，市场参与者在对冲现货市场风险时，须承担现货阿尔法风险，该风险在2013年的大小盘分化行情中，表现较明显。除股指期货外，证券公司还参与利率互换和信用风险缓释合约（CRM），但由于监管机构无明确的表态，证券公司实际并未参与CRM。受制于以上对冲方式限制、净资本较小等因素，证券公司可设计的场外金融衍生品种类较少，无法满足专业投资者多样化的投资和风险管理需求。

二、完善现行法律监管规定的适用性

场外金融衍生品交易市场涉及投资者适当性、产品管理、信息披露、风险监控等一系列问题，现有法律法规在此领域仍然存在空白和模糊，现有监管规定的立法思路也并未考虑场外衍生品交易特征，存在适用性不足或不合理的情况。建议监管部门对法律规定的适用性进一步明确，加强可操作性，规范场外金融衍生品创新健康发展。

三、丰富市场参与者类型

金融机构是场外金融市场的重要参与主体，具有大量风险管理需求，是证券公司开展场外衍生品业务的优质客户，但目前保险、银行、共同基金等金融机构参与场外衍生品交易程度偏低。目前，中国保监会仅原则性同意保险公司可参与境内衍生品交易，但

缺乏具体操作细则；商业银行以签署NAFMII协议、参与银行间金融衍生品交易为主；共同基金还未明确是否可参与场外衍生品交易。建议监管部门加快研究发布金融机构参与场外衍生品交易的操作细则，鼓励专业金融机构参与场外衍生品交易，提高金融机构投资者的比重。银行间金融衍生品市场和证券公司间金融衍生品市场分别存在NAFMII和SAC两套协议，建议监管机构推动两套主协议统一，鼓励证券公司参与银行间市场，从而连通两个场外市场。

四、加强投资者教育

金融衍生品市场投资者应具有多样化的投资需求和风险管理目标。我国股指期货和国债期货交易都具有较高的资金门槛，而场外金融衍生品交易则限定参与者必须是机构投资者。个人投资者参与金融衍生品市场难度较大。广大投资者对金融衍生品也不太了解，投资者教育亟待加强。

五、提高保证金效率，减少净资本占用

对场内期货、期权等衍生品种，可以借鉴国外的保证金收取的经验（例如SPAN保证金模式），提高期货、期权等衍生品保证金效率。对风险较小的期货或者期权组合头寸应少收或免收保证金，例如相同期货合约的卖出开仓和买入开仓组合，风险较小，可只收取与实际风险匹配的保证金。

证券公司运用金融衍生品开展资本中介业务或风险管理的，可适当降低净资本扣减比例及风险准备计提。例如，证券公司为客户提供场外衍生品，并利用自有资金有效对冲的及证券公司在套保编码下对冲现货头寸风险的等。此外，证券公司运用利率互换和国债期货管理固定收益类风险的，可考虑按固定收益类证券扣减净资本。

六、履约保障机制待完善

履约保障机制是交易双方为防范交易中可能出现的信用风险而建立的交易机制，是保证交易顺利进行的重要步骤。目前，我国金融衍生品市场上合格的履约保障品范围较为狭窄，一般以现金和记账式债券为主。这种履约保障机制虽然保证了履约保障品的安全性和流动性，较好地保障了交易双方的利益，但是，在一定程度上，由于履约保障品的局限性，阻碍了金融衍生品市场更深的发展。

七、亟须建立场外市场第三方登记体系

由于场外市场尚未建立第三方登记体系，不利于有效控制场外市场交易的信用风险，也使得以场外产品为基础资产的资产证券化业务及质押类业务难以开展。

八、证券公司内部治理和风险管理能力亟待提高

随着场外金融衍生品业务和场内期权的推出，证券公司由传统经纪业务中介演变为客户交易对手，并通过做市业务，为市场提供流动性服务。这对证券公司的市场风险、流动性风险和操作风险管理能力有很高要求。2013年，“钱荒”事件频繁发生，充分暴

露了我国证券公司流动性风险管理能力亟待加强。此外，如果操作风险管理不当，也将对市场造成巨大冲击。

九、证券行业在 IT 技术和专业人才储备方面须加强

非线性结构的金融衍生品的定价技术复杂，对交易和清算速度要求非常高。证券交易所、证券公司需要根据金融衍生品特点，前瞻性地开展服务器软硬件系统、网络互连的建设。

我国金融衍生品的设计、研究落后于西方国家，金融衍生品专业人才缺乏，这也在一定程度上限制了衍生品市场的发展。证券行业须通过改善创新环境和激励机制，吸引海归人才，大力培养本土人才，充分利用后发优势，在理论、技术等方面缩小与国外的差距。

第二节　2014 年中国金融衍生品市场发展展望

一、场内金融衍生品将进一步丰富

上交所个股期权和中金所股指期权的业务方案、制度设计、规则制定等已进入最后阶段，且两所均已在 2013 年推出模拟交易。两所的期权交易有望于 2014 年正式推出。场内期权的推出，将极大丰富现有金融衍生品工具，为杠杆投资、套期保值、风险管理等提供更多选择。

二、场外柜台市场赋予证券公司更多登记托管职能

场外交易中，证券公司与客户签署衍生品合约，并在柜台市场行使合约的登记托管职能，有利于市场创新需求，以及证券公司和证券行业自身发展。

三、证券公司内部各部门配合更加紧密

开展衍生品业务考验的是证券公司的综合实力，需要证券公司各个部门之间的协调配合才能做好。

（一）衍生品部与销售部门

金融衍生品相对于传统的股票、债券和理财产品等，更加复杂，需要更多的专业知识和风险意识。2013 年，中国衍生品市场发展步伐明显加快，8 月，开展场外期权业务；9 月，中金所推出 5 年期国债期货。这些新的衍生品的推出，需要销售部门加快学习衍生品的知识。同时，销售部门提高对衍生品专业知识的学习，有利于开展投资者教育，促进衍生品市场的发展。

（二）衍生品部与风控部门

金融衍生品由于结构复杂，不仅对证券公司衍生品部提出了更高要求，更是对证券公司风险控制能力的考验。目前，我国证券公司在利用衍生品做套期交易时仍存在风险控制缺失和不到位。证券公司应在积极开拓衍生品业务的同时，完善内控机制，提高风险控制能力。

（三）衍生品部与研究部门

衍生品的开发研究和投资策略与证券公司研究部门的研究有许多交集。加强衍生品部门与研究部门的交流合作，有助于提高证券公司衍生品的开发能力和投资能力。

四、健全投资者适当性制度，增加市场投资者多样性

金融衍生品市场由于其杠杆性和产品的复杂性，比基础证券市场具有更大的风险，尤其是在场外金融衍生品市场一对一的交易中，交易对手有更大的可能性出现违约甚至恶意违约。因此，加强尽职调查，建立完善的风险评估模型，进行更好的投资者教育，建立"合格投资者"制度，对于防范市场风险，维护证券市场的稳定，维护市场中小投资者合法权益都有很好的促进作用。另外，引进市场上各类投资者，满足各参与主体的需求，也能够使中国金融衍生品市场朝着更加健康和稳定的方向发展。

专题报告之四：

2013 年中国证券业信息技术发展综述

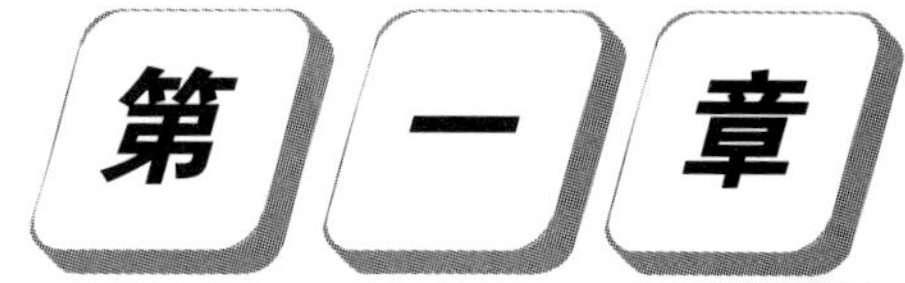

2013 年证券业信息技术应用综述[①]

第一节　2013 年中国证券业信息技术应用概况

2013 年的中国证券市场在创新与发展中不断前行，对支撑市场运行的信息系统安全提出了更高的要求。证券业信息技术工作围绕“支持与促进行业创新发展、进一步推动信息化建设”及“保障信息安全”两大目标，强化对业务创新的支持和促进，深入探索互联网金融的发展和应用，行业信息技术建设及应用呈现出多样化、深入发展的特点。

一、系统安全运行保障常抓不懈

2013 年，证券行业各信息系统的系统安全运行保障工作，依然是各证券公司信息技术工作中的基本任务。

首先，在 2012 年 12 月 24 日，中国证监会发布《证券期货业信息安全事件报告与调查处理办法》（证监会公告［2012］46 号，以下简称《办法》），对信息安全事件的定级、报告和处理都做了非常详细的要求。《办法》对 2013 年证券行业的安全运行保障工作起到了明确的指引作用，促进行业内各单位在 2013 年加强自身的系统安全运行保障工作。部分单位针对《办法》，修订了各自单位内部的管理制度。

其次，为进一步丰富和完善运维管理体系的内容，中国证监会证信办联合中国证券业协会、长城证券等单位组织了行业 IT 运维规范的研究和编制工作，中国证券业协会组织部分证券公司完成行业运维案例初稿的编写工作。宏源证券等单位实施并整合了 IT 运维管理平台，实现了集自动化操作、系统集中监控和运维管理流程为一体的管理平台，实现了运维工作监、管、控三位一体的工具解决方案，促进了在运维管理模式和流程方面的优化和改进。

① 在报告编写过程中，长城证券、海通证券、银河证券、国泰君安证券、国信证券、兴业证券、光大证券等单位提供了支持和帮助。

二、业务应用系统创新建设稳步发展

与2012年相比较，行业信息技术创新工作继续扩大范围，稳步发展。各类创新项目涉及证券传统经纪业务、客户服务、移动互联网等业务，对程序化交易、非现场交易结算、大数据、云计算和企业内部架构整合等各个方面做了很多新探索。

在创新项目的研发过程中，证券公司所占工作量和工作成果的比例持续提高，行业基础应用尝试向开源方向转变。

随着信息技术的发展，证券行业内资源的联手和合作不断加强。2013年，市场核心机构与深圳证券通信公司就行业应用优化达成了共识，并在交易系统异构灾备、行情系统云服务等领域开展了合作。其中，银河证券已经上线交易系统异构灾备并运行良好；国信证券、中信、中投、兴业、平安等证券公司已经使用深证通行情云服务开展网上行情服务。中国证券业协会为促进和提升行业软件质量控制能力，进行了软件开发商质量控制调研，并组织证券公司赴大连商品交易所共商"共建开源软件测试环境"的可行性。

三、行业监管与自律组织工作有条不紊

针对证券业发展的新形势，为支持和促进行业创新，行业监管机构和自律组织多次开展专题交流会议，如2013年3月3日中国证券业协会信息技术委员会举行"证券行业走进支付宝"交流会，2013年5月8日召开2013年证券公司创新发展研讨会，2013年8月16日举办证券行业信息技术高峰论坛。通过这些活动的举办，进一步了解了互联网环境下金融服务创新之道。

监管机构和自律组织继续推动行业信息技术人才队伍建设，起草形成《证券期货业信息技术人员技术能力评定管理办法（试行）》并组织3次全行业的培训活动。2013年3月，组织证券公司信息技术高级研修班。2013年7月和9月成功举办两期证券公司信息化与信息安全培训班，有效促进了行业人才素质的提高。

为解决行业信息技术面临的共性问题，行业监管机构和中国证券业协会组织行业编写客户资料保护、安全运维管理、异地灾备建设等方面的技术案例，目前已形成初稿。同时，在2012年行业规则梳理工作的基础上，继续开展规则评估和深度分析工作，对证券公司信息技术管理规定、IT治理指引、网上证券指引、集中交易指引进行修订，推进程序化交易研究、行业测试中心建设等工作成果的转化。

四、证券公司IT治理渐趋完善

为提高行业IT治理水平，中国证券业协会推进了IT治理高管培训，组织召开互联网金融与资本市场创新发展座谈会，与会高管对证券行业IT治理与发展的新态势进行了研讨。2013年8月，中国证监会组织完成全行业IT治理与安全管理检查工作，显示出证券公司IT治理在逐步规范和完善。

第二节 2013 年证券业 IT 人员与投入情况

2013 年底，中国证券业协会组织对行业 101 家证券公司 IT 人员及投入情况进行了摸底调查，调查显示与 2012 年 103 家证券公司同类数据比较，IT 技术人员总数减少了 10%，IT 总投入方面基本维持稳定，但投入构成有较大变化。

一、IT 人员

随着 2012 年底《证券公司营业部信息技术指引》的发布，各家证券公司在 2013 年逐步将营业部转型细分，信息技术人员也随之相应调整，从统计数据分析，2013 年证券公司总部 IT 人员稍许增加，而营业部 IT 人员较 2012 年减少 18%；同时，行业外包人员较 2012 年增加 20%，其中研发人员外包大幅增长达 43%，运维人员外包减少 27%。

近两年证券行业人员情况见表 1-1。

表 1－1　近两年证券行业人员情况

类别	2012 年（103 家）	2013 年（101 家）
IT 人员总数	9 903（不含外包人员）	8 859（不含外包人员）
总部 IT 员工人数	3 669	3 741
网点专职 IT 员工人数	6 234	5 118
常驻外包开发人员数量	378	544
常驻外包运维人员数量	179	130

资料来源：中国证券业协会专项调查统计数据。

二、IT 投入

证券公司 2013 年 IT 总体费用投入与 2012 年基本持平，但投入构成发生较大变化，其中，硬件投入略微增加，软件投入（不含正版化）稳定增长，增幅约为 10%，正版化投入增长超过 14%，通信费用下降 9%，人员外包费用增幅明显达 23%。

近两年证券投入情况见表 1-2。

表 1－2　近两年证券投入情况　（单位：万元）

类别	2012 年（103 家）	2013 年（101 家）
IT 总投入	518 834. 48	513 674. 44
硬件投入	123 967. 26	124 621. 89
软件投入（不含正版化）	100 508. 64	111 338. 37
软件正版化投入	21 408. 79	24 528. 58
通讯费用	186 129. 60	170 878. 31
人员外包费用	6 503. 11	8 029. 99

资料来源：中国证券业协会专项调查统计数据。

2013 年证券业信息技术重点应用

第一节　综合理财服务

一、应用概述

当前的证券经纪业务市场环境下，证券公司之间经纪业务的竞争日趋白热化，各大证券公司都在探索经纪业务的创新转型之路。如何在通道业务的激烈竞争中通过创新搏击红海，加快业务创新推动经纪业务转型，是证券公司共同思考的问题。在这种背景下，为了给客户提供差异化的专属服务体验，行业内证券公司分别从全方位服务整合、客户生命周期管理及信贷类业务深化服务方面进行了业务和系统层面的创新。

二、综合理财服务平台

综合理财服务平台是面向证券金融集团公司的松耦合模式的全账户、全业务、全产品的综合业务办理平台，全方位体现了服务整合的理念，为多交易系统集成提供了成功的解决方案。

综合理财服务平台通过整合、梳理现有各类中、后台系统，搭建以综合理财账户系统为中心，存管系统、综合理财接入总线、统一认证系统、人行支付系统、公司转账系统、第三方支付系统、产品中心以及理财一户通终端协同运作的集团公司级全方位的后台支撑平台，通过集团公司级综合理财接入总线实现内外互联，将公司员工、客户的各种形式的接入方式及集团公司对客户所提供的各类服务进行归一化管理，实现与证券经纪业务、融资融券、资产委托管理、期货、场外市场等各业务交易系统的对接和客户交易、服务等各类渠道的互通、互联，彻底消除客户的投资在公司以各“孤岛”分布的现状，真正实现客户交易、对客户服务的理财“一户通”。平台整体系统架构见图 2-1。

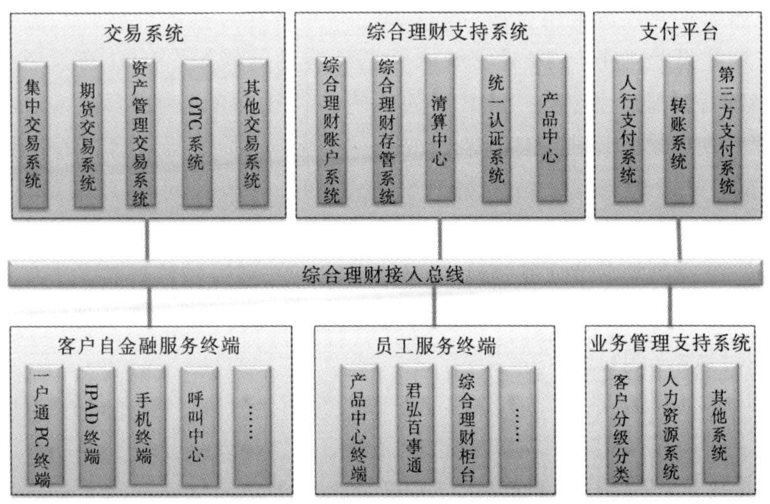

图 2–1　综合理财服务平台系统架构图

平台提出并实现了公司多交易系统的统一接入管理，通过公司级综合理财接入总线，实现内外互联，将公司员工、客户的各种形式的接入方式以及对客户所提供的各类服务进行归一化管理，实现与证券经纪业务、融资融券、资产委托管理、期货、场外市场等各业务交易系统的对接和客户交易、服务等各类渠道的互通、互联，彻底消除客户投资“孤岛”的现状，真正实现了融合客户交易及服务的理财“一户通”。综合理财接入总线提供了平滑的异构以及同构系统接入能力，实现了统一协议接入管理、各类用户接入管理、业务日志管理监控、扩展的业务组装服务，以及业务组装管理功能，其优良的性能使得平台能够支撑千万级客户数量。平台通过统一接入总线，真正实现了公司内部证券集中交易系统、期货交易系统、资产管理系统以及 OTC 系统之前的对接。平台还通过统一认证系统提供客户身份认证能力，真正实现“一键登录，综合理财”，使得客户登录一次，即可完成证券、资产管理、期货、支付等多种交易行为。

综合理财服务平台同时也是一个统一支付平台。国泰君安第一家加入中国人民银行支付系统，在此基础上综合理财服务平台设计并实现了证券行业内领先的统一支付平台。通过统一支付平台，客户可以实现通过人行大小额系统的转账，进一步缩小证券行业资金业务服务与银行业的差距。通过第三方支付公司的资金归集，实现消费支付功能和代缴代扣等生活服务功能。

此外，综合理财服务平台还搭建了集团公司层面的账户系统、存管系统、金融产品数据库，完成了客户资料信息、账户信息、资产信息、适当性分类信息、产品信息的大数据集成，构建出金融集团公司全账户、全资产、全产品、全业务流程跟踪的统一数据视图。同时，综合理财服务平台已经实现了与公司营销服务平台的对接，为公司根据客户适当性完成大数据分析奠定了坚实的基础。

三、经纪业务 MOT 系统

经纪业务 MOT 系统是通过分析、定义和触发客户全生命周期中的关键时刻点

(MOT)，从而辅助业务人员采用合理策略实现客户差异化服务的一整套系统解决方案。

系统的成功建设是业务与IT紧密结合并循环推动的成果。MOT理念首先在经纪业务投顾业务中进行落地，投顾业务MOT的实施涉及投顾的方方面面，从MOT征求收集、MOT关键时刻点设计，到MOT投入使用，分别经历了投顾总监、优秀投顾的参与、讨论、确定MOT关键时刻点，再对MOT进行咨询、分析，对MOT进行开发、上线、运营等，整个过程涉及面广，投顾等业务人员都深度参与其中。同时，MOT系统的持续改进也离不开业务人员的后续支持。MOT系统上线后，通过持续的日常应用，业务人员针对业务开展过程中的业务特点，不断提出改进性的思路，MOT系统持续迭代升级并完善，从而达到持续改进的目的。

从业务角度看，MOT系统是在经过业务人员梳理、分类、精炼后的MOT关键时刻点定义基础之上，通过采集包括客户信息、资金信息、持仓信息、交易信息、行情信息等各类信息，采用规则引擎等IT工具，触发符合MOT定义的对应客户的关键点，并将之提供给前端业务人员，辅助业务人员针对不同MOT点，采用合理策略为客户提供针对性的差异化服务，从而提高客户满意度，增强客户忠诚度。

MOT（关键时刻点）的梳理与提炼是整个项目实施过程中最关键的阶段，首先需要从证券行业客户的生命周期特点出发，选取客户全生命周期的不同阶段，包括客户开发期、客户成长期、客户成熟期、客户转化与流失等不同阶段进行探索（Explorer），基于不同阶段客户的特点与业务需求，从客户特征、客户行为、客户服务、产品需求等不同维度，整理各阶段客户群的各维度MOT点。

图2-2从技术架构角度，清楚描绘了MOT系统的工作原理。

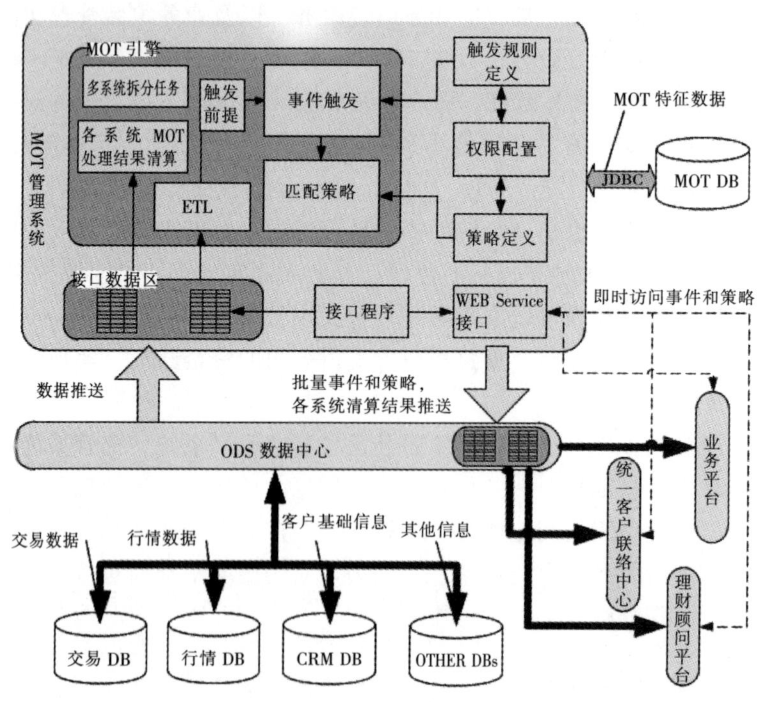

图2-2 MOT系统工作原理

四、证券金融服务平台

证券金融服务平台为金融信贷类业务、融资融券、约定式购回等相关业务的开展提供了一个全方位的系统服务支持，在深化信贷类业务客户专项服务，实现服务和管理的纵向整合方面提供了系统解决方案。

系统主要由贷前客户培养、贷后的客户增值服务、投资者风险监控以及综合业务经营分析四大功能模块组成。

贷前客户培养服务主要是将有需要、符合条件的普通客户发展成为融资融券或者类贷款业务的客户，其中包括潜在客户建模、客户信用评级、征授信服务以及对应业务的开户服务，帮助客户了解融资融券和类贷款类业务，结合自身需求，引导客户参与到相关业务当中。

贷后增值服务主要涵盖客户参与融资融券或者类贷款业务中之后的所有服务。通过客户账户分析、投资行为分析以及专业的投资顾问服务和行情资讯等服务，为客户提供专业的理财规划建议，与客户在投资过程中共同成长。

投资者风险监控模块针对开展融资融券、类贷款类业务的投资者进行全方位的投资风险监控。其中，实时监控是根据实时行情动态监控客户合约的履约担保比例，规避客户违约风险，以及引入客户风险压力测试的新风险监控模型，通过对行情、指数等参数的设置，模拟客户在不同情况下的风险状态，进而有针对性的部署后续操作。

综合业务经营分析是指通过对整个融资融券业务和类贷款业务的数据进行深入挖掘分析，为管理者提供的宏观上的业务整体运营情况，并为后续调控工作提供数据和分析支持。

第二节　移动终端和互联网业务

一、应用概述

业界都把 2013 年称为互联网金融元年，互联网金融越来越成为一个繁荣的新兴业态。自 6 月 13 日支付宝推出余额宝之后，我国互联网金融的帷幕在全国范围内全面拉开。随着余额宝的登台亮相，各大互联网公司也开始纷纷涉足互联网金融，而传统的金融机构也不甘落后，积极应变。由此，互联网金融所引发的金融业变革和洗牌，已成为整个社会共同关注的热点。互联网金融是借助于互联网、移动互联网而新兴创新的金融业态，因为支付结算资金融通都可以在网络上直接实现，不受时间和空间的局限，所以信息不对称程度大幅度下降，信息的获取和处理成本大幅减少，资源配置的效率大幅提升。互联网金融和互联网思维的落脚点最终是金融。互联网可以使交易成本降低，为我们更好地服务投资者提供了新的方式和手段。移动终端和互联网技术在近两年来各行各业的应用日趋广泛，范围和形式也多种多样。目前，国内证券公司在互联网金融的领域还刚刚起步，对于业务的发展模式主要分为如下三种：

第一种，物理网点虚拟化。逐步弱化物理证券营业网点，将所有线下业务全面向线上迁移，充分发挥网络运营低成本的优势，探索纯网络化运营。

第二种，线上线下相互结合，协同发展。类似于第一种模式，将原有线下业务向线上迁移，丰富线上业务种类，但仍保留线下业务，实现线上线下协同运营，差异化发展。

第三种，互联网金融模式。脱离证券公司现有的各业务类别，依托社交网络、大数据、云计算、移动支付等互联网手段，促使投融资双方在线上直接对接，如进军零售电商，依托线上实物销售，完备支付体系，或探索进行产品创新，试水 P2P 借贷，推进业务销售，实现金融脱媒。

二、传统电商和证券公司的业务融合

不同的底层生态，决定了切入点必然不同。互联网金融的全新介质带来了新一季竞争的可能。2013 年 11 月，支付宝钱包宣布独立品牌运作，直面微信的竞争。10 月底，百度金融中心推出“百发理财”，以年化收益 8%的卖点直面挑战年化收益近 5%的余额宝，当日上线 5 个小时，销售额就超过 10 亿元。同月，阿里控股天弘基金，突破 1 000 亿元的余额宝无疑成为互联网金融的经典案例。8 月，财付通通过微信推出微信支付，便捷的使用过程在两个月内形成不可忽视的冲击波。

目前，证券公司发展互联网金融模式大致分为三类：一是将传统业务的运营嫁接到互联网、移动互联网上。互联网固有的低廉运作成本可以提高服务效率、降低单客户服务成本，让同样的业务盈利更高。二是基于互联网、移动互联网本身的特质，而创新设计新的金融服务功能和业务种类。证券公司试水互联网金融的初期工作主要放在网上开户、证券交易通道、资讯及金融产品网上销售等专属化服务提供方面。首先，证券公司开设网上商城，国泰君安、华泰证券、华创证券、方正证券、长城证券等证券公司已经迈出了大胆尝试的第一步。然而，不管是开设网上商城还是入驻天猫商城，这些证券公司做出的创新举措，都将金融与互联网融合起来。其次，大力发展移动终端服务。手机炒股经过几年的发展已经日趋成熟，而且日益统一的移动操作平台给移动终端的发展提供了难得的机遇。目前的移动应用软件除了传统的行情揭示和交易外，还融入了理财产品销售、自助开户、资讯服务等功能。最后，立足长远发展，成立独立营运机构。国泰君安、华泰等证券公司先后成立网络金融部以来，齐鲁证券也在着手调整公司组织架构，新设电子商务分公司，并已于 7 月底正式获批。此外，华安证券、财通证券等多家证券公司还在 2013 年 5 月分别申报了针对电子证券公司经营模式、证券公司与电商合作路径等课题。分公司是一个经营单位，具有经营职能。相对于部门而言，分公司的业务范围可以更广，有利于公司整合资源形成合力以备战互联网金融。三是借助金融与互联网手段推动客户资金服务手段创新，丰富服务内容，构建与余额宝功能相近的综合理财服务，积极应对“互联网宝宝”的竞争和冲击。2013 年光大证券在行业内率先实现客户证券资金消费支付，创新了客户证券资金支付方式及范围，系统整体架构见图2-3。

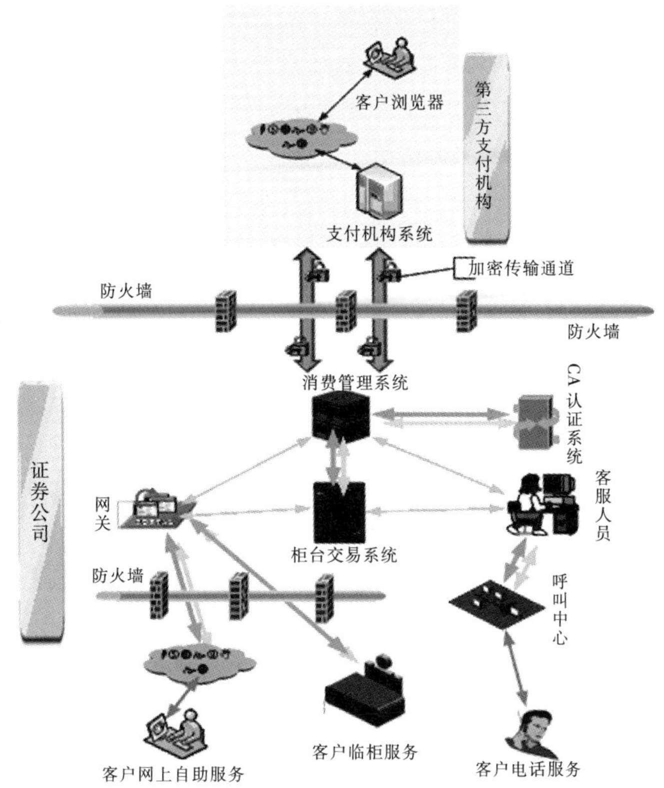

图 2-3　光大证券客户支付方式

此系统的特点体现在以下五个方面：

第一，证券公司与第三方支付机构进行专线接入，专线采用多运营商、多线路接入的模式，保障业务通讯的高可靠性。线上消费交易信息由证券公司的消费管理系统与第三方支付机构系统通过互联网及专线进行数据交换，客户消费交易信息在传输时按照约定算法进行数据加密，经加密通道进行传输。

第二，将现有集中交易系统作为资产账户系统，另建设独立、专业的消费管理系统，作为消费支付业务的核心处理系统，以支持“7×24”小时业务运行，并有效隔离客户证券资金消费业务与原基于证券交易的相关业务，保障柜台交易系统的正常运行。消费管理系统与资产账户系统之间使用扣退款接口和对账接口传递消费订单和结算对账数据等信息，以实现两个系统间的松耦合关系。

第三，CA 认证系统负责记录客户领取和换发数字证书情况，以及客户数字证书信息和状态，并校验数字证书和密码信息是否正确。

第四，柜台交易系统参与客户身份和安全认证，对客户消费支付交易进行资金校验和控制，并负责对客户进行消费支付交易的清算和交收。

第五，根据消费支付面向互联网服务的业务特性，通过对网上支付行为的风险分析和数据交换场景进行评估，在安全上从客户消费、网络结构、系统部署等方面进行了保障。客户开通消费服务需要申领 2 048 位加密的 USB-key，消费时通过统一认证系统对客户进行认证。消费 Web 网关内嵌了密码安全控件，可以防止跨站攻击，并安装防篡改、防注入软件，防止黑客使用 SQL 注入攻击和入侵，互联网消息传输使用 SSL 安全加密通道。内外部网络间安装防火墙进行隔离，只开放最小端口，并部署入侵防护设备。系统部署上采用三层结构，应用软件必须通过中间件访问数据库，不允许直接访问和操作数据库，层与层之间使用防火墙进行访问控制。

三、金融服务体系的互联网化

互联网自诞生起就具有传播范围广、传播效率高、实时性强、传播成本低等特点。充分使用互联网提升客户服务是一种行之有效的手段和方式。2013 年，随着监管部门一系列规定和措施的出台，为证券公司打造客户服务体系和账户体系提供了基础条件。现行互联网站账户建立的门槛很低，一般而言，客户仅需预留邮箱或手机地址，设定密码之后即可注册成为网站客户。然而，由于证券账户的特殊性，尽管目前行业已放开网络开户，但客户仍至少需花费 20 分钟左右的时间方可完成整个开户动作，相比而言仍不不便。为降低客户注册的门槛，吸引客户尽快成为证券公司线上平台的客户，在参照业内普遍做法的基础上建议政策层面允许证券公司在互联网端探索权限分层的账户机制，将账户的支付功能、理财功能及交易功能分离。

在账户分层机制的探索方面，国泰君安证券一直进行积极的探索，无论是其倡导的理财账户体系，还是超级账户模式，都是账户分层分级的一种很好的体现。在技术方面，多层次一体化金融服务协同平台（以下简称“平台”）是为适应证券行业的日益增长的创新业务和互联网金融新的竞争形势，基于独有的业务智能通讯和服务协同技术，由多个具有自主知识产权的系统有机融合而成。它以满足投资者多层次的理财需求为核心，为管理人员、投资顾问、客户经理和经纪员工提供支持，通过服务协同的过程管理，提高对客户服务的规范、多样性、效率和质量，它还是具有多层次、多渠道、多业务等特点的一体化金融服务平台，平台的前端是基于 UED 理念设计的多平台一体化业务终端——君弘百事通系统，首次在业内为员工提供覆盖全平台（PC 版、Web 版、Iphone 版、iPad 版、Android 版、Windows 移动版）的客户终端，实现了“无论何时何地、使用何种智能设备，都能为客户提供服务”的多平台一体化服务体系。

系统总体架构见图 2-4。

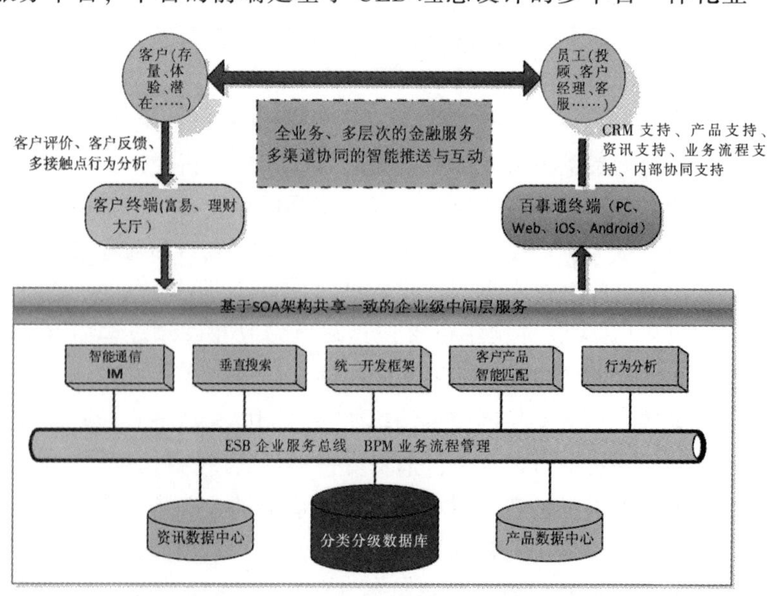

图 2-4 金融服务系统总体架构

多层次一体化

金融服务协同平台打造全新的客户体验，为证券公司开展互联网业务作出了有益的尝试。

四、互联网接入技术平台化

互联网的技术革命以及随之而来的各种创新商业模式对传统行业产生的颠覆性影响，已经是人所共知的事实。互联网业务存在以下三个主要特点：第一，主要依赖IT技术系统和互联网为广大的用户提供服务。第二，业务的规模将会非常庞大，但是单笔的业务量相对较小。第三，互联网是一个开放的平台，竞争非常激烈，并且瞬息万变，业务的开展必须依靠不断快速适应业务变化的技术实现，因此需要高度灵活和可扩展的技术系统，而互联网接入技术平台化是应对此业务挑战的一种方式。

某证券公司从2012年开始，对互联网上的证券相关服务与业务创新不断作深入的思考与布局，应对互联网创新带来的冲击与机遇。广发自主研发的证券互联网统一技术平台是一个深具互联网技术基因的、具有高度通用性的、可利用虚拟化和私有云进行一定规模复制部署的解决方案。从技术手段上看，它采用了一些前沿的（Edgy）开源技术；从部署和运营性质上看，它确实是广发证券金融互联网服务的边缘（Edge），是最接近客户的网络前沿。Edge平台的技术层次分明，各层分别对应于以技术通用性和可重用性为主导的服务，但无论哪一层，技术实现手段都比较统一，接近同构，主体均用MEAN技术框架，辅以一些有性能和业务需求特殊性的局部性技术搭建而成。在过去一段时间里，多个业务应用、多种业务场景基于平台实现，各种服务模块被反复地使用，逐渐体现Edge平台的服务共享、代码重用、动态扩展能力。

互联网统一技术平台构建，层次较为分明，每一层的技术接近同构（均用MEAN技术自主开发），但目的各异，而处于顶层的各种互联网应用，则对其下面的每一层都可以利用。

五、企业运作支持移动终端化

随着3G、4G网络等基础设施的大力发展，移动互联网已经成为当前信息技术领域的热点话题。相比传统互联网，移动互联网更加强调以用户为中心，以人为本，其倡导的“无处不网络，无时不在线”的特点更能满足人们的需求，而且移动互联网重视人机互动，人人互动，强调产品和用户之间的双向价值，有利于满足客户的个性需求。企业利用移动互联网进行支撑运作也是2013年信息技术发展的一大特点，如移动证券、OA办公、移动柜台、手机开户、手机投顾等各种基于移动互联网的APP层出不穷，飞速发展。某证券公司企业移动运作支持平台项目属于社交媒体、智能终端、移动互联网与云计算等多项新技术在证券企业管理、营销支持和移动展业方面的深度综合应用。

平台主要由移动应用开发套件、移动终端管理（MDM）、移动应用发布、企业云盘、后端企业应用系统等五大模块构成。

第一，移动应用开发套件作为平台的核心组件之一，主要为支持流程审批、资金划拨、融资融券、投顾展业、投行团队协作等企业运作支持系统在移动设备上的访问提供界面展现、逻辑处理、终端适配、格式转换等服务，是实现企业管理类和营销类等各类应用移动化的核心组件。

第二，移动终端管理（MDM）则为移动终端提供诸如密码保护、远程锁定、业务数据擦除等功能，在员工自带设备办公（BYOD，Bring Your Own Device）充分保护员工个人隐私和自主使用个人设备的前提下，规范员工对企业移动应用的访问行为，尤其是业务营销数据的访问安全，提高企业管理数据和业务数据的安全性。

第三，移动应用发布可在不同的移动设备上构建属于企业自己的移动应用仓库，实现对企业内部管理类和业务类移动应用的集中发布、版本升级、安全管控的目的，确保企业内部使用的移动应用只在企业内部进行传播。

第四，企业云盘是针对传统移动无法与PC、笔记本电脑进行数据、文档、资料共享的弊端而专门引入的，其主要作用就是在移动设备和其他传统办公设备之间构架起一座数据交互的桥梁，使移动应用真正融入企业协作办公环境中。

第五，后端企业应用系统则包含OA系统、邮件系统、移动社区、业务宣传和咨询、资金划拨、公司通讯录等，通过移动互联网技术将这些系统访问延伸到移动终端上，在提升员工办公效率的同时，也对公司移动展业、营销支持提供有力的平台支撑。

六、证券开户业务非现场化

监管机构松绑非现场开户之后，招商证券、中信建投、华泰证券等证券公司纷纷开启网上开户模式。多家证券公司正与腾讯、淘宝网等积极接洽，探索通过电商平台实现网上开户的可能。互联网金融注定将成为2013年证券公司业务拓展的关键词。

按照规范的要求，非现场开户涉及复杂的流程。流程设计的好坏直接关系到开户操作的效率和可行性。某证券公司在流程设计中充分考虑了客户个人情况和上网条件等各种可能性，创造性引入证券非关联人员作为流程及用户界面体验师，对开户流程进行了反复设计、推演。通过对必备业务流程进行整合创新，客户通过网上或见证开户系统均可一步式完成开户，无须二次登录补办后续业务。客户通过非现场开户可以直接将资金账户及证券账户一并开立，免去多次录入信息的烦琐。系统上线后，创造了客户12分钟内网上开户完成并成功下单的范例。

网上开户系统对技术要求极高，通过自主创新，规划设计了网上开户系统、见证开户系统、离柜系统，并自建CA系统、视频见证系统。在项目开发过程中，通过技术创新突破了许多难点。

第一，视频技术实现了在一个通道上同时传输视频、音频、即时消息、控制信号等复合信息流。视频客户端支持Flash、安卓平板APP，支持灵活的排队机制，支持在视频过程中随时进行拍照、录像、图像剪切、在线交流，为业内率先实现了通过视频通道传递即时消息机制，率先实现了视频后台同时支持网页和移动APP两类客户端。

第二，证书技术实现了简单易用的证书申请、发放、使用流程，整个开户流程的各种协议均使用证书签名，有效保证了客户开户信息的真实性。

第三，开户流程顺畅、使用简便，普通用户均可在15分钟内完成。

第四，见证开户支持无网络开户，在无网络或者网络条件很差的时候，支持采用离线开户方式采集客户资料，在联网条件下再批量或逐个开户。

系统架构见图 2-5。

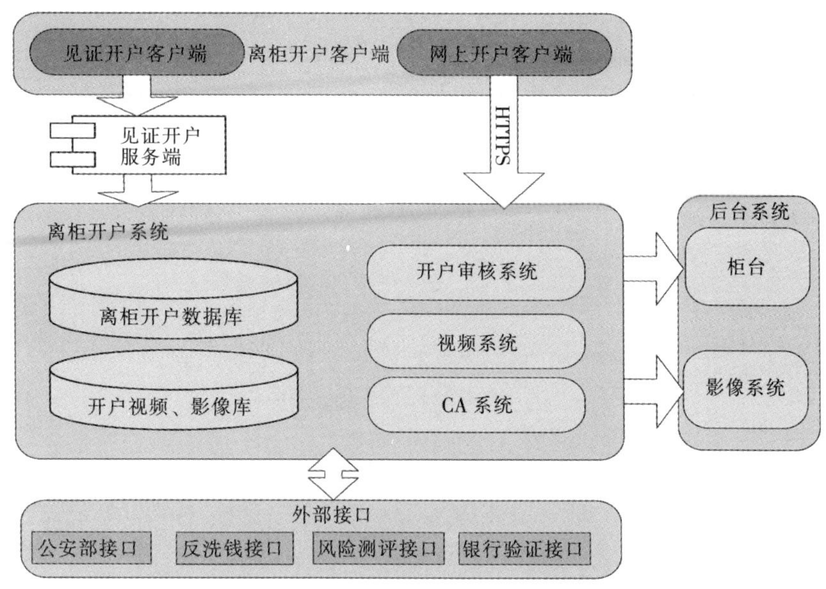

图 2-5 网上开户系统

非现场开户业务的松绑是证券公司从事互联网业务的基础条件之一，电商庞大的客户群以及互联网的展业模式是证券公司走向互联网金融的主要着力点。非现场开户业务作为整个证券行业的重大创新项目之一，曾被业内誉为将对证券行业产生“革命性”改变的重大创新。该项业务的推出将使证券公司彻底摆脱传统网点的束缚，迎来跨越式发展的新纪元。

七、传统经纪业务互联网化

随着佣金率的不断下滑，作为证券公司主要收入来源的传统经纪业务已经越来越难赚钱，而在新的形势下，经纪业务的成本却较难压缩，证券公司的生存空间将面临巨大的挑战。基础业务不赚钱、充分竞争的市场、圈客户、提高客户黏性，这些都是不得不面对的问题。证券公司只有用自己的互联网思维模式应对别人的互联网思维模式才可能胜出。与此同时，经纪业务互联网化虽是不得已的选择，但也可能是一种必要的选择。

在传统经纪业务互联网方面，招商证券快速反应，先人一步。招商证券的互联网经纪业务系统称为“E 网通”，是对证券业务电商化的重要探索和实践。传统证券经纪业务主要包含开户、柜台类业务、交易业务、产品销售、咨询服务等类别。“E 网通”所做的工作就是把上述各类业务全部通过互联网来营运。通过“非现场开户系统”，投资者实现了上网就能开立证券资金账户的梦想；“网上柜台系统”扫清了经纪业务互联网化的最后一个障碍，使客户费时费力到营业网点办理业务的现象成为历史；网上交易、移动证券、微信服务系统的推出，为客户随时随地进行证券交易提供了完美解决方案；“产品超市”开辟了通过互联网销售理财和服务类产品的新型销售渠道；“在线客服”

系统通过即时通信技术为客户提供了高效交流的完美体验。总的来说，对客户而言，有了“E 网通”，客户再也无须花费时间、舟车劳顿赶到营业网点就可以办理各项业务。从公司层面看，“E 网通”意味着公司即使不再投入建设实体营业网点也可以快速发展证券经纪业务，为饱受网点规模限制的公司提供了低成本扩张的全新发展模式。系统的总体架构见图 2–6。

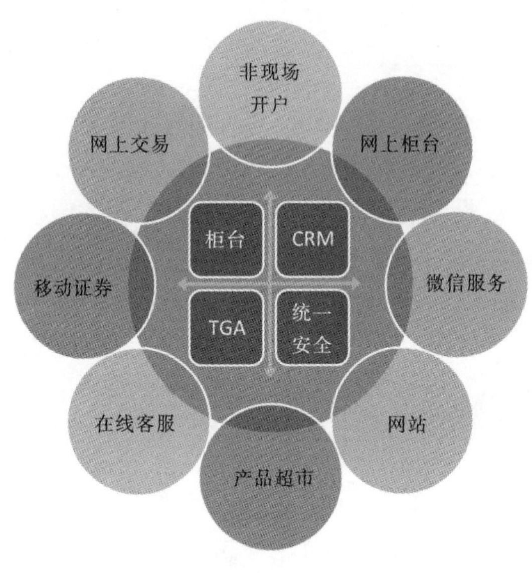

图 2–6 “E 网通”系统

第三节 程序化交易系统

一、应用概述

程序和交易结合了当代数量金融和信息技术的前沿应用成果，它通过海量数据分析把证券市场的运行规律模型化，并可以根据动态行情实时反馈和调整模型的参数估计，进而以此进行委托执行。由于是计算机自动化管理，程序化交易业务运作的效率大大超过人工交易。

程序化交易在制定投资决策、减少执行成本、套利及风险对冲和做市商报价等领域应用广泛，是国际金融行业普遍应用的交易手段，在成熟市场上已有超过 90%的专业投资管理机构使用算法交易来执行证券投资指令。其中，程序化交易一般由领先的证券经纪商自主开发，以计算机程序的形式提供自动化和智能化的证券投资指令执行服务，是传统经纪业务的专业化、现代化发展方向和业务分支之一。

深圳证券交易所的《数量化交易的现状与挑战》一文提到，在美国股票市场，2007~2009年，程序化交易推动美国交易所成交量增加了150%以上，现已占到每日成交量的70%，且仍在上升。在期货和期权市场上，因期货、期权的产品定价具有天然的数量化特征，这类产品的程序化交易更为活跃。粗略统计，金融衍生品市场的程序化交易活动已占到50%~70%。

在国内资本市场，程序化交易起源于股票市场，但在期货市场蓬勃发展，目前已经初具规模，这几年，国内程序化交易发展也十分迅速。2009年开始，股票市场的量化投资成为新的热点，程序化交易开始萌芽并迅速发展，上交所和深交所都启动了程序化交易的相关研究工作，大型证券公司都在积极准备并大力发展。

系统建设方面，证券公司在程序化交易的各个领域进行了探索和建设，在程序化交易平台、算法交易、策略平台和策略回测分析平台方面取得了阶段性进展。

二、程序化交易各相关领域的系统建设

程序化交易应用的领域非常广泛，涉及的业务环节众多。从技术的角度讲，覆盖交易接入、数据及行情服务、交易、投资策略、客户端等众多领域，而各领域的技术、模型各有侧重。程序化交易各层面的技术环节概括见图2–7。

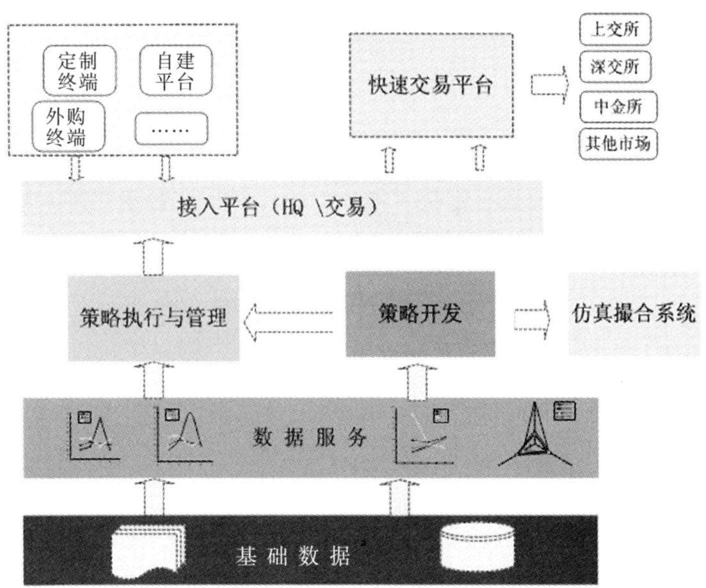

图2–7 程序化交易系统

根据所提供服务的技术和业务性质，各技术环节层面主要包括：

（一）数据管理及行情服务平台

管理各种金融数据库，并提供分析、检索、回放等一系列访问手段；为程序化交易提供必需的高速行情服务。

（二）策略开发平台

支持投资策略的开发、模拟、测试和回溯。

（三）策略执行及交易平台

策略执行平台高效率的执行策略交易指令，并记录执行过程和现场。

（四）高速风险控制平台

为程序交易提供高速、低延迟的风控，满足各项风控要求。

（五）快速交易平台

为VIP客户提供快速交易通道和极速交易通道，甚至与客户的交易平台一起托管到交易所。

（六）接入平台及DMA

提供多种协议方式（专用协议和通用协议如FIX等），接入多市场（包括深交所、上交所、各期货交易所），为策略交易平台提供交易通道、行情和基本信息，并提供接入的安全性和流量的管理。

（七）量化交易客户端

面向投资者提供订制终端，或提供客户端开发框架，辅助以接入平台的开放接口和数据服务平台的开放接口，使有一定技术能力的投资机构在数量化平台框架上进行订制的策略开发。

（八）仿真交易及撮合系统

量化交易策略需要大量的分析和模拟回溯，因此，必须为量化策略开发提供完整、全业务链的模拟仿真环境，并支持全市场的业务。

三、系统建设的主要进展

2013年，证券公司在程序化交易的各个领域进行了探索和建设，在程序化交易平台、算法交易、策略平台和策略回测分析平台方面取得了阶段性进展，系统建设方面比较典型的案例有以下四个。

（一）算法交易系统

交易系统基于国际算法交易业务理念和技术标准开发，它接收并受理来自业务上游的买方投资管理系统（OMS）发出的机构投资指令，采用自主设计的交易执行模型或算法对该指令进行分析和研判，建立起执行计划（委托序列），并根据历史或实时行情数据以及动态执行过程的反馈对该计划进行调整与优化，最终将执行计划自动提交给位于业务下游的报盘管理系统（EMS）进行具体的委托报盘，从而完成算法交易整个服务过程。算法交易系统可以部署在投资者一侧（买方部署），也可以部署在证券公司一侧（卖方部署），支持投资管理系统（OMS/EMS）统一业务环境，也支持Bloomberg（OMS）/根网（EMS）协作业务环境。系统部署结构见图2-8。

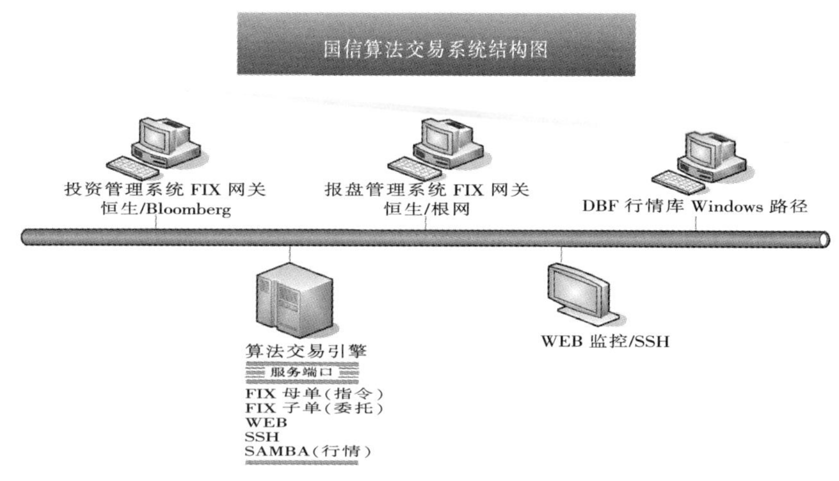

图2-8　算法交易系统

（二）自动化交易平台

自动化交易平台是集算法交易、套利交易、对冲交易等为一体的智能化交易服务平台，支持跨市场、跨品种的量化对冲交易策略，并提供证券公司专业设计的、成熟的算法及策略服务，是支持开展量化交易的核心技术平台。该平台由证券公司独立自主规划、设计，拥有完全知识产权。该平台采用了复杂事件处理CEP引擎、开源ACE架构和开放平台框架等一系列先进技术和思想，并充分结合中国证券行业特点，在整体执行效率、策略开发效率、客户自主开发支持等方面匠心独运。该平台以强大的功能和友善的用户体验一经推出便很快受到用户的欢迎，已投入国内个人、机构客户的算法交易应用和策略交易应用，国外对冲基金客户算法交易，公司内部业务部门的算法交易，套利、大宗减持、做市等应用，是国内应用领域最广的自动化交易系统。

自动化交易平台主要由策略平台子系统、Wealth cats客户端子系统、用户接入平台、数据服务与交易路由平台和个性化开发工具箱五大部分组成。

1. 策略平台子系统。该系统包括策略支持管理所需要的算法管理、服务管理、账户管理、权限管理、行情交易、日志管理、订阅管理、适配器管理和内存数据库管理等基础功能，实现了算法策略执行、市场盯盘和智能组合交易下单等功能。

2. Wealth cats客户端子系统。该系统包括客户端所使用的常用基本功能，并可根据需要进行个性化开发、调整，其基本功能包括账户管理、市场数据分析、策略超市面板、组合管理与交易、快捷下单、交易报告与绩效分析等。

3. 用户接入平台。该系统基于开源ACE架构设计，负责将客户端和第三方客户端（或系统）以FIX或CATS私有协议接入策略平台系统，提供连接管理、订阅通知、主动发布、运行监控、高速缓存等功能。

4. 数据服务与交易路由平台。该系统主要是对接外部相关行情源、财经资讯源和交易系统，为策略平台系统提供行情数据服务和交易指令执行路由服务等。

5. 个性化开发工具箱。该开发工具箱为策略算法交易用户提供了一个全方位的开放平台框架，用于个性化订制开发，包括策略算法开发框架、应用API、定制客户端开发框架和总控管理开发框架。此外，该工具箱还包括面向基础二次开发的适配器开发框架。

具体的架构设计见图2-9。

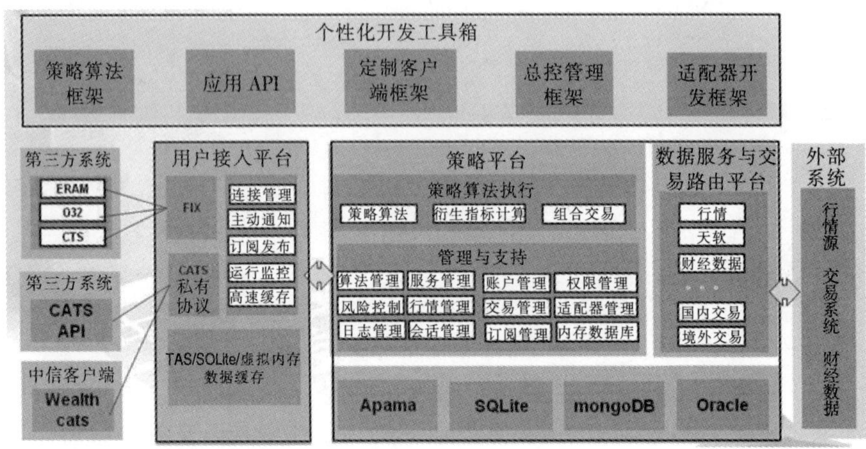

图2-9 个性化开发工具箱

（三）策略量化交易公共平台

平台涉及多项复杂技术，包括交易策略程序的云端存储与云端运行、交易策略绩效的实时展示与风控指标计算、交易信号的实时发送与转发、交易策略的实时绩效展示、基于C++和EasyLanguage程序设计语言的交易策略程序开发环境、包含了数百个函数的指标计算程序库、策略回测与参数优化工具、仿真模拟撮合工具、策略商务平台（包括策略展示、订阅、支付、用户管理、产品评价互动功能等）。

平台的特点是：

1. 模式创新，即量化交易与互联网P2P电子商务模式结合，由平台展示出交易策略的实时绩效，让客户自由订阅交易策略发出的信号并作为参考。

2. 工具创新，即为策略开发者、交易者、订阅者分别提供专用软件工具。

3. 环境创新，即建立统一、可靠的生产环境（风控、账户、回测等）。保障业务参与者在“符合监管要求、风险可测可控”的前提下参与量化投资业务。

系统整体架构见图2-10。

（四）策略回测分析平台

策略回测分析平台是某证券公司独立完成的自主研发项目，包含了多数据源接入、模型构建、交易验证、统计分析等功能特点，可以利用平台提供的各种API接口构建量化投资模型，然后借助系统配备的模拟交易功能进行回溯检验，筛选出最优的策略模型及参数配置。通过策略验证平台，系统可自动快速地评估海量策略的绩效情况，高效实

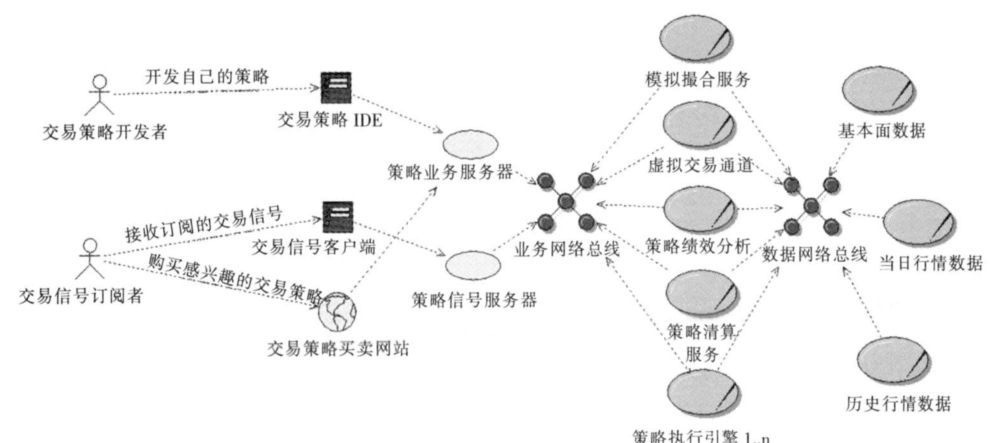

图 2-10　策略量化交易公共平台

现海量策略的筛选，从而提高策略的投资绩效。

策略回测分析平台利用动态链接库和反序列化的技术实现了后验与仿真报盘结果的高度一致，除极端情况外，可最大程度地规避实盘交易和后验仿真现价报盘的价格差异；智能对多种交易策略进行算法匹配，生成海量策略；实现了多核、多线程的并发回测，以及 32 位传统 API 组件和 64 位系统环境的无缝对接等，显著提高资源使用效率，完成海量策略回测；构建了严格的多架构、多层次的风控体系，特别对交易策略采用三层实时风控模式进行毫秒级动态跟踪，实现高效的风险控制。策略回测分析平台单台工作站支持策略同时回测数量达到 20 万个，满负载 CPU 使用率达到 99%以上，主动性实盘报盘和仿真报盘结果可高度接近。

系统总体设计架构见图 2-11。

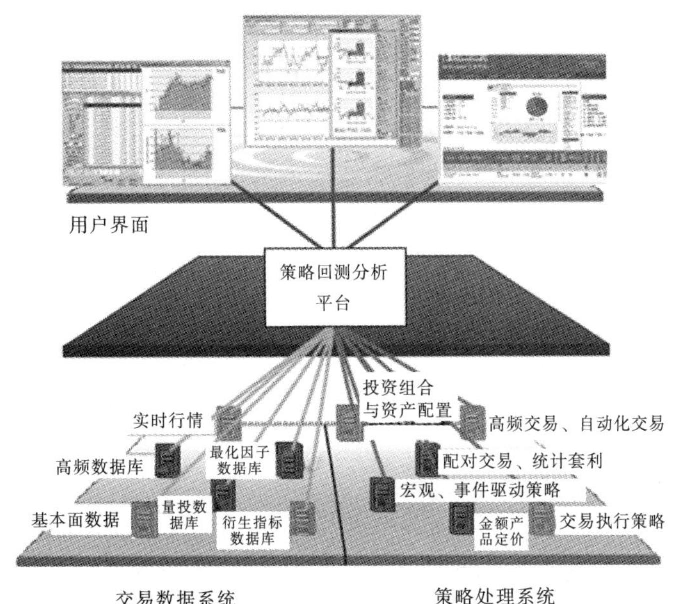

图 2-11　策略回测分析平台

第四节 交易结算系统

一、应用概述

随着中国证券市场融资融券、跨市场 ETF、个股期权等新业务的逐步推出，市场功能日渐完善，投资者对证券公司交易系统提出了更高的要求，集中体现在快速支持新业务、提升交易速度、提供程序化交易功能、提供自主交易终端接入服务等方面。对于证券公司而言，如何为投资者提供更快速的交易通道，以及如何在各种终端便捷接入的同时保障交易系统的安全，成为重点关注的问题。

为满足业务发展的要求，证券公司普遍在现有“大集中”证券交易系统体系架构下，新增业务模块或升级现有功能，使集中交易系统变成一个庞大的支持各种交易结算业务的综合业务处理系统。然而，“大集中”交易系统技术架构日益暴露出开放性差、灵活性不足、业务响应慢、风险集中等局限性。

为解决现有交易结算系统的局限性，快速适应证券市场业务发展需要，多家证券公司开始着手规划下一代交易结算系统，并在 2013 年取得了显著成果。

二、基于 SOA 的下一代交易结算系统

下一代交易结算系统不同于现有“大集中”系统以交易为核心，而是以账户管理和登记托管业务为核心，以前台与后台分离、清算与交易分离、管理与业务分离为原则的全新的技术平台。平台采用 SOA 松耦合架构，通过业务组合和系统重构将实时业务与非实时业务分离，根据产品属性及交易特性分别建立竞价交易系统和非竞价交易系统。整合柜员终端及客户终端，实现外围系统统一接入、统一管理。快速支持未来多市场、多币种、各种创新业务的灵活扩展，为投资者提供高效、完善的交易结算服务。

下一代交易结算平台的整体架构见图 2-12。

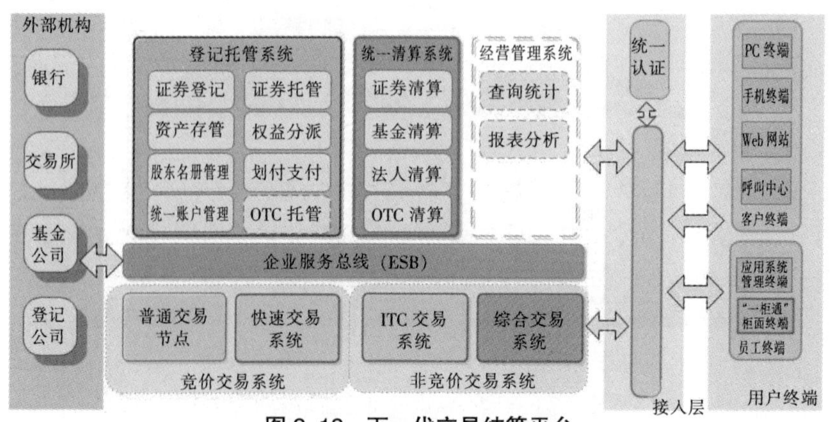

图 2-12 下一代交易结算平台

下一代交易结算平台对证券公司现有集中交易系统、账户管理系统、融资融券系统进行业务重构与系统整合，包含登记托管系统、统一清算系统、竞价交易系统、非竞价交易系统、柜员操作系统、客户终端整合系统六大业务子系统，各子系统之间通过企业服务总线（ESB）进行互访，网上交易等外围系统通过统一接入平台提供的标准接口访问后台核心业务系统。

在下一代交易结算平台中，各子系统基于SOA架构进行松耦合连接，可以相对独立构建、分步推进，与现有系统平滑切换，将实施风险降到最低。

六大子系统分别承担以下业务：

（一）登记托管系统

登记托管系统是公司法人级的各类资产集中登记托管的平台，实现账户业务和资金业务的数据集中、管理集中和风险控制集中，集产权登记、份额托管、权益分配等为一体，提供客户统一资产视图，支持OTC一级登记托管职能，是证券公司内部的“登记公司”。

（二）统一清算系统

统一清算系统集中处理客户资产清算结算业务，支持一、二、三级清算，支持多市场、多业务品种的清算结算处理，支持统一交收和7×24小时连续交易。统一提供与银行、登记公司、基金公司等外部数据的交换处理。

（三）竞价交易系统

为客户竞价交易提供高可靠、高速的交易订单服务，针对有高速交易及程序化接入要求的VIP客户，通过新建基于内存处理的快速交易节点，与现有普通交易节点相分离，满足客户的多样化需求。快速交易节点支持跨地域分布式部署，可按交易规模、地域分布、业务品种等规则进行拆分，具有高可用、高性能、高扩展、易维护的特点。

（四）非竞价交易系统

非竞价交易系统是一个开放的、用于支持各种非竞价交易或非标准化金融产品交易转让的技术平台。非竞价交易系统提供经纪、自营、理财、批零等多种业务模式，支持基金、理财产品、债券、专项资产管理等各类非实时金融产品交易，支持做市商交易。

（五）柜员操作系统

将现有不同业务系统员工终端进行整合，实现异构后台服务系统的统一终端界面展现及业务办理，构建综合性“一站式”金融服务智能终端。系统按业务岗位等实现权限划分，进行功能权限控制，并提供灵活的业务复核流程机制。

（六）客户终端整合系统

将现有不同的客户终端通过统一接入平台连接后台服务系统，将普通交易、融资融券、综合交易前端进行整合，支持客户采用客户号、资金账号、股东账号、理财账号等多种方式进行登录、交易及业务查询，可灵活进行各类服务推送和订阅。

统一接入平台和企业服务总线（ESB）是连接各系统的“枢纽”，改变了“大集中”交易系统竖井式部署、紧耦合的架构。通过制定标准的数据接口及服务协议，使各异构系统安全、快速地进行信息共享和服务协同。

统一接入平台及企业服务总线架构见图2-13。

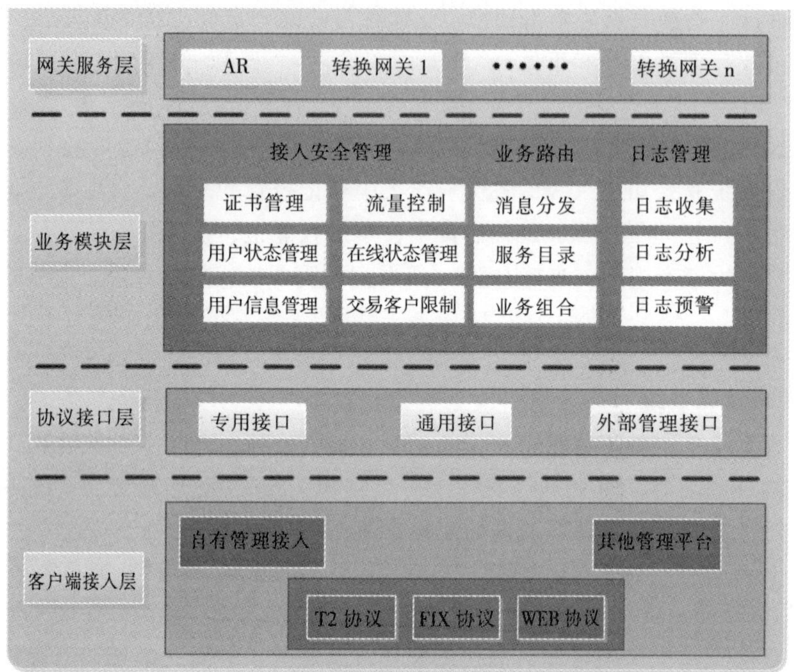

图2-13 统一接入平台及企业服务总线

1. 统一接入平台。对外围终端系统提供统一接入服务，为外围系统提供高并发、高性能、高可靠的安全接入平台。通过服务目录、节点定位等方式实现对不同业务的路由转发。统一接入平台完成不同应用程序之间的消息传递、协议转换，支持通信协议管理和业务协议管理，极大减少了外围系统与后台异构核心系统之间的对接难度，提高了外围系统接入的安全性，便于程序化交易客户快速接入。

2. 企业服务总线（ESB）。定义了完整、开放、标准的业务和数据服务接口，快速实现交易、登记托管、清算、风险监控、CRM等系统之间的服务调用，接口具备高性能和高可靠性，支持穿透服务。

在六大业务子系统中，快速交易系统由于其业务的紧迫性及技术的成熟度，通常被证券公司优先实施。2013年已经在多家证券公司推广应用。

快速交易系统隶属于竞价交易系统，面向对速度有极高要求的经纪业务高端客户或程序化交易客户。快速交易系统仅完成对速度有较高要求的实时订单处理，通过统一接入平台及企业服务总线，与已有的集中交易系统协同完成客户全面证券交易结算业务。快速交易系统支持多节点部署，可按照客户规模、业务品种、地域分布等灵活快速扩展。

快速交易系统无传统物理数据库应用，采用对象型内存数据库、主动推送、极速报盘等技术，在内存中处理客户实时交易资金、股份、委托、成交等数据，完成实时交易与查询，高并发、低延迟、性能卓越。单笔交易系统订单处理的效率提升到200us（微秒）以内，比现有集中交易系统快百倍以上。

快速交易系统的整体架构见图2-14。

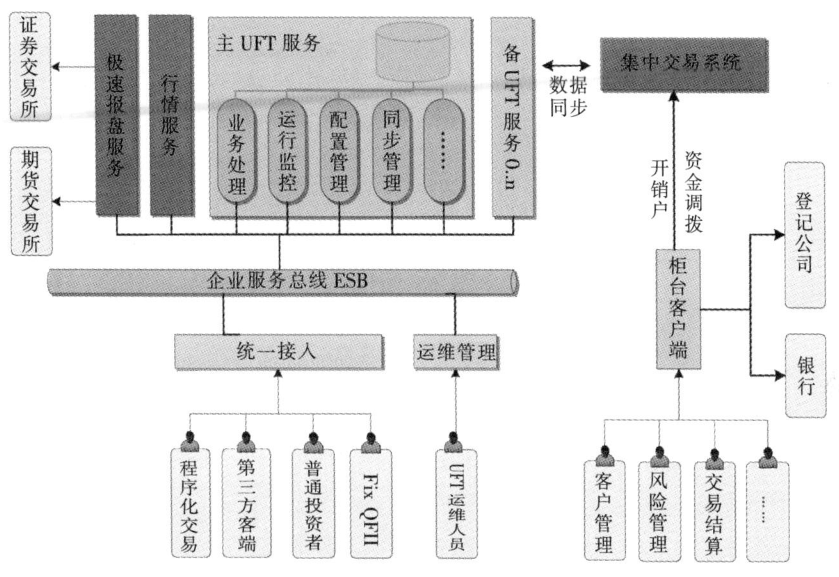

图2-14 快速交易系统

下一代交易结算系统采用基于SOA的松耦合技术架构，将登记托管与订单处理相分离，各异构系统间通过标准化服务接口进行数据及业务交互，摆脱了证券公司交易系统被单一开发商“捆绑”的被动局面，为高端客户提供了最快的交易通道，为程序化交易客户提供了安全、高速、标准化的接入。通过构建登记托管平台和非竞价交易系统，对证券公司OTC、金融产品销售进行快速支持，对证券公司的业务拓展起到了很好的推动作用。

三、证券公司和深证通合作的集中交易异构实时备份系统

某证券公司和深证通合作的集中交易异构实时备份系统（RBS）重在解决异构的问题。所谓异构，即备份系统运行在与生产系统不同的操作系统环境、不同的数据库环境和不同的柜台交易系统环境中，尤其是针对柜台交易系统的架构采用完全不同的设计理念。设计目标为：当证券公司主用交易系统发生重大故障，在各种同构备份系统（包括本地热备、温备、同城或异地的备份）均切换失败后，可使用本异构备份系统顺利、快速地完成交易，保障证券公司集中交易业务的连续运行。

作为交易备份系统，RBS能够实时接管证券公司T日的证券交易业务，可以为证券公司提供快速的交易应急服务。从业务品种来看，RBS已实现对深沪A/B股、债券、权证、新股申购、配股配债、交易所上市基金（LOF、ETF）、转股回售、要约收购、创业板等业务的支持，基本覆盖了常用的实时交易类业务。另外，RTO和RPO等各项指标

也满足灾难备份的要求。

系统整体部署架构见图 2-15。

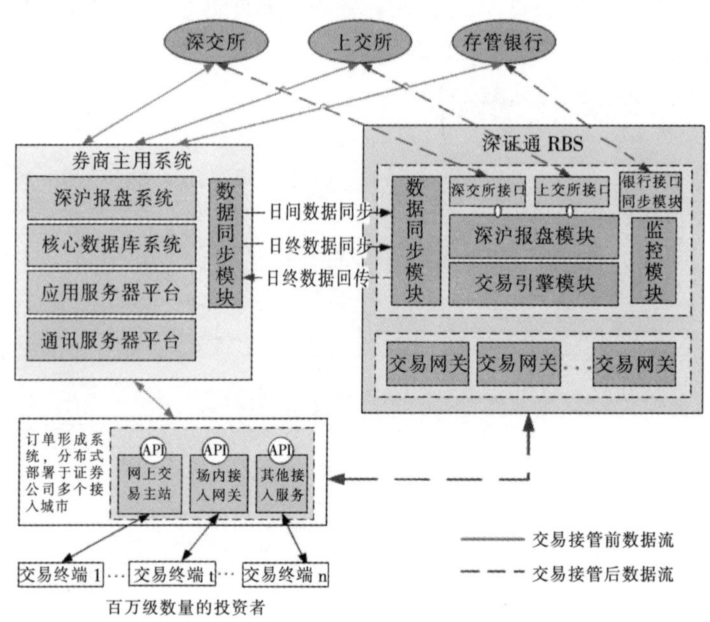

图 2-15　系统整体部署

四、多活订单系统平台

多活订单系统平台架构采用类似计算机冯·诺依曼体系，由交易订单平台、交易后援处理、渠道接入、外联接口，以及数据交换标准组成。平台通过业务整合与系统重构，构建松散耦合的新型集中交易架构，实现前台和后台的分离，账户、交易、清算的分离。

多活订单系统平台实现证券公司信息系统架构集成创新。

第一，平台提出实时容灾零切换的多生产中心模式，建立“面向服务”的基础架构、安全保障体系和服务体系，为客户提供差异化的通道服务。

第二，平台将 UDP 多播技术、内存数据库技术等整合运用于交易系统，并对业务处理逻辑进行优化，使交易系统下单效率从毫秒级提升到微秒级。

第三，平台采用微架构技术将系统划分为多个定位清晰、功能明确的特定组件，实现硬件设备横向或纵向扩容及软件业务逻辑模块的增减，支持全业务的同时为新业务快速实现与接入提供支持。

第四，平台支持系统在线升级以及业务重放和全真测试，为系统升级、业务测试等日常维护提供便利，降低业务中断风险。

第五，通过平台的建设，实现了集中交易系统的重构，打造了松耦合的证券交易平台，为证券信息技术创新打开空间，推动证券信息技术向更高层次发展。

平台提升通道服务质量，增强系统安全性，降低系统故障带来的经济损失，为投资者提供高效、安全、创新的交易环境，切实保障投资者交易权益。平台定义了证券公司交易核心子系统的清晰边界，支持交易后援软件多元化发展，为行业提供应用架构设计及业务数据交互标准的参考，有助于推动行业信息系统的标准化建设，为行业交易系统建设提供借鉴样板。

五、跨市场国际化网上交易平台

跨市场国际化网上交易平台基于多层架构体系，统筹了国际化多市场系统的外围系统和后台系统，其特点是功能分离、配置灵活、易于扩展，可支持多种证券市场交易（见图 2-16）。其核心是具有独立自主产权的自主开发的 NRTS 智能协议引擎，采取基于 Com 组件技术的开放性接口，支持国内交易所、香港交易所、标准 FIX 协议等多种规范和接口协议，并通过灵活对接不同的业务子系统，实现跨市场国际化证券市场交易功能。目前，跨市场国际化网上交易平台外围系统包括客户端网上交易、Web 网上交易、电话自助委托、经纪人交易终端等，后台系统包括香港公司港股交易平台（ABC 系统），B 股交易平台，中银国际美股交易通道，中国台湾、新加坡、日本、英国、加拿大等国际股票市场、银证转账系统、扩展交易平台等。

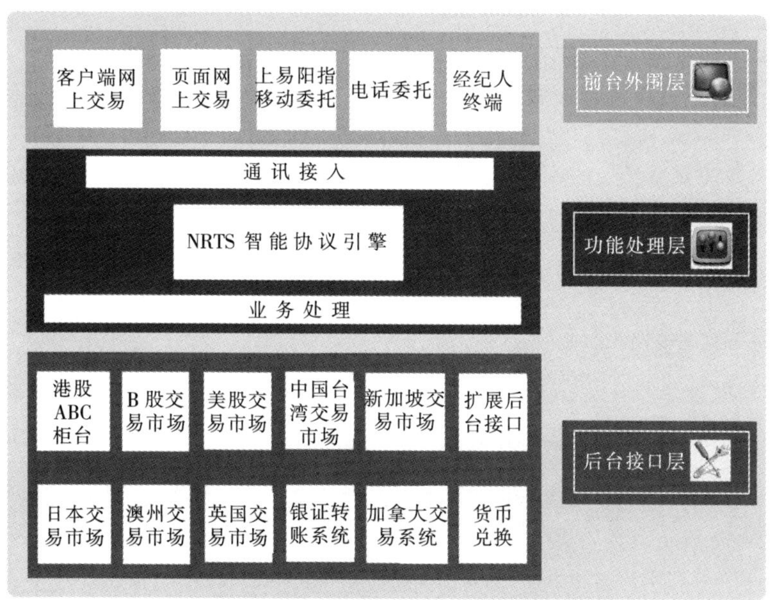

图 2-16　跨市场国际化网上交易平台

六、资产托管业务管理系统

资产托管业务管理系统主要是满足托管人在资产保管、资金清算、资金划付、资产估值、会计核算、投资监督、信息披露、业务档案管理等各个业务环节的业务功能需求，在符合政策监管要求的前提下，从提高业务处理效率、提升精细化管理水平、丰富特色业务品种等角度创新发展、丰富强化系统的功能，提高托管人托管业务的核心竞争力，为托管人资产托管业务跨越式持续发展，打下坚实的系统基础。

系统根据基金资产托管业务流程，主要依托六大子系统提供整体托管业务服务。

（一）结算管理系统

结算管理系统具备账户管理、资金清算、交收资金自动核对、资金划付指令流程控制、资金交收结果自动记账等功能；依据沪、深证券交易所及中国证券登记结算有限责任公司沪、深证券分公司的文件，进行场内指令的一级清算及二级清分的工作；银行间及场外业务，通过划款管理、收款管理功能，借助银企直连模式或网银模式来完成资金交收，并提供资金账户对账表等资金报表查询。

（二）估值核算系统

估值核算系统主要实现资产估值自动化处理功能，能够及时、快速、准确地对托管产品的资产，包括募集所得资金、投资购买的证券以及由这些资产所产生的资本利得、利息、红利等进行估值，提供各种估值参数的配置，支持行业主流的多种估值方法，支持各种清算数据接口处理及业务回滚操作，提供各种个性化估值报告及估值表。实现会计核算电算化功能，能够根据产品适用的核算办法及时、快速、准确地产生业务凭证，提供各个账套独立核算，支持多种会计准则，支持常用业务的凭证模板，提供完整的财务报表。

（三）投资监督系统

投资监督系统主要具备设置多种风控指标、执行事后监控并生成监控报告等功能。

（四）信息披露系统

信息披露系统主要针对管理人发送过来的报告进行复核、签名，支持监管机构所要求的相关报表生成、编辑、展示。

（五）网上托管服务系统

网上托管服务系统主要提供个性化服务功能，支持客户通过该系统以手工方式提交划款指令，并能够跟踪指令执行进度情况，支持客户查询产品账户余额、明细等信息。

（六）综合业务管理系统

综合业务管理系统主要具备管理人信息管理、产品信息管理、电子资料管理、档案资料管理等功能。系统整体框架见图2–17。

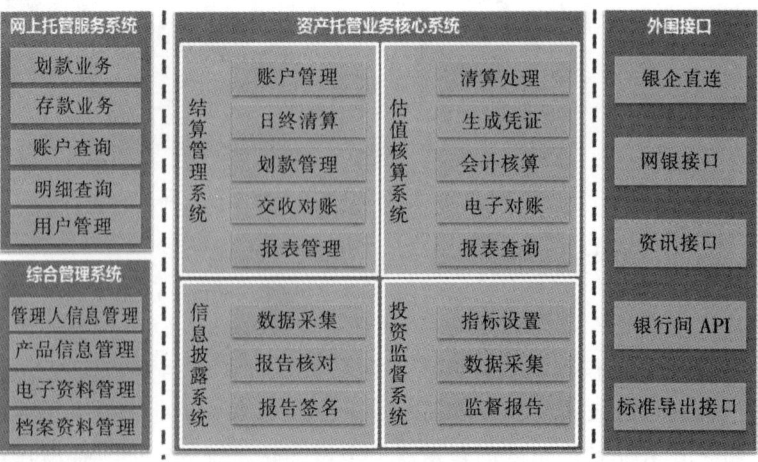

图2–17　综合业务管理系统

第五节　大数据及数据中心

一、应用概述

随着互联网金融的发展，大量的客户数据积累、客户分析要求，使得传统的数据库技术已不能有效地支撑数据处理和数据分析。基于大数据技术（并行处理数据库、数据仓库、数据挖掘、分布式文件存储），对全业务线（经纪业务、投行、资产管理、QFII等）的客户数据进行处理、分析与挖掘的研究案例也在证券行业展开实践。其中，基于大数据技术应用的客户精细化管理系统和企业级数据中心系统等是2013年有代表性的实践成果。

二、基于大数据技术应用的客户精细化管理系统

基于大数据技术应用的客户精细化管理系统针对证券行业目前面临的业务创新、管理创新、互联网金融的需求与挑战，基于大数据技术（并行处理数据库、数据仓库、数据挖掘、分布式文件存储），对全业务线（经纪业务、投行、资产管理、QFII等）的客户数据进行处理、分析与挖掘，建立“以客户数据智能分析驱动业务运营流程”的客户精细化管理平台。通过数据挖掘成果与客户服务营销、营业部客户管理的结合，提高业务流程的智能化水平，提升客户洞察与客户管理的能力，产生良好的经济效益和社会效益。

（一）采用mpp架构实现高效存储

采用了大数据技术之一的海量并行处理结构（MPP，Massive Parallel Processing），处理具有数据量大、查询分析复杂等特点的客户历史数据，为数据处理、数据分析提供有效支撑，性能上比传统数据库（如DB2、ORACLE）有20倍以上的提升。具体应用中，采用Netezza一体机（含服务器、数据库、存储）作为数据支撑平台，并以此为基础构建数据仓库，进行数据分析、数据运算、数据挖掘等深入应用。基于MPP技术，日处理的数据量达到了30G，事务处理量已经达到了一定的规模。这也是MPP架构在证券行业的首次全面应用。

（二）通过规范处理建立企业级的数据模型和数据管理架构

系统通过ODS、EDW/DDW、DM的三层结构，建立了企业级的数据模型和数据管理架构。其中，ODS是各类原始数据的集合，目前整合了包括经纪业务系统、国际业务、投行业务、资产管理业务等在内的26个数据源；EDW是经整合的数据层，包含当事人、协议、机构、产品、事件、财务、渠道、营销8个主题，共计386个表。DM

是数据仓库基础上形成的各类以数据应用为主题的数据集市，基于企业数据仓库的建设基础，利用数据仓库的全类型数据、分布式架构的高效运算能力等，面向部门级业务及应用系统提供数据服务，目前已实现支持征信指标计算、CRM、稽核、量化数据中心等。

在此系统架构基础上，以数据管控制度为依据，通过数据质量管理和元数据管理来分析业务框架与组织架构的关系，整理各业务条线的核心指标和基础指标的统计口径，从企业整体层面上建立统一的数据标准规范，为数据分析、经营决策、业务创新提供支持。

（三）以业务为指导，实现数据挖掘和数据分析

基于数据仓库技术，通过IT技术和业务目标的融合，建立基于客户交易数据的客户行为特征分析方法，从而为客户的差异化服务、产品的精确营销提供了技术支持，主要实现了以下分析成果：

1. 采用聚类算法进行证券客户交易数据的动态分析，反映客户群的动态变化特征。

2. 通过客户流失原因挖掘，建立可量化的客户流失预警模型，预报客户流失概率，提醒服务人员对客户及时挽回。

3. 基于数据仓库技术、数据挖掘技术，根据经营指标，建立业务之间的关联性分析。

4. 预测客户潜在价值，驱动主动式营销行为。

5. 充分挖掘客户间存在的关系，实现相似性营销服务。

（四）基于数据分析结果驱动主动式营销行为

系统打破了传统CRM主要服务于经纪业务客户，将其扩展集成普通零售客户、机构客户、投行客户、高端客户（即高净值客户）、国际业务客户全业务线的客户。通过整合各业务条线的客户数据后，利用统一的视角观察客户并对其进行精细化划分与管理。针对机构客户建立独有的跨业务、跨部门管理与服务流程，便于跨业务领域发掘客户价值。在客户管理方面，系统采用客户当前静态切片结合动态生命周期的方式，从而实现更全面的客户透视。

在客户数据分析的基础上，建设了操作型CRM体系，实现客户分类分群、适当性管理、营销管理、服务管理、产品管理等在内的操作型客户管理与服务体系。推进公司客户群分类及“一对一”服务/营销体制建设，实现客户精细化管理。基于行为特征选择目标客户进行服务和营销，帮助公司更好地为客户提供个性化服务。增强营销政策的针对性和有效性，降低营销成本，在提高客户满意度的同时降低客户流失率，提高客户黏度和企业竞争力。

系统总体架构见图2-18。

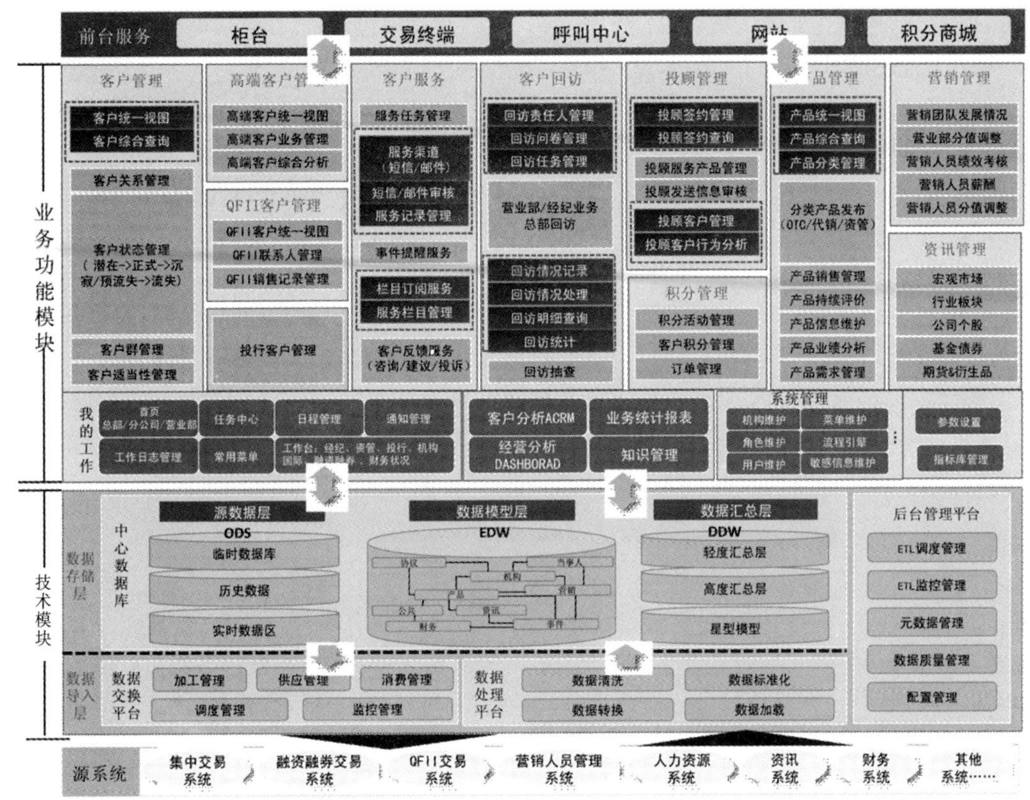

图 2-18　基于大数据技术应用的客户精细化管理系统

三、企业级数据中心系统

企业级数据中心系统在建设过程中，采用“以数据为中心而不是以应用为中心”的建设思路，确保全部原始数据有效纳入数据仓库的管理。引进国际先进的金融行业数据模型，结合国内证券行业的特点进行客户化演绎，既满足当前业务场景，又具有前瞻性。以科学的方法论为指导，将实施策略、调研、分析、设计、装配、开发、整合、管理八大工序，每道工序都制订了严格的操作规范、流程和表单，有序推进整体项目，确保了进度和质量。采用高性价比的数据仓库一体机作为基础平台，极大地提高了系统处理性能，并降低了系统运维管理复杂度和成本。

基于企业级数据仓库，本系统通过提供专业的商业智能工具和通用的 office 套件相结合的方式，为业务人员提供自助式的查询和分析工具。同时，将营销服务类系统的数据源统一迁移到数据中心，保证了数据的一致性、准确性和时效性，大大减轻了对交易系统的压力，降低了对交易系统的依赖，优化了系统架构。借助于数据仓库的历史数据，深度挖掘数据背后的价值，将数据变为真正的资产，为决策分析提供了必要的支持。此外，定期数据简报、报表服务、临时的数据查询服务、绩效引擎等形成数据仓库多角度、多层次的应用，为未来基于数据仓库更广泛的应用提供了支撑。

系统总体架构见图 2-19。

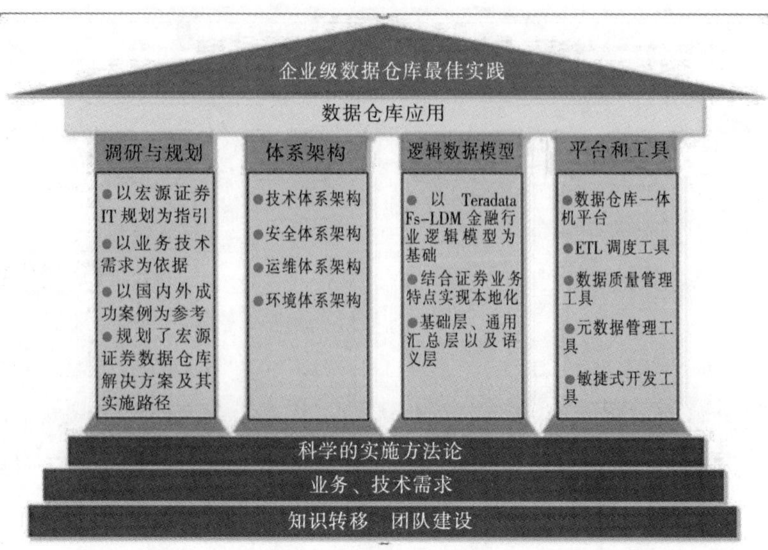

图 2-19 企业级数据中心系统

第六节 企业信息系统架构

一、应用概述

证券行业已进入创新发展的新阶段。作为对信息技术高度依赖的行业，信息技术对证券业务的发展起到举足轻重的作用。然而，随着业务量的增长、业务创新与行业转型的不断推进，传统的 IT 架构面临着信息系统数量众多、“竖井式”建设方式、各系统数据及技术异构、缺乏统一标准、耦合度高、资源共享难度大等亟须解决的问题，不仅严重约束了 IT 对业务需求变化的快速灵活响应，也使得信息系统累积的风险越来越大，已难以适应证券行业创新发展的要求。为了解决上述问题，构建更稳定灵活的 IT 架构，各家证券公司在不断探索。

二、基于 ESB 的信息交换规范、标准及应用平台

针对传统 IT 架构存在的问题，某证券公司推行 SOA 理念（Service Oriented Architecture，面向服务架构），构建松耦合、高复用、灵活、开放、具有统一规范标准、符合 SOA 理念的 IT 架构，实现对业务创新的快速响应，并降低成本投入。

首先，公司制定整体的规划与路线；其次，梳理流程，制定相应的规范标准，重点打造基于 ESB（Enterprise Service Bus，企业服务总线）的应用平台；最后，持续滚动建设，推动公司 IT 架构的转型。整个项目可以归纳为“一个规划、一套规范标准、一个应用平台以及广泛的应用集成”。

（一）一个规划：《SOA/ESB架构建设规划》

依据公司业务目标及IT规划，对系统、数据及实现路线进行统一规划。将系统与数据划分为五大业务域：交易域、服务域、经营管理域、数据资讯域及渠道域，并定义了SOA架构的成熟度模型（学习级、应用级、集成级、企业级及生态级），用于全面指导IT架构的转型。整体架构规划见图2-20。

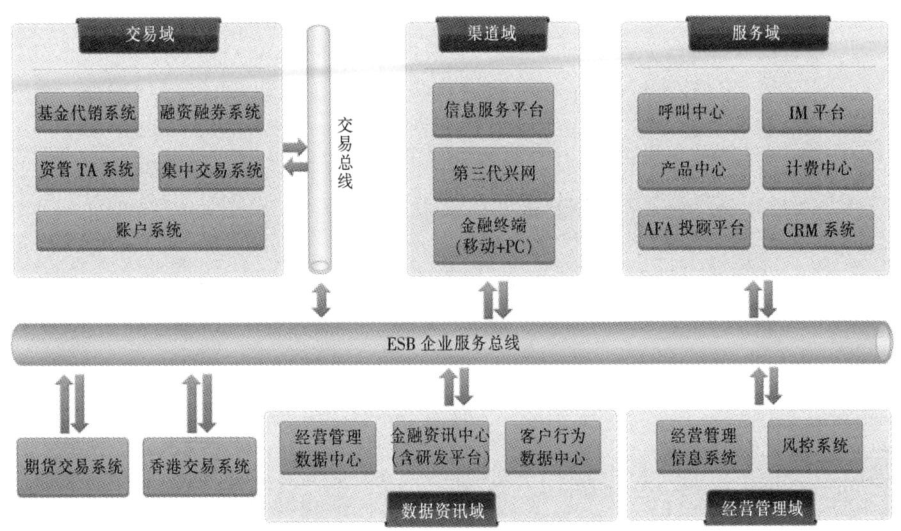

图2-20　SOA/ESB整体架构规划

（二）一套规范标准

为了保障规划的顺利实施，促进IT架构的成功转型，公司制定了一整套具备证券行业特色的SOA/ESB规范标准体系（见表2-1）。

表2-1　SOA/ESB规范标准

名称	主要内容	意义
《服务集成实施规范》	从组织架构、服务生命周期、服务管理流程以及对应的输出物模板等角度进行详细规范，是公司在建设过程中对服务集成、实施所总结形成的一套方法论	是项目的关键实施标准
《服务设计规范》	针对SOA的核心理念——“服务”如何进行设计所制定的具体规范，主要包括服务识别、服务设计以及一系列相关的规范	用于指导服务设计人员
《信息交换通讯标准》	主要涵盖消息格式、交互模式、通讯协议及接口方式四个部分，规定了公司内部应用系统通过ESB进行数据交换所用的技术和表示数据采用的标准	用于指导ESB及应用服务的开发

（三）一个应用平台：ESB应用平台

该平台由服务运行调度平台和服务监控管理平台两部分组成，是本项目关键的基础平台，将各种服务灵活、高效地组合在一起，是支撑整个SOA架构运作的“龙骨”。该平台的建设遵循SOA总体规划，综合运用了消息总线、多协议支持、全生命周期管理等各种技术，完成了访问管理、协议转换、适配接口、图形化编排工具等主要核心功能。该平台的功能模块架构见图2-21。

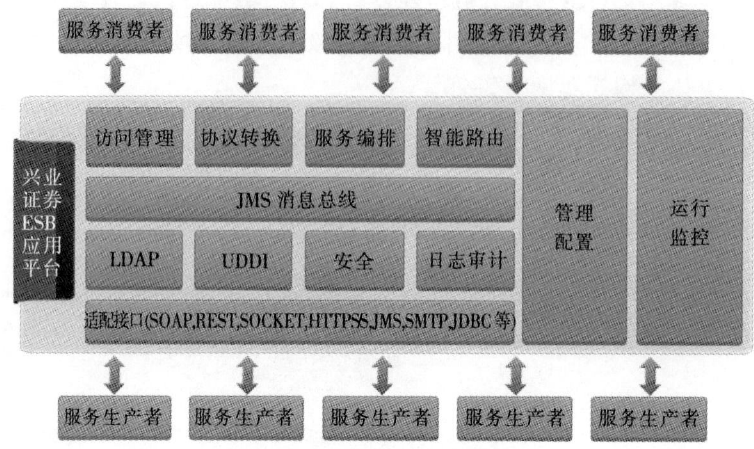

图2-21 ESB应用平台

（四）应用情况

该平台实际投入运行以来，已集成涵盖五大业务领域的32个主要应用系统。项目成果得到广泛、深入的应用，现已成为公司重要的IT架构基础。

通过搭建高性能、高可靠性的“信息交换枢纽”，以及规范、标准体系的建立与推广，实现灵活的IT架构、连贯的业务流程、快捷的需求响应能力。

三、证券互联网统一技术平台

某证券公司证券互联网统一技术平台的技术构建采用了前沿的敏捷开发、非关系型数据库、云计算相关技术，尝试以较为新颖的、具备互联网原生技术基因的理念，为下一代基于互联网、面向投资者的证券业务提供多渠道网络接入、电商服务、在线运营、用户行为分析、业务数据挖掘、统一认证、消息推送、行情资讯、监控等基础服务。平台的研发，不仅以敏捷技术为核心，也以敏捷开发方法为手段，在技术架构完备的情况下，各技术模块滚动上线，陆续投入部署运营，其“多租户”架构，目前已经可以支持Web交易系统、手机证券、金融超市、网上营业厅等业务。平台技术方案在设计过程中对基础技术服务、通用业务支撑服务、核心框架作了相当程度的抽象，作为一个大规模分布式运算架构，既保证了模块间的松散耦合，对于互联网经纪业务也具有高度的通用性。本平台的“统一”特性，即金融超市、网上营业厅、网上交易等具体的业务服务，都建立在一个统一的技术基础上，从而所有业务应用，自动具备在线运营、用户数据收集分析、业务监控、云同步、实时数据云推送等能力。本平台的部署，完全针对互联网的应用特点，参考各大互联网公司的部署理念，与证券公司传统的布网方式相结合，一方面，在距离用户最近的地方（电讯运营商节点机房）建立私有云、轻易复制、廉价部署，解决“互联网的最后一公里”问题，切实带给用户最优的性能体验；另一方面，充分考虑用户数据的敏感性和业务的安全性，通过有效技术手段把核心业务功能保留在公司内网。概括而言，本平台的通用性体现在两方面：一是技术手段和基础设施的行业通用；二是整个技术方案的轻易可复制部署。本平台的技术统一性，则反映在技术方案具备原生互联网技术基因，让平台上的各种应用具备互联网的敏捷特点。

平台架构见图 2-22。

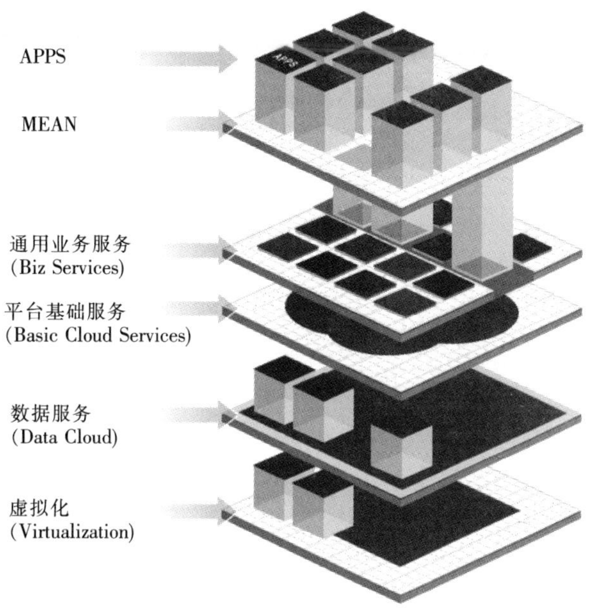

图 2-22 证券互联网统一平台

第七节 云 计 算

一、应用概述

云计算是一种模式，用以将可配置的网络、服务器、存储、应用和服务等计算资源转换为共享资源池，通过网络提供给用户以实现无处不在的、方便的、按需的访问，计算资源的快速供给与释放仅需很少的管理工作即可实现。NIST 给出云计算的 5 个关键特征（广泛的网络访问方式、弹性可动态调整的资源分配、服务的可度量化、用户的按需自助服务方式以及 IT 资源的池化）、3 种服务模式（基础设施即服务 IAAS、平台即服务 PAAS 和软件即服务 SAAS）和 4 种部署模式（公有云、私有云、混合云和社区云）。云可分为私有云和公有云两种：私有云是将云基础设施与软硬件资源创建在防火墙内，以供机构或企业内各部门共享数据中心内的资源；公有云通常指第三方提供商为用户提供的能够使用的云，公有云一般可通过 Internet 使用，可能是免费或成本低廉的。这种云有许多实例，可在当今整个开放的公有网络中提供服务。“云计算”概念现在被大量运用到生产环境中，国内的“阿里云”与云谷公司的XenSystem，以及在国外已经非常成熟的Intel和IBM，各种“云计算”的应用服务范围正日渐扩大，影响力也无可估量。

云计算技术在证券行业的应用，从前几年开始，就已经逐步显现出各种成果。2013年，国内证券公司纷纷构建完成了自己的私有云平台。

二、系统架构

云计算架构分为服务和管理两大部分。在服务方面，主要以提供用户基于云的各种服务为主，共包含3个层次：基础设施即服务IaaS、平台即服务PaaS、软件即服务SaaS。在管理方面，主要以云的管理层为主，它的功能是确保整个云计算中心能够安全、稳定地运行，并且能够被有效管理。其总体架构见图2-23。

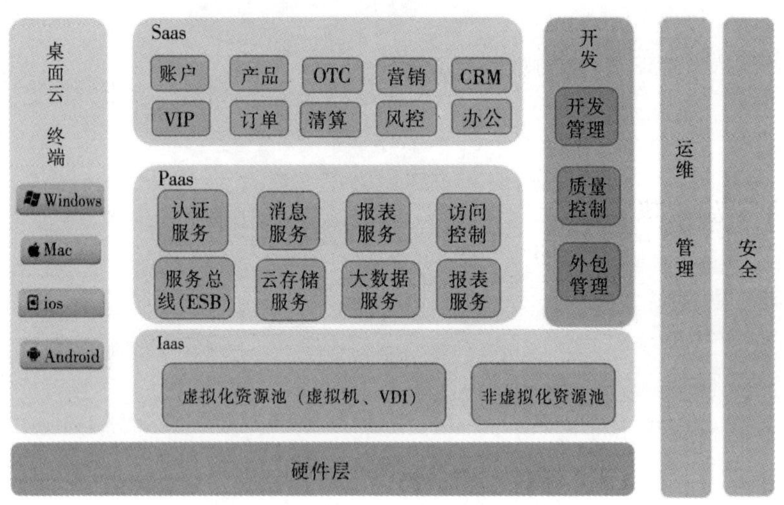

图2-23 云计算应用平台

云计算应用平台采用面向服务架构SOA的方式，应用平台为部署和运行应用系统提供所需的基础设施资源应用基础设施，所以应用开发人员无须关心应用的底层硬件和应用基础设施，并且可以根据应用需求动态扩展应用系统所需的资源。

三、应用特点

（一）私有云存储建设

私有云存储是目前发展较快的企业云应用。随着移动设备数量的爆炸性增长，移动办公及数据共享等需求已经十分迫切，现有的文件存储设施和解决方案已经不能适应业务发展，需要建立起适应云时代的私有云存储模式，需要在现有存储资源池建设的基础上进一步实现存储资源的虚拟化，并根据存储资源池的使用情况进行扩容，以提升员工和客户的体验。私有云存储服务（Paas）见图2-24。

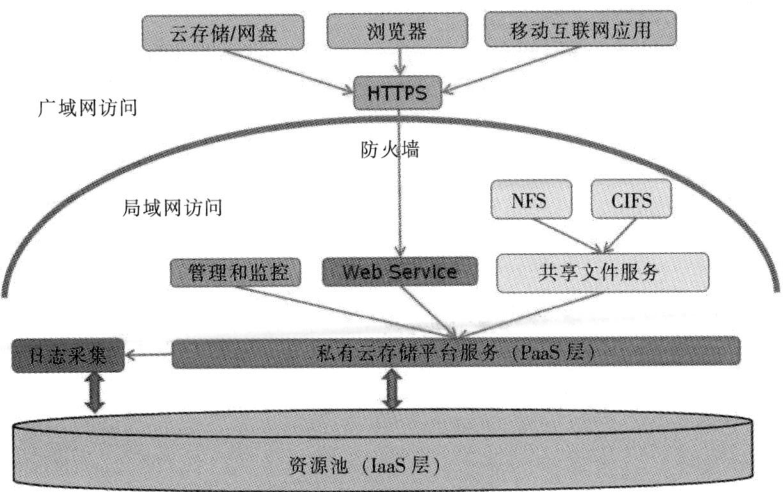

图 2-24　私有云存储建设

（二）进行安全域划分，保证应用的安全

通过存储整合将存储资源池化，建立不同安全域的虚拟化资源池，按照业务系统的数据保护要求分类制订数据保护方案，逐步形成公司的私有云平台。

（三）构筑私有云前端应用

通过私有云平台基础设施服务、存储服务以及软件应用服务为公司云桌面、云接入和云终端动态分配资源，提供前端虚拟化应用。

1. 云桌面。云桌面允许多个用户桌面以虚拟机的形式独立运行，同时共享 CPU、内存、网络连接和存储等底层物理硬件资源。这种架构将虚拟机彼此隔离，在实现精确的资源分配的同时能保护用户免受由其他用户活动所造成的应用程序崩溃和操作系统故障带来的影响。虚拟桌面协议与虚拟化管理软件协同工作，可提供一个完整的端到端桌面虚拟化技术。

2. 云接入。云接入充分利用了互联网的优势，保障了公司新型营业部及相关移动业务人员能安全高效、方便快捷、成本低廉的接入使用相关业务系统。

3. 云营业部（云终端）。云营业部（云终端）通过 All-In-One、瘦客户端、统一技术实施规范来打造轻量级、标准化、一站式的云营业部。

（四）完善相关管理流程，形成私有云管理、运维标准

虚拟化是业务系统和 IT 硬件设备间的一次重要解耦，通过虚拟化将业务系统和虚拟资源映射，虚拟资源再和实际物理资源映射，实际的物理资源对业务系统变成黑盒，以在逻辑层形成标准化的虚拟资源池。资源池的两个重要核心一个是虚拟资产管理，一个是虚拟资源调度，通过动态的资源调度实现了业务系统到虚拟资源池的进一步解耦，所以资源池运维与管理是资源池建成后保障资源池安全、稳定、高效运行的重要保障，需要完善资源池管理、运维流程，并制定相关的技术标准。

2014 年证券信息技术应用展望

一、互联网金融

互联网金融已成为证券公司兵家必争之地，2014 年证券业对互联网金融的布局将持续升温。2013 年率先启动的是证券公司网上开户，网上开店也已有多家证券公司先后尝鲜。2014 年互联网金融应用将深入发展目前的应用模式，如网上商城、网上开户、与电商合作，包括与淘宝、微博、微信、支付宝等进行平台合作项目，不排除有新的商业模式和信息技术应用的涌现，行业也在不断研究和探讨互联网金融监管和安全风险防范。

二、开源技术在行业内的发展应用

开源技术在行业内已应用多年，已经接受了众多企业的检验，而开源与云计算的结合，将有效降低成本而且更加灵活。为适应开源的应用和发展，中国证券业协会联合交易所、证通公司、各家证券公司就促进行业利用开源软件进行应用转型进行了多次讨论，在确定合理、可行的市场化运作规则与商业利益分享机制的基础上，聚社会资源、举行业之力，推动行业基础应用逐步向开源方向转变。

专题报告之五：
2013年中国证券公司合规与风险管理综述

2013年中国证券公司合规管理概况

第一节 2013年证券公司合规管理基本情况

2013年是中国证券行业全面推行合规管理工作的第六年。行业内证券公司普遍建立了完善的合规管理组织架构和制度体系，各项合规管理职能得到有效落实。证券公司各业务条线根据外部法律、法规和准则的规定，不断建立健全相应的管理制度和操作流程，并根据这些规则的变化，及时修订完善。全年整个行业合规管理工作进一步深化，有力保证了证券公司创新发展的有序进行。

中国证监会以证券公司风险管理能力为基础，结合公司市场竞争力和合规管理水平，对证券公司实施分类监管。2013年参加中国证监会证券公司评价的公司共114家，其中18家公司与其母公司合并评价，共计96家单位参与评价。评价结果为A类的公司占比43.8%，比2012年提高了8.4个百分点，其中，AA级和A级的公司均为21家；B类公司数量占受评公司总数的38.5%，比2012年降低了16.8个百分点，其中，BBB级公司16家，BB级和B级公司分别为14家和7家；C类公司共17家，占比17.7%，比2012年上升了8.3个百分点，其中，CCC级、CC级、C级的分别为11家、4家和2家。2013年证券公司评价结果无D类和E类公司（见图1-1）。

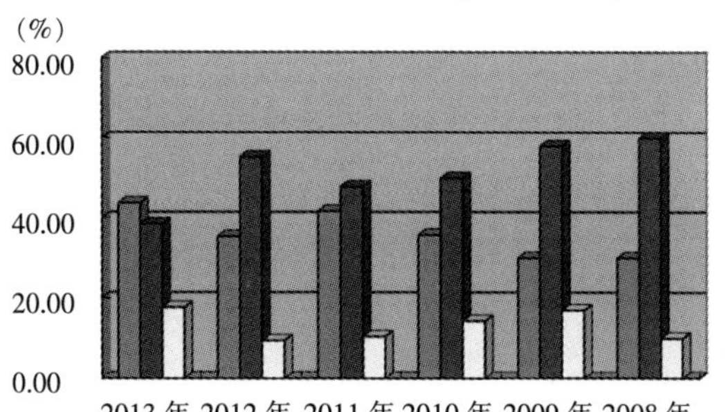

图1-1 证券公司分类评价结果对比图

2013 年，部分往年评级为 B 类的公司升入 A 类，个别 B 类公司滑入 C 类，致使 A 类公司数量明显上升，B 类公司比例显著下降，C 类公司数量上升较大。

根据 2013 年底中国证券业协会组织的行业调查，在证券公司合规管理部门设置情况方面，大约 49.04%的证券公司设立了专职的合规部门，50.96%的公司将合规部门与风险管理部门合并设立，两者比例大致相当。同时，大多数（74.04%）证券公司已将法律部门与合规部门合并。

从证券公司合规管理人员情况来看，截至 2013 年底，公司专职合规管理人员数量在全体员工中平均占比 1.48%，专职与兼职合规管理人员总数平均占比 4.95%。其中，行业内证券公司总部均设立了专职合规管理人员，平均为 13 人。大约 46.2%的证券公司采取向分支机构派驻专职合规人员（平均为 21 人）的集中化管理方式，有利于确保合规工作的独立性；53.8%的证券公司采取在分支机构及业务条线上设立兼职合规管理人员（平均为 39 人）的分散化管理方式，有利于合规工作与公司业务紧密结合。从合规管理人员的知识背景看，绝大多数（99.0%）证券公司配备了具有法律背景的合规管理人员，占全体合规管理人员的比例平均为 38.1%。行业内新产品、新业务的不断涌现对合规管理人员的业务知识水平提出了更高的要求，因此，已有较多的合规管理人员具备金融或经济管理（平均占比 30.0%）、财会或审计（平均占比 14.8%）知识背景。同时，随着合规管理对信息技术支持要求的日益提高，已有 68.3%的证券公司配备了具有信息技术知识背景的合规管理人员，平均占比 7.5%。此外，鉴于合规管理工作广度和深度不断延展，约 61.5%的证券公司还拥有了其他专业背景的合规管理人员（平均占比 10.6%）。

从证券公司合规部门人员变动情况来看，2013 年，约 48.1%的证券公司合规部门人数增加，与 2012 年同期相比平均增长 23.3%；约 17.9%的公司合规部门人数减少，减幅平均为 17.9%。在合规部门人员流向上，大约 19.2%的证券公司合规部门主要人员流动到了业务部门。

第二节　行业监管规则与自律规则体系的发展情况

2013 年是证券行业创新业务巩固、完善、深化、提高的一年。5 月，2013 年证券公司创新发展研讨会召开，明确提出证券行业创新发展必须持续不断地向前推进,并强调创新发展和风控合规必须动态平衡。与此同时，中国证监会对资本市场的监管思路发生重大变化，从审核审批向监管执法转型，从事前把关向事中、事后监管转移，把维护中小投资者合法权益贯穿监管工作始终。2013 年，中国证监会推动证券公司资产证券化业务由试点转向常规化发展[①]；加快完善全国中小企业股份转让系统，允许证券

① 中国证监会：《〈证券公司资产证券化业务管理规定（征求意见稿）〉的起草说明》。

公司作为主办方开展推荐业务、经纪业务、做市业务及其他业务；明确符合条件的证券公司可以从事基金托管业务；成功推出国债期货，进一步完善了国债发行体制。2013 年 9 月，中国证监会宣布加大对中国（上海）自由贸易试验区建设的金融支持力度，允许符合条件的证券期货经营机构在区内注册成立专业子公司、开展境外证券期货投资及面向境内客户的柜台交易[①]。同时，股票质押式回购、权益收益互换、互联网金融等创新业务也在 2013 年先后推出；个股期权全真模拟交易也已全面启动，为业务的正式推出做好准备。

为了推动创新发展，行业监管部门对既有规章制度进行了大规模清理，对一些不适应新形势和行业发展要求的规则制度及时进行修订和废止，同时发布了一系列鼓励创新、扩大发展空间的规定。2013 年 3 月，中国证监会发布《证券公司分支机构监管规定》，放开分支机构设立的主体资格限制、地域限制、数量限制,允许分支机构在符合相关业务集中运营、集中操作规定，遵守信息隔离和防范利益冲突要求的情况下，经营证券自营业务、证券承销与保荐业务及证券资产管理等业务。当月，中国证监会还发布了修改后的《证券投资基金销售管理办法》，明确基金销售业务资格申请实行注册制，将基金销售机构类型扩展到符合条件的期货公司、保险机构等，明确第三方电子商务平台可以为基金销售业务提供辅助服务或自行开展基金销售业务。6 月，中国证监会修订并发布了《证券公司客户资产管理业务管理办法》、《证券公司集合资产管理业务实施细则》，删除针对大集合的专门规定，取消了大集合和小集合的划分。11 月，中国证监会发布《关于进一步推进新股发行体制改革的意见》，推进股票发行注册制改革，强化发行人及其控股股东等责任主体的诚信义务，进一步提高新股定价的市场化程度，改革新股配售方式，加大监管执法力度，加强中小投资者保护。12 月，中国证监会修订并公布《证券发行与承销管理办法》，落实新股发行体制改革要求，改革和规范定价与配售方式，进一步提高新股发行的市场化程度。

在放松管制、推动创新的同时，自律组织也加强了对证券公司创新业务管理的规范和指导。2013 年度，中国证券业协会发布《中国证券业协会诚信管理办法》，明确证券公司应建立诚信管理制度，开展诚信建设活动，约束员工诚信执业情况，倡导行业诚信。2013 年 3 月，《证券公司开立客户账户规范》发布，放开非现场开户限制，允许证券公司通过见证、网上及中国证监会认可的其他方式为客户开立账户[②]。当月，中国证券业协会提供了证券公司柜台市场金融衍生品交易的标准合同文本，规定了证券公司金融衍生产品柜台交易业务规范,明确了金融衍生品柜台交易的主要风险类型及防范建议。6~7 月，为防范客户资产管理创新业务相关风险，中国证券业协会发布通知，规范银证合作定向业务以及聘用第三方机构为集合资产管理计划提供投资决策相关专业服务的做法。8 月，《证券公司创新业务（产品）专业评价工作指引》发布，规定了专业评价的

---

① 中国证监会：《资本市场支持促进中国（上海）自由贸易试验区若干政策措施》，http：//www.csrc.gov.cn/pub/newsite/bgt/xwdd/201309/t20130929_235639.htm，2013 年 9 月 29 日。

② 中国证券业协会：《关于发布〈证券公司开立客户账户规范〉有关情况的说明》，http：//www.sac.net.cn/tzgg/201303/t20130315_61880.html，2013 年 3 月 15 日。

范围、要求、程序、专家任职要求等，规范了创新业务（产品）专业评价工作。12月，为配合新股发行体制改革的监管要求，中国证券业协会发布了《首次公开发行股票承销业务规范》，细化了在新股发行定价和询价、配售、路演推介、投资价值研究报告、信息披露等方面的规定，强化了自律管理手段，促使证券公司注重严守风险、道德红线，防范侵害投资者合法权益行为的发生。

2013年中国证券公司合规管理职能的履行情况

根据《证券公司合规管理试行规定》，合规管理是指证券公司制定和执行合规管理制度，建立合规管理机制，培育合规文化，防范合规风险的行为。证券公司合规管理主要通过以下十项职能的履行得到实现。

一、合规咨询与合规审查

合规咨询是合规总监与合规部门为了防范合规风险，向证券公司各部门、各分支机构提供方便适用的法律法规、自律规则、相关政策和公司内部制度的解释和咨询服务。各证券公司的合规咨询工作基本涉及各项业务开展及内部管理中遇到的规则适用与理解问题，目标是保证法律、法规和准则得以准确理解和应用。各公司合规总监也根据实践中遇到的问题，向监管部门进行不定期的咨询活动。2013年各证券公司通过证监会机构部主任信箱等渠道就监管规定的理解与证券监管机构进行了良好互动，咨询结果及时有效地指导了证券公司合规管理工作。

合规审查是合规总监与合规部门对公司内部管理制度、重大决策、新产品和新业务方案等进行合规审查，并出具书面的合规审查意见。2013年，证券公司普遍根据监管规定，就公司内部管理制度、重大决策、新产品和新业务方案、监管机构要求公司报送的材料报经合规总监审查及其他合规审查，并出具书面合规审查意见。各证券公司注重从新业务、新产品设计环节起就参与新业务、新产品方案的论证，出具专项合规意见。合规审查涵盖股票质押式回购业务、权益收益互换业务、托管业务、资产证券化、资产管理计划业务创新、非现场开户、第三方支付、代销金融产品、互联网金融、个股期权业务等多项创新事项。

二、合规监测

合规监测是对证券公司及其工作人员的经营管理和执业行为的合规性进行监督的重要手段，其中，对员工执业行为的合规性进行监测是合规监测的重要内容之一，主要目的在于防止员工违规进行股票交易、代客理财以及泄露或不当使用敏感信息。2013年，证券公司普遍开展了员工执业行为合规监测工作，包括员工股票交易行为合规监测，办公网络及办公设备电子通信信息合规监测，以及相关的调查处理、教育培训、合规提示和责任追究等一系列措施。

在员工股票交易行为合规监测方面，证券公司普遍要求员工报备证券账户，指定交易或托管到公司营业部，公司对员工账户进行监控；或者定期提供交易记录，公司对交易记录进行审查。同时，证券公司一般还对公司配发办公设备上发生的股票交易行为进行合规监测，主要通过监测办公电脑、办公电话 MAC 地址在集中交易系统中的交易来实现。

在办公网络及办公设备电子通信信息合规监测方面，证券公司主要开展了以下工作：（1）办公邮件合规监测，主要对员工办公邮件收发归档留痕，并开始尝试采用事前审批、事中预警监控、事后审计等监控措施。（2）上网通信信息监测是通过系统对办公网络即时通信信息（如 QQ、MSN、飞信、阿里旺旺等）和办公网络个人邮件收发进行合规监测。（3）重点敏感岗位办公电话监测，主要实施录音留痕、定期抽查、事后调用、条件检索等措施。（4）私人设备带入办公场所、接入办公网络的准入控制。

基于境外证券公司有条件地允许员工从事股票交易的管控经验[①]，以及 2013 年 6 月新《基金法》允许公募基金从业人员证券投资的实践，变堵为疏、允许证券从业人员买卖股票并进行适当监控将是今后的一种发展趋势。这将对证券公司合规监测工作提出更高的要求，在这种情况下，证券公司将需要建立严格的证券从业人员股票交易审批和监控机制，充分防范利益冲突。

三、法律、法规和准则跟踪

法律、法规和准则跟踪，是指证券公司合规总监与合规部门密切关注并持续跟踪法律、法规、规章及其他规范性文件、行业规范和自律规则以及行业公认并普遍遵守的行为准则等的最新发展变化，及时准确地将相关信息分解和传递到业务部门和业务条线，指导其对内部相关规定或业务流程进行改进，确保修订后的政策和程序符合法律、法规和准则的规定。

2013 年，在新产品、新业务不断推出，相应的法律法规准则不断发布的情况下，各

① 以美国和中国香港为例，要求证券从业人员应向所任职的证券公司报备账户并一般在所任职公司或其关联公司进行交易；员工下单前应经所任职公司审批同意；如员工在其他公司开户并交易，该开户机构应对员工交易是否会对其任职公司产生不利的影响进行判断，并将交易情况提供给其所在公司。对于易涉及重大敏感信息的投资银行项目，美国要求证券公司员工不得利用任何有经济利益的账户买卖该股票。同时，为了防范证券分析与客户之间的利益冲突，美国和中国香港对证券分析师的股票买卖行为规定了更为严格的禁止性要求。见《美国证券交易商协会规则 3040：关联人私人交易规则》（NASD Rule 3040：Private Securities Transactions of an Associated Person, amended by SR-NASD-99-60）；《美国证券交易商协会规则 3050：关联人交易规则》（NASD Rule 3050：Transactions for or by Associated Persons, amended by SR-NASD-2005-087）；《美国金融业监管局规则 5130：首次公开发行证券买卖限制规则》（FINRA Rule 5130：Restrictions on the Purchase and Sale of Initial Equity Public Offerings, amended by SR-FINRA-2009-046）；《美国证券交易商协会 2711 规则：研究分析师及研究报告规则》（NASD Rule 2711：Research Analysts and Research Reports, amended by SR-FINRA-2007-011）；《美国证券交易商协会规则 2711》（NASD Rule 2711）；中国香港《证券及期货事务监察委员会持牌人或注册人操守准则（2012 年 6 月）》；中国香港《证券及期货事务监察委员会持牌人或注册人操守准则（2012 年 6 月）》。

证券公司合规部门动态跟踪法律法规准则的制定和修订情况，及时进行解读，并在合规管理报告、合规信息专栏等书面或网络媒介上发布，供公司领导或相关部门参考。同时，合规管理人员也积极与业务部门和职能部门开展互动交流，组织专项培训，督促相关部门对照最新监管规则，修订完善内部管理制度和业务流程。

四、信息隔离

2013 年，行业内证券公司信息隔离墙制度不断完善，在规范投资银行业务内幕信息的同时，也通过信息隔离墙制度管控证券自营、证券投资咨询、客户资产管理、直接投资、证券经纪、融资融券等可能存在利益冲突的业务间敏感信息的流动和使用，防范内幕交易，管理利益冲突。证券公司普遍采取了物理、人员、资金、账户、系统等基础隔离措施，以及观察名单管理、限制名单管理、跨墙管理等信息隔离措施，加强对信息隔离风险的管控。证券公司信息隔离墙管理系统建设逐步成熟，电子化管理程度加深。在使用信息隔离墙管理系统的公司中，证券公司多已实现系统与公司投资银行、自营、客户资产管理、投资咨询等业务系统的对接，提高了信息隔离墙工作的效率和准确性。

在创新形势下，证券公司业务协同、业务整合得到增强的同时，也容易发生敏感信息在利益冲突业务之间的流动和使用，可能导致内幕交易、利益冲突。因此，在境外，全美交易商协会（NASD）已颁布指引①，要求加强对新产品新业务利益冲突风险的识别和实质审核。在我国行业内，证券公司也普遍认识到在业务创新的过程中必须加强信息隔离墙工作，并积极开展了针对新产品新业务的信息隔离墙制度设计，保障创新工作的顺利开展。同时，随着证券公司的组织构架、产品业务逐渐打破了原有的业务条线并进行重新整合，“找监管依据”的惯性思维和按照原有业务部门进行信息隔离的工作思路就变得不适用了。对此，证券公司开始研究探索“以风险为本”的工作思路，积极识别新产品、新业务的信息隔离风险，从风险出发判断是否采取信息隔离墙措施以及采取何种措施。

五、反洗钱

2013 年，证券行业按照中国人民银行等监管机构的要求，广泛持续开展了反洗钱制度建设、组织架构完善、客户身份识别及客户资料保存、客户洗钱风险评估及等级划分、大额和可疑交易报告、反洗钱培训宣传等反洗钱工作。在反洗钱制度建设方面，部分证券公司根据创新业务的发展情况，积极研究新型营业部建设、柜台交易、客户保证金第三方支付等新业务涉及的洗钱风险，并制定相应的风险应对措施。在客户洗钱风险评估及等级划分方面，中国人民银行 2013 年 1 月发布《金融机构洗钱和恐怖融资风险评估及客户分类管理指引》（以下简称《指引》），要求金融机构制定执行《指引》的工作方案，制定或修改反洗钱内控制度及操作流程，并启动洗钱和恐怖融资风险评估以及客户风险等级划分等工作。证券公司积极按照监管要求予以组织落实，尝试建立、完善

---

① 《全美证券交易商协会关于审核创新产品的最佳实践指引》（NASD Notice to Members 05-26：NASD Recommends Best Practices for Reviewing New Products），2005 年 4 月。

反洗钱客户风险评估指标体系，开发反洗钱客户风险等级管理系统。在大额和可疑交易报告方面，行业内共 10 家证券公司作为试点单位参加了中国人民银行反洗钱局开展的大额和可疑交易报告综合试点工作，根据行业特点自主探索可疑交易标准，设计大额和可疑交易指标模型，建设可疑交易监测分析系统，积极研究交易监测与金融案件预防、异常交易监测指标模型和过程中的量化关系等课题。

2013 年 11 月，中国证券业协会在持续跟踪调研行业反洗钱工作的基础上，对原有反洗钱自律规范进行了全面梳理，修订形成《证券公司反洗钱工作指引（征求意见稿）》，明确了证券公司反洗钱负责机构的主要职能，对身份证明材料过期客户的限制措施，可疑交易报告流程，反洗钱稽核审计、检查、评估的效力问题等内容；增加了客户风险等级划分的有关要求，拟定《证券公司反洗钱客户风险等级评估参考指标》（《指引》附件）供行业参考使用。《指引》将进一步规范和引导证券行业的反洗钱工作。

六、合规投诉举报和合规事件的处置

合规投诉举报和合规事件的处置应对历来是公司合规管理工作的一项重点，是提高证券公司服务品质和客户服务水平的重要途径。业内证券公司普遍设立了合规举报电话和合规总监邮箱，受理员工和客户的合规投诉举报，并就举报进行分析报告，对相关事项进行调查和处理。2013 年业内证券公司合规投诉举报事项主要涉及从业人员私下代客理财、投资顾问业务营销和服务管控不到位等问题。2013 年，中国证监会加大了首次公开发行股票中保荐机构未履行诚实守信、勤勉尽责义务的查处力度，保持打击内幕交易违法的持续高压态势①。针对前述投诉举报和监管措施反映出证券公司合规管理方面存在的薄弱环节，证券公司通过优化管理制度，规范业务流程，健全内控机制，提高对员工的培训宣导力度，加强合规监测及合规检查等措施，切实防范相关违规行为。

2013 年，行业内证券公司还根据行业创新情况，重点开展了有关退市配套业务、风险警示板股票买卖、首次公开发行股票网上申购、约定购回式股票交易、股票质押式回购、个股期权等方面的投资者教育工作，向投资者进行风险提示和教育，培养投资者合规交易意识和自我保护能力。证券公司还积极配合交易所做好客户异常交易管理工作，对投资者异常交易行为进行及时提醒、动态监控，加强理性投资教育，防止客户从事违规股票炒作等不正当交易行为。证券公司还密切跟踪媒体报道，积极关注重大突发事项，主动采取措施应对合规事件。

七、合规文化建设与合规培训

2013 年，随着证券业的创新转型，证券公司的各项业务创新呈现出个性化、差异化的特征，在业务品种、组织模式、流程、服务手段和方式等方面都可能不同，其中蕴含的风险点也千差万别。在这种背景下，证券公司普遍认识到必须做到合规价值观念先行，并通过多种手段开展合规文化建设。一些证券公司在公司内网上建设维护“合规管

① 中国证监会：《加大行政处罚力度，切实维护市场“三公”和投资者合法权益》，http：//www.csrc.gov.cn/pub/newsite/bgt/xwdd/201401/t20140117_242732.htm，2014 年 1 月 17 日。

理平台”，将合规动态、法律法规、规章制度、合规培训等功能整合，成为员工合规学习、交流和培训的综合平台。一些公司定期编制员工合规手册、法律制度汇编等合规学习文件，及时向员工传递业务合规要求，督促员工遵守执业行为规范。一些公司汇总合规管理方面的媒体报道、监管信息，整理合规管理工作动态、工作经验，供广大员工学习、交流使用。一些公司整理分析典型合规案例，并据此对相关部门和人员进行合规风险提示，督促员工引以为戒、主动合规。

各证券公司还普遍举办了覆盖面广、有针对性的合规培训，提高员工合规意识和合规工作水平。证券公司合规培训一般包括新员工入职培训，公司内部培训，监管部门、自律组织或兄弟券商的外部培训，网上学习，多媒体课程等多种方式。

八、合规检查

根据监管要求、创新业务发展情况和合规管理工作计划，2013 年各证券公司持续开展了各类定期和不定期合规检查。其中，包括 IB 业务的定期合规检查；根据中国证监会各地派出机构要求，组织实施经纪业务、客户资产管理业务、直投业务、融资融券业务、约定购回式证券交易等的合规检查；根据交易所要求，组织实施新股交易投资者适当性检查；积极配合中国证监会及其派出机构检查工作；主动开展传统业务和创新业务活动、合规管理等方面的自查工作；针对违规事件或突发事件，开展专项检查工作。在以上各类各项检查之后，各证券公司合规部门及时出具合规建议或向合规总监报告，对发现的问题进行后续督导，落实整改，促进被检查单位合规管理水平的提高。

九、合规考核与合规问责

合规考核是证券公司动态衡量合规管理工作任务完成情况、合规管理工作职责履行程度的重要措施。2013 年，各证券公司普遍重视合规考核在推动合规管理工作中的作用。大多数证券公司将合规考核纳入员工绩效考核体系，强调合规考核与日常管理工作的结合。合规考核体系重点关注业务活动中的合规风险，根据风险影响程度确定不同的考评等级。一些公司将重大合规风险作为一票否决事项，列入员工考核指标体系，一些公司根据创新发展情况，研究修订合规考核指标，将新产品新业务的合规风险管理情况纳入合规考核体系中。

合规问责是证券公司对员工违反法律法规、监管要求和公司规章制度，从而带来合规风险，造成或可能造成公司声誉、财产等方面损失的行为进行责任追究的一种机制。2013 年，证券公司大多通过完善制度和流程，明确了问责启动的情形、程序和具体措施；对违规事件的责任人进行责任追究，提高了合规管理的制度执行力。合规问责的方法包括形成问责决议、通报以及附带经济及行政处罚等多样化措施。

十、合规管理有效性评估

2013 年，证券公司普遍开展了合规管理有效性评估工作。证券公司合规管理有效性评估是证券公司对合规管理进行全面检查及反省的过程，起到了发现合规漏洞，不断修正完善、提高合规管理水平的作用。证券公司开展合规管理有效性全面评估，涵盖合规管理环境、合规管理职责履行情况、经营管理制度与机制的建设及运行状况等方面，重点关注合规咨询、合规审查、合规检查、合规监测、合规培训、合规报告、监管沟通与配合、信息隔离墙管理、反洗钱等合规管理职能是否有效履行。

通过评估，各证券公司检视公司高层是否重视合规管理、合规文化建设是否到位、合规管理制度是否健全、合规管理的履职保障是否充分等；对公司各项经营管理制度和操作流程是否健全，是否与外部法律、法规和准则相一致，是否能够根据外部法律、法规和准则的变化及时修订、完善进行了普查；纠正了经营管理制度和操作流程中有章不循、违规操作等问题。

2013 年中国证券公司风险管理概况

一、2013 年证券公司风险管理的基本情况

（一）风险管理架构

根据 2013 年底的一项行业风险管理调查，参与调研的证券公司中分别有 87%、57% 和 75%的公司建立了董事会风险管理委员会、风险管理委员会和各业务层面专业委员会。85%的证券公司设立了风险管理部门。从已设立风险管理部门的内部团队架构设置来看，按业务条线进行内部划分的数量最多，占比高达 60%，而按照风险类型进行内部划分的占比仅为 18.4%，但在调查中有超过 40%的证券公司认为应按风险类型进行划分更为合理，略多于认为按业务条线进行划分更合理的证券公司，其主要优点在于能够实现跨部门，跨业务风险归因、整合及管理，便于对各类风险及风险总量的计量和监控，但目前在风险管理人才和实现技术手段方面储备不足。从风险管理部门的人员配备上看，2013 年增加人员配置的占比达到 60%，人员平均增长比例超过 50%。从人员的背景上看，金融或经济管理、财会或审计占比最高，合计超过 60%，而数理等量化背景人员数量虽有所增加，但比重依然偏低，仅在 10%左右。

（二）风险管理制度和机制

有效的风险管理是证券公司持续发展的基础，在新业务、新产品不断涌现的背景下，证券公司风险管理的重要性尤为突出。行业内各家证券公司普遍建立了基础的风险管理制度，2013 年中国证券业协会组织的一项行业调查显示，73%的证券公司建立了市场风险管理政策，70%的证券公司建立了操作风险管理政策，70%的证券公司建立了信用风险管理政策。大多数证券公司都建立了风险定期报告机制，随着创新业务的开展，一些证券公司开始研究在公司整体层面进行风险总量汇总的方法，而根据调查结果，目前大多数证券公司的风险汇总集中在以净资本为核心的风险监控指标，以 VaR、DV01、久期等指标对市场风险的总量汇总、业务规模、总盈亏、风险限额汇总等方面，也有部分公司按照风险种类分别进行风险汇总。

（三）以净资本为核心的风险监管指标体系

2006年中国证监会发布《证券公司风险控制指标管理办法》以来，以净资本为核心的风险监管指标体系已成为行业内各家公司风险管理的核心内容，有效地提高了证券公司的风险承受能力，增强了流动性。由于整体杠杆率较低，2013年6月的“钱荒”也并未对证券公司的流动性产生影响。但是，随着创新的深入，严格的净资本要求在一定程度上限制了证券公司业务的发展。据中国证券业协会2013年的一项风险管理调查显示，对于《证券公司风险控制指标管理办法》中以净资本为核心的风险控制指标体系，在105家参与调查的证券公司中，55家认为部分指标过严，经营过程中监管压力过大；41家认为部分指标应当取消，避免干扰业务发展；37家认为随着创新业务发展，需要增加一些指标；19家认为现有指标体系已不适合行业发展；26家认为存在监管报表变动频繁等其他问题。

二、行业监管政策对证券公司风险管理的影响

2013年是证券行业加速创新与改革的一年，柜台交易业务、股票质押式回购业务、国债期货、资产证券化等创新业务陆续推出，监管部门的监管方式也在发生转变。2013年8月，中国证监会主席肖钢在《求是》杂志发表署名文章《加强资本市场监管执法》指出，要加快监管职能转变，加强监管执法，而2013年底推出的新股发行制度改革则是监管转型的重要体现。行业监管政策对证券公司风险管理的影响主要体现为以下几个特点。

（一）风险复杂程度不断提高

随着创新业务的开展，证券公司自营业务投资品种不断扩大，融资类业务规模持续增加，产品结构的复杂程度越来越高，交易对手在各业务条线的参与度越来越广，这对证券公司风险计量能力提出了更高要求。与此同时，各类风险之间的联动性增强，市场风险的增加可能带来信用风险，信用事件的发生又将影响流动性风险。以股票质押回购业务为例，质押标的证券价格的下跌，触发平仓线，引起信用风险敞口的增大，而一旦发生信用违约事件，又将对公司的整体流动性产生影响。在创新业务的发展过程中，证券公司的交易规模和风险敞口也持续扩大，风险的计量已不能单纯地从单个业务出发，公司整体层面的风险总量评估越来越重要。

（二）主动风险管理的需求更加迫切

在“宽进严管”、加强执法的政策环境下，证券公司迫切需要转变风险管理理念，从原来主要依靠监管指标进行风险监控转变为主动性的风险管理，对自身业务策略和风险偏好进行主动规划和管理，提高对不同风险的识别和计量能力。将风险因素纳入资本分配的过程，使用经风险调整的收益率来衡量业务风险和收益。完善风险偏好政策，制定风险容忍度、风险限额管理体系，并通过经济资本分配的方法落实风险管理政策。同时，制定配套的内部管理制度和流程，确保在风险可测、可控、可承受的前提下健康发

展公司的各项业务。

（三）加强执法带来更大的合规风险

随着创新业务的发展，创新产品日益丰富，证券公司业务流程的增加和变更也越来越频繁，而监管政策的执行力度也在不断加大。2013 年，平安证券的万福生科事件、光大证券的“乌龙指”事件均受到了监管机构的严厉处罚。证券公司需要不断加强制度建设，规范业务操作流程，防范监管风险。从监管重点来看，资产管理业务、信用融资业务等创新业务以及内幕交易等成为目前监管关注的重点，证券公司在开展此类业务时，必须坚持合规操作，严格执行监管规定和相关规章制度，审慎推进各项创新业务，防范合规风险。

三、2013 年证券公司风险管理发展的新特点

随着行业创新的不断深入，证券行业的创新发展在经历了产品创新、一般业务模式创新、功能创新后已经逐渐过渡到基础制度和架构体系创新，金融脱媒和跨界创新的特点愈加明显。例如，托管功能的实现打破了银行业对这一领域的长期垄断，第三方支付的实现有可能使证券公司恢复基本的结算功能，同时为参与到前沿的互联网金融创新活动成为可能；股票质押式回购业务的开展使证券公司具备了基本的类贷款融资特征。但是，随着创新业务的开展，证券公司的风险也日益复杂化，为了能够在激烈的市场竞争中生存发展，证券公司也亟须提高风险管理的能力。创新形势下证券公司面临的风险和风险管理工作主要呈现出以下几个特点。

（一）流动性风险管理的重要性日益提高

流动性风险是证券公司经营过程中所面临的主要风险之一，在业内因流动性风险管理不善造成金融机构经营困难以至于倒闭的案例比比皆是。在 2008 年全球金融危机中，贝尔斯登、雷曼兄弟以及美国国际集团最后崩溃的直接原因都离不开其现金流枯竭情况下的流动性危机。2013 年 6 月，在中国银监会打击热钱、中央银行稳定货币供应、银行半年度末的指标考核及回笼资金等压力下，国内金融系统出现全面流动性紧张，而此时作为政策方向的重要信号，中央银行却并未按照市场预期及时提供流动性支持，也进一步加剧了市场流动性紧张的局面。在此期间，证券公司由于整体杠杆率较低均未出现流动性风险事件。但是，随着融资类业务和资本中介等业务的不断扩张，融资需求非常旺盛，资金压力不断加大，同时，证券公司的融资能力受到诸多因素的限制而较为不足。证券公司面临的流动性风险不断增加，许多证券公司正在逐步研究建立流动性风险管理架构，设定流动性风险监控指标。

（二）信用风险评估体系得到进一步完善

股票质押式回购业务给证券公司开通了类贷款融资业务的功能。2013 年，证券行业股票质押式回购业务规模呈现爆发式增长，一举超过信托行业。交易对手信用风险问题也逐渐引起各证券公司的重视。2013 年行业的一份调查问卷显示，65%的证券公

司已经建立了内部信用评级体系，相当一部分证券公司在融资类业务审核中已越来越关注融资主体的情况。调查还显示，58%的证券公司风险管理部门参与了融资类业务质押率的制定。

（三）操作风险的关注程度提高

2013年8月16日，光大“乌龙指”事件给证券行业敲响了警钟。随着新产品新业务的涌现，金融产品结构的复杂度大幅提高，业务相关性不断加大，因此增加了操作风险发生可能性，而操作风险一旦发生，可能带来严重的影响。尤其在监管机构不断强调加强执法力度的情况下，操作风险的发生也将带来更大的监管风险。证券公司对操作风险的关注程度普遍提高。

2013年证券公司面临的关键风险和风险管理方法

根据风险类型的划分，2013年行业内证券公司面临的风险仍然主要包括市场风险、信用风险、流动性风险和操作风险等。

一、市场风险

证券公司面临的市场风险，主要指因证券市场整体或局部变动导致损失或收入减少的可能性。证券公司的经营状况与证券市场景气度高度相关，具有较大的不确定性，2013年，沪深300指数创出了近4年新低，从而给证券公司经营带来了负面影响。证券公司自营交易持有的权益类和固定收益类证券易受到资产价格、利率、汇率等市场因素波动的影响。行业内一些公司已经开始采用较为先进的风险价值工具（VaR）对持有金融资产的市场风险进行估计。上市证券公司通常采用的置信度水平设定在95%，VaR计算中的另一个参数持有期通常设定在1天，也有个别公司将其设定为5天或10天的。个别公司开始尝试建立跨市场、涵盖公司各类金融资产头寸的统一市场风险管理体系，引入市场风险管理系统，通过自主建立的风险模型，对公司证券投资业务的总体市场风险进行计量。但是，与全面风险管理的要求相比，还存在差距。

在对风险进行评估的基础上，证券公司通常通过规范投资决策流程，采用多元化的资产配置和投资策略，设定投资限额和风险集中度指标，对投资活动进行实时监控，及时止盈止损。部分证券公司设置了限额体系以控制盈亏波动水平和市场风险暴露程度，通过头寸规模限额、VaR风险限额管理、止损限额来管理市场风险。2013年，相当数量的公司加大利用股指期货等工具进行套期保值，对市场风险进行对冲管理，避免权益类资产价格单边波动产生的风险。

汇率风险是指因外汇汇率变动而导致的风险。随着证券公司国际化的拓展，汇率风险逐步显现。证券公司着手对外汇市场进行跟踪研究，部分证券公司对汇率风险管理进行了初步尝试，以逐日盯市方式对资产价格进行跟踪，从资产限额、敏感型分析、压力测试等角度监控汇率风险，并通过外汇远期/期权对冲、进行货币互换等多种手段管理汇率风险敞口。

利率风险是指因市场利率变动而导致的风险。证券公司资产中有关利率的风险主要来自货币性存款、债券投资等。证券公司对利率风险的控制，多数采用规模控制和投资组合等方法，合理配置资产，并通过定期测算投资组合久期、凸性、DV01等指标衡量利率风险。一些公司进一步使用敏感性分析作为监控利率风险的主要工具。采用敏感性分析衡量在其他变量不变的假设下，利率发生合理、可能的变动时，将对利润总额和所有者权益等指标产生的影响。2013年，随着国债期货的推出，证券公司规避利率风险的管理工具得以丰富，同时，一些公司已经尝试使用利率互换等衍生金融工具对利率风险进行管理。

二、信用风险

证券公司面临的信用风险存在于代理客户买卖证券、融资融券、约定购回、股票质押式回购以及债券衍生品等自营投资等业务过程中，由于交易对手无法履约而导致损失的风险，广义的信用风险还可以涵盖投资对象因自身经营状况发生变化产生违约而带来的投资损失。目前，证券公司的信用风险主要集中于公司各项融资类业务以及投资类业务。

信用风险一般性管理方法由信用风险各项管理办法及控制措施、信用风险分析计量手段及信用风险管理系统等部分构成，涵盖事前、事中和事后等三个阶段。具体来说，在融资类业务中，证券公司应制定严格的制度和措施从征信、授信、盯市、平仓等多个环节对该业务涉及信用风险的各个环节予以规范，包括建立严格的客户准入和征信制度、授信标准并实施公司总部集中授信；明确担保物范围及相关折算标准、保证金比例、维持担保比例的标准；建立逐日盯市制度；证券公司对客户进行强制平仓后，平仓所得资金或证券仍不能偿还公司因向客户融资所生债权的，对客户进行资产追索等。特别的，针对股票质押回购业务，证券公司应注意由于抵押方式的不同，抵押品处置流程与融资融券、约定购回等业务存在差异，也增加了信用风险发生的可能性。此外，证券公司还在探索不断优化信用风险分析计量手段，包括对客户建立专用评级模型进行信用违约概率测算，以运用VaR等数量方法测算质押券的安全折算标准以及对应的违约损失。

为了控制投资业务中的信用风险，一些公司明确可投资债券的债项评级要求，要求债券投资应限于央行或资信较好公司发行的债券，或者明确禁止投资风险较大的证券，并通过密切跟踪市场交投情况以及投资对象的经营数据来及时掌握信用风险水平的变化。一些公司在银行间市场开展债券交易时始终坚持选择使用合适的结算方式，鼓励采用DVP结算，或根据不同类别的交易对手，采用不同的交易结算方式。

三、流动性风险

流动性风险，是指金融机构无力为到期的负债和/或资金的需要提供资金来源而造成损失或破产的风险，进行流动性风险管理的目标是：保障公司的偿付能力；优化资金需求与来源的匹配以及成本收益。建设完整的流动性风险管理体系原则上涉及治理结构、策略与流程、风险识别及监控以及风险管理系统四个方面的工作，涵盖资产和负债两个方面。

到目前为止，中国证券行业监管机构尚未对证券公司在流动性风险方面的管理做出全面、明确和具体的要求，在证券公司净资本计算标准和风险资本准备计算标准中都没有对流动性风险进行单独的计量及考核。在缺乏明确监管要求的背景下，行业内各家证券公司在流动性风险管理方面已经做了一些基础些的工作。证券公司一般采取的风险控制措施包括：重点关注公司总体财务状况、自有资金余额、长期资金占用和流动性情况；对货币资金、结算备付金、存出保证金等进行监控。在实行第三方存管后，证券经纪业务收取的代理买卖证券款均由存管银行进行监控，此部分不再构成证券公司的流动性风险。其他控制方法还包括通过严格资金管理和集体决策机制，控制长期资产占用资金比例，科学运作资金；严格控制自营业务投资规模，股票投资以分散投资为原则，关注投资品种占全部流通股的比例，防止个股投资的流动性风险；债券投资以利率产品和高评级信用债为主，强调分散持仓和剩余期限分布合理性；审慎选择信用程度高的商业银行存放各项货币资金；关注资产和负债到期日的匹配，合理安排负债结构，有效控制规模和期限的匹配差异，保证到期债务的支付。

调查显示，一些公司已进行资产负债阶梯分析，或采用优质流动性资产储备体系与动态现金流测算体系，监控资产负债期限错配与现金流缺口情况。一些公司通过流动性覆盖率指标和净稳定资金比例指标来监测和控制流动性风险，并同时进行资产负债端管理，以确保在压力测试情况下依然不会出现流动性匮乏的情况。在上市证券公司中，个别公司特别进行了资产及负债的到期日分析。个别公司在对投资业务的流动性风险进行监测时，特别关注不同风险间的转化和传递，以及突发性风险放大的情况。

为保持流动性，行业内证券公司普遍使用了股权融资、债务融资和转融通业务融资等主要融资方式。融资渠道涉及银行间市场债券回购、同业拆借、发行短期融资券等方式；交易所市场股权增发、配股、债券回购、发行公司债、可转债等债券发行融资方式；非交易场所的转融通业务、股票质押贷款等方式。行业内证券公司融资渠道较为有限，基本依赖股权融资，使用债务融资的期限结构以短期和超短期为主，中长期负债占融资负债总额的比例大多维持在低水平。然而，相比国际通行的流动性风险管理框架以及国内证券行业流动性风险管理的要求，各家公司流动性风险管理的现状仍有很大差距，具体表现在：

（一）现有的管理体系存在流动性隐患

一是资金来源以短期化为主，主要是通过国债回购、拆入资金及日间投资的模式借入资金，这些渠道容易受外部市场形势影响，集中度太高，资金来源的可靠性和成本都存在不确定性。二是现有资金监控体系不能反映出公司资产和负债在期限、质量和收付等方面存在差异而产生的流动性风险程度。三是资金管理条块化特征明显，尚未建立统一的资金池，公司各业务单元的资金融通渠道和流程尚不完善。四是随着各项创新业务的开展，公司各个业务单元在利润目标的驱动下都在迅速扩张规模，对资金需求常常突破原有的计划，公司制定的资金分配制度无法落实。

（二）缺乏完整的流动性风险管理体系

目前，证券公司尚没有正式的流动性风险管理政策和流程，已有的相关规章制度也亟须更新以满足新形势的发展。

（三）流动性管理指标体系有局限性

目前，证券行业尚没有流动性方面的监管指标，证券公司本身也没有建立起一套基本的流动性风险监控体系。

（四）对各业务单元资金需求的主动性管理不足

在决策程序的具体操作上，公司本部主要负责各业务单元之间的资金调剂、参与债券市场交易、进行同业资金拆借，以便满足下级业务单元当日或未来较短时间内用于保证支付的资金需求，没有对各业务单元净融资需求进行事前度量和预测，并采取事前的防范与控制措施以及部署相应的流动性计划和安排，缺乏对业务单元资金需求的主动性管理。

四、操作风险

根据巴塞尔新资本协议对操作风险的定义，操作风险是指由不完善或有问题的内部程序、人员及系统或外部事件所造成损失的风险。该定义包括法律风险，但不包括策略风险和声誉风险。操作风险的损失可能来自内部人为操作失误、内部流程不完善、信息系统故障或不完善、交易故障等，也可能来自公司外部发生的欺诈行为。证券公司的操作风险管理方法主要为依据财政部、中国证监会、审计署、中国银监会、中国保监会印发的《企业内部控制基本规范》建立内部控制体系，不断强化各业务条线和管理职能领域的内部控制机制，坚持事前、事中、事后的管理方法。在业务开展之前，建立合理的制度流程体系，规范业务操作流程，加强业务操作系统化和标准化，控制操作风险。事中管理方法，指通过构建信息隔离墙制度体系，规范从业人员执业行为，防止内幕交易和利益冲突；建立技术防范体系，完善实时监控系统，对业务风险进行实时监控和风险预警。事后管理方法，指加强业务检查稽核力度，保证各项制度、流程和风险管理措施的有效执行，同时加大对员工的培训，宣传推动合规文化，提高员工合规意识和风险管理能力。

另外，也有一些公司已经在操作风险的量化管理方面进行了深入探索。根据中国证券业协会 2013 年的一份行业调查，16%的公司在操作风险定量考核指标中引入了失败交易比例；37%的公司引入了错误和遗漏的频率；56%的公司引入了业务差错损失额；38%的公司引入了公司在分类评价中的监管评级；68%的公司引入了违规事件严重程度。

2013 年证券公司合规与风险管理工作面临的问题

一、 证券公司合规管理理念受到一定的冲击

首先，证券公司业务冲动对合规理念产生冲击。在旧法未破、新规未立的情况下，创新业务发展的冲动促使部分证券公司默认“突破规则”的行为，一些合规管理人员在认识上也出现了困惑和动摇，全行业一致倡导的“合规从高层做起、人人主动合规、合规创造价值”的合规理念受到一定冲击。

其次，证券公司竞争的压力导致合规意识淡化。随着行业创新步伐的加快，证券公司之间的业务竞争进一步加剧，证券公司生存的压力愈来愈大。在这种形势下，部分证券公司业务部门动辄以行业内其他公司已开展此业务等为理由，倒逼合规管理部门放松合规管理标准。业务运作是否合规，常常被忽视或者被下意识地归入次要的位置。

最后，利益的驱动使合规约束软化。在规模、利润等考核指标的驱动下，部分证券公司过度注重经营业绩，一些业务或产品仓促上马，对可能涉及的利益冲突、影响公平原则和投资者利益的保护等问题认识不清，业务运作的合规管理往往被忽视或流于形式。

二、证券公司风险管理理念和方法面临转型挑战

随着行业创新业务不断深化，证券公司的竞争日趋激烈，风险管理面临理念转变和能力提升的挑战，从过去的单纯厌恶风险、规避风险向主动管理风险转变，通过加强队伍、系统和制度建设，提升风险评估方法数量化、工具系统化、人员专业化的能力。在2013 年中国证券业协会专项调查中，当被问及证券公司对风险总量汇总使用的具体的指标、统计口径，汇总的方法时，大部分公司描述以净资本为核心的风险统计指标体现了集中的原则，仅有小部分公司采用经济资本汇总公司整体风险，在综合考虑公司的资本实力、监管要求、公司的风险偏好、未来的市场形势、股东预期收益及公司历史总体投资风险等因素基础上，结合收益波动法计算得到的结果，对本年度经济资本占用情况进行分析，并对未来年度公司总体经济资本进行预算。总体来看，在证券行业创新发展的新形势下，要求证券公司风险管理具有较强的定量分析能力、总量风险衡量和管理能力、风险配置和对冲能力。

三、证券公司原有合规管理的重点、方式和内容亟待转变

在证券监管部门“放松管制与加强监管并举”的工作思路下，证券公司原有合规管理的重点、方式和内容亟待转变。

首先，很多审批事项改为事后备案，一些限制性规定被放开或取消。证券公司需要花更多的精力对业务经营或产品的合规性和风险进行前置审核，需要将合规审核全部嵌入业务流程。

其次，业务活动的合规边界放宽后，证券公司对合规性问题的判断难度加大。如何根据公平、诚信、保护投资者利益等法律法规的基本原则分析判断问题，如何把握好合规底线，是证券公司新形势下开展合规管理工作需要解决的一个重大课题。

最后，监管部门监管的重点已经转向事中监控和事后检查监督，监管执法和违规处罚力度显著增强。证券公司过程合规的重要性更加突出，合规管理难度明显加大。

四、证券公司合规与风险管理的能力不适应创新发展的需要

在放松管制、鼓励创新的背景下，2013年，证券行业新产品不断推出，新技术不断涌现，证券公司的业务模式、业务流程乃至角色定位也将随之发生深刻变化，证券公司的风险日益呈现多元化、隐蔽化、联动化、交叉化等趋势。2013年中国证券业协会专项调查中，59%的公司按业务条线来管理风险，仅有18.1%公司按风险类型进行划分。单纯以业务条线来管理风险已不适应创新形势的发展，需要同时结合业务条线与风险种类来进行划分管理，这样既能对各类风险及风险总量进行计量和监控，还能兼顾便利对接业务部门，高效沟通，分工清晰，利于业务风险的纵向把控及各种类型风险的横向综合管理。

此外，在人员素质上，证券公司的合规与风险管理工作需要高素质的复合型人才，只有那些既懂技术又懂业务的人才能主动识别、分析新产品新业务的合规风险并提出针对性的合规措施；才能有效地把各项风险管理专业技术融入各项业务活动中。由于包括薪酬待遇在内的各类体制机制方面的原因，目前各家公司都比较缺乏这方面的人才。

2014年中国证券公司合规与风险管理工作展望

2014年是证券公司业务创新迅速发展的一年。随着创新的深入，证券公司合规与风险管理工作将呈现以下发展趋势。

一、证券公司合规管理重点的转移

过去证券行业创新活动有限，大多数产品和业务常规化、同质化，且有明确的法律法规准则要求。因此，当时行业内合规管理工作的重点一般为对照已有规定，审查相关业务是否符合监管要求。然而，随着行业创新，一方面很多新产品新业务超前于现有法律法规准则；另一方面监管机构逐步减少了事前审批，强化了事中检查和事后问责。在这种情况下，证券公司合规管理重点相应发生了变化，转移到主动探索存在监管空白的新产品、新业务是否有合规风险及解决措施上来，以期实现业务创新与合规管理的均衡发展。

具体来说，证券公司在履行合规管理职能的过程中，需要在以下几方面有所侧重：一是将合规审查工作前置，嵌入创新流程，善用合规原则判断业务合规风险，把握好合规底线。二是充分调动业务部门合规管理的自觉性和主动性，发挥业务部门对合规风险的一线管理责任。三是综合运用合规监测、检查、问责等手段，强化业务合规制度的执行力。四是完善与法律、业务管理、风险管理、稽核审计等部门的沟通、协调及合作机制，实现优势互补。五是重视监管沟通，积极寻求重大、疑难合规问题的指导意见，主动反映创新存在的共性问题，推动法制环境进一步适应行业发展的需要。六是加强合规管理人才队伍建设，提升现有人才素质，加大人才引进和培养力度，建立和完善吸引和留住合规管理人才的长效机制，提高合规管理水平。

二、证券公司主动风险管理机制逐步完善

2013年互联网金融的出现对传统金融形成了前所未有的冲击，越来越多的证券公司正在加快互联网金融的布局，而目前国内对互联网金融尚缺乏明确的监管与法律约束，存在一定的风险隐患。这对证券公司风险管理能力提出了新的挑战。随着行业管制放松、创新业务的不断发展，证券公司风险管理需要逐步从被动规避风险、防范风险向主动排查风险、管理风险转变。

实施主动风险管理一是要根据公司实际情况及运营状况，不断完善各家公司的风险管理架构，优化风险管理部门在各项业务活动中的职能角色，丰富风险管理在现有业务流程中的内涵。按照事前、事中、事后全程参与的原则，不断加大风险管理职能部门在事前风险控制活动中的作用，全面深度介入各项创新业务和产品的方案设计与风险评估。二是要不断完善优化风险计量手段，更多地采用定量的方法来确定公司的风险容忍度体系，并根据风险容忍度来有效制定公司各项业务各类风险的风险限额。三是实行业务条线与风险类型并行的矩阵式协同管理，打破单一业务条线割裂式风险管理模式。四是建立数量分析师团队，实施以数量分析为主、以定性分析为辅的风险评估体系，对风险收益进行评估。随着对风险认识的不断清晰，证券公司对风险管理工作的定位和职责将随之转变，并最终完成向主动风险管理的转变，确保证券公司风险可测、可控、可承受。

三、证券公司加强对操作风险的管理

在创新发展和监管转型的背景下，操作风险的重要程度日益凸显。尽管2013年各家证券公司在操作风险管理上均进行了不同程度的研究和尝试，但操作风险的管理仍然存在一些难点：如何建立规范的内控体系、业务部门缺乏自控环节、风险上报不及时、事前预警不足、创新业务的操作风险管理流程尚未形成、缺乏完善的系统自动采集操作风险事件等。证券公司将不断加大操作风险管理力度，持续深入地探讨操作风险量化评估方法。

四、强化信息技术在合规与风险管理方面的应用

随着创新的深入，业务模式和产品日益复杂化，合规和风险管理对信息技术的依赖程度越来越高。信息技术在合规监测工具、各类风险计量和关键风险监控指标等方面都起着至关重要的作用。而伴随着风险管理机制的转型，风险总量汇总和评估对信息技术提出了更高的要求。同时，证券公司内部缺乏统一的风险管理平台，数据准确性有待加强，系统效率低下等问题也随之暴露。行业内在信息系统规划和整合、数据挖掘、系统和数据安全等方面的投入也将逐步加大。

专题报告之六：
2013 年证券公司投资者教育与服务工作报告

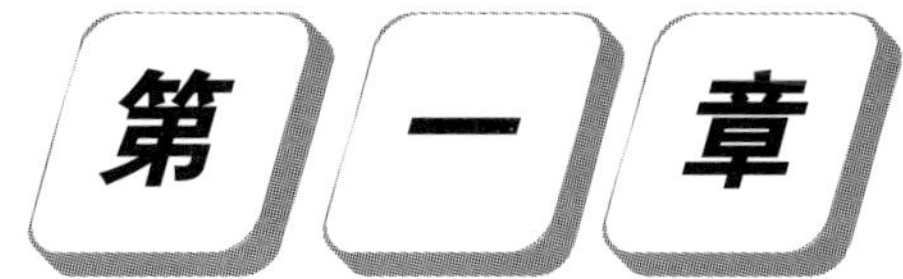

证券公司投入与组织建设情况

为引导证券行业持续做好投资者教育与服务工作，保护投资者尤其是广大中小投资者合法权益，中国证券业协会在总结近两年证券公司投资者教育服务情况评估工作的基础上，进一步完善调查评估指标体系，开展了2013年证券公司投资者教育与服务专项调查工作。根据专项调查工作方案，专项调查的对象为2013年之前成立且具有证券经纪业务的100家证券公司，由于2013年恒泰长财证券与恒泰证券进行了业务整合，其证券营业部及客户整体并入恒泰证券，故本次实际参与专项调查的证券公司为99家。根据各证券公司调查表及工作报告，中国证券业协会从证券公司的投入与组织建设情况、投资者教育产品与活动情况、投资者服务情况、回访与投诉处理情况、投资者适当性实施情况、投资者教育与服务效果等方面对行业投资者教育与服务工作进行了总结，并对各公司工作情况进行了综合评估。

证券公司在投资者教育与服务工作方面保持了持续稳定的经费投入和必要的人员配备，工作组织机制与相关制度建设健全，并根据产品业务创新和经营模式变化情况及时修订相关业务制度，普遍建立了以分支机构和网络平台等为主要渠道的工作机制及工作联系人制度等。

一、投资者教育经费投入

投资者教育经费投入主要包括证券公司在组织投资者教育活动、制作并发放投资者教育产品及媒体宣传等方面的费用。

（一）证券行业近年在开展投资者教育方面保持了稳定的经费投入

近5年，行业年均投资者教育经费投入约为5亿元（其中，2011年度统计口径略有差异，2011年经费统计中将各证券公司相关投资者信息系统建设费用计入，其他年度未计入此项）。2013年，99家证券公司投资者教育经费总计约4.75亿元，占同期代理买卖证券业务净收入的0.63%，较上年度有所下降，平均每家公司投入约为480.3万元（见图1-1）。此外，各证券公司均制定了2014年投资者教育经费预算，总计约5.31亿元。

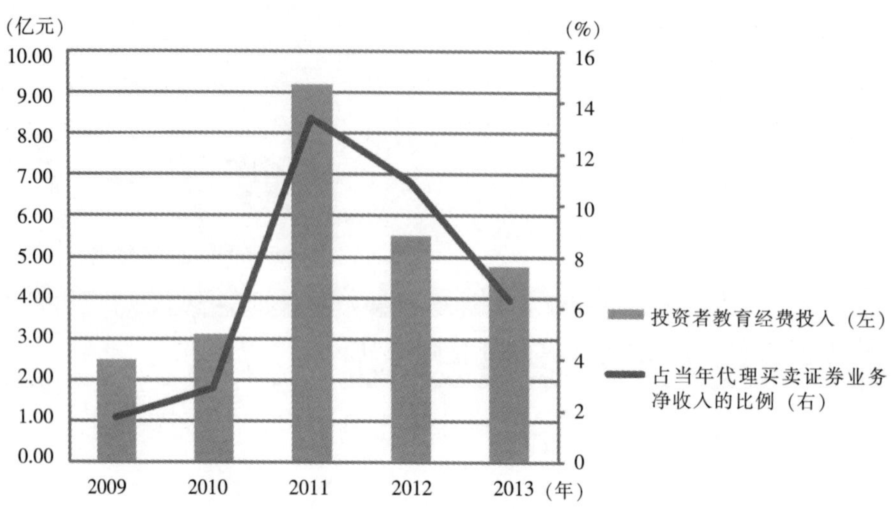

图1-1　2009～2013年证券行业投资者教育经费变化情况

（二）各证券公司投资者教育经费投入差异较大，且与业务规模尤其是代理买卖证券业务净收入水平呈现一定正相关性

2013年，经费投入在1 000万元及以上的有12家公司，占比12.12%，最多的达到3 057万元；500万（含）~1 000万元的有16家，占比16.16%；200万（含）~500万元的有26家，占比26.26%；100万（含）~200万元的有23家，占比23.23%；100万元以下的有22家，占比22.22%。从经费投入占同期代理买卖证券业务净收入的比重来看，在20‰及以上的8家，占比8.08%；在10‰（含）~20‰之间的有21家，占比21.21%；在5‰（含）~10‰之间的有31家，占比31.31%；在2‰（含）~5‰之间的有26家，占比26.26%；在2‰以下的有13家，占比13.13%（见图1-2）。

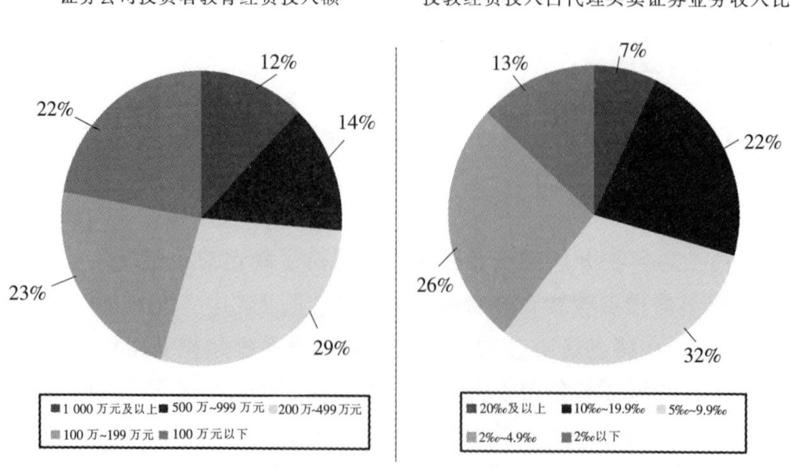

图1-2　2013年证券公司投资者教育经费投入结构情况

二、工作组织与制度

工作组织与制度包括证券公司开展投资者教育与服务工作的组织规划、人员参与、对分支机构的督导检查以及相关工作制度的更新等方面情况。在工作组织机制方面，99家证券公司均建立了公司层面投资者教育服务工作小组,一般由经纪业务、客户服务、法律合规等前后台部门组成，在总公司设投资者教育专岗并在营业部设有联系人。根据近年统计，各公司专岗人员保持相对稳定，约40%的人员连续2年以上专职从事相关工作。目前，证券公司日常投资者教育服务相关业务活动主要按照“集中管理、分散执行”的模式开展，各证券营业部是开展投资者教育服务的主要阵地，证券公司普遍建立了对营业部相关工作的检查督导机制。2013年，99家证券公司对所属营业部投资者教育服务工作开展现场检查督导的平均覆盖率约为78%，且营业部日常投资者教育活动、客户服务、客户回访、客户投诉处理等普遍列入考核范围。

在相关制度建设方面， 99家证券公司全部制定了投资者教育服务方面的工作规范、管理办法及业务细则等，工作制度规范健全。2013年，70家证券公司对本公司投资者教育管理办法、客户服务指引等进行了修订完善，或根据业务发展对创业板、融资融券、约定购回式证券交易、私募产品等专项业务投资者教育与服务的相关要求进行了更新。98家证券公司制定了2014年度投资者教育工作计划。

投资者教育产品与活动情况

一、投资者教育产品

投资者教育产品包括纸质产品及电子产品。99家证券公司中，97家证券公司制作或发放了纸质产品，主要包括折页、手册、海报等形式；62家证券公司制作了电子产品，主要包括视频、游戏、网络平台等形式。纸质产品中，平均每家证券公司制作产品种类约为8种，平均每家证券公司营业部发放数量（发放数量/营业部数量）约为3 364件，同比减少了17.59%，主要是由于投资者开户、交易的非现场趋势，对于传统媒介产品需求逐渐减少（见图2–1）。电子产品中，平均每家证券公司制作产品数量约为3件，主要形式为公益广告、视频讲座、课件和专项活动电子海报等，以介绍金融产品、倡导理性投资、防范非法活动为主要内容。

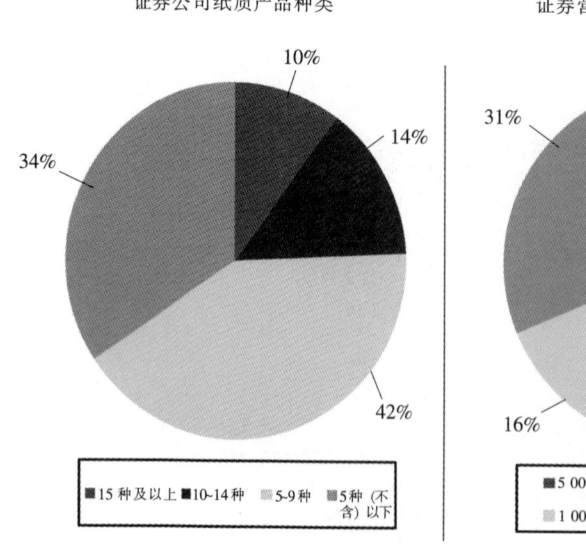

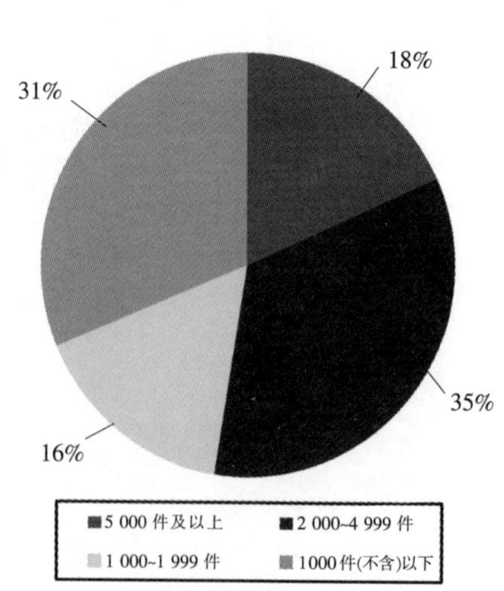

图2–1　2013年证券公司投资者教育纸质产品情况

二、投资者教育活动

投资者教育活动是证券公司开展投资者教育工作的主要形式，包括由公司总部组织的全公司或区域性主题投资者教育活动以及由各营业部开展的日常投资者教育活动。目前，活动主要形式包括各类报告会、知识讲座、股民学校、视频课堂、模拟炒股大赛以及网上信息互动类活动等。2013年，99家证券公司总部组织的投资者教育活动平均约为5场，主要以协助监管机构、自律组织，围绕保障投资者知情权、参与权、求偿权、监督权等合法权益内容的各类主题宣传活动为主；全部证券公司营业部组织开展的投资者教育活动平均为24场，即每家证券营业部平均每月举办约2场活动，营业部开展投资者教育活动数量同比基本持平。内容除传统的金融法律知识普及、投资策略及行业分析外，还偏重于对个股期权、约定购回交易、互联网金融及各类代销金融产品等介绍，更多地对投资者越来越关注的新产品、新业务进行解读。

2013年，99家证券公司中有86家已开展股票质押、报价回购、柜台业务、资产证券化、非现场开户等创新业务。其中，有80家证券公司结合创新业务的开展有针对性地组织了投资者教育活动或制作了投资者教育产品。

三、投资者沟通渠道创新

除通过日常业务渠道积极开展各类投教活动和发放投教产品外，证券公司还积极利用各类媒体尤其是新媒体、自媒体开展教育服务。2013年，99家证券公司中有78家与媒体建立了合作关系，开展多元化的投资者教育工作，平均合作媒体数量为10家（见图2-2）。71家证券公司针对公司客户开通了微博、微信等沟通渠道。

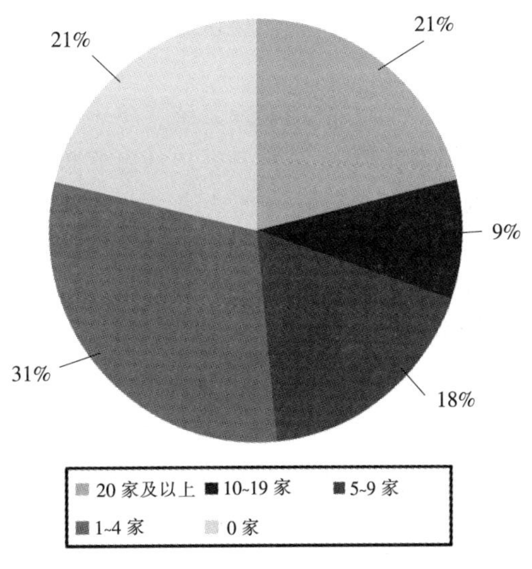

图2-2　2013年证券公司合作媒体数量情况

投资者服务情况

投资交易是依赖于信息的决策行为，证券公司的信息服务渠道畅通、高效，有利于投资者快速、准确、完整地获取投资相关信息。投资者信息服务包括证券公司相关信息系统建设、通讯服务、营业部投资者教育园地等。

一、投资者服务信息系统

投资者服务信息系统是证券公司利用信息技术做好投资者服务、履行适当性义务的重要基础，一般具备客户信息管理、业务信息管理以及服务信息管理功能。客户信息管理功能实现了电子化的客户信息留痕，根据客户信息的变化及时更新并可以根据客户交易行为监控和调整客户风险偏好等；业务信息管理功能包含公司现有产品业务的基本信息和产品列表等；服务信息管理是指对客户提供的咨询服务、风险提示以及对回访、投诉处理等服务过程的管理和留痕。

证券公司一般建立有统一的客户信息管理系统，将客户信息、业务信息、服务信息融入一体。99家证券公司中有97家建立了具备客户信息管理功能的系统，其中，61家具备业务信息管理功能，75家具备服务信息管理功能。

二、通讯服务

99家证券公司中，有90家证券公司设立了以呼叫中心为主要形式的对外语音服务，统一业务管理系统或机构，采用专业化的座席分布系统，并整合客户咨询、投诉、回访、调查、产品查询、交易委托等客服功能。2013年，约40%的证券公司为客户提供工作时间（8:30~17:30）外的电话服务；64%的证券公司客服电话接通率在90%以上，平均电话接通率约为82.4%（见图3-1）。

三、营业部投资者教育园地

99家证券公司均在每家营业部显著位置以橱窗、电子显示屏设置了投资者信息服务园地，其中95家证券公司对信息服务园地的形式及内容做了制度规定。园地主要内

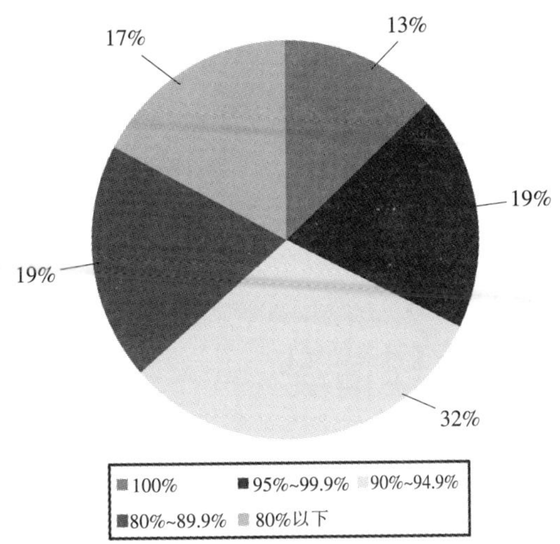

图3-1 证券公司客服电话接通率情况

容包括公司概况、营业部人员信息公示、交易流程、收费标准、投诉渠道及各专项业务介绍等。

第四章 客户回访与投诉处理情况

证券公司普遍根据监管要求完成客户回访工作，落实客户投诉受理的首要责任，实现相关工作的制度化、标准化。

一、客户回访

证券公司根据相关监管要求，普遍制定了客户回访实施细则，及时对新开户客户进行回访，逐步扩大对原有客户回访比例，并对回访进行留痕保存。在回访时限方面，54家证券公司在1月内对新开客户进行回访；22家证券公司在1周内对新开客户进行回访；23家证券公司在开户次日即对客户进行回访。2013年，99家证券公司对原有客户回访比例平均值为16.30%，中位数为11.50%，平均值较上年降低5.8个百分点（见图4-1）。99家公司全部对回访进行了电子或录音留痕。回访内容除了监管规定要求的客户身份核实、账户变动确认、营业部人员行为的合规性之外，主要是客户关怀性回访、投诉处理情况回访和各业务办理的评价及意见回访等。约98%的证券公司制定了客户回访统一话术，较上年提高了13个百分点。此外，大部分证券公司都针对资产管理、融资融券、创业板等业务开户、办理进行专项回访。

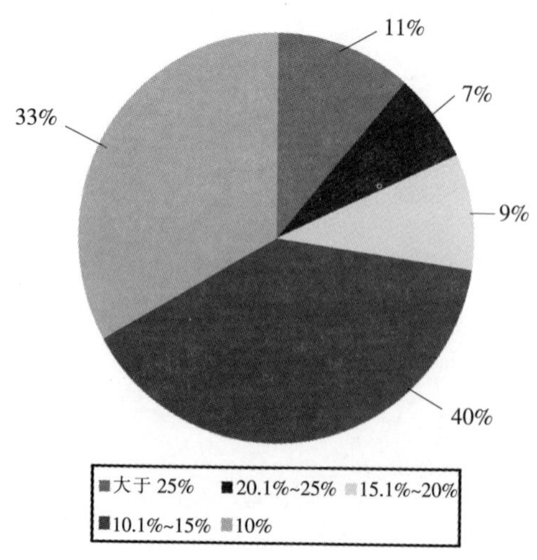

图4-1 2013年证券公司对原有客户回访比例

二、客户投诉处理

99家证券公司均向投资者公示多种投诉渠道，制定了客户投诉处理相关制度，统一投诉处理流程，明确了客户投诉受理、处理、督办、反馈、回访、归档、报备等流程以及职责分工和期限要求，并对处理过程进行留痕。从投诉内容来看，各公司对于客户投诉问题的归类标准不完全一致，总体可分为账户操作类、信息系统类、工作差错类、服务态度类、产品业绩类、情绪宣泄类及其他不满情况等。根据投诉事项的重要性、时效性和影响力不同，80%以上的证券公司在受理制度中规定了分类处理的原则和要求，以提高处理效率。从投诉处理情况来看，2013年99家证券公司平均投诉处理率（已处理完成数量/受理的投诉数量）为97%，有80家证券公司的客户投诉处理率为100%，7家的投诉处理率低于90%（见图4-2）。

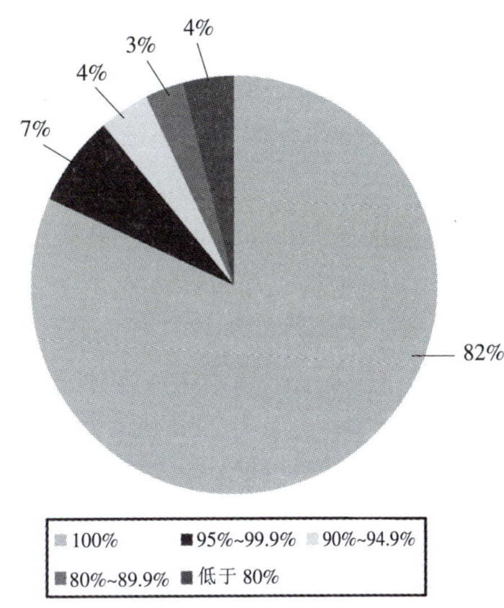

图4-2　2013年证券公司客户投诉处理率

第五章 证券公司投资者适当性实施情况

投资者适当性是规范投资者与证券中介机构基本权利义务关系的主要内容之一，是保护投资者尤其是中小投资者利益的“第一道防线”。投资者适当性制度要求中介机构在对投资者及金融产品或服务进行尽职调查的基础上，依据既定的匹配原则，向客户推荐、销售“合适”的金融产品，避免因“错配”给投资者带来的风险，以保护投资者合法权益。证券公司在向客户销售金融产品或提供金融服务时，应尽职了解客户和产品信息，综合评估产品或服务是否符合客户的风险承受能力。投资者适当性工作主要包括了解客户、评估金融产品或服务、适当性匹配以及相关内部控制等具体实施环节。

一、基本内部制度建设

99家证券公司中，89家参照中国证券业协会《证券公司投资者适当性制度指引》制定了公司统一的投资者适当性管理规定，97家制定了关于代销金融产品、股指期货、融资融券等各项业务适当性规定。

二、了解客户与客户分类

建立投资者适当性管理制度的公司均对了解客户的流程及主要内容做出了规定。证券公司主要通过问卷调查、基本信息表及人工沟通等方式对客户进行了解。99家证券公司中，88家公司建立了对客户信息进行持续完善的工作机制或系统，49家公司向未提供或提供不完整信息的客户进行了关于不能履行适当性义务的风险提示。风险测评问卷是证券公司评估客户风险承受能力的主要手段。97家证券公司根据中国证券业协会参考模板编制了风险承受能力问卷，其测评维度主要包括客户财务状况、投资知识、投资经验、风险偏好、流动性需求等方面。

证券公司主要依据问卷测评结果对客户进行分类，在后续动态评估中，部分公司也将分析客户交易数据逐步作为客户分类调整的参考依据。99家证券公司中91家制定了明确的客户分类标准，包括不同风险承受能力客户的测评得分区间，并要求客户签署确认分类结果。97家公司对客户分类结果进行定期的跟踪、更新，规定在2年以内对客户进行信息更新的约占68%，1年以内进行信息更新的约占25%，第1季度以内进行更新的约占7%。公司对客户评估结果的更新主要是以回访的形式进行，部分公司客户可以通过网上营业厅、网上交易客户端等系统在线接受评估或更新评估结果。

三、评估金融产品或服务

99家证券公司中，95%的公司建立了对本公司金融产品或服务进行评估、审核的管理制度，较上年增加了12%，管理制度中一般对于金融产品的尽职调查流程及项目进行了明确规定。94家公司规定了各类产品风险等级的标准，其中86家证券公司根据特定指标评估产品风险等级。一般按照产品风险由低到高分为3~7档不等，如将本金有较大损失可能的权益类资产、或较难变现的资产、或投资具有放大杠杆系数的产品定义为高风险，并规定产品评估各项指标权重及计算模型（见图5–1）。

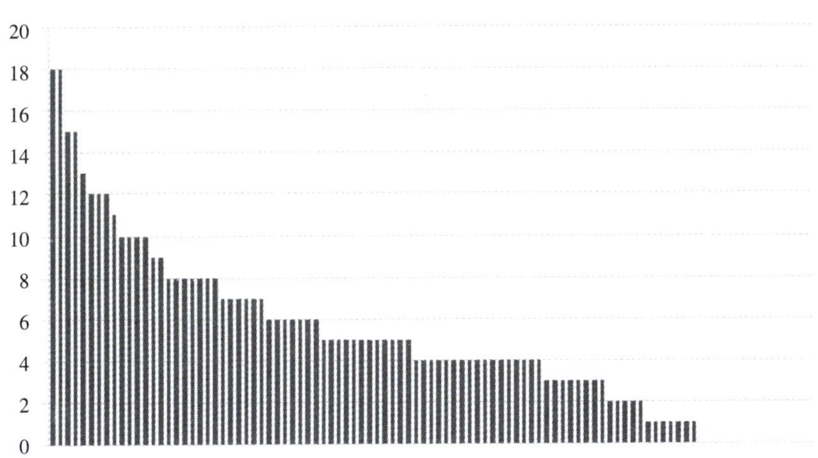

图5–1　证券公司金融产品评估指标数量

金融产品风险的具体评估指标主要包括发行合规性、发行人或管理人资质、流动性风险、市场风险、信用风险、投资范围及比例、预期收益、交易成本、交易限制、产品结构及基础资产状况等多个方面，各公司产品评估指标体系不同，一般有5~10项指标。此外，证券公司在内部产品评估执行方面普遍建立了相应的工作机制，87家公司制定了产品评估分类结果的核准流程，一般是由产品设计或销售部门发起评估申请，由公司产品审核委员会或履行相应职能的内部机构审核批准。

四、信息披露

及时、准确向客户披露产品信息是履行适当性要求的必要条件。证券公司对自主发行、管理产品及公开市场产品的信息披露义务执行情况较好。99家证券公司中，91家公司要求客户对风险揭示书予以确认，88家公司向客户提供产品或服务说明书等信息披露文件。而对于代销产品的信息披露及风险揭示等尚有不足，主要是对于部分代销产品的尽职调查不足，难以向客户提供客观、完整、易懂的信息。99家证券公司中，81家公司根据尽职调查结果向客户披露所代销产品的实际投资标的和潜在风险等，30家公司明确向客户说明证券公司不承担代销产品的担保责任。此外，在对于证券公司适当性义务的说明方面，仅29家公司向客户披露适当性职责不构成对客户投资收益的担保。

五、适当性匹配

证券公司依据客户与产品风险等级，履行适当性销售义务，在风险等级不匹配时进行风险警示。证券公司客户与产品适配的一般原则是：客户风险承受能力从高到低与金融产品风险等级“一一对应，向下兼容”。99家证券公司中，96家公司制定了客户风险承受能力与产品风险等级匹配的具体对应关系，94家公司在客户主动购买高于其风险承受能力等级产品时向其提示风险，对于充分提示风险后仍购买的客户，由客户签署风险确认文件。

此外，证券公司普遍重视对营销人员的适当性培训。99家证券公司中，96家公司对本公司营销人员进行了履行投资者适当性义务的相关培训。

投资者教育与服务效果

2013年，部分证券公司通过客户满意度调查等受众主观评价方式评估公司投资者教育服务工作效果。99家证券公司中，2家公司引入第三方专业调查机构对公司客户服务体系进行了满意度调查；12家公司内部开展了全面的客户满意度调查；另有13家公司通过电话访问形式开展了针对客户经理、营业部服务等有针对性的满意度调查等。

专题报告之七：2013年中国证券市场资信评级业务发展综述

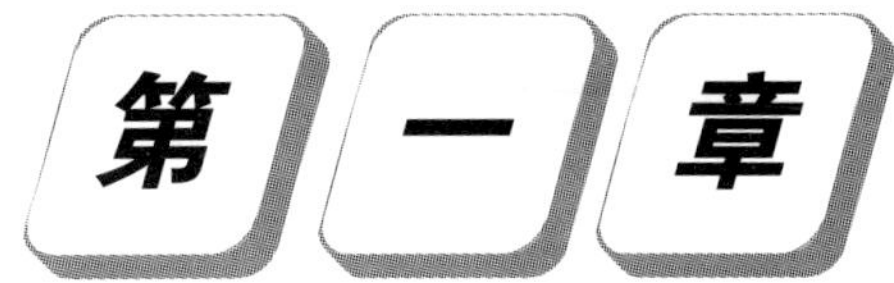

2013 年中国证券市场资信评级行业发展环境

第一节 证券市场资信评级行业市场环境

一、宏观经济继续保持弱复苏态势，货币政策以稳健为主，财政、产业政策仍向“稳增长、调结构”倾斜

2013 年，在全球经济缓慢复苏的大背景下，我国经济增长稳中向好。虽然经济增速有所下滑，但各季度 GDP 增速基本仍保持在 7.5%~7.8%的水平。根据国家统计局的数据，2013 年全年国内生产总值 568 845 亿元，同比 2012 年增长 7.7%，增速较 2012 年略有下降；全年我国社会消费品零售总额 234 380 亿元，扣除价格因素实际增长 11.5%，增速较 2012 年下降 0.7 个百分点。投资方面，2013 年全社会固定资产投资 447 074 亿元，实际增长 18.9%，增速较 2012 年略有下降。虽然经济增长速度弱于 2012 年，但 2013 年我国万元国内生产总值能耗较 2012 年下降 3.7%，经济增长质量有所提升。

政策面上，2013 年我国继续实行积极的财政政策和稳健的货币政策，在逐步退出大规模财政刺激政策的同时，努力保持货币信贷和固定资产投资的适当规模，基本逆转了 2011 年以来实际 GDP 增长速度逐季减速趋势。国家继续调整优化产业结构，限制高污染、产能过剩行业的扩张，加快推进战略性新兴产业重大工程，重点支持节能环保、信息技术、生物制品、高端装备制造、新能源、新材料、新能源汽车等产业。

二、受多方因素影响，债券市场行情下行趋势明显

在经历了 1~5 月的稳步上行后，在多方因素的影响下，2013 年债券市场自 6 月后行情下行趋势明显。代表市场整体表现的中债总指数全年累计下跌 2.1%，专项国债指数跌幅达到 2.86%。影响我国债市情况的因素主要如下：（1）2008 年以来，在扩张性财政和货币政策的推动下，我国经济整体杠杆率逐年上升，加重了经济增长的成本，减弱了

增长活力和效率。2013年在适度从紧货币政策和利率市场化的双重作用下，整体市场利率上扬，对债券市场形成了压力。（2）2013年中央银行货币政策调控更加灵活，一方面运用频繁的短期公开市场操作对货币供应灵活调整；另一方面在2013年的货币调控中增加了新型工具，其货币政策和调控模式对债市有着重要影响。（3）在经历了前期多年的增长之后，债券市场已经处于合理调整时期，需求形势有所变化。受银行理财、货币基金等其他投资产品需求大幅增加的影响，尤其是互联网、电商平台等创新型货币基金产品的推出，债券类投资产品需求大幅下降。以债券基金产品为例，2013年末债券基金份额为2 828.65亿份，资产净值为2 840.37亿元，远低于货币型基金5 970.12亿份、5 991.93亿元的规模。

三、债券市场年度发行总量增速放缓，信用债交投活跃度明显降低

2013年，在外部货币政策适度从紧、利率市场化的影响下，加之保险资产放开信托等投资渠道、债权直接融资工具、银行资产管理计划等新产品的推出，市场对债券的需求急剧下降，债券市场发行增速同比有所下降。根据中国债券信息网、上海清算所等网站的统计数据，2013年全国债券市场（包括银行间债券市场、交易所债券市场、商业银行柜台市场）共发行各类债券3 643期，较2012年同期增长23.87%；发行金额合计9.02万亿元，较2012年增长了11.66%（见表1-1）。其中，以国债、地方政府债、央行票据、政府支持机构债为代表的政府性债券产品合计发行2.73万亿元，较2012年同期增长48.06%，增速较2012年大幅提升，主要来自央行票据发行量的增加；以企业债、中期票据、短期融资券、公司债、可转债等为代表的企业信用债券产品发行规模合计3.85万亿元，同比增长6.47%，增速较2012年显著下降。

表1-1　　2013年债券市场债券发行一览表

项目		2013年				2012年		同比变化情况	
		发行期数（期）	期数比重（%）	发行总额（亿元）	总额比重（%）	发行期数（期）	发行总额（亿元）	期数（%）	额度（%）
1	国债	70	1.92	16 944.01	18.79	61	14 442.38	14.75	17.32
2	地方政府债	24	0.66	3 500.00	3.88	18	2 500.00	33.33	40.00
3	企业债	374	10.27	4 752.30	5.27	484	6 474.31	-22.73	-26.60
4	金融债	427	11.72	23 835.68	26.43	237	25 929.10	80.17	-8.07
5	央行票据	20	0.55	5 362.00	5.94	—	—	—	—
6	短期融资券	1 339	36.76	19 991.40	22.16	1 013	15 340.47	32.18	30.32
7	公司债	354	9.72	1 674.89	1.86	269	2 600.33	31.60	-35.59
8	中期票据	942	25.86	11 495.27	12.74	797	11 544.62	18.19	-0.43
9	可转债	8	0.22	544.81	0.60	5	163.55	60.00	233.12
10	政府支持机构债券债	12	0.33	1 500.00	1.66	12	1 500.00	0.00	0.00
11	资产支持证券	63	1.73	255.21	0.28	46	280.92	36.96	-9.15
12	同业存单	10	0.27	340	0.38	—	—	—	—
合计		3 643	100	90 195.56	100.00	2 941	80 773.68	23.87	11.66

注：因网站披露口径的差异，此处证券公司债产品包括在金融债中，公司债产品包括普通公司债和中小企业私募债。

资料来源：中国债券信息网、上海清算所网站、巨潮资讯、Wind资讯。

从交易所市场债券发行情况看，2013 年交易所债券市场共发行各类债券产品合计 428 期，同比增长 36.21%，增速较 2012 年大幅下降；发行金额 3 468.28 亿元，增速由 2012 年的 62.04%下降至 20.31%（见表 1–2）。其中，发行普通公司债 94 期，合计 1 361.85 亿元；证券公司债 37 期，合计 1 174.60 亿元；可转换债 8 期，合计 544.81 亿元；中小企业私募债 260 期，合计 313.04 亿元；资产证券化（ABS）产品 29 期，合计 73.98 亿元。从发行量和发行额度上看，除普通公司债发行规模和期数有所下降外，其余各类产品均较 2012 年有所增长，尤其是中小企业私募债和资产证券化（ABS）产品呈现大幅增长，证券公司债作为新产品发行规模占比较大，但整体交易所债券市场发行增速有所下降。

表 1 –2　　2013 年交易所债券产品发行情况统计

种类	汇总数据	2013 年	2012 年	同比变化（%）
汇总	规模（亿元）	3 468. 28	2 763. 88	20. 31
	总期数（期）	428	273	36. 21
	主体家数（家）	352	233	33. 81
	单笔发行规模（亿元）	8. 10	10. 12	–24. 88
普通公司债	规模（亿元）	1 361. 85	2 507. 50	–45. 69
	总期数（期）	94	187	–49. 73
	主体家数（家）	82	151	–45. 70
	平均单笔发行规模（亿元）	14. 49	13. 41	8. 04
证券公司债	规模（亿元）	1 174. 60	—	—
	总期数（期）	37	—	—
	主体家数（家）	22	—	—
	平均单笔发行规模（亿元）	31. 75	—	—
可转债	规模（亿元）	544. 81	163. 55	69. 98
	总期数（期）	8	5	37. 50
	主体家数（家）	8	5	37. 50
	平均单笔发行规模（亿元）	68. 10	32. 71	51. 97
中小企业私募债	规模（亿元）	313. 04	92. 83	70. 35
	总期数（期）	260	82	68. 46
	主体家数（家）	236	78	66. 95
	平均单笔发行规模（亿元）	1. 20	1. 13	6. 15
ABS	规模（亿元）	73. 98	17. 5	76. 34
	总期数（期）	29	5	82. 76
	主体家数（家）	4	1	75. 00
	平均单笔发行规模（亿元）	2. 55	3. 5	–37. 20

注：为突出业务性质差异，此处统计将公司债产品分为普通公司债（工商企业发行）、证券公司债和中小企业私募债等细分产品。

资料来源：中国债券信息网、上海清算所网站、巨潮资讯、Wind 资讯。

2013 年 4 月中央银行规范银行间债券市场交易行为以来，做量、代持、隐藏利润亏损、利益输送等不合理的交易行为被压缩，信用债流动性下降。从交易结算量来看，信用类债券全年现券交易量为 21.06 万亿元，同比减少 37.03%，信用债交投活跃度明显降低。

四、受货币政策中性偏紧、流动性紧张及利率市场化影响，债券发行成本有所上升

2013 年债券市场发行利率呈现明显前低后高的走势，尤其是下半年，国债、政策性金融债各期限招标利率均于 11 月达到历史高点，部分期次政策性金融债由于发行利率过高而推迟发行。信用类债券发行成本也呈明显的上升趋势，以样本量最丰富的主体评级为 AA 级的 5 年期中期票据发行利率为例，前半年发行利率较为稳定，基本保持在 5.6%~6.2%的区间范围内，但下半年以来发行利率节节攀升，至 11 月已超过 7.3%，最高达 8.1%水平，较年初最低水平的 5.4%上升 270BP（见图 1–1）。

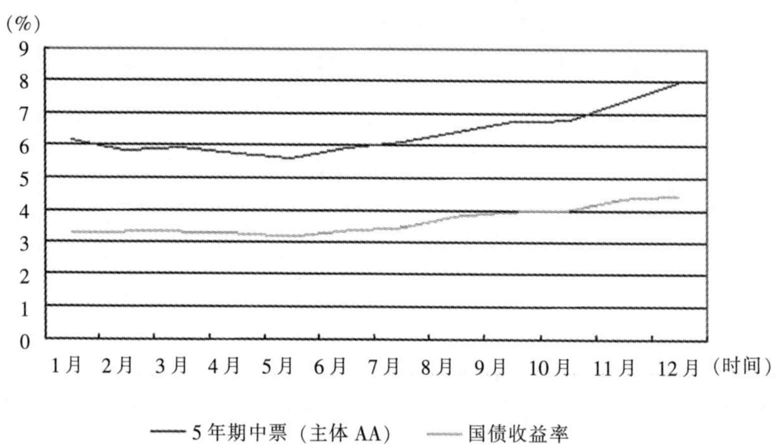

图 1–1 2013 年 5 年期中票（主体 AA 级）发行利率与 5 年期国债到期收益率变化情况

资料来源：中国债券信息网。

债券发行利率走高原因主要如下：（1）受货币政策中性偏紧影响，债券市场资金面较为紧张，尤其在 6 月货币市场利率异常大幅波动之后，流动性偏紧预期使得债券投资需求减弱带动利率上行。（2）2013 年银行理财和同业业务监管日趋严格，银行表外业务收紧，在货币供应趋紧的形势下催生了资金面的紧张和收益率的上行。（3）贷款利率的放开、同业存单推出、互联网金融的快速发展加速了利率市场化的推进，使银行资金成本提升。作为债券市场的重要投资主体，商业银行对债券投资的期望回报率有所抬升，相应带来债券市场利率的整体提升。

五、交易所债券市场价格和收益率波动上行

受货币市场利率变化及资金面趋紧等多重因素影响，交易所债券市场价格及收益率呈现波动小幅上行态势。2013 年中证公司债指数由年初的 141.58 点增长至年末的 145.09 点，仅增长 3.51 点。从债券市场收益率看，债券市场收益率整体呈现震荡上行态势，收益区间变化比较大。尤其是第 2 季度以后债券市场中长期品种到期收益率上行趋势明显，到期收益率年底达到最高。整体来看，与银行间债券市场类似，交易所债券市场的资金流动性基本处于较为偏紧态势，资金价格水平不断上升，市场整体的资金成本远高于 2012 年（见图 1–2）。

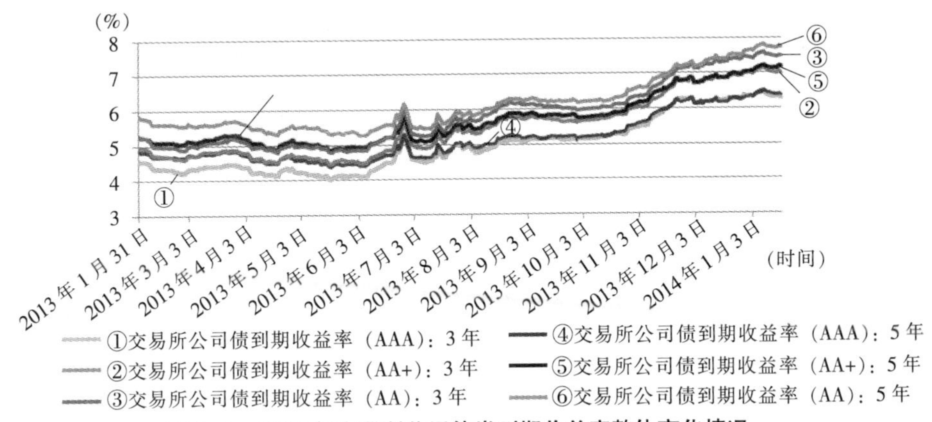

图 1-2　2013 年交易所公司债券到期收益率整体变化情况

资料来源：Wind 资讯。

六、相关部门继续推行债券融资，创新产品不断涌现

除中国证监会外，财政部、国家发改委和中国保监会也陆续出台多项政策鼓励债务融资和相关产品投资（见表 1-3），债券市场进一步扩容，相关创新产品也不断涌现。2013 年创新产品主要体现在如下方面：（1）银行间债券市场于 10 月及 12 月相继发行了首单永续企业债及永续中票，永续类债券的推出有利于丰富我国债券市场产品序列。（2）2013 年 12 月银行间债券市场推出了同业存单，该创新品种的推出有利于进一步引导、规范同业存款等线下业务，使机构之间的利率市场机制进一步完善，丰富了金融机构的市场化负债产品。（3）2013 年 12 月发行的国电电力为首只永续中票，其发行基准利率首次以中债银行间固定利率国债收益率曲线为基准，该创新是对十八届三中全会提出的“健全反映市场供求关系的国债收益率曲线”的实质性推进（见表 1-4）。

表 1－3　　2013 年监管机构相关政策文件一览

序号	监管部门	发行时间	文件名称	备注
1	中国保监会	2013 年 2 月	《关于债权投资计划注册有关事项的通知》	债权投资计划发行将由备案制调整为注册制，简化了债权计划的发行程序
2	中国保监会	2013 年 3 月	《关于修改〈保险公司次级定期债务管理办法〉的决定》	保险集团（或控股）公司可募集次级债，补充公司资本
3	国家发改委	2013 年 4 月	《关于进一步改进企业债券发行审核工作的通知》	根据宏观调控政策和债券市场发展情况，合理控制总体发行规模，适当把握审核和发行节奏
4	国家发改委	2013 年 8 月	《关于进一步改进企业债券发行工作的通知》	将目前由国家发改委进行的企业债预审工作委托省级发改委部门负责
5	中国银监会	2013 年 10 月	批准国内 11 家商业银行开展理财资产管理业务试点	进行债权直接融资工具的试点，各家银行的试点额度在 5 亿～10 亿元之间
6	财政部	2013 年 12 月	《关于国有金融企业发行可转换公司债券有关事宜的通知》	国有金融企业发行可转换公司债券，发行主体应当为境内外上市公司

资料来源：中国债券信息网，巨潮资讯网，国家发改委网站等。

表 1－4　　2013 年债券市场主要创新产品发行情况一览

序号	产品名称	发行时间	发行场所	备注
1	中国建筑阳盂高速债权投资计划	2013 年 2 月	定向私募	中国保监会允许设立无担保债权计划政策出台后的首单无担保债权计划
2	首批小微企业扶持债券	2013 年 3 月	银行间债券市场	债券募集资金全部委托民生银行以委托贷款形式投放给当地小微企业，发改委首次允许商业银行作为小微企业扶持债券的主承销商
3	湖南黄金集团有限责任公司发行私募并购债	2013 年 5 月	银行间债券市场	全国首单并购类债务融资工具，是非金融企业在银行间债券市场发行的，募集资金用于非金融企业并购活动，约定在一定期限内还本付息的中期票据
4	首只“债贷组合”试点企业债券“13 岳阳城投债”	2013 年 7 月	银行间债券市场	标志着一项对地方政府和融资平台债务管理新模式的诞生
5	首只永续企业债 13 武汉地铁可续期债	2013 年 9 月	银行间债券市场	内地第一只永续类债券品种
6	福星晓程第三大股东发行国内首只中小企业可交换私募债	2013 年 10 月	深圳证券交易所	由中小微型企业在中国境内以非公开方式发行和转让，约定在一定期限内还本付息或者依据约定的条件交换成该企业所持有的上市公司股份的公司债券
7	首只永续中期票据 13 国电电力首期中票	2013 年 12 月	银行间债券市场	本期中票将在发行人依照发行条款的约定赎回之前长期存续，发行人有权在本期中票第 5 个和其后每个付息日赎回本期中票
8	同业存单	2013 年 12 月	银行间债券市场	国家开发银行、工商银行等在内的 10 家银行成为首批试点机构

资料来源：中国债券信息网，上海清算所网站，巨潮资讯网等。

第二节　证券市场资信评级行业相关监管环境及政策

一、债券市场监管和规范力度进一步加强

2013 年 3 月，为规范商业银行理财业务投资运作，中国银监会出台《关于规范商业银行理财业务投资运作有关问题的通知》（业内称“8 号文”），意在控制信贷资产、信托贷款和委托债权等商业银行非标债权资产业务的增长，从而有效防范影子银行治理风险。

2013 年第二季度以来，“代持养券”等灰色利益链问题引发银行间债券市场对交易方式和交易机制的反思，银行间债券市场监管迅速升级。人民银行陆续出台了《银行间债券市场非金融企业债务融资工具持有人会议规程》、《关于进一步完善银行间债券市场结算业务的通知》等文件规范银行间债券市场交易结算行为。

目前，中国证监会正在修订一系列与《基金法》配套的相关细则，其中包括对债券基金杠杆率等投资细节的规定。

二、监管机构进一步放开证券公司融资渠道

2013 年 3 月初，中国证监会公布了《证券公司债务融资工具管理暂行规定（征求意见稿）》（以下简称《暂行规定》），在对现有证券公司债券、次级债有关规定进行细化的同时，允许证券公司按照规定发行收益凭证这一新的融资工具。《暂行规定》还明确，基金管理公司、期货公司、证券金融公司和中国证监会负责监管的其他公司，以及商业银行、保险公司、信托公司等其他金融机构在证券交易所、证券公司柜台、机构间报价与转让系统，以及中国证监会认可的其他场所发行、转让债务融资工具的，参照适用上述规定。

自上述规定出台以来，陆续有招商证券、广发证券等 22 家证券公司在交易所发行了公司债、次级债进行融资，发行额度近 1 200 亿元。其中，安信证券股份有限公司于 2013 年 8 月通过上海证券交易所发行了公司债，是国内首只非上市证券公司公开发行的证券公司债券，标志着交易所为非上市证券公司开启了融资新渠道。

三、监管机构大力推行资产证券化业务

2013 年 3 月，中国证监会正式发布《证券公司资产证券化业务管理规定》（以下简称《规定》），对相关业务主体、基础资产和专项计划、资产支持证券发行与流通转让等进行了规定与说明。《规定》是在 2009 年 5 月《证券公司企业资产证券化业务试点指引（试行）》基础上的重大突破，具体体现在拓宽基础资产范围、降低证券公司业务门槛、提高资产支持证券流动性三个方面。自规定出台以来，各家证券公司申报资产证券化业务的积极性大幅提升，截至 2013 年末，在中国证监会接收的资产证券化业务已达到 35 单，正式受理的业务达到 14 单。

值得注意的是，虽然作为创新业务，资产证券化业务具有广阔发展前景，但从目前实际情况看，证券公司资产证券化审批程序仍较为严格，发行过程相对复杂。目前，国内资产证券化市场呈现中国证监会主导的专项资产管理计划、中国银监会和中央银行主导的信贷资产证券化和银行间市场交易商协会主导的企业资产支持票据三足鼎立之势。未来市场的进一步发展有赖于各方进一步加强顶层设计和协调监管 从而打通不同市场之间的壁垒，充分发挥市场主体的作用。

四、两大交易所陆续出台文件，提升部分债券交易流动性

上海证券交易所 2013 年 3 月发布《关于为证券公司次级债券提供转让服务的通知》，为更大规模的次级债券在该交易所挂牌转让预留了空间，以后在上海证券交易所进行转让的次级债券发行人不仅限于证券公司。次级债券在上海证券交易所固定收益证券综合电子平台挂牌转让，每期次级债券的持有账户数不超过 200 户，上海证券交易所按照申报时间先后顺序对次级债券转让进行确认。

2013 年 7 月，深圳证券交易所正式发布《深圳证券交易所交易规则（2013 年修

订)》，对大宗交易制度进行了优化完善，并明确债券 ETF 实行当日回转交易，即当日买入的债券 ETF 份额当日可以卖出，ETF 交易流动性进一步提升。

五、中国保监会规范险资投资债券外部评级，信用评级使用价值有望进一步提升

2013 年 3 月，中国保监会印发了保险公司偿付能力报告编报规则等 5 项问题解答的通知[①]。这是在保险新政陆续落地后，在险资可投资品种大幅增加的背景下，中国保监会首次进行系统全方位的详解投资不同品种计价方式和信息披露办法，规范了资产价值入账标准。与此同时，中国保监会要求保险公司可以采用外部评级法和内部评级法评估企业债券、基础设施债权投资计划等有关投资资产的信用风险和认可价值。一旦中国保监会认为外部信用评级结果不能客观反映投资资产风险的，有权要求保险公司调整投资资产的认可价值或指定该项投资资产的认可比例。此次通知的出台，将进一步提升信用评级在保险投资市场的影响力，对评级行业具有积极影响。

2013 年 8 月，中国保监会发布《关于加强保险资金投资债券使用外部信用评级监管的通知》（以下简称《通知》），《通知》主要规范了三方面内容：一是明确了评级机构的服务能力标准；二是建立行业自律管理机制；三是建立持续性监管机制。目前，大公国际资信评估有限公司、东方金诚国际信用评估有限公司、联合信用评级有限公司、上海新世纪资信评估投资服务有限公司和中诚信证券评估有限公司 5 家证券市场资信评级机构获得认可资格。《通知》改变了过去重准入不重监管的做法，建立了评级机构报告制度。

六、中小企业可交换私募债试点开始

2013 年 6 月，深圳证券交易所下发了《关于开展中小企业可交换私募债券试点业务有关事项的通知》。通知规定，中小企业可交换私募债券（以下简称“可交换私募债”）是中小企业私募债的一个子品种，是指在《深圳证券交易所中小企业私募债券业务试点办法》的框架下，由中小微型企业在中国境内以非公开方式发行和转让，约定在一定期限内还本付息或者依据约定的条件交换成该企业所持有的上市公司股份的公司债券。持有上市公司限售股的中小企业可以通过发行此类债券，并约定在限售股解禁后换股，通过这种方式提前兑现这部分金融资产。

2013 年 10 月，国内首只中小企业可交换私募债由创业板上市公司福星晓程第三大股东发行，发行规模 2.565 亿元，票面利率 6.7%，发行人以持有的 1 000 万股福星晓程股票及其孳息为债券持有人交换股份和债券本息偿付提供担保，债券发行结束之日起六个月后进入换股期，标的股票初始换股价格为 25.65 元/股，债券持有人可以通过深交所交易系统申报换股，换股所得股票次交易日即可用。

可交换私募债的推出，将进一步改善中小企业的融资环境；对投资者而言，在可转债市场体量有限的情况下，可交换私募债提供了新的投资机会。

---

① 这五项规定分别是《信用风险评估方法和信用评级》、《基础设施债权投资计划》、《非保险类金融机构发行的金融产品》、《未上市企业股权投资基金和股指期货》、《委托投资和境外投资资产》。

七、监管层加大对评级机构执业监管力度

2013 年 8 月，由于在对上市公司超日太阳 2011 年公司债券信用评级的执业过程中存在诸多问题，深圳证监局根据《证券市场资信评级业务管理暂行办法》第 5 条、第 19 条等相关规定对鹏元资信评估有限公司出具警示函，认定其未勤勉尽责维护债券投资者利益，这是中国证监会首次对评级机构出具监管警示，对加大评级机构合规管理，提升评级机构服务质量具有一定意义。

综上所述，虽然受宏观经济增速放缓、债券市场投资需求下降、发行成本持续上升等不利因素影响，2013 年整体债券市场发行及交易量增速有所下降，但监管层大力规范及发展债券市场的利好政策仍不断出台，创新债券类产品不断涌现，包括交易所债券市场在内的债券市场仍经历了蓬勃发展的一年。债券市场的持续扩容为评级行业带来了前所未有的发展机会，信用评级价值不断体现，证券市场资信评级行业面临的外部环境进一步规范和完善。

2013 年中国证券市场资信评级业务发展现状

第一节　证券市场资信评级行业基础设施建设

一、制度建设和合规体系进一步完善

目前，我国 6 家证券资信评级机构均已建立起相对完善的内部控制制度，并在实际运作过程中不断改进。结合每年中国证监会和中国证券业协会现场检查暴露的问题，各家机构形成了良好的自查、整改及反馈机制，合规运行平稳有序。但随着评级业务规模的不断扩大，各家机构均面临日益增长的业务量与评级作业风险控制的问题，尤其是在外部经济增长放缓使得部分发行人信用风险不断暴露的情况下，投资者对信用风险的关注度和需求度也不断提升。

二、评级技术不断发展

2013 年伴随着资本市场的进一步扩容，很多创新金融产品不断涌现。交易所债券市场中，除传统的信用债产品外，资产证券化产品成为业务发展的主流，相应带动了相关评级技术的不断提升。2013 年发行的汇元一期专项资产管理计划、东证资管—阿里巴巴专项资产管理计划等资产证券化产品均有较大的创新意义，评级机构在揭示产品信用风险、进一步推进资产证券化业务的扩展方面起到了重大作用。此外，随着影子银行相关融资业务的不断涌现，部分非标准化债权、信托、私募理财产品也层出不穷，复杂的交易结构增加了投资者的评级需求，也推进评级机构不断提升评级技术以应对市场需求。值得注意的是，相对于证券公司、基金公司等其他中介机构，评级机构的研发能力仍相对薄弱，人员和技术投入相对落后。由于评级行业处于发展的初期阶段，目前各家评级机构仍处于资本和业务积累阶段，相关创新性研究仍显滞后，未来有待进一步提升评级技术研究水平。

三、人员素质继续保持较高水平

信用评级机构的核心竞争力是人才和技术。截至 2013 年底，我国 6 家证券资信评级机构具有证券从业资格的评级人员总数达 414 人，人数较 2012 年变化不大。其中，具有3 年以上评级从业经验的人员数量为 172 人，具有证券从业资格评级人员的占比由 2012 年的 46%小幅下降至 42%。从学历构成来看，6 家机构的所有员工构成中，4%的员工具有博士学历，占比较 2012 年末下降 3 个百分点；49%的员工具有硕士学历，占比较 2012 年末下降 6 个百分点，本科学历的员工占比由 2012 年的 29%上升至 36%（见图 2-1）。

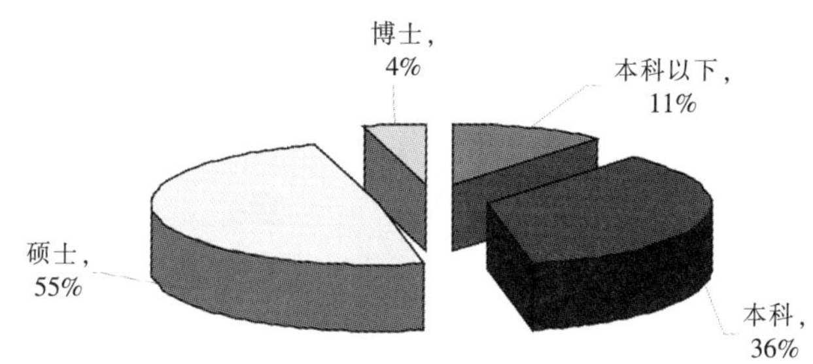

图 2-1　2013 年末 6 家证券资信评级机构人员学历结构

资料来源：2013 年中国证券业协会专项调查统计数据。

从上述人员结构变化可以看出，评级分析师队伍（一般为硕士以上学历）占比有所下降，但相关的市场及综合类人员（一般为本科及以下学历）占比有所提升，但整体来看，评级机构员工中硕士以上学历仍是学历结构构成中最大的部分。从年龄梯次看，35 周岁以下的员工占比达 75%。整体来看，我国评级机构拥有了一支高学历、年轻化、经验较为丰富的分析师队伍。

第二节　证券资信评级业务发展情况

一、评级业务持续发展

随着债券市场融资规模的不断扩大，加之创新金融产品的不断涌现，2013 年 6 家证券资信评级机构评级业务规模进一步提升。2013 年，6 家评级机构共完成首次评级业务 1 3792 单[①]，较 2012 年呈现大幅增长。首次评级业务中，公司债（含证券公司债及次级债产品）评级业务达到 203 单，占比 15%；可转债业务 12 单，占比 1%；中小企业私募

① 新世纪、大公同时拥有银行间债券市场评级资质，统计口径中包含上述业务，因此统计显示证券市场评级业务占比仅占部分比例。

债 174 单，占比 13%；资产证券化业务 101 单，占比 7%；信托、资管和理财产品业务 98 单，占比 7%；其他来自于短融等银行间市场债券产品和部分主体评级业务（见图 2-2）。其中，传统的公司债、中小企业私募债产品保持主导地位，合计占比达到了近 3 成；资产证券化和信托理财等产品作为新业务品种呈现大幅增长。

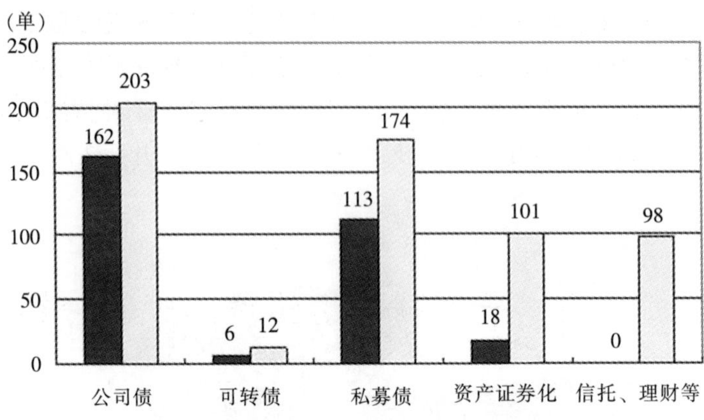

图 2-2　2013 年 6 家证券资信评级机构首次承做的评级项目情况

注：由于部分机构同时承做银行间债券市场评级业务，此处各产品统计合计与首次评级项目合计数有一定差异。

资料来源：2013 年中国证券业协会专项调查统计数据。

跟踪评级是为投资者服务的重要工作。2013 年评级机构持续跟踪发债企业，关注并监测企业信用风险动态，合计出具了 1 537 份跟踪评级报告。

二、评级收入大幅增长

得益于市场规模的不断扩容，2013 年信用评级行业继续保持迅猛发展态势，各家评级机构的财务状况也不断向好发展。全年 6 家证券资信评级机构的合计资产规模、评级业务收入和利润总额分别达到 113 920.40 万元、68 100.43 万元和 13 151.32 万元（见图 2-3），分别较 2012 年增长了 32%、35%和 2%，各家评级机构的资产和收入规模实现了快速增长，但整体盈利水平有待进一步提升。

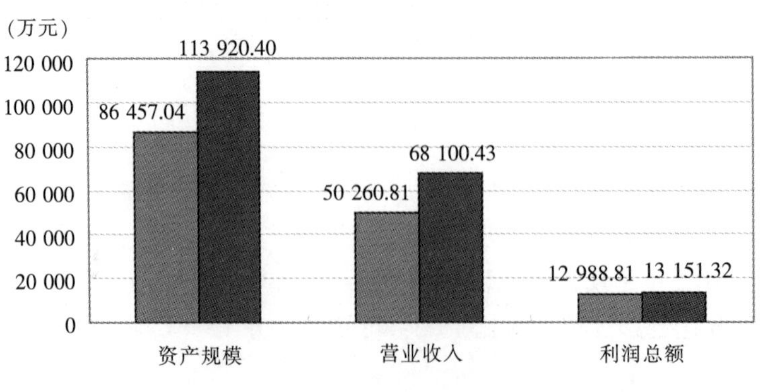

图 2-3　2013 年 6 家证券资信评级机构财务情况

资料来源：2013 年中国证券业协会专项调查统计数据。

三、评级业务品种进一步多元化

在传统的公司债、中小企业私募债业务发展的基础上，在监管层的推动下，证券公司债、中小企业集合私募债、中小企业可交换债、资产证券化产品等创新业务品种不断涌现，带动相关新评级业务也不断增加。此外，各家评级机构还承做了大量的信托、资产管理和理财产品评级业务。监管机构大力推行创新业务、影子银行融资规模扩大是2013 年证券评级业务品种增加的主要原因，未来伴随着交易所债券市场规模的扩大，新的评级业务品种仍将不断增加。

第三节　证券资信评级表现分析

一、公司债[①]发行人主体信用等级继续呈现多元化，AA 级占比仍为最高，低级别发行主体占比进一步扩大

受 2013 年整体公募信用类债券发行增速放缓的影响，2013 年公司债发行人有所减少。2013 年共有 82 家上市公司发行了公司债，发行家数较 2012 年同比减少了 43.84%。从发行人级别分布情况来看，主体级别分布在 A+~AAA 级之间，自 2010 年来首次出现了A+级别的发行人，级别分布较 2012 年进一步广泛。其中，AA 级的企业有 41 家，占比达到了 50%，份额占比依旧最大，主要来自于化工、纺织服装、机械装备制造等行业；AA−主体级别家数为 7 家，份额占比为 8.54%，分布在建筑、化工、电子设备、软件等行业。2013 年低信用级别的发行人占比进一步扩大，显示出发行人整体信用状况的下沉。

受主体信用基本面的限制，加之前期创业板公司债发行利率较高，在多元融资渠道存在的情况下，2013 年创业板公司债发行出现停滞，部分原已公告过会的发行人纷纷停止公司债的发行，全年无创业板公司债发行。

表 2－1　　2013 年公司债主体级别分布及变化情况

级别	主体家数（家）	家数同比变化（%）	家数占比（%）	占比同比变化（%）
AAA	22	－8. 33	26. 83	10. 39
AA＋	11	－64. 52	13. 41	－7. 82
AA	41	－48. 10	50. 00	－4. 11
AA－	7	－41. 67	8. 54	0. 32
A＋	1	—	1. 22	1. 22
合计	82	－43. 84	100	—

注：①12 南港债发行人南京港主体级别为 A＋级；②此处统计不包括证券公司债，下同。
资料来源：巨潮资讯网，Wind 资讯。

① 考虑业务性质的差异性，此处所指公司债为非金融机构企业法人发行的普通公司债，不包括证券公司债，证券公司债另行分析。下同。

二、债项级别向高信用等级进一步集中，但AA级债项级别占比仍为最高

从债项级别分布情况看，除13围海债债项信用级别为AA-级外，2013年发行的公司债信用级别均在AA级以上（见表2-2）。2013年发行的94期公司债产品中，AA级的债项级别占比最大（期数占比为38.30%），AAA级的债项级别占比次之（期数占比为37.23%）；AA+级以上的高信用级别产品较上年占比进一步扩大，由2012年的54.14%上升至60.64%，反映出债券市场形势不好的情况下，投资者对高级别债券投资的要求进一步提升。

表2-2　　2013年公司债债项级别分布及变化情况

级别（级）	期数（期）	期数同比变化（%）	期数占比（%）	占比同比变化（%）
AAA	35	-32.69	37.23	8.50
AA+	22	-52.17	23.40	-2.01
AA	36	-55.56	38.30	-6.45
AA-	1	-50.00	1.06	-0.04
合计	94	-48.07	100	—

注：13围海债债项级别为AA-。

资料来源：巨潮资讯网，Wind资讯。

三、2013年公司债发行利率呈现前低后高走势，整体发行利率下半年稍高于同期中票，发行成本前期基本低于同期贷款利率

从2013年公司债发行利率走势情况看，受资金面因素、债券投资需求、投资者风险预期等因素影响，整体发行利率呈现前低后高的趋势，其间，2~4月处于全年利率低点，6月之后调整提升。受下半年资金面趋紧预期影响，下半年以来公司债发行利率节节攀升，至年底达到最高。

以样本量最丰富的5年期公司债发行利率为例，在AA级债项级别水平下，1~3月发行利率基本分布在5.5%~5.9%区间内，4月之后平均发行利率上升至6%左右，7、8月无公司债发行，10月之后的发行利率受市场因素骤然上升，年底发行的13盛屯债发行利率达到了年度最高的8%（见表2-3）。

表2-3　　2013年5年期公司债发行利率及相关比较情况

项目	AAA级（%）			AA+级（%）			AA级（%）			AA-级（%）		同期贷款利率（BP）
	公司债	中票	利差	公司债	中票	利差	公司债	中票	利差	公司债	中票	
1月	5.12	5.09	3	5.13	5.39	-26	5.83	6.14	-31			6.4
2月	4.88	4.83	5	5.04	5.22	-18		5.84				6.4
3月	4.81	4.92	-11	5.06	5.28	-22	5.78	5.94	-16		6.7	6.4
4月	4.7	4.73	-3		5.00		6.09	5.74	35			6.4
5月	5.04	4.84	20	4.8	5.13	-33	5.5	5.61	-11			6.4
6月		4.8		5.05	5.31	-26	5.2	5.92	-72	6.9		6.4
7月		4.64		5.65	5.66	-1	6.25	6.11	14		7.7	6.4
8月	5.32	5.1	22	6.4	6.17	23		6.42				6.4
9月	5.16	5.29	-13	6.68	6.17	51		6.73				6.4

续表

项目	AAA 级（%）			AA + 级（%）			AA 级（%）			AA - 级（%）		同期贷款利率（BP）
	公司债	中票	利差	公司债	中票	利差	公司债	中票	利差	公司债	中票	
10 月		5.74		5.6	6.25	-65	7	6.81	19			6.4
11 月	5.72	6	-28		7			7.39				6.4
12 月		6.54			8		8	7.97	3		8.6	6.4

资料来源：巨潮资讯网，Wind 资讯。

四、公司债发行大都采用了担保措施，担保以第三方信用担保为主，多数担保措施增级效果明显

2013 年发行的 94 期公司债中，有 42 期提供了担保，占比为 45%。担保措施种类主要为第三方信用担保，大多由发行人控股股东或实际控制人提供担保。从担保增级效果上看，国有独资及控股企业中，除原主体为 AAA 级的发行人外，多数发行人控股股东的担保有一定增级效果，但部分以上市公司作为主要经营体的担保人担保增级效果并不明显。民营企业方面，除采用传统的股东担保措施外，部分民营企业还采取股权质押、资产抵押、第三方专业担保公司担保等措施。

从表 2-4 所示的公司债发行情况看，从主体级别为 AA 级、AA+级、AAA 级的发行人情况来看，债券担保措施主要来自控股股东或实际控制人担保；对于主体级别为 AA-级的发行人，由于控股股东主要经营实体多来自上市公司，股东担保增级效果有限，相应债券的增信担保措施出现了多样化，资产抵押、股权质押及外部专业担保机构担保较为普遍。

表 2 -4　　2013 年公司债发行增信情况统计

原主体级别（级）	债项级别（级）	期数（级）	增信方式
AAA	AAA	18	控股股东或实际控制人提供担保，全部来自于大型国有企业
AA +	AAA	1	12 芜湖港债由股东淮南矿业集团提供担保（国有企业）
	AA +	1	12 永泰 02 债由股东永泰控股集团提供担保（民营企业）
AA	AAA	3	控股股东或实际控制人提供担保，全部来自于国有企业
	AA +	6	除 13 尖峰 01 债由其关联企业天士力控股集团提供担保外，其余均由控股股东或实际控制人提供担保
	AA	7	控股股东或实际控制人提供担保
AA -	AA +	3	12 拜克 01 债由股东升华集团提供担保，并由发行人和其子公司内蒙古拜克以其合法资产提供抵押和质押担保，资产评估覆盖倍数为 2.02 倍；12 瑞泽债由广东融资再担保有限公司提供担保、13 大立债由重庆进出口信用担保有限公司提供担保
	AA	3	13 盛屯债以全资子公司兴安埃玛矿业有限公司合法拥有的采矿权提供抵押担保，资产评估覆盖倍数为 5.99 倍；13 保税债由控股股东提供担保；12 中财债由北京中关村科技融资担保有限公司提供担保
期数合计		42	

资料来源：巨潮资讯网，Wind 资讯。

五、可转债发行依旧低迷，发行主体多来自高信用等级的国有企业，多数未有担保措施

受股票市场行情震荡的影响，2013 年，可转换公司债券发行仍较为低迷，全年公司发行了 8 期可转换公司债，除泰尔转债、民生转债外，其余 6 期均于大盘市场行情较好的 2013 年下半年发行。可转债发行主体中，除泰尔转债、东华转债和华天转债外，其余发行人均来自于国内的大型国有企业，主体级别均在 AA+级以上。发行的 8 期可转债中，除泰尔转债由实际控制人提供股份质押和保证的担保外，其余均未有担保措施。

由于大多数转债附有转股条款，偿债压力相对小于同等条件下的公司债，2013 年发行的 8 单可转债中，债项级别均在 AA 级以上（见表 2–5）。

表 2 –5　2013 年可转债级别分布情况

序号	债券简称	发行面额（亿元）	期限（年）	主体评级（级）	债券评级（级）	增信情况
1	泰尔转债	3.20	5	AA –	AA	实际控制人提供股份质押和保证的担保
2	东华转债	10	6	AA	AA	无担保
3	华天转债	4.61	6	AA	AA	无担保
4	深燃转债	16	6	AA +	AA +	无担保
5	隧道转债	26	6	AA +	AA +	无担保
6	民生转债	200	6	AAA	AA +	无担保
7	徐工转债	25	6	AAA	AAA	无担保
8	平安转债	260	6	AAA	AAA	无担保

资料来源：巨潮资讯网，Wind 资讯。

六、私募债发行主体以中小民营企业为主，主体级别大都较低，发行人抗风险能力相对较弱

目前，中小企业私募债发行尚无权威的公开披露信息统计，根据 Wind 资讯披露的私募债发行情况，2013 年沪深两大交易所有 236 家企业发行了 260 单私募债产品。目前，由于发行主体主要来自中小企业，发行额度较小，区间多分布在 5 000 万元至 3.5 亿元之间；私募债的发行期限均为 1~3 年，利率普遍较一般公司债产品高，年利率多分布在 8%~10%之间，最高年利率甚至达到了 14%（12 浙浦百债）。虽然没有公开披露的主体及债项级别，但根据各评级机构的反馈情况，大部分发行私募债的中小企业主体级别分布在 BBB~A+级区间内，整体抗风险能力较弱，因此也存在较高的违约风险。

七、证券公司债券融资开闸，信用级别均处于较高水平

自 2013 年 3 月招商证券首次于上海证券交易所发行公司债以来，截至 2013 年底，共有 22 家证券公司在交易所发行了 37 期公司债或次级债产品，发行额度达到 1 174.60 亿元。鉴于证券公司普遍信用状况良好，所发行的债券产品级别（有评级）均在 AA 级以上，其中次级债产品由于其偿付顺序相对劣后，次级债信用级别相对低于主体级别。从发行利率上看，证券公司债发行利率较普通公司债要略低。

八、资产证券化产品报备较多，但成功发行量有限，优先级产品信用级别较高

虽然2013年以来中国证监会大力推行资产证券化等创新产品，证券公司在IPO暂缓的大背景下也报备了不少资产证券化产品，但是2013年在交易所发行成功的证券公司资产证券化产品仅有4单，分别为隧道股份BOT项目专项资产管理计划、华能澜沧江第二期水电上网收费权专项资产管理计划、东证资管—阿里巴巴专项资产管理计划和汇元一期专项资产管理计划等，优先级产品信用级别均为AAA级。

第四节　证券资信业务评级检验情况

一、年度评级迁移分析

从主体评级方面来看，2013年1月1日~12月31日，我国存续公司债发行主体共计361家，信用级别变动共23次，占发行主体总数的6.37%，调整频率明显高于上年（见表2-6）。其中，信用级别（不含展望）上调4次，信用级别（不含展望）下调19次，级别下调次数远多于级别上调；评级展望上调次数为2次，下调次数为24次，下调次数远多于上调情况（见表2-7）。2013年公司债主体级别及展望调整变动次数创历史最高，上述调整多在跟踪评级结果密集发布的4~6月进行。

表2-6　　2013年公司债发行人主体评级调整情况

项目	信用级别（次）	调整比率（%）	评级展望（次）	调整比率（%）
调升	4	1.11	2	0.55
调降	19	5.26	24	6.65
合计	23	6.37	26	7.20

资料来源：巨潮资讯网，Wind资讯。

表2-7　　2013年公司债发行人主体信用等级以及其迁徙情况

级别（级）	AAA	AA+	AA	AA-	A+	A	BBB+	CCC	合计	调整备注
AAA									0	柳工机械、中国一重评级2家企业展望调整为负面
AA+	1		4						5	马钢股份展望调整为负面，华锐风电、庞大集团、中泰化学、天威保变主体级别下调；湖北能源级别调整至AAA级
AA		2		12					14	湘鄂情、士兰微等13家企业评级展望调整为负面，华仪电器、星湖科技等12家企业级别下调；隧道股份、天士力级别调升至AA+级

续表

级别（级）	AAA	AA+	AA	AA-	A+	A	BBB+	CCC	合计	调整备注
AA-			1		1		1		3	智光电气级别下调至A+级，ST超日级别下调至BBB+级，长征电气、新筑股份、鹿港科技、常山股份等8家企业评级展望将为负面；西部建设评级展望调为正面；中华企业级别上调为AA级
A+									0	—
A									0	—
BBB+								1	1	ST超日级别由BBB+级调整为CCC级，评级展望调为稳定
CCC									0	—

注：①岳阳林纸2013年6月首次发行12岳纸债，评级展望为负面，未在统计范围内。②12湘鄂债、11智光债、ST超日债主体和评级展望同时下调，统计分别计算。③09福田债发行人北汽福田跟踪评级展望维持正面，与上次评级相同，不在统计范围内。④11超日债主体级别下调两次，展望调整两次，统计分别计算。

资料来源：巨潮资讯网，Wind资讯。

从债项评级方面来看，2013年1月1日~12月31日，我国存续公司债券共计476期，信用级别变动共28次，占存续债券的5.88%。其中，信用级别上调5单，信用级别下调23单，下调次数明显高于下调的次数，主要源自发行主体或担保人信用级别的下调（见表2-8）。

表2-8　2013年公司债债券信用等级以及其迁徙情况

级别（级）	AAA	AA+	AA	AA-	BBB+	CCC	合计	调整备注
AAA							0	—
AA+	1		12				13	11鄂能债级别提升至AAA级；09万通债、11精工债、09新黄浦等12期债券级别下调至AA级
AA		4		9			13	12天士01、09复地债、11南钢债、09首置债提升至AA+级；12湘鄂债、11新筑等9期债券下调至AA-级
AA-					1		1	11超日债下调至BBB+级
BBB+						1	1	11超日债下调至CCC级
CCC							0	—

注：11超日债级别下调了两次，为反映信用状况变化的实际情况，两次下调分别统计。

资料来源：巨潮资讯网，Wind资讯。

从上述主体及债项级别调整情况看，存在如下特点：（1）主体评级AA级调降到AA-级，债项级别AA+级调降到AA级调整次数最多，分别占相应主体及债项调整总数的52%和43%，主要与该类债券发行人基数较大有很大的关系，同时还与债券市场投资者通常将AA级作为债券投资标准的分水岭有较大关系。（2）受2013年宏观经济增速放缓，部分行业产能严重过剩，行业景气度下行趋势明显，发行人盈利能力和偿债能力不断弱化，信用风险逐渐暴露。2013年主体级别（含展望）调整主要分布在钢铁、化工、机械、光伏、造纸、煤炭、有色金属、造船和航运等，其中的11超日债因持续亏损，银行贷款已经出现实质性违约，其主体及债项级别先后两次被下调，目前已经为CCC级（垃圾级）。（3）主体级别调升主要来自企业增发因素、国有企业资产重组或相关抗周期行业业绩提升（如天士力）等，其中主体级别由AA级调升至AA+级次数较多，达到了2期；债项级别提升主要来自AA级到AA+级的提升（共4期），主要源自主体和担保方级别的提升。（4）AAA级企业未出现级别变动情况，仅出现过为数不多的展望下调（如柳工机械和中国一重），主要源自行业基本面的变化对企业信用状况形成了不利影响。

可转债方面，2013年存量的可转债中，债项级别均未发生变化。

二、利差检验情况

在目前公司债产品发行样本相对较少，发行历史相对较短，在违约风险尚未充分暴露的情况下，利差分析是检验评级质量的重要手段。从2013年公司债产品的发行定价情况看，公司债的发行利率较好的体现了信用等级、债券期限和流动性的差异：（1）高信用等级公司债的发行利率明显低于同期限低信用等级公司债的发行利率。（2）长期限公司债的发行利率明显高于同信用等级期限短公司债的发行利率。（3）部分交易受限、流动性较弱的公司债发行利率要明显高于同等条件下的其他债券。

从2013年发行的3年、5年、7年和10年期公司债券统计情况看，以AAA级的利差均值和标准差水平较其他级别最低；利差随着期限和级别的降低而呈逐渐扩大态势。但值得注意的是，3年期和7年期的AA+级的平均发行利率均较同期的AA级高，其中原因一方面因时间窗口因素外（如年中及年底的资金面紧张），另一方面可能来自投资者对债券评级级别的认可度不足形成（见表2-9）。

表2－9　　2013年不同级别、期限公司债对应的利差情况

发行期限（年）	债项级别（级）	利率区间（%）	平均发行率（%）	利差均值（BP）	标准差（BP）	样本数（个）
3	AAA	4.50～5.70	4.93	154.07	17.23	4
	AA＋	6.19	6.19	313.34	—	1
	AA	5.20～6.60	5.83	244.52	31.95	3
5	AAA	4.47～5.72	4.98	150.29	24.72	17
	AA＋	4.60～7.00	5.42	198.94	48.9	18
	AA	5.20～8.00	5.96	260.30	36.21	29
	AA－	6.90	6.90	378.45	—	1
7	AAA	4.95～4.99	4.97	148.37	3.88	2
	AA＋	5.10～7.80	6.03	225.61	97.93	3
	AA	5.8～6.00	5.87	249.03	14.25	3
10	AAA	4.88～5.30	5.10	151.77	13.47	10

注：①统计数据以2013年发行的3年期、5年期、7年期和10年期的AAA级、AA＋级、AA级和AA－级信用等级公司债作为样本，未包括证券公司债。②利差计算的基准利率为发行当日相应交易所债券市场国债到期收益率。③3年期AA＋级债券来自13大立债（发行日2013年5月15日），7年AA＋级债券来自12重工02（发行日2013年1月25日）、13甬热电（发行日2013年4月15日）和13云煤业（发行日2013年12月3日）。

资料来源：Wind资讯。

综上所述，在监管层强化监管、交易所债券继续扩容的大环境下，国内证券资信评级机构在内部管理、人员队伍建设、收入盈利状况等方面均取得了良好的进步，市场影响力也进一步提升。2013年，在宏观经济增速下行，企业信用风险逐渐暴露的背景下，信用降级迎来了有史以来的高峰，未来信用债券级别调整将趋于常态化，上述均对评级机构的执业质量提出了更高要求。

2013年中国证券市场资信评级行业面临的问题及2014年前景展望

第一节　2013年中国证券市场资信评级行业面临的问题

一、发行人信用风险加大，评级机构执业质量面临考验

2012年以来，随着经济增长速度的放缓，很多制造业下游需求低迷，使得部分发行人盈利能力和偿债能力出现大幅下滑，信用风险加大。自2012年2月山东海龙因严重亏损导致11海龙CP01被连续降级以来，已有11赛维MTN1、11新中基CP001、11超日债等先后出现偿付风险。其中，11超日债信用风险事件中，因评级机构信用风险揭示不及时导致投资者质疑较大。2013年8月，在上海证券交易发行的“12江南债”成为业内首个终止交易的私募债。虽然该私募债尚有一年才到期，但由于所有认购者均选择回售，发行人只能提前到期兑付。2014年初，11杨浦SMECN1（集合票据）发行人同捷科技再次爆出违约风险，虽然最终在反担保方上海再担保有限公司多方协调下如期偿付本息，但其债务风险仍未完全消除，同捷科技发行的1亿元的私募债12同捷01将在2014年6月到期，目前该企业仍面临较大偿债压力。

2014年，随着前期发行的公司债、中小企业私募债相继进入兑付期和回售期，在外部经济环境尚未得到实质改观的情况下，发行人信用风险会逐步释放，部分企业将面临兑付困难的情况，评级机构执业风险也将进一步加大。及时揭示债券信用风险，为投资者提供客观及时的评级服务显得愈加重要，各家机构的评级质量也将面临较大考验。

二、评级机构的合规经营仍需要进一步完善

我国评级行业发展历史相对较短，国内评级监管尚不成熟，评级行业尚处于自身资本积累的初级阶段。在评级行业收费水平相对较低，评级市场竞争仍不规范的情况下，

行业“劣币驱除良币”现象依旧存在，评级机构的合规经营显得愈加重要。目前，证券资信评级已经出台了《证券资信评级机构执业行为准则》，但更加细化的业务操作规范仍需进一步完善，关于利益冲突的防范制度也需要进一步细化。与其他中介机构（如审计服务机构）相比较，目前会计师行业拥有严格的执业准则及职业道德规范，行业自律管理非常成熟，关于业务承接时的利益冲突有严格限制，上述可以为评级行业的发展提供良好借鉴。

三、评级机构公信力有待进一步提升

作为以品牌公信力为核心竞争力的企业，评级机构需要树立评级声誉，把品牌公信力放在首位。品牌公信力的提升在于评级结果的客观性及一致性，评级结果的载体就是评级报告。评级报告除了公布信用级别外，其所反映的风险信息的公允性、客观性及全面性也应代表评级机构的水准。目前，国内评级机构的评级报告内容过于雷同，多是对评级对象现有状况的表述，缺少各机构独有的实质性风险判断。评级是对偿债风险的前瞻性判断，但目前国内评级报告很多对偿债风险的前瞻性分析相对不足，对投资者的投资参考价值有限，上述是造成评级行业公信力弱的重要原因之一。

从评级机构自身来说，业务创新及人才素质的薄弱是导致产品竞争力弱的主要原因，其中培养具有创新且全面的人才更为关键。相较于其他中介服务机构较为成熟的专业培养和职业发展路径，评级机构缺少更高的资质要求，更没有行业统一的执业资质认定，却需要对其他中介机构的专业产品具有很强的甄别和判断能力，这无疑是一对矛盾，因此重视人才培养，顺应金融产品创新发展趋势才是提升评级质量的根本，才能提升评级行业整体公信力。

第二节　2014年交易所债券市场发展方向

一、监管机构将继续大力发展债券市场，交易所债券管理法规将进一步完善

2013年11月，中共中央出台《关于全面深化改革若干重大问题的决定》，继续提出发展和规范债券市场，未来债券市场将进一步扩容。根据中共中央的上述精神，2014年中国证监会将会按照简政放权、宽进严管的思路，加快完成修订《公司债券发行试点办法》，进一步扩大发行主体范围、简化公开发行审核流程，建立健全非公开发行机制，着力推进多层次债券市场建设。中国证监会将以《证券法》修订为契机，强化依法监管，推动统一公司债券市场准入条件、信息披露标准、资信评级要求、投资者适当性制度和投资者保护制度。

二、债券市场创新将进一步深化

2014 年，中国证监会将积极扩大中小企业私募债试点地域范围和主体范围，拟引入“新三板”挂牌公司发行中小企业债券；修订《上市公司股东发行可交换公司债券试行规定》，加快开展可交换债券试点；重点发展应收账款证券化等企业资产证券化业务。中国证监会将配合有关部门落实信贷资产证券化产品在交易所上市交易安排，推进企业资产和信贷资产证券化业务统筹发展。按照与中国银监会共同发布的《关于商业银行发行公司债券补充资本的指导意见》，中国证监会将鼓励引导符合条件的商业银行尽快启动减记债发行试点，探索商业银行利用公司债券市场补充资本的其他途径。

三、债券市场互联互通进一步深化

目前，银行间和交易所两个债券市场分割严重，现券托管、买卖、结算交收等模式完全不同，交易所债券市场由于体量小、参与者少，成交活跃度较低。近年来，监管机构不断协调推进两大债券交易市场的互联互通，2013 年国泰上证 5 年期国债 ETF、博时上证企债 30ETF 等产品在上海证券交易所实现上市交易，债券 ETF 推出旨在通过转托管的形式将银行间的债券存量及流动性引入交易所市场，提升了跨市场挂牌债券的交易活跃度。2014 年交易所市场有望迎来三大交易品种——减记型商业银行公司债、政策性金融债、第三轮信贷资产证券化产品，这三类品种今后的增量有望进入交易所债券市场。

2014 年，中国证监会将继续会同有关部门积极推进政策性金融债在交易所市场发行上市。依托公司信用类债券部际协调机制，继续推动商业银行跨市场投资、符合投资者适当性要求的债券品种跨市场交易，推进登记结算机构间业务标准和技术体系的协调兼容，继续提高转托管效率。

四、债券发行机制进一步规范

上海证券交易所于 2013 年 12 月发布了《上海证券交易所债券招标发行业务操作指引》（以下简称《指引》），该《指引》包含总则、发行人和承销商、招标现场、招标程序、应急投标和分销、附则共六章内容。根据《指引》，公司信用类债券通过上海证券交易所招标发行，应当符合以下三个条件：一是发行人主体评级不低于 AA 级；二是当期债券发行总规模不少于人民币 10 亿元；三是上海证券交易所规定的其他条件。此次《指引》的出台进一步规范了交易所债券市场的债券招标发行业务。

第三节　2014年证券市场资信评级行业发展展望

一、随着交易所债券市场产品的不断扩容，创新类评级业务规模会进一步扩大

2013年8月，国务院常务会议决定进一步扩大信贷资产证券化试点。2013年11月，中国证监会和中国银监会联合发布《关于商业银行发行公司债券补充资本的指导意见》（以下简称《指导意见》）。根据《指导意见》，公司债券发行主体范围目前包括在上海证券交易所、深圳证券交易所上市的商业银行、发行境外上市外资股的境内商业银行、申请在境内首次公开发行股票的在审商业银行。《指导意见》明确，先行推出商业银行发行包含减记条款的公司债券。

2014年1月9日，上海证券交易所发布了《关于商业银行发行公司债券补充资本及其上市交易、转让相关事项的通知》（以下简称《通知》）。《通知》明确了相应的风险控制机制：一是投资者适当性管理要求；二是差异化的交易机制安排；三是加强减记债持续信息披露监管。

在传统公司债、可转债及中小企业私募债等常规产品规模不断增长的基础上，上述信贷资产证券化、商业银行公司债产品的推出，将进一步拓展证券市场资信评级行业的业务规模，创新类产品的评级业务将进一步增加。

二、评级行业自律规范不断落实和实施，评级机构的运营将更加规范

目前，《证券资信评级机构执业行为准则》和《非金融企业债务融资工具信用评级业务自律指引》已经出台两年，业内评级机构按照上述文件规定基本建立了利益冲突管理的工作机制和相关制度，中国证券业协会正组织细化相关规则。

2014年，监管部门和自律组织将进一步加大资信评级机构监管力度，提高评级质量和公信力；强化对债券受托管理人、资信评级机构的自律管理；落实债券监管执法部际协调的要求。随着监管力度的不断加强，未来评级机构业务运营的规范度将进一步提升。

三、两大债券市场的互联有所改进，不同市场的评级差异情况有望改变

党的十八届三中全会首次提出“健全反映市场供求关系的国债收益率曲线”，为债券市场的互通发展指明了工作方向。2014年1月初，首批120亿元国开债在上海证券交易所集中竞价交易系统成功上市。包括个人在内的各类社会公众投资者均可参与交易。政策性金融债首度登陆证券交易所，标志着内地债券市场互联正继续有序深化。目前，中央银行、中国证监会和国家发改委等监管部门正在调研和讨论债券发行体制的进一步完

善。监管部门将进一步建立债券市场协调机制，中期票据和公司债有望实现跨市场相互挂牌，不同市场的评级差异情况有望改变。

综上所述，未来债券市场统一市场化定价将是大势所趋，两大交易场所的互联互通将进一步深化，资产证券化等创新产品的扩容将继续激发债券市场的活力。在债券市场不断成熟发展的大环境下，信用债券的违约风险将不断显现，业内评级机构也面临着较大挑战。预计 2014 年以公司债为代表的交易所债券市场仍会维持蓬勃向好态势，业内评级机构也面临着前所未有的发展机遇。

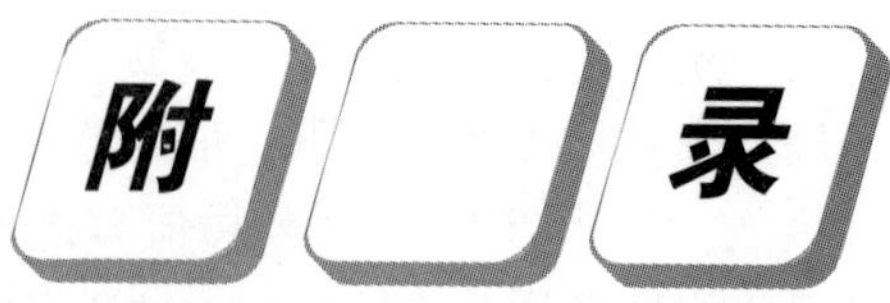

2013年中国证券行业大事记

时　间	大　　事
1月14日	深圳证券交易所约定购回式证券交易业务开闸，36家证券公司获得第一批试点资格。
1月14日	国内第一批证券公司柜台交易产品面世，海通证券发布首批柜台交易产品——“一海通财”。
1月16日	全国中小企业股份转让系统揭牌运营。
1月16日	中国证券业协会发布实施《证券公司中小企业私募债券承销业务尽职调查指引》。
1月31日	中国证监会发布实施《全国中小企业股份转让系统有限责任公司管理暂行办法》。
2月6日	深圳证券交易所约定购回式证券交易业务试点扩容，39家证券公司获得第二批试点资格。
2月7日	中国证券业协会发布实施《证券公司参与区域性股权交易市场业务规范》。
2月8日	全国中小企业股份转让系统有限责任公司发布实施《全国中小企业股份转让系统业务规则（试行）》。
2月18日	中国证监会发布《资产管理机构开展公募证券投资基金管理业务暂行规定》，6月1日起施行。
2月28日	转融券业务试点正式推出，初期标的90只股票，11家证券公司参与试点。
3月9日	中国证券登记结算公司发布修订后的《中国证券登记结算有限责任公司证券账户管理规则》，4月1日起，境内港、澳、台居民可据此开立A股账户。
3月13日	证券公司首家天猫店——方正证券“泉友会旗舰店”开业，目前定位于业务展示及服务产品销售。
3月13日	中国人民银行印发《关于合格境外机构投资者投资银行间债券市场有关事项的通知》（银发〔2013〕69号），允许符合条件的合格境外机构投资者（QFII）向中国人民银行申请投资银行间债券市场。
3月15日	中国证监会发布《非银行金融机构开展证券投资基金托管业务暂行规定》，6月1日起施行。
3月15日	中国证监会发布实施《证券公司分支机构监管规定》，放开证券公司设立分公司和证券营业部两类分支机构的数量和区域限制。
3月15日	中国证券业协会发布实施《证券公司开立客户账户规范》，放开非现场开户限制。
3月15日	中国证券业协会发布实施《证券公司私募产品备案管理办法》，以规范证券公司私募产品备案行为。
3月15日	中国证券业协会发布实施《证券公司金融衍生品柜台交易业务规范》、《证券公司金融衍生品柜台交易风险管理指引》和《中国证券市场金融衍生品交易主协议及其补充协议》（2013年版）。

续表

时　间	大　　事
3月15日	中国证监会发布实施《证券公司资产证券化业务管理规定》，证券公司资产证券化业务由试点转为常规。
3月15日	中国证监会发布《证券投资基金销售管理办法》，6月1日起施行。
3月17日	肖钢出任中国证监会党委书记、主席。
3月19日	人社部、中国银监会、中国证监会、中国保监会等联合发布《关于扩大企业年金基金投资范围的通知》，明确企业年金基金投资范围扩大至商业银行理财产品、信托产品、基础设施债券投资计划、特定资产管理计划和股指期货等。
3月25日	中国证券登记结算公司发布实施《证券账户非现场开户实施暂行办法》，规范证券账户非现场开户业务。
3月25日	上海黄金交易所推出银行间黄金询价远期交易品种。
4月2日	中国证监会公布施行《证券投资基金托管业务管理办法》。
4月20日	中国证监会发布《关于进一步完善证券公司缴纳证券投资者保护基金有关事项的补充规定》，下调证券公司缴纳证券投资者保护基金比例，减轻证券公司经营成本。
4月25日	中国人民银行发布《关于实施〈人民币合格境外机构投资者境内证券投资试点办法〉有关事项的通知》（银发［2013］105号）。
5月8日	“2013年证券公司创新发展研讨会”在北京举行。中国证券业协会专业委员会发布了19大类共74项重点工作，范围涉及场外市场、固定收益、投行业务等证券行业各项业务领域。
5月10日	中国证监会通报万福生科涉嫌欺诈发行及相关中介机构违法违规案。平安证券在万福生科上市保荐工作中，未审慎核查其他中介机构出具的意见；未对万福生科的实际业务及各报告期内财务数据履行尽职调查、审慎核查义务；未依法对万福生科履行持续督导责任；内控制度未能有效执行。
5月24日	上海证券交易所和深圳证券交易所分别与中国证券登记结算公司共同发布《股票质押式回购交易及登记结算业务办法（试行）》，以规范股票质押式回购交易。
5月30日	前海股权交易中心开业，首批挂牌展示企业达1 200家，首创“十无”模式。
5月31日	上海黄金交易所推出黄金、白银和铂金周五夜市交易，进一步与国际黄金市场交易时间接轨。
6月1日	2012年12月28日修订通过的《中华人民共和国证券投资基金法》施行。
6月13日	阿里巴巴与天弘基金合作的余额宝上线。
6月21日	中国证监会与中国保监会联合发布《保险机构投资设立基金管理公司试点办法》。
6月25日	中国证监会批准上海东方证券资产管理有限公司设立东证资管—阿里巴巴1号至10号专项资产管理计划，该项目是国内小额贷款类信贷资产以专项资产管理计划作为载体进行证券化的首次尝试。
7月12日	中国证监会发布2013年证券公司分类结果。共21家公司获AA类评级，20家获A类评级，BBB级17家，BB级14家，B级7家，CCC级11家，CC级4家，C级2家。
8月7日	上海股权托管交易中心成立“中小企业股权报价系统”，与“上海股交中心股权转让系统”构成“一市两板”。
8月9日	中国证券业协会发布实施《证券公司私募产品备案管理指引》。

续表

时 间	大 事
8月9日	中国证券登记结算公司发布实施《中国证券登记结算有限责任公司数字证书认证业务指引（试行）》及《中国证券登记结算有限责任公司数字证书认证业务指南（试行）》。
8月15日	国泰君安证券试点加入中国人民银行支付系统。
8月15日	国务院以国函［2013］91号文批复建立由中国人民银行牵头，中国银监会、中国证监会、中国保监会和外汇局参加的金融监管协调部际联席会议制度。
8月16日	光大“乌龙指”事件：11时05分，光大证券在进行ETF申赎套利交易时，因程序错误，其使用的策略交易系统以234亿元巨量申购180ETF成份股，实际成交达72.7亿元，引起沪深300、上证综指等大盘指数和多只权重股短时间大幅波动。光大证券在异常交易事件发生后、信息依法披露前转换并卖出ETF基金、卖空股指期货合约，该事件被定性为内幕交易。
8月20日	上海证券交易所和深圳证券交易所发布《关于为资产管理计划份额提供转让服务的通知》，证券公司及其资产管理子公司设立集合资产管理计划、专项资产管理计划，基金公司或其资产管理子公司的特定多个客户设立的资产管理计划，可以在沪、深证券交易所进行资产管理计划份额转让。
8月23日	中国证监会发布实施《证券公司参与股指期货国债期货交易指引》，以规范证券公司参与股指期货、国债期货交易行为。
8月28日	国务院常务会议确定要在严格控制风险的基础上，循序渐进、稳步推进进一步扩大信贷资产证券化试点工作。根据会议要求，中国人民银行会同有关部门组织实施。
8月29日	上海东方证券资产管理有限公司作为首家申请公募基金牌照资产管理业务资格的证券公司，获得中国证监会同意函批复。
8月30日	中国金融期货交易所发布实施《中国金融期货交易所交易规则》（修订版）、《5年期国债期货合约》及相关业务规则。
9月4日	中国证监会公布实施《公开募集证券投资基金投资参与国债期货交易指引》。
9月6日	国债期货在中国金融交易所上市交易。
9月16日	中国证券金融公司决定，沪、深两市融资融券标的股票数量增至700只。
9月18日	中国证券金融公司决定，转融券试点扩容，试点证券公司增至30家，标的证券增至287家。
9月25日	方正证券公告，将通过发行股份的方式吸收合并民族证券。
9月29日	中国（上海）自由贸易试验区挂牌成立。国务院印发的《中国（上海）自由贸易试验区总体方案》提出，在风险可控前提下，可在试验区内对人民币资本项目可兑换、金融市场利率市场化、人民币跨境使用等方面创造条件进行先行先试。
10月8日	中国证监会发布实施《并购重组审核分道制实施方案》。
10月24日	10家证券公司获批开展客户证券资金消费支付服务试点。
10月30日	宏源证券公告，获大股东通知拟披露事项而临时停牌。实际控制人均为汇金的申银万国证券与宏源证券将进行合并重组。
11月8日	中国金融期货交易所开启全市场股指期权仿真交易。
11月22日	国金证券公告，其与腾讯结成战略合作伙伴关系。合作期间，腾讯将向国金证券开放核心广告资源，协助国金证券进行用户流量导入，并进行证券在线开户和交易、在线金融产品销售等服务。腾讯通过流量平台为国金证券提供持续的用户关注度。国金证券将向腾讯支付相关广告宣传费用，广告投放金额为每年度1 800万元。

续表

时间	大事
11 月 30 日	中国证监会发布《关于进一步推进新股发行体制改革的意见》，这是逐步推进股票发行从核准制向注册制过渡的重要步骤。
11 月 30 日	中国证监会发布《上市公司监管指引第 3 号——上市公司现金分红》，以规范上市公司分红，增强现金分红透明度。
12 月 2 日	中国证监会发布实施《首次公开发行股票时公司股东公开发售股份暂行规定》，以规范首次公开发行股票时公司股东向投资者公开发售股份的行为。
12 月 3 日	首只券商系公募基金产品——东方红新动力灵活配置混合型证券投资基金，获中国证监会发行许可，其管理人为东方证券资产管理有限公司。
12 月 13 日	中国证监会修订并发布《证券发行与承销管理办法》，落实新股发行体制改革要求。
12 月 13 日	上海证券交易所发布实施《上海市场首次公开发行股票网上按市值申购实施办法》及《上海市场首次公开发行股票网下发行实施办法》，深圳证券交易所发布实施《深圳市场首次公开发行股票网上按市值申购实施办法》及《深圳市场首次公开发行股票网下发行实施细则》。
12 月 15 日	经中国人民银行和中国证监会批准，国家开发银行到上海证券交易所试点发行政策性金融债券，首批试点额度 300 亿元。
12 月 16 日	国务院发布《关于全国中小企业股份转让系统有关问题的决定》，全国中小企业股份转让系统扩容至全国范围。
12 月 25 日	国务院发布《关于进一步加强资本市场中小投资者合法权益保护工作的意见》，加强资本市场中小投资者合法权益保护工作。
12 月 25 日	中国证监会发布《关于修改〈非上市公众公司监督管理办法〉的决定》、《股东人数超过 200 人的未上市股份有限公司申请行政许可有关问题的审核指引》、《公开转让说明书》、《公开转让股票申请文件》、《定向发行说明书和发行情况报告书》、《定向发行申请文件》及中国证监会关于实施行政许可工作的公告等 7 项配套规则，全国股份转让系统试点正式扩大至全国范围。
12 月 27 日	金融债券开始跨市场发行，进一步促进场内和场外市场互联互通。国家开发银行首批在上海证券交易所公开发行金融债券 120 亿元。
12 月 30 日	中国证监会发布的《关于进一步加强保荐机构内部控制有关问题的通知》提出，保荐机构应建立健全公司内部问核机制，进一步完善关于问核的具体制度，明确问核内容、程序、人员和责任。

资料来源：根据公开资料整理。

后　记

《中国证券业发展报告(2014)》由中国证券业协会组织编撰。本报告的编撰工作由中国证券业协会和10家会员单位组成的编写组进行。本报告分为总报告、分报告及专题报告,撰稿单位做了精心分工:海通证券股份有限公司负责撰写"总报告:2013年中国证券业发展回顾与展望"及"专题报告之五:2013年中国证券公司合规与风险管理综述";国泰君安证券股份有限公司负责撰写"分报告之一:2013年中国证券经纪业务发展回顾与展望";中信建投证券股份有限公司负责撰写"分报告之二:2013年中国投资银行业务发展回顾与展望";申银万国证券股份有限公司负责撰写"分报告之三:2013年中国证券公司资产管理业务发展回顾与展望";中信证券股份有限公司负责撰写"分报告之四:2013年中国证券公司融资融券业务发展回顾与展望"和"分报告之五:2013年中国证券公司投资业务发展回顾与展望";安信证券股份有限公司负责撰写"分报告之六:2013年中国证券公司国际业务发展回顾与展望";中国银河证券股份有限公司负责撰写"专题报告之一:2013年中国证券公司柜台市场及区域性股权市场发展综述"和"专题报告之三:2013年中国金融衍生品市场发展综述";第一创业证券股份有限公司负责撰写"专题报告之二:2013年中国证券公司固定收益业务发展综述";宏源证券股份有限公司负责撰写"专题报告之四:2013年中国证券业信息技术发展综述";中国证券业协会投资者教育与服务部负责撰写"专题报告之六:2013年证券公司投资者教育与服务工作报告";联合信用评级有限公司负责撰写"专题报告之七:2013年中国证券市场资信评级业务发展综述"。按报告顺序,各编写组负责人为:李明亮、马刚、王广学、严志辉、刘威、秦冲、陈秀清、罗再宏、丁圣元、王海航、王建业、王伟、常丽娟。

本报告编写过程中,得到了中国证监会机构监管部、上市公司监管部、研究中心的大力支持。初稿完成后,中国证监会机构监管部、中国证券业协会证券经纪业专业委员会、投资银行业专业委员会、资产管理业务专业委员会、直接投资业务专业委员会、证券公司合规专业委员会、创新发展战略专业委员会、国际合作专业委员会、场外市场专业委员会、固定收益专业委员会、财务会计与风险控制专业委员会、证券资信评级专业委员会和信息技术专业委员会的专家对报告内容进行了认真审阅并提出了宝贵的修改意见和建议。此外,本报告的完成也得到了沪深证券交易所、全国中小企业股份转让系统及广大会员单位的支持,在此一并表示感谢!

《中国证券业发展报告(2014)》编委会

2014年4月